T5-CPW-191

Detlef Dieckmann
Segen für Isaak

Beihefte zur Zeitschrift für die alttestamentliche Wissenschaft

Herausgegeben von
Otto Kaiser

Band 329

Walter de Gruyter · Berlin · New York
2003

Detlef Dieckmann

Segen für Isaak

Eine rezeptionsästhetische Auslegung von Gen 26 und Kotexten

Walter de Gruyter · Berlin · New York
2003

♾ Gedruckt auf säurefreiem Papier,
das die US-ANSI-Norm über Haltbarkeit erfüllt.

ISBN 3-11-017761-7

Bibliografische Information Der Deutschen Bibliothek

Die Deutsche Bibliothek verzeichnet diese Publikation in der Deutschen Nationalbibliografie; detaillierte bibliografische Daten sind im Internet über <http://dnb.ddb.de> abrufbar.

Printed in Germany

Einbandgestaltung: Christopher Schneider, Berlin

Vorwort

Diese Monographie ist die leicht überarbeitete Fassung meiner Dissertation, die 2002 von der Theologischen Fakultät der Universität Basel angenommen wurde.

Viele Menschen haben zur Entstehung dieser Arbeit beigetragen, denen ich von Herzen danken möchte: Meine Eltern haben mein Studium finanziert und mir alle Exkurse in andere Fächer und an andere Studienorte gewährt. Herr Prof. Dr. Thomas Naumann hat mir die Möglichkeit eröffnet, als Wissenschaftlicher Mitarbeiter und Hebräischlehrer an der Universität Siegen unter seiner engagierten Betreuung diese Untersuchung zu erarbeiten. Herr Prof. Dr. Hans-Peter Mathys aus Basel hat die Fortschritte unterstützt und ein rasches wie reibungsloses Promotionsverfahren befördert. Viele Zwischenergebnisse konnte ich im Doktorand/inn/en- und Habilitand/inn/enkolloquium von Prof. Dr. Jürgen Ebach aus Bochum vorstellen, wo ich durch kritische und stets konstruktive Anmerkungen entscheidende Anregungen erfahren habe. So mancher theologische Gedanke entstand im Gespräch mit Herrn Pfarrer Ralph van Doorn aus Siegen oder Dr. Stefan Heuser aus Erlangen. Herrn Prof. Dr. Dres. h.c. Otto Kaiser danke ich für die Aufnahme meiner Arbeit in die Reihe der Beihefte zur Zeitschrift für die alttestamentliche Wissenschaft, Herrn Dr. Albrecht Döhnert vom Verlag de Gruyter für die gute Zusammenarbeit bei der Erstellung der Druckvorlage.

Frau stud. paed. Christiane Teifel und Herr stud. phil. Robert Vitalyos haben mir in manch eiliger Situation geholfen. Frau stud. paed. Tabea Schäfer hat das Pilotprojekt „Empirische Bibelforschung“ mit durchgeführt, und Herr M.A. theol. Alexander Jahnke hat das Literaturverzeichnis in eine professionelle Form gebracht. Beim Korrekturlesen haben sich, neben meiner Familie, Frau stud. theol. Kerstin Marwedel, Frau Dr. des. Alexandra Grund, Frau Univ.-Ass. Dr. Marianne Grohmann, Frau Norma Ibrahim und Herr cand. theol. Florian Chudowski eingesetzt. Die noch zu findenden Fehler gehen auf mein Konto und auf das des Computers.

Meiner Frau Adele von Bünau danke ich für die Umsetzung der Grafik auf S. 110 und vor allem dafür, dass sie mich bis in die Schlussphase dieser Arbeit hinein geduldig begleitet hat.

Siegen und Berlin, im Dezember 2002 Detlef Dieckmann-von Bünau

Inhalt

Einführung: Gen 26 – ein vernachlässigtes Kapitel

Gen 26 ist ein Kapitel, das oft überlesen wird. Der Text findet sich weder in Perikopenreihen noch in Kinderbibeln, und häufig ist die Erzählung von Isaaks bzw. Jizchaks[1] und Rivkas Reise nach Grar und Beer-Scheva selbst kundigen Bibelleser/inne/n nicht bekannt[2]. Eine randständige Rolle spielte dieser Text auch lange Zeit in der literarhistorischen Forschung, in der Gen 26 überwiegend als eine deplatzierte[3] und mosaikhafte Ansammlung von Dubletten[4] zu den Avrahamgeschichten betrachtet wurde. Und noch heute haben viele Leser/innen nicht nur Schwierigkeiten mit diesem wiederholungsreichen und uneigenständig[5] wirkenden Kapitel, sondern auch mit Jizchak als dem so wenig profilierten[6] Erzvater. Das zeigen z.B. die Worte, mit denen J. Gerald Janzen (1993) seine Auslegung von Gen 26 einleitet:

> „Of the formulaic three, ‚Abraham, Isaac, and Jacob,' Isaac seems to be painted in paler colours than the other two. Certainly his story takes up much less space. With the shift of focus from Gen. 25:21 to 25:22-34, throwing the dramatic interest from the next generation, ch. 26 looks like a parenthetical summary of a life that does no more than faintly echo Abraham's. After the dramatic high point in ch. 22, Isaac appears to live put the rest of his days in a state of anticlimactic existential exhaustion, capable only of imitating elements in his father's life."[7]

---

1 In dieser Arbeit werde ich die meisten Personennamen und einige geographische Bezeichnungen in ihrer hebräischen Form nennen, wie es z.T. auch in der jüdischen Exegese üblich ist. Zur Etymologie des Namens Jizchak vgl. Stamm, Beiträge, 9-14; Lutz, Isaac, 205ff. (Lit.); Schmid, Gestalt, 25ff. (Lit.). Ich werde mich mit christlichen und jüdischen Perspektiven auf den Jizchak-Text Gen 26 befassen. Zu Jizchak im Koran vgl. Naudé, Isaac.

2 In Gesprächen mit Bibelleser/inne/n wurde zumeist deutlich, dass mit den Verheißungen, der Preisgabegeschichte und der Brunnenstreiterzählung wesentliche Inhalte von Gen 26 zwar bekannt waren, aber nicht mit Jizchak, sondern mit Avraham in Verbindung gebracht wurden.

3 Vgl. z.B. Thiel, Genesis 26, 252.

4 Vgl. z.B. Delitzsch, Genesis, 360; Zimmerli, Geschichte, 18; ders., Genesis, 96; Weiser, Isaak, 902. Auch nach Noth, Überlieferung, 141, macht Gen 26 „nicht den Eindruck von etwas Ursprünglichem und organisch Gewachsenem".

5 Vgl. Albertz, Isaak, 293.

6 Vgl. z.B. Gribomont bei Martin-Achard, Remarques, 24; Lutz, Isaac, 74 mit Blick auf die Forschungsgeschichte bis 1969.

7 Janzen, Genesis II, 99.

Damit nennt Janzen einige Gründe dafür, dass die Erzählfigur des Erzvaters Jizchak immer wieder als blass[1] empfunden wird: Zunächst einmal nimmt Jizchaks Geschichte in den Erzelternerzählungen[2] wenig Raum ein. Der Erzvater gehört deutlich seltener zu den *dramatis personae* eines Kapitels als sein Vater Avraham, der beispielhafte Gründer, oder sein Sohn Jaakov, der dynamische Kämpfer.[3]

Und selbst in den Geschichten, in denen sein Name erscheint, spielt Jizchak zumeist eine passive[4] Rolle: In Gen 21 wird seine lange Zeit angekündigte und erwartete Geburt berichtet; in der immer wieder rätselhaft-dunklen und verstörenden Geschichte von der Bindung (Gen 22)[5] erscheint Jizchak als das gerade noch davongekommene Opfer; als seine Mutter begraben wird, scheint er abwesend zu sein (Gen 23); an der – in feierlicher Breite erzählten – Suche nach einer Frau für Jizchak ist dieser selbst nicht beteiligt (Gen 24); sein Auftritt in den Erzelternerzählungen endet in jener dramatischen Geschichte, in der Jizchak als der blinde und dem Tode nahe Patriarch durch eine List seiner Frau Rivka und seines Sohnes Jaakovs dazu gebracht wird, ihm den für Esaw gemeinten Segen zu schenken. Fast immer erscheint Jizchak als der Sohn Avrahams oder als der Vater Jaakovs und Esaws,[6] fast nie ist Jizchak eine Erzählfigur, durch welche die Handlung vorangetrieben wird. Hinzu kommt, dass der Schwerpunkt der Jizchak-Rezeption deutlich auf Gen 22 mit seiner unermesslichen Wirkungsgeschichte in den abrahamitischen Religionen, der Literatur, der Philosophie und nicht zuletzt in der exegetischen Wissenschaft liegt und auf Gen 27, so dass Jizchak fast immer als der auf dem Altar Gebundene und als der auf seinem Totenlager liegende blinde Betrogene vor Augen steht. In einer aktiven Rolle erscheint Jizchak immerhin, als er Rivka in das „Zelt seiner Mutter Sara" führt (24,67) und als er gemeinsam mit dem Bruder Jischmael seinen Vater begräbt (25,9)[7].

---

1 Vgl. auch Alter, Genesis, 131; Fischer, Gottesstreiterinnen, 7.

2 Diesen Begriff hat Irmtraud Fischer als Alternative zu den *termini* Erzväter-, Väter- oder Patriarchengeschichten geprägt (vgl. dies., Erzeltern; Gottesstreiterinnen). Zur Begründung vgl. Gottesstreiterinnen, 14ff. Auch Teugels, Matriarchal Cycle, bes. 71f., schlägt die geschlechtsneutrale Bezeichnung „stories of the ancestors" vor, nachdem sie die starke Rolle Rivkas neben dem schwachen Jizchak im „Isaac-Rebekah cycle" (70) analysiert hat.

3 Alter, Genesis, 131.

4 Vgl. z.B. Gribomont bei Martin-Achard, Remarques, 24; Blum, Isaak, 241.

5 Lit. zu diesem Text bei Steins, Bindung.

6 Vgl. Nicol, Studies, 2; Fokkelman, Narrative Art, 113; Martin-Achard, Remarques, 23; Boase, Life, passim; Albertz, Isaak, 293.

7 Zu dieser Szene vgl. Naumann, Ismael, 286.

Einzig in Gen 26 wird Jizchak durchgängig als Protagonist[1] und ‚Held' einer Erzählung präsentiert. Doch auch dieses Kapitel scheint die Farblosigkeit Jizchaks in den vorhergehenden Texten kaum ausgleichen zu können. Dies schon deshalb, weil sich das Interesse bereits auf Jizchaks Söhne verlagert, bevor die Jizchak-Geschichte in Gen 26 beginnt, wie Janzen und andere beobachten. Wenn der Erzähler mit 25,19 die „Geschichte Jizchaks" ankündigt, so hat er diese wenige Verse später schon zu der Geburt Esaws und Jaakovs geführt, so dass diese Toledotformel die Jaakov-Esaw-Geschichten in Gang setzt wie in 11,29 die Avraham-Geschichten, und es keinen Jizchakzyklus zu geben scheint. Das führt nicht selten dazu, dass Gen 26 überhaupt nicht thematisiert wird. Zum Beispiel lässt Laurence A. Turner in seiner Monographie über die Genesis auf die „Avraham Story" (51-114) unmittelbar (115-141) die „Jacob Story" folgen, ohne dass hier oder dort auf Gen 26 eingegangen würde.[2] In Claus Westermanns forschungsgeschichtlichem Überblick von 1975[3], um ein weiteres Beispiel zu nennen, kommt Gen 26 so gut wie nicht vor. Als „Bestandteile der Vätergeschichte"[4] verhandelt Westermann „Gen 12-25: Abraham"[5], „Gen 25-36: Jakob und Esau"[6] und „Gen 37-50: Die Joseph-Erzählung". Dabei setzt Westermann nach der Erörterung von 25,29-34 übergangslos mit 27,1-45 fort.[7] Aus Gen 26 findet allein VV.7-11 Erwähnung, „weil die gleiche Erzählung dreimal begegnet",[8] nämlich zudem in 12,10-20 und in Gen 20. Damit steht Westermann in einer Linie mit vielen Exeget/inn/en, die sich für Gen 26 fast nur als Parallele zu vergleichbaren Avraham-Erzählungen interessiert haben. Im Hinblick auf die Jizchak-Geschichte genügt Westermann eine literargeschichtliche Erwägung, die er in Klammern setzt: „Die Frage, ob es einmal einen selbständigen Kreis von Isaak-Erzählungen gab, kann zunächst offenbleiben."[9] Doch auch auf diese Überlegung kommt Westermann nicht zurück.

Damit zeigt sich: Auf den Avraham-Zyklus bezogen wirkt Gen 26 oft wie ein Anhängsel, innerhalb des Jaakov-Zyklusses erscheint dieses Kapitel

1 Vgl. z.B. Lutz, Isaac, 81; Nicol, Studies, 2; Brüggemann, 221; Boase, Life, 319.
2 Turner, Announcements. Vgl. auch den unmittelbaren Übergang von Avraham zu Jizchak bei Rendtorff, Theologie I, 27.
3 Westermann, EdF.
4 Westermann, EdF, 30.
5 Westermann, EdF, 35.
6 Westermann, EdF, 46.
7 Westermann, EdF, 50.
8 Westermann, EdF, 39.
9 Westermann, EdF, 34.

wie eine eingesprengte Parenthese. Wiederholt wurde daher in der Forschung die Ansicht geäußert, dass Gen 26 nachträglich eingeschoben worden sei.[1] Denn die nunmehr dritte Gefährdungs-Erzählung[2] komme nach der Geburt Esaws und Jaakovs ‚zu spät' und unterbreche mit diesem Anhang zu den Avrahamgeschichten in störender Weise den Faden der Erzählungen über die Kinder Jizchaks.[3] Widersprochen haben diesem Eindruck vor allem George Nicol (1972)[4], Michael Fishbane (1975/79)[5] und daran anschließend Gordon J. Wenham (1994)[6]. Mit ihren Versuchen, Gen 26 einen sinnvollen Platz in den Erzelternerzählungen zuzuweisen, werden wir uns noch beschäftigen.

Ein weiteres Problem vieler Leser/innen mit Gen 26 besteht darin, dass dieses Kapitel lediglich als *summary* von bekannten Erzählungen, als „blasse Rezension"[7] empfunden wird. Jizchak erscheint auch deswegen so blass, weil er in den Augen vieler Rezipient/inn/en offenbar nur Episoden aus dem Leben seines Vaters wiederholt.[8] So berichtet Gen 26 von kaum einer Begebenheit, die nicht bereits von Avraham erzählt wurde. Es ergeht kaum ein Wort von ADONAJ[9], das neu wäre: Gleich im ersten Vers werden Jizchaks Erlebnisse in die seines Vaters eingeordnet. Kurz darauf scheint Jizchak die Reise seines Vaters nach Ägypten wiederholen zu wollen, und er erhält das Versprechen des Mitseins ADONAJs, des Landes, der Nachkom-

1 Wellhausen, Komposition, 28 Anm. 1 ging davon aus, dass R^{JEP} Gen 26 an diese Stelle gerückt hat; vgl. auch Holzinger, Genesis, 175; Proksch, Genesis, 150; Eißfeldt, Hexateuch, 261; Scharbert, Genesis, 183; Westermann, Genesis II, 516; Blum, Isaak, 241; Thompson, Origin Traditions, 103. Thiel, Genesis 26, 253, nimmt an, dass „dem Redaktor die JE-Abfolge 26; 25,21-42; 27 vorlag".

2 Dieser Terminus lässt sowohl offen, wer oder was gefährdet wurde (die Erzmutter, der Erzvater, die Verheißungen, der fremde Herrscher und sein Volk) als auch, von wem die Gefährdung ausging (von Avraham, von den fremden Herrschern).

3 Vgl. z.B. Thiel, Genesis 26, 251.

4 Nicol, Studies.

5 Fishbane, Composition, 15-38; Text, 40-48.

6 Wenham, Genesis II, bes. 185-188.

7 Gunkel, Genesis, 1902, 266.

8 Vgl. z.B. Boase, Life, 312.

9 Das Tetragramm יהוה werde ich in Anlehnung an das Qere des Masoretischen Textes mit ADONAJ (stets in Kapitälchen) wiedergeben (ähnlich z.B. Thomas Naumann oder Jürgen Ebach, Israel und anderswo oder das Projekt einer gerechten Bibelübersetzung von Ebach u.a.), um einerseits dem Gottesnamen möglichst nahe zu kommen und andererseits nicht durch die Schreibweise ‚JHWH' zu seiner Aussprache zu verleiten, was ich im Rahmen des hier versuchten Dialoges mit der jüdischen Schriftauslegung für unglücklich hielte. Die Schreibweise ‚Adonaj' gibt das hebräische Wort אֲדֹנָי (z.B. Gen 20,4) wieder.

menschaft und des Segenswunsches der Völker – in der landläufigen Leseweise, „weil Avraham", sein Vater, auf die Stimme ADONAJS gehört hat. Überhaupt durchzieht der Name „Avraham" (achtmal in Gen 26) die Szenen von Jizchaks und Rivkas Aufenthalt bei Avimelech in Grar und von dem Streit um die Brunnen wie ein roter Faden. Die gesamte Erzählung erinnert so sehr an entsprechende Avrahamgeschichten (in Gen 12, 20 und 21), dass es scheint, als imitiere Jizchak das Leben seiner Eltern und agiere schematisch[1]. Obwohl in Gen 26 Jizchak die Hauptperson ist, wirkt diese Erzählung für viele nicht wie ein eigenständiges Jizchak-Kapitel, sondern wie ein Florilegium, eine Anthologie von Avrahamgeschichten oder, weniger positiv gesprochen, wie ein „zweite[r] Aufguss[...] von Erzählgut, das schon im Abrahams-Zyklus ausführlicher und meist interessanter erzählt worden ist"[2], so dass Jizchak als Epigone bzw. als das Double oder eine „carbon copy"[3] seines Vaters betrachtet wird. Selbst der Autor einer Monographie über die „Erzählkunst" der Genesis, Jan P. Fokkelman (1975)[4], sieht auf der narratologischen Ebene keinen besonderen Sinn in diesen fahlen Repetitionen:

> „It is true, that Gen. 26 is the only chapter in the Bible devoted to the middle generation of the famous set of three, Abraham-Isaac-Jacob, but it shows us Isaac not for his sake, as someone with merits of his own. [...] Nowhere is he worth a narration for his own sake, and his experiences are not individual but typical."[5]

Die Funktion von Gen 26 sieht Fokkelman darin, dass dieses Kapitel „demonstration-material" für den Segen biete.

Durch die Wahrnehmung der zahlreichen Ähnlichkeiten und Entsprechungen zwischen Gen 26 und den Avrahamgeschichten hat sich in der überlieferungsgeschichtlichen Forschung die Vorstellung bilden können, es seien entweder aus Mangel an Nachrichten über Jizchak einige Erzählungen über Avraham in verkürzter Weise auf seinen Sohn übertragen worden[6] bzw. umgekehrt, man habe im Laufe der Zeit die Jizchak-Geschichten dadurch verdoppelt, dass man sie irgendwann auch von seinem bekannte-

1 Vgl. Alter, Genesis, 131.
2 Arenhoevel, Erinnerung, 102.
3 Feldman, Josephus, 11.32. S. auch z.B. die Schilderung des ersten Eindrucks von Gen 26 bei Martin-Achard, Remarques, 24: „Gen 26 manque d'éléments originaux et réduit Isaac à n'être que la pâle copie de son père."
4 Fokkelman, Narrative Art, übergeht in seiner Untersuchung der Jaakov-Esaw-Geschichten zunächst Gen 26 und widmet sich dann dem Jizchak-Kapitel in einem Exkurs (113ff.).
5 Fokkelman, Narrative Art, 113.
6 Vgl. z.B. Fohrer, Einleitung, 139; weitere Lit. bei Schmid, Gestalt, 32f.87.

ren Vater erzählt habe[1]. Die Gefährdungs- und Brunnenstreiterzählungen wurden damit als „Dubletten“[2], „Doppel“[3]- oder „Parallelüberlieferungen“[4] zu einem bis heute gern benutzten Schulbeispiel für die Notwendigkeit der literarhistorischen Fragestellung, wobei das Interesse für die ‚Urfassung‘ und die Entstehung der „Varianten“[5] die Frage nach der erzähltechnischen Funktion der Variationen zumeist suspendiert hat bzw. gar nicht erst aufkommen ließ.

Die starken Berührungen zwischen den Texten über Jizchak und jenen über Avraham regen viele Rezipient/inn/en dazu an, die Lebenswege und Charaktereigenschaften der beiden Erzväter miteinander zu vergleichen. Besonders in christlichen Auslegungen steht dabei ein tatkräftiger und heldenhaft vertrauender Avraham seinem in Gen 26 schwachen, ängstlichen und nur aus Konfliktscheu friedlichen Sohn gegenüber. Wenn einige neuere jüdische Kommentare jedoch zu dem genau gegenteiligen Eindruck kommen, und Meir Zlotowitz (1995)[6] mit BerR 1,15 und bSanh 96a geltend macht, dass alle drei Erzväter gleich bedeutend seien, Jizchak nach bSchab 89b bei der einstigen Verteidigung der sündigen Kinder sogar wichtiger als alle anderen sei[7] und er seinen Vater keinesfalls nachahme,[8] sondern den Weg der „Gevurah-Strength“[9] repräsentiere, und wenn auch Nahum M. Sarna (1989) gegen die oben geschilderten Eindrücke feststellt,

1 Zur angenommenen Priorität der Jizchak-Überlieferung vgl. Wellhausen, Prolegomena, 317 Anm. 1; Noth, Überlieferungsgeschichte, 113ff.; Weiser, Isaak, 903; Lutz, Isaac, 186ff.; Zimmerli, Geschichte, 17; Arenhoevel, Erinnerung, 102f.; Boase, Life, 334 Anm. 67; abwägend de Vaux, Histoire, 168. Davon, dass Jizchak in der Überlieferung einmal eine größere Rolle gespielt hat, als es heute noch sichtbar ist, gehen zudem aus: de Pury, Promesse, 201. Holzinger, Genesis, 177, spricht vom „Prozess der Entleerung der Isaakgeschichte zu Gunsten Abrahams“, der etwa in 26,24 zu einer „einfache[n] Wiederholung einer der Verheissungen an Abraham“ geführt habe.
Auch für die Brunnenstreiterzählungen in Gen 21 und Gen 26 wird z.T. eine Übertragung von Jizchak auf seinen Vater angenommen. Vgl. z.B. Holzinger, Genesis, 177; Mowinckel, Erwägungen, 101. In der traditionellen Quellenkritik wird 12,10-20 sowie Gen 26 meist dem Jahwisten (J) und Gen 20; 21,22-34 dem Elohisten zugerechnet (vgl. z.B. Smend, Entstehung, 38ff.52ff.).

2 Z.B. Holzinger, Genesis, 158; Smend, Erzählung; Eißfeldt, Hexateuch-Synopse, 9; Kessler, Querverbindungen, 333 (kritisch gegenüber dem Dublettenargument aber in 100ff.); Seebass, Genesis II/1, 28 (in Bezug auf Gen 20 und Gen 26).

3 Z.B. Schmid, Gestalt, 25.

4 Z.B. Wellhausen, Composition, 20.

5 Z.B. Dillmann, Genesis, 226; Smend, Erzählung, 56.

6 Zlotowitz, Bereishis.

7 Zlotowitz, Bereishis, 998f.

8 Zlotowitz, Bereishis, 1000. Vgl. auch den Versuch des Josephus, Jizchak als eine eigenständige Person zu begreifen. Dazu Feldman, Josephus, bes. 11.

Jizchak werde in Gen 26 „as an individual in his own right“[1] gezeigt, dann ist das ein erstes Beispiel für die Vieldeutigkeit des Erzähltextes. M.E. verdeckt die häufige und starke Beschäftigung mit dem Verhältnis der beiden Erzväter zueinander die wichtige Rolle, welche die Erzählfigur des fremden Königs in unseren Geschichten spielt. Darum werde ich einen neuen Akzent auf die Funktion Pharaos und Avimelechs sowie auf die Frage nach Kontinuität und Innovation in deren Verhalten setzen.

Das als letztes zu nennende Problem vieler Leser/innen mit Gen 26 hängt mit der Beschreibung dieses Kapitels als *„summary“* zusammen: Gen 26 wurde in der christlichen Exegese oft als ein ‚Exzerpt‘ oder Kompendium[2] von Avrahamgeschichten bzw. als ein „Mosaik von Isaak-Geschichten“[3] wahrgenommen, womit Franz Delitzsch (1887) keineswegs die kunstvolle Anlage von Gen 26 loben, sondern zum Ausdruck bringen wollte, dass dieses Kapitel aus zusammengesuchten und notdürftig zu einer Jizchak-Erzählung verbundenen Stücken bestehe. Somit wurde dieser Text lange Zeit nicht nur als im Avraham- und im Jaakov-Esaw-Zyklus unpassend, sondern auch als in sich uneinheitlich betrachtet. In der rabbinisch-jüdischen Auslegung hingegen ist man stets von der Kohärenz der biblischen Texte ausgegangen, und seit ca. 15 Jahren gibt es auch in der christlichen Forschung einzelne Versuche, Gen 26 als einen Text zu lesen, der (bis auf VV.15.18) einheitlich (Erhard Blum 1986)[4] und schlüssig entwickelt ist[5] und sich auch dann plausibel auf die Avrahamverheißungen zurück bezieht,[6] wenn das ganze Kapitel nicht in den Erzählduktus passt (George C. Nicol 1987)[7].

An die Versuche, Gen 26 als kohärenten Text zu lesen und ihn als einen integralen Bestandteil der Erzelterngeschichten zu verstehen, will diese Arbeit anknüpfen. Ich bin der Auffassung, dass Gen 26 ein theologisch gewichtiger und erzähldramatisch wertvoller Baustein der Erzelternerzählun-

9 Zlotowitz, Bereishis I, 999. Zur hohen wirkungsgeschichtlichen Bedeutung Jizchaks im Judentum z.B. als dem Institutor des Minchagebetes (bBer 26b) oder der Auferstehungsbitte des Achtzehngebetes vgl. etwa Brocke, Isaak; Martin-Achard, Figure.

1 Sarna, Genesis, 183: „The present chapter recounts various incidents in the life of the second patriarch. Although most of them closely resemble the earlier narratives about Abraham, they present Isaac as an individual in his own right.“

2 Vgl. Noth, Überlieferungsgeschichte, 114.

3 Delitzsch, Genesis, 360.

4 Vgl. Blum, Komposition, 302; Westermann, Genesis I/2; Taschner, Verheißung, 199.

5 Vgl. Nicol, Studies, 63.

6 Vgl. Nicol, Studies, 18-30.

7 Nicol, Studies.

gen im Übergang vom Avraham- zum Jaakov-Esaw-Zyklus ist, der ebenso wie der Erzvater Jizchak und die übrigen Erzählfiguren unsere besondere Aufmerksamkeit verdient. Deshalb werde ich Gen 26 weniger als eine Ansammlung von Dubletten zu bereits Erzähltem, sondern als eine eigenständige und aus dem gegebenen Zusammenhang nicht wegzudenkende Erzählung betrachten, womit sich das Interesse von einer literarhistorischen Fragestellung auf die Beschäftigung mit der vorliegenden Gestalt mit literaturwissenschaftlichen Methoden (Strukturalismus, Erzählforschung) verlagert. Darüber hinaus versuche ich bei der Auslegung von Gen 26 prinzipiell von der Rezeption auszugehen und knüpfe damit an jene hermeneutischen Erwägungen an, zu denen Blum am Ende seiner Analyse der Erzelterngeschichten gelangt.[1]

Dabei werde ich wie folgt vorgehen: Weil wir in diesem Text und in seiner Forschungsgeschichte vielfältig mit dem konfrontiert sind, was wir Repetition und Variation nennen, soll auf dem theoretischen Anweg (A) zu der rezeptionsästhetischen Auslegung am Beispiel des Umgangs mit dem Phänomen Wiederholung eine Linie von produktionsästhetisch-litergeschichtlichen bis zu rezeptionsorientierten Konzepten gezogen werden. An den fünf für die Bibelauslegung relevanten Stationen, bei denen wir halt machen, geht es jeweils um die Behandlung der Repetition als eines literarischen Phänomens und weniger um die – ebenfalls sehr spannenden – allgemein-linguistischen, philosophischen[2] oder psychologischen[3] Dimensionen der Wiederholung. Die Repetition wird sich dabei als ein gutes Beispiel erweisen, um die hermeneutischen Differenzen und die unterschiedliche Methodik der verschiedenen Ansätze herauszuarbeiten.

Dabei wird die Behandlung der literargeschichtlichen Methode (1) nicht nur weitere Einblicke in die Forschungsgeschichte der hier betrachteten Texte ermöglichen, sondern auch anhand des Beispiels Wiederaufnahme den Übergang der historischen zur nicht-literargeschichtlichen Textanalyse demonstrieren. Daran schließt die Beschäftigung mit der erzähltechnischen Erforschung des Alten Testaments (2) an. Diesen Ab-

1 Vgl. Blum, Komposition, 505f.

2 Zu den philosophischen Dimensionen der Wiederholung vgl. etwa Kierkegaard, Wiederholung (und dazu Guarda, Wiederholung). Ein solches Nachdenken über die Wiederholung wurde oft literarisch aufgearbeitet, vgl. Frisch, Name; ders., Biographie; Mann, Joseph, 119ff.

3 Zu nennen wäre hier etwa Freuds Beschreibung des Wiederholungszwanges (vgl. etwa Psychologie, 229-233). Einen psychoanalytisch-literarischen Zugang versucht Exum, Ancestress (siehe unten).

schnitt werde ich mit einer *relecture* des narrativ-ästhetischen Konzepts von Hermann Gunkel (1901)[1] beginnen und seinen literarhistorisch geprägten Umgang mit dem Phänomen der Wiederholung schildern. Nach einem kurzen Blick auf die gegenwärtige Erzählforschung arbeite ich heraus, in welcher Weise besonders Robert Alter (1981)[2] und Meir Sternberg (1985)[3] die Formen und Funktionen der Repetition analysieren. Neben der narratologischen Forschungsrichtung sind auch die folgenden drei hermeneutischen Konzepte eine wichtige Grundlage für meine Textarbeit an Gen 26: Die kanonisch-intertextuellen Lektüre von Georg Steins (1999) führt zu einem Ansatz, der die Wiederholung in den Kontext der Intertextualitätsdebatte (3) stellt und dabei ein rezeptionsästhetisches Paradigma zur Lektüre des Alten Testaments fordert. Beim Zurückverfolgen des Themas Intertextualität werde ich in diesem Abschnitt versuchen, auch Bachtins Hochschätzung der „Dialogizität" als der inneren Vielstimmigkeit eines Textes für die Textauslegung fruchtbar zu machen. Die Beschäftigung mit der rabbinischen Hermeneutik (4) ist in dieser Arbeit schon deswegen unerlässlich, weil ich in der Exegese von Gen 26 und den Kotexten eine Vielzahl von jüdischen Interpretationen einbeziehen werde. Wenn in der rabbinischen Schriftauslegung davon ausgegangen wird, dass jede Wiederholung eine Bedeutung hat, die herauszufinden die Aufgabe des Exegeten ist, so wird es nicht verwundern, wenn die im nächsten Kapitel (5) dargestellten rezeptionsorientierten Konzepte Repetitionen nicht als etwas quasi-ontologisch Gegebenes, sondern als ein Wahrnehmungsphänomen begreifen. Besonders Umberto Eco (1987) erarbeitet dabei eine neue Ästhetik der Serialität, in der die positiv-stabilisierende Funktion von narrativen Wiederholungen betont und eine Alternative zur romantischen Ästhetik der Originalität geboten wird, die oft zu einer negativen Bewertung von Repetitionen geführt hat. Zu diesen Darstellungen wird jeweils eine kurze Auswertung und zum Abschluss (6) eine knappe Zusammenfassung des Ertrages geboten.

Danach werde ich im Teil B die Voraussetzungen und Ziele jenes rezeptionsästhetischen Auslegungskonzeptes vorstellen, das im Auslegungsteil C zugrunde gelegt wird. Das rezeptionsästhetische Anliegen soll im Textteil dadurch umgesetzt werden, dass die Erzählungen in Gen 26 und den Kotexten Gen 12,10-20 sowie Gen 20f. von der Warte literarischer Leser/in-

1 Gunkel, Genesis.
2 Alter, Narrative Art.
3 Sternberg, Poetics.

nen aus betrachtet werden. Das beinhaltet zum einen eine – im literaturwissenschaftlichen Sinne – diachrone Lektüre, die der Leserichtung und dem Lektüreverlauf als dem sukzessiven Aufbau von Vorwissen, Identifikationen, Spannung und Deutungshypothesen folgt. Zum anderen berücksichtigt diese Betrachtungsweise den Wunsch der Leser/innen, zu einem kohärenten Verständnis dieser polyvalenten Texte zu gelangen. In diesem Rahmen soll anhand von empirischen Leser/innen, die ihre Leseerfahrungen in der Sekundärliteratur oder in einigen durchgeführten Interviews geäußert haben, beobachtet und darüber hinaus für die modellhafte Größe der literarischen Leser/innen postuliert werden, wie diese Rezipient/inn/en die Wahrnehmung der Repetitionen in ihren Leseprozess integrieren. Dadurch werden die behandelten Texte weniger als Dubletten, sondern eher als eine Fortsetzungsgeschichte gelesen.

Im Dialog mit den vorliegenden christlichen und jüdischen Interpretationen werde ich Gen 26 als eine Segensgeschichte deuten, die als ein wichtiges Scharnier zwischen dem Avraham- und dem Jaakov-Esaw-Zyklus fungiert. Die Gefährdungs- und Brunnenstreitgeschichte ist m.E. eine entscheidende Station auf der mit Gen 12 beginnenden „Segenslaufbahn“[1] der Erzväter bzw. der fremden Könige Pharao und Avimelech. Dieser gemeinsame Weg von sich immer wieder entzündenden Konflikten bis zur Gemeinschaft im Segen und zum Friedensschwur zwischen Jizchak und Avimelech, dem ‚Theologen aus den Heiden‘, soll in Teil C nachgezeichnet werden, bevor in Teil D die Ergebnisse auf die methodischen Reflexionen zurück bezogen und mit einigen Ausblicken verbunden werden.

1 Jacob, Genesis, 558.

A Die Wiederholung als literarisches Phänomen

1. Von Dubletten, Doppelüberlieferungen und Wiederaufnahmen

Das Phänomen der Wiederholung von Texten, Textteilen, Sätzen, Wortverbindungen oder Worten spielt zunächst einmal in der literarhistorischen Fragestellung eine herausragende Rolle. Denn neben der Wahrnehmung von Spannungen, Brüchen und anderen Verstößen gegen die Logizität gelten Dubletten, Doppel- oder Parallelüberlieferungen als ein Kennzeichen für Inkohärenz und werden vielfach als Hinweise auf verschiedene Traditionen, Quellen oder Bearbeitungsschichten gewertet. Nach einem kurzen Blick auf die Textkritik werde ich in diesem Kapitel als anschauliche Beispiele für die literargeschichtliche Betrachtung von Repetitionen (Abschnitt a) die sog. „Doppelüberlieferungen"[1] und (b) die Wiederaufnahme betrachten und dabei den Übergang von der literarhistorischen Fragestellung zur erzähltechnischen Analyse nachzeichnen.

Ist die Repetition eines Wortes oder einer Wendung zu beobachten, so hat die Exegetin oder der Exeget nach dem Methodenkanon der alttestamentlichen Wissenschaft zunächst zu prüfen, ob die Wiederholung *textkritisch* zu erklären ist. Handelt es sich bei der Wiederholung eines Wortes um eine versehentliche Verdopplung (Dittographie)[2]? Oder stellt ein Textzeuge auf der Satzebene absichtlich eine Repetition her? Der Samaritanische Pentateuch und die Septuaginta z.B. bieten viele Wiederholungen, die über den Masoretischen Text hinausgehen. In den Augen der Textkritik ‚harmonisieren' diese beiden Versionen durch Zufügungen, weil sie der Auffassung zu sein scheinen, dass ein Text so vollständig wie möglich sein

---

1 Vgl. z.B. Zimmerli, Genesis, 25.

2 Vgl. etwa Jes 30,30 und die ‚Dittographie' in 1QJes[a]. S. dazu Tov, Text, 198. An diesem Beispiel werden zugleich die Schwierigkeiten deutlich, die mit der Deutung einer Repetition als Doppelschreibung verbunden sein können. „Definitionsgemäß kommt demjenigen Text, der die Dittographie nicht enthält, in der Bewertung die Priorität zu", hält Tov (ebd.) zwar fest. Theoretisch ist es jedoch auch möglich, dass die Wiederholung eines Wortes beabsichtigt ist – in diesem Fall als *figura etymologica*.

soll.[1] Die Textkritik hat in diesen Fällen die Aufgabe, die Repetitionen rückgängig zu machen, um den ursprünglichen Text wiederherzustellen[2].

Nach denselben Prinzipien verfährt die *Literarkritik*, wenn sie das Erscheinen einer Wiederholung als einen möglichen Hinweis auf Unstimmigkeiten im Text betrachtet, die als ein Indiz mehrere Verfasser gewertet werden können. So bezeichnet Wolfgang Richter in seiner Methodologie „Exegese und Literaturwissenschaft" (1971) „Doppelungen und Wiederholungen" als das erste und „wichtigste Kriterium" für die Frage, ob ein Text einheitlich ist oder nicht.[3] Dieses Kriterium bezieht sich auf Abschnitte von Texteinheiten[4] und auf einzelne Satzreihen oder Sätze[5], es lässt sich aber auf ganze Texteinheiten anwenden, die zwei- oder mehrfach „gleich oder ähnlich"[6] repetiert werden. Als Beispiel hierfür nennt Richter die beiden Schöpfungsberichte in Gen 1-3 und jene Geschichten von der Gefährdung der Ahnfrau, mit denen wir uns in dieser Arbeit beschäftigen werden.

a) Beispiel Doppelüberlieferungen

Wenden wir uns jenen drei Erzählungen in Gen 12, 20 und 26 zu, an denen häufig die Notwendigkeit der historisch-kritischen Fragestellung und ihr Umgang mit dem Phänomen der Wiederholung demonstriert wird. Die große Ähnlichkeit der drei Geschichten lässt viele Leser/innen fragen, ob der mehr oder weniger selbe Vorfall dreimal passiert sein soll, oder ob es einem Schriftsteller zuzutrauen ist, dass er ein und dasselbe Ereignis in drei verschiedenen Erzählungen wiedergibt.

Als ein historisch-kritischer Exeget, der diese Irritation zum Ausgangspunkt seiner *Quellenkritik* macht, sei Otto Eißfeldt (1922)[7] herausgegriffen.

1 Ein gutes Beispiel dafür ist Ri 16,13f.: Während der Masoretische Text innerhalb einer Wiederholung Lücken lässt, die der Leser bzw. die Leserin füllen kann, erzählt die Septuaginta möglichst ausführlich und wiederholt auch dasjenige, was der Masoretische Text nicht noch einmal berichtet. Die Züricher- und die Einheitsübersetzung bieten die Fassung der Septuaginta, die Elberfelder Übersetzung dagegen orientiert sich am Masoretischen Text. Vgl. dazu auch Sternberg, Poetics, 272f.

2 Vgl. z.B. Steck, Exegese, 37f.

3 Richter, Exegese, 51.

4 Richter, Exegese, 52 nennt als Beispiel die unterschiedliche Schilderung der Einsetzung Sauls in 1 Sam 11,6; 9,1-10,15 und 10,17ff.

5 Vgl. etwa Ex 3f.

6 Richter, Exegese, ebd.

7 Eißfeldt, Hexateuchsynopse.

Er ist der Ansicht, dass die vielen im Pentateuch mehrfach vorkommenden „Erzählungen, Erzählungsmotive[...] und Notizen [...] unmöglich einem Erzähler zugetraut werden können, sondern auf zwei oder drei mehr Hände verteilt werden müssen“[1]. Die Geschichte von der Gefährdung der Ahnfrau gehört zu den etwa 50 mehrfach vorkommenden Elementen, aus denen Eißfeldt die „parallel laufenden Fäden“ des Pentateuchs rekonstruiert. Manchmal sind die „Dubletten“ seiner Ansicht nach dadurch entstanden, dass die eine Erzählung der anderen als Vorlage gedient hat, manchmal sind die Texte aus unbekannten Quellen oder aus der mündlichen Tradition den großen Pentateuchquellen „zugeflossen“[2]. Bei den Geschichten von der Gefährdung Saras bzw. Rivkas ist, wie oft, nicht zu entscheiden, wie die Texte in die jahwistische, die elohistische und die Laienquelle (in ihr ist die älteste Version aufgenommen) geraten sind, in denen sie nun parallel nebeneinander stehen:

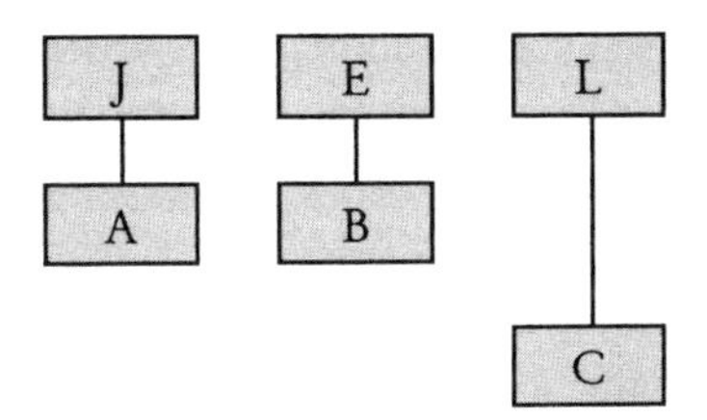

Die Anstößigkeit der Mehrfachüberlieferungen ist in diesem quellenkritischen Modell dadurch aufgelöst, dass die Repetitionen als durch die Genese der Texte bedingt erklärt werden. Damit wird die Wiederholung letztlich als die Entscheidung der biblischen Redaktoren beschrieben, ähnliche Erzählungen unterschiedlicher Herkunft beim Zusammenarbeiten der Quellen nebeneinander stehen zu lassen. Die historische Exegese betrachtet es dabei als ihre Aufgabe, einerseits die Elemente der einzelnen Erzählung im Hinblick auf ihr mögliches Alter zu vergleichen und andererseits die Geschichten im Kontext der rekonstruierten Quellen zu interpretieren, in denen es diese problematischen Wiederholungen nicht mehr gibt.

Auch Klaus Koch (1971), der anhand des besonderen „Glücksfall[s]“ dieser dreifachen Tradierung die *formgeschichtliche Methode* demonstrieren will, geht zunächst von der Widersprüchlichkeit aus, dass in Gen 12, 20 und 26 ein sehr ähnliches Ereignis dreimal erzählt wird.

1 Eißfeldt, Hexateuchsynopse, 6.
2 Eißfeldt, Hexateuchsynopse, 12.

„Es ist unwahrscheinlich, daß ein und dasselbe Ehepaar zweimal in eine so seltsame Situation gerät und der Mann auch beim zweiten Mal die gleiche Notlüge bzw. Mentalreservation vorschützt, obwohl er damit schon einmal hereingefallen ist. [...] Isaak müßte doch wohl die Erlebnisse seines Vaters kennen, sollte er trotzdem die gleichen Dummheiten machen? Abimelech kennt doch die Sippe und die Art ihrer Aufführung, dennoch läßt er sich wieder täuschen? (Ebenso unwahrscheinlich ist – falls wir die Erzählung als Sage und nicht als historischen Bericht nehmen –, daß solche *Doppelung* der Peinlichkeiten den Vorfahren angedichtet wird.)“[1]

Weil Koch sich also keinen Verfasser vorstellen kann, der eine derart peinliche Geschichte wie die Preisgabeerzählung auch noch verdoppelt und weil ihm die „Abweichungen in den drei Erzählungen [...] nicht den Eindruck [machen], bewußt oder absichtlich entstanden zu sein“[2], spricht nach Koch alles gegen eine literarische Abhängigkeit und für eine Erklärung dieser „Doppelüberlieferungen“ aus der mündlichen Vorgeschichte der Texte. Dabei geht der formgeschichtliche Forscher davon aus, dass die drei „Versionen“, die letztlich „auf eine gemeinsame Urerzählung zurückgehen“[3], „im Verlauf der mündlichen Wiedergabe [...] vermutlich in verschiedenen Gegenden, vielleicht zu verschiedenen Zeiten“[4] zu jenen selbstständigen Einheiten[5] geworden sind, als die sie schließlich in die Quellen eingingen.

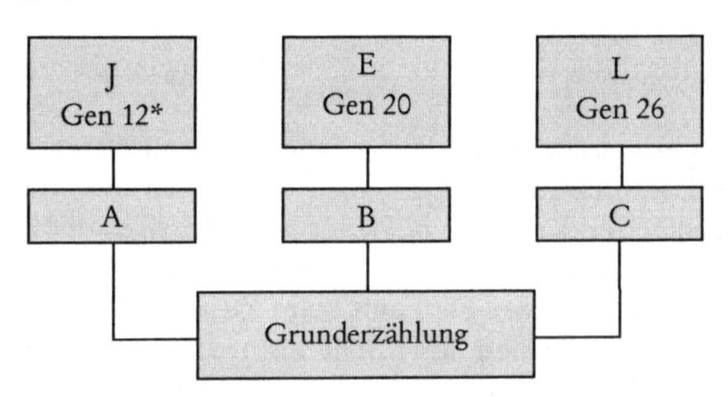

1 Koch, Formgeschichte, 149f. (Hervorhebung im Original). Vgl. auch Boecker, Genesis III, 30, bezogen auf Gen 12 und Gen 20.

2 Koch, Formgeschichte, ebd.

3 Koch, Formgeschichte, 150.

4 Koch, Formgeschichte, ebd.

5 Eine ähnliche überlieferungsgeschichtliche Analyse bieten Keel, Texte, 123ff.; Weimar, Ahnfraugeschichten, 67. Keller, Gefährdung, 181-191, betont die Eigenständigkeit der drei Erzählungen, und auch Niditch, Underdogs, 23-69, wehrt sich gegen übereilte Schlüsse auf literarische Abhängigkeiten zwischen den drei Texten.

Weil weder ein „Weg vom Augenzeugen zum Berichterstatter“[1], noch irgendeine Datierung erkennbar ist, will Koch diese Erzählung nicht als einen historischen Bericht bezeichnen, sondern bestimmt die Gattung dieses Textes als „Sage“. Er warnt aber sogleich vor einem „vulgären Mißverständnis von Sage als einer phantastischen, primitiven, deshalb ‚unwahren‘ Sache“[2]. Wenn die Sage auch nicht von historischen Ereignissen berichtet, so ist sie doch in dem Sinne historisch, als sie zum einen „die Luft jener Zeit atmet, von der sie berichtet“ – die Zeit „vor der Seßhaftwerdung der späteren israelitischen Stämme“[3]. Zum anderen lässt die Form der Sage ihren ursprünglichen, geschichtlichen Sitz im Leben als die mündliche Darbietung am Lagerfeuer durchscheinen, wo die Geschichte von jenen Vorfahren erzählt wurde,

> „die sich auf einen Stammvater Isaak zurückführen und im südlichen Palästina mit Kleinviehnomaden umherzogen. Die Gefährdung der Ahnfrau wird von Männern erzählt worden sein, etwa am Abend vor den Zelten, wenn die Herden versorgt waren und die Kinder schliefen“[4].

Zur Geschichtserzählung, etwa zur spannenden Episode auf Saras und Avrahams Weg von der Kinderlosigkeit zum Segen der Nachkommenschaft, ist die Geschichte erst durch die redaktionelle Eingliederung in das jahwistische bzw. elohistische Werk geworden.

Versucht Koch die Wiederholungen *überlieferungsgeschichtlich* zu erklären, so weisen andere Exeget/inn/en auf die Entsprechungen zwischen den Ahnfrau-Geschichten hin und schließen daraus auf eine literarische Abhängigkeit, was auch Eißfeldt erwogen hatte. Als älteste Variante wird dabei entweder Gen 12[5] oder Gen 26 betrachtet, und komplexere Entstehungsmodelle erheben aus Gen 20 oder Gen 26 Schichten, von denen die übrigen Texte oder Teile von ihnen abhängen:[6]

---

1 Koch, Formgeschichte, 145.
2 Koch, Formgeschichte, 146.
3 Koch, Formgeschichte, 156.
4 Koch, Formgeschichte, ebd.
5 In jüngerer Zeit sind immer mehr Forscher der Ansicht, dass Gen 26 von Gen 20 und 12,10-20 abhängig ist: Vgl. Van Seters, Abraham, 175-183; Berge, Zeit, 77-114; Boase, Life, 323;
6 Nach Weimar, Untersuchungen, 79-107, hängt von 26,6.7*.8f. Gen 20 und 12,10-20 ab.
Von der Priorität von Gen 26,1-11(*) gegenüber den übrigen Versionen gehen aus: Wellhausen, Prolegomena, 317 Anm. 1; ders:; Composition, 23; Holzinger, Genesis, 176; Noth, Überlieferung, 113ff.; Lutz, Isaac, 141.147f.; Zimmerli, Genesis, 25.96; Kilian, Abrahamsüberliefungen; 213ff.; Schulz, Todesrecht, 101 (dieser versteht 12,17 als eine talionsrechtliche Umformung der Drohung in 26,11 und 20,7 als Anspielung auf

bzw.:

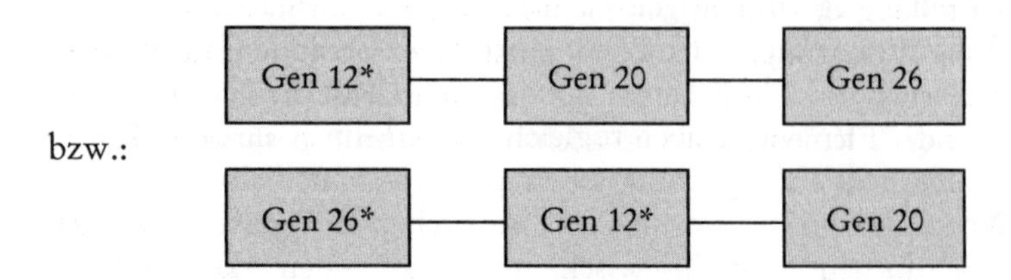

Im Laufe der Zeit ist die Geschichte von der Preisgabe der Ahnfrau zu einem Lehrbuchbeispiel für die Interpretation ähnlicher Erzählungen als Doppel- oder Parallelüberlieferungen geworden, wie etwa eine 1998 in dritter Auflage erschienene, von dreizehn namhaften Alttestamentler/inne/n herausgegebene Einleitung in das Alte Testament[1] zeigt. Auch hier dienen die Geschichten in Gen 12, 20 und 26 als Beispiel für „Wiederholungen und Doppelungen", die neben „sachliche[n] und terminologische[n] Spannungen bzw. Widersprüche[n], [...] syntaktische[n] Brüche[n]" und „konkurrierende[n] Vorstellungen" literarkritische „Indizien für einen vielschichtigen Entstehungsprozeß" des Pentateuchs sind.[2]

Dabei ist es in der literarhistorischen Exegese *opinio communis*, dass nicht jede Wiederholung als ein Hinweis auf die Inkohärenz eines Textes gewertet werden kann. Richter z.B. macht die Einschränkung, dass nur dort von Wiederholungen gesprochen werden kann, wo formal-sprachlich repetiert wird, und man nicht von Inhaltsabstraktionen ausgehen sollte.[3] Auch liegt dann keine Doppelung vor, wenn der Verfasser die Wiederholung eines Satzes absichtlich einsetzt, um einen Text zu gliedern (Wiederholung als „Stilmittel"[4]) oder wenn eine Wendung wiederholt und anders fortgeführt wird.[5] Damit aber eröffnet sich innerhalb der literargeschichtli-

26,11, s. aaO., 103); Eißfeldt, Hexateuch-Synopse, 12; Maly, Genesis 12, 260f.; Scharbert, Genesis, 129; Nomoto, Entstehung, 25; Rendtorff, Problem, 32f.
Gen 12,10-20 halten für die älteste Fassung: Gunkel, Genesis, 1910, 226; Skinner, Genesis 364f.; Proksch, Genesis, 100.156; Mowinckel, Erwägungen, 100; Van Seters, Abraham, 167-191 (mit einer Spätdatierung von J, vgl. auch ders., Prologue, 5 und passim, zu J als einem nach-priesterschriftlichen Prolog zum dtr Werk); Petersen, Tale, 30-43; Westermann, Genesis I, 516f.; ders., Anfang, 151; Albertz, Isaak, 293..
Nach Thiel, Genesis 26, 256, hat „12,10-20 den Handlungsinhalt, 26,6-14* das ‚Gehäuse' der Handlung (Personen, Ort, Situation) treuer bewahrt".

1 Zenger, Einleitung.
2 Zenger, Einleitung, 88.
3 Vgl. Richter, Exegese, 53.
4 Vgl. Richter, Exegese, 55.
5 Vgl. Richter, Exegese, 54.

chen Fragestellung der Raum für nicht-literargeschichtliche und z.B. erzähltechnische Erklärungen des Phänomens Wiederholung. Diese Offenheit der literarhistorischen Erforschung hin zu anderen Erklärungsmodellen repetierender Elemente wird im nächsten Abschnitt besonders deutlich werden.

b) Beispiel Wiederaufnahme

Um die Repetition von Sätzen oder Teilsätzen geht es bei der sog. „Wiederaufnahme" – ein Begriff, den Curt Kuhl (1952) geprägt hat. Kuhl geht von der Beobachtung aus, dass es im Alten Testament „eine stattliche Anzahl von Wiederholungen gibt", die nicht als poetische Stilmittel oder „aus den besonderen Stilgesetzen der hebräischen Erzählungskunst" verständlich sind und mit denen man daher „im Textzusammenhang nichts Rechtes anzufangen weiß"[1]. Bedenkt man, so fährt Kuhl fort, dass der Text des Alten Testaments „nicht gerade in gutem Zustande überliefert ist" und „Lücken", „Beschädigungen", vor allem aber „Hinzufügungen" von „einzelnen Wortglossen bis hin zu umfangreichen Erweiterungen"[2] aufweist, so lässt sich für viele Wiederholungen eine Erklärung finden: Kuhl erblickt im Alten Testament mindestens 150 Wiederholungen, die er als „Wiederaufnahmen" interpretiert. D.h., ein Bearbeiter hat ein neues Textstück eingefügt und wiederholt unmittelbar danach den Satz oder die Wendung vor der Erweiterung, um den Anschluss an den Text wiederzugewinnen. Zwar darf man das Prinzip, solche Wiederanschlüsse als Hinweise auf eine sekundäre Erweiterung zu deuten, nicht schematisch anwenden,

> „[i]mmerhin aber scheint uns mit der Wiederaufnahme ein einigermaßen brauchbares und in etwa objektives Hilfsmittel gegeben zu sein, besser in das Verständnis mancher schwieriger Textstelle einzudringen und spätere Zusätze und Ergänzungen leichter zu erkennen"[3].

Ein Einschub ist für Kuhl dadurch ausfindig zu machen, dass er „gänzlich unwichtig" scheint, „nicht in den Zusammenhang"[4] gehört, ihn „sprengt"[5],

1 Kuhl, Wiederaufnahme, 2.
2 Kuhl, Wiederaufnahme, 1.
3 Kuhl, Wiederaufnahme, 11.
4 Kuhl, Wiederaufnahme, 5.
5 Kuhl, Wiederaufnahme, 6.

„fehl am Platze“[1] oder „nicht übermäßig geschickt“ ist bzw. „stilistisch unerträglich“[2] wirkt.

Der Gedanke, dass ein Textteil zwischen zwei gleich oder ähnlich lautenden Formulierungen als eine Hinzufügung betrachtet werden kann, ist freilich nicht neu. Schon Julius Wellhausen (1886) erklärte z.B. Gen 12,10-20 mit ähnlichen Argumenten wie Kuhl als einen späteren Einsatz.

> „Wie vor 12,10-20, so befinden wir uns auch hinterher in Kap. 13 in Bethel. [...] Bloss um Anschluss an die Erzählung des Jahvisten zu erreichen [...], muss Abraham wieder zurück nach Bethel [...] In 13,4 sind wir genauso weit wie in 12,8, und selbst die Worte von 12,8 werden in 13,4 wiederholt. [...] In den Versen 12,9.13,1.3.4 ist die Naht zu erkennen, wodurch der Einsatz dem ursprünglichen Bestande aufgeheftet wurde.“[3]

Gen 12,10-20 enthält sozusagen einen Exkurs, was an den Entsprechungen zwischen den Versen unmittelbar vor dieser Episode und kurz nach ihr deutlich wird. Vergleichbare Beobachtungen hat Harold Wiener 1929 an Texten zwischen Ri 2,11 und 1 Kön 2,26 gemacht und als „resumptive repetition“ beschrieben:

> „Where an editor desired to incorporate something, he frequently inserted it, and then resumed the original narrative, repeating the last phrase before the break with more or less accuracy.“[4]

Kuhl hat Wieners Studien 1929 wahrgenommen[5] und für das, was hier beschrieben ist, den deutschen Begriff der Wiederaufnahme geprägt. Da das von Kuhl formulierte literarkritische Prinzip der Wiederaufnahme als Hinweis auf eine Erweiterung überaus einfach und einleuchtend erscheint, verwundert es nicht, dass bis heute damit gearbeitet wird.[6]

Seit den Arbeiten von Wiener und Kuhl ist die Wiederaufnahme Gegenstand weiterer Untersuchungen. Im Mittelpunkt des Interesses steht dabei die Frage, ob es neben diesen ‚sekundären‘ Wiederaufnahmen auch solche gibt, die der Autor aus bestimmten Gründen beabsichtigt hat, und ob sich Kriterien bestimmen lassen, nach denen man ‚originale‘ und ‚nachträgliche‘ Wiederaufnahmen voneinander unterscheiden kann.

---

1 Kuhl, Wiederaufnahme, 6.9.

2 Kuhl, Wiederaufnahme, 7.

3 Wellhausen, Composition, 23. Zu 12,10-20 als Einschub vgl. auch Kessler, Querverweise, 61 mit Anm. 1 (Lit.).

4 Wiener, Composition, Zit. Person, Reassassment, 239.

5 Kuhl hat die o.a. Monographie Wieners in ThLZ 52 (1929) rezensiert. Vgl. Talmon, Synchroneität, 66 Anm. 10.

6 Man vergleiche z.B. die zahlreichen Genesis-Kommentare, in denen Gen 38 nicht zuletzt aufgrund der Wiederaufnahme von 37,36 in 39,1 als sekundärer Zusatz betrachtet wird:

Isac Leo Seeligmann (1962)[1] etwa rechnet neben den Wiederaufnahmen, die „eindeutig und unumstritten eine Einlage fremder Herkunft“[2] rahmen, damit, dass „die Wiederaufnahme auch nach einer Digression in einer und derselben Quelle vorkommen“[3] kann. Dem folgt Wolfgang Richter (1971) in seiner oben genannten Methodologie und macht darauf aufmerksam, dass die Wiederaufnahme, die er „Ringkomposition“[4] nennt, sowohl ältere als auch jüngere Stücke einbauen kann. Wurde umgekehrt zu einem schon bestehenden Stück eine Einleitung und ein Schluss zugefügt, so spricht Richter von einem „Rahmen“[5].

Klare Kriterien, um eine redaktionelle Wiederaufnahme zu identifizieren, möchte Urban C. von Wahlde (1983)[6] aufstellen. Danach gilt zum einen: Je ungeschickter, funktionsloser und je ausladender eine solche Wiederholung ist, desto größer ist auch die Wahrscheinlichkeit, dass sie redaktionell ist. Zum anderen muss das unterbrechende Material inkonsistent sein oder sich mit dem Kontext widersprechen, und der Text muss ohne die angenommene Einfügung logisch erscheinen. In dieselbe Richtung wie Seeligmann und von Wahlde geht Moshé Anbar (1988)[7], indem er zwischen „reprises orginales“[8] als integralem Bestandteil des Textes und „reprises secondaires“ unterscheidet, bei denen die eingeschaltete Passage und die Wiederaufnahme den Text unterbrechen.[9] Die genannten Autoren führen Kuhls Ergebnisse insofern ein Stück weiter, als sie eindeutig auch mit originalen, d.h. vom Autor geschaffenen Wiederaufnahmen rechnen und z.T. präzisere Kriterien für sekundäre Wiederaufnahmen nennen.

Shemaryahu Talmon (1978) dagegen sucht nicht nach Kriterien für sekundäre Wiederaufnahmen, sondern nach narratologischen Erklärungen. Er arbeitet heraus, dass ein Autor mit Hilfe der Wiederaufnahme die Gleichzeitigkeit verschiedener Handlungen darstellen kann.[10] In 1 Sam

1 Seeligmann, Erzählung.
2 Seeligmann, Erzählung, 315.
3 Seeligmann, Erzählung, 316. Als Beispiel führt Seeligmann Gen 43,17b-24a an.
4 Richter, Exegese, 70f.
5 Richter, Exegese, 71.
6 Von Wahlde, Wiederaufnahme.
7 Anbar, Reprise.
8 Dass originale Wiederaufnahmen schon ein Jahrtausend vor den biblischen Schriften im Alten Orient vorkamen, demonstriert Anbar anhand von Texten aus Mari (Reprise, 393).
9 Anbar, Reprise, 398.
10 Als andere Möglichkeiten zur Darstellung von Gleichzeitigkeit führt Talmon u.a. die Verknüpfung mit adverbialen Bestimmungen an: בעת ההיא, oder ויהי בעת + Infinitiv, ויהי ב + Infinitiv, ויהי כאשר + finites Verb, עד zwischen zwei Infinitiven, והנה

28,1-29,1 z.B. präsentiert uns der Erzähler synchrone Ereignisse: Als sich die Philister gegen Israel versammeln (28,1), verpflichtet Achisch David zum Beistand (VV.1b.2), und Saul geht in seiner Angst zu der Totenbeschwörerin von En-Dor (VV.7-25) - während sich die Philister immer weiter versammeln und erst bei Schunem (V.4), dann bei Afek lagern (29,1). Diese „literarische Methode des ‚Einspleißens'"[1] beschränkt sich jedoch, wie z.B. 1 Sam 4f. zeigt, nicht auf die Darstellung von Simultaneität. Auch nach anderen Einschüben wird der Erzählfaden durch eine Wiederaufnahme weitergeführt, wie schon Raschi und Nachmanides bemerkten[2].

Philip Quick (1993) bestimmt die „resumptive repetition" als ein kohäsives Repetitionselement[3] und kommt zu einer differenzierten Klassifizierung der Wiederaufnahme, indem er sie nach der Art der Abschweifung unterscheidet: Es gibt Ereignis-Digressionen, wodurch - ganz im Sinne Talmons - die Gleichzeitigkeit von Geschehnissen ausgedrückt wird, sowie Nicht-Ereignis-Digressionen, die Gelegenheit für Rückblicke, Vorausdeutungen, neue Informationen, Zitate oder Erklärungen bieten.[4] Man könnte auch sagen: die Ereignis-Digression ist eine Abschweifung auf der Erzählebene, die Nicht-Ereignis-Digression eine Abschweifung auf der Diskursebene Erzähler - Leser/innen. Quick hat das Phänomen der Wiederholung nicht nur in Gen 1-15, sondern auch außerhalb der Bibel in einer größeren Zahl von Sprachen untersucht und kommt dabei zu dem Ergebnis, dass die Wiederaufnahme eine allgemein-sprachliche Erscheinung[5] ist. Aus diesem Grund spricht sich Quick dagegen aus, die Wiederaufnahme als literarkritisches Kriterium zu benutzen. Die Wiederaufnahme ist ein „natural linguistic phenomenon"[6], das sich in mündlicher und schriftlicher Sprache nur graduell unterscheidet.

---

zwischen zwei Verben (Synchroneität, 63), oder auch die syntaktische Struktur Imperfekt (konsekutiv) - Perfekt wie z.B. in Gen 4,3-5 (Synchroneität, 63ff.).

1 Talmon, Synchroneität, 76.

2 Talmon, Synchroneität, 68.

3 Quick, Resumptive Repetition, unterscheidet in seiner „Taxonomy of Repetition" zwischen auf „prominence" ausgerichteten Typen der Repetition (Chiasmus, Ellipse, Emphase, Hendiadyoin, Paraphrase, Sandwich-Strukturen, repetitives Motiv) und solchen, die auf die Herstellung von Kohäsion abzielen: Überlagerung, Wiederaufnahme und Tail-head Transitions (291).

4 Quick, Resumptive Repetition, 300f.

5 Quick, Resumptive Repetition, 289f. und passim.

6 Quick, Resumptive Repetition, 310.

Quicks Ergebnisse konvergieren weitgehend mit denen von Raymond Person (1996)[1], der die Wiederaufnahme als eine Variante des Neuansatzes („restart“) ansieht: In der mündlichen Kommunikation lässt sich beobachten, dass Wiederaufnahmen häufig vorkommen, wenn Redende unterbrochen werden und mit den letzten Worten vor der Störung wieder neu beginnen.[2] Etwas Vergleichbares zeigt sich in der Literatur, dort vor allem an der Unterbrechung der direkten Rede durch einen Erzählerkommentar oder durch ein Ereignis.[3] Wenn moderne oder antike Autoren die Technik der Wiederaufnahme nutzen, so schließt Person, dann stellen sie damit etwas dar, was ein Merkmal der alltäglichen mündlichen Kommunikation ist.

Insgesamt kann man sagen, dass sich die Stimmen mehren, die einer literarkritischen Verwertung der Wiederaufnahme eher skeptisch gegenüber stehen. Aus der Wiederaufnahme als literarkritischem Prinzip bei Kuhl wird bei Seeligmann, Richter, von Wahlde, Anbar (und Person) ein Textphänomen, das für die Literargeschichte von Bedeutung sein kann, aber nicht muss. Nachdem Talmon eine neue Interpretationsmöglichkeit für die Wiederaufnahme als Darstellungstechnik für Simultaneität von Ereignissen eingebracht hat, spricht sich Quick sogar grundsätzlich gegen die literarkritische Verwertung der Wiederaufnahme aus – durch Talmon und Quick wird der Diskurs um den Begriff der Wiederaufnahme bereits über die literarhistorische Fragestellung hinausgeführt.[4]

---

1 Person, Reassassment. Es scheint, dass beide unabhängig voneinander zu diesen Schlüssen gekommen sind, zumindest bezieht sich Person an keiner Stelle in diesem Aufsatz auf Quick.

2 Vgl. Person, Reassassment, 241-243.

3 Vgl. Person, Reassassment, 243-245.

4 Mit der „syntaktischen Wiederaufnahme“ betrachtet Behrens, Grammatik, eine Form der Repetition, bei der die syntaktische Struktur eines Satzes wiederholt wird. Man könnte dieses Phänomen auch in Unterscheidung von der Kuhl'schen Terminologie ‚syntaktische Repetition‘ nennen.
Nicht-literargeschichtlich behandelt auch Bar-Efrat, Narrative Art, 215f., die Wiederaufnahme und die ähnliche Struktur „envelope“.

c) Auswertung: Von der literargeschichtlichen Fragestellung zur Erzähltechnik

Der Ausgangspunkt für die literarhistorische Interpretation der Wiederholung ist darin zu sehen, dass Repetitionen oft als eine Unstimmigkeit im überlieferten Text gewertet werden. Daher wird eine Wiederholung nicht auf der Ebene des gegebenen Textes, sondern durch Hypothesen über die Entstehung des Textes erklärt. Repetitionen sind entweder textkritisch interpretierbar, oder aber als eine Notlösung späterer Bearbeiter und Redaktoren zu betrachten, die mehrere Varianten eines Textes nebeneinander bewahren wollen (Doppelüberlieferungen) bzw. nach einem Einschub den Anschluss wiedergewinnen müssen (Wiederaufnahme). Wenn dabei dem Autor bzw. dem Erzähler eine bewusste Wiederholung nicht zugetraut wird, dann wirkt sich darin eine Ästhetik der Originalität aus, die Repetitionen keinen ästhetischen Wert beimisst.

Die literar- und redaktionskritische Verwertung von Repetitionen wird allerdings an bestimmte Kriterien geknüpft: Ein literarkritisches Kriterium können allenfalls formal-sprachliche Repetitionen sein, nicht aber Wiederholungen, die aufgrund von Inhaltsabstraktionen beobachtet oder vom Verfasser absichtlich eingesetzt wurden (Richter)[1]. Speziell Wiederaufnahmen sind kein literarkritisches Kriterium an sich, sondern höchstens dann, wenn die Einfügungen schief zum Kontext stehen (Seeligmann, von Wahlde, Anbar). Oft lässt sich eine Wiederaufnahme aber auch als Mittel des Autors begreifen, der die Simultaneität des Geschehens darstellen (Talmon, Quick) oder eine Erzählereinrede (Quick) einfügen will.

Besonders anhand der Wiederaufnahme konnten wir beobachten, wie aus der literarhistorischen Exegese heraus die Frage nach nicht-literargeschichtlichen Erklärungsmustern entsteht. Das macht deutlich, wie eng beide Interpretationswege miteinander verknüpft sind, nicht zuletzt, weil auch eine literarhistorische Auslegung stets von Wahrnehmungen auf der Ebene des vorliegenden Textes ausgeht und zudem ein – durch die besondere Entstehung des Textes zustande gekommenes – Textmerkmal gleichzeitig eine literarische Bedeutung für den gegebenen Text gewinnen kann. Ohne damit ausschließen zu wollen, dass Wiederholungsstrukturen das Produkt von Bearbeitern und Redaktoren sind, werde ich in den folgenden Kapiteln vor allem den Faden der erzähltechnischen Analyse weiterführen. Nachdem ich die verschiedenen Zugangsweisen zu narrativen Texten dar-

1 Vgl. Richter, Exegese, 53-55.

gestellt habe, werde ich mich eingehender mit den Formen und Funktionen von Wiederholungen befassen und die dabei gewonnenen Differenzierungen auf Gen 26 und die Kotexte anwenden. Das Ziel ist dabei eine Lektüre, bei der die sog. Mehrfachüberlieferungen in Gen 12, Gen 20f. und Gen 26 – in Anlehnung an Richters Kriterien – nicht von vornherein abstrahierend als die zwei- oder dreifache Präsentation ‚derselben Geschichte'[1] verstanden werden. Vielmehr soll geprüft werden, ob sich ein kohärentes Verständnis von Gen 12-26 in der vorliegenden Form bilden lässt.

1 Vgl. Westermann, EdF, 39.

2. Alttestamentliche Erzählforschung

Die alttestamentliche Erzählforschung beginnt im deutschsprachigen Raum mit Hermann Gunkels Genesis-Kommentar, der vor ungefähr hundert Jahren in der ersten Auflage erschienen ist. Dieses Werk ist insofern ein Meilenstein in der Erforschung narrativer Bibeltexte, als Gunkel zum einen detailliert die Erzähltechnik der Genesis-Texte beschreibt und zum anderen durch ihre Bestimmung als „Sagen" den Anstoß zur überlieferungsgeschichtlichen Fragestellung gibt – eine der wichtigsten Strömungen in der alttestamentlichen Exegese des 20. Jahrhunderts.

Dabei ist die Wirkungsgeschichte des Gunkelschen Ansatzes im deutschen Sprachraum allerdings merkwürdig zweigeteilt: Während man Gunkel in der deutschsprachigen alttestamentlichen Wissenschaft als den Begründer der Überlieferungs- und Formgeschichte vielfach rezipiert hat, wurde seine umfassende und detaillierte Analyse der Erzählstrukturen in den Genesis-Texten hierzulande jedoch kaum aufgenommen oder weiterentwickelt. Auch ein Jahrhundert nach der ersten Auflage von Gunkels Genesis-Kommentar bleibt dessen Einleitungskapitel die ausführlichste deutschsprachige Einführung in die Formen alttestamentlichen Erzählens. Deutlich anders verhält es sich im anglo-amerikanischen Raum, in dem inzwischen eine große Zahl von Einführungen in die alttestamentliche Erzähltechnik erschienen ist[1].

Gunkel gewährt in seinem Kommentar nicht nur einen kongenialen Einblick in viele narrative Elemente der Genesis-„Sage", sondern entwirft damit zugleich ein ästhetisch fundiertes Verstehensmodell – zwei Momente, die in dieser Arbeit aufgenommen werden sollen. Daher erscheint (Abschnitte a-b) eine *relecture* der einleitenden Kapitel von Gunkels Genesis-Kommentar hier lohnend: Welche Merkmale alttestamentlicher Erzähltechnik arbeitet Gunkel heraus? Welche hermeneutischen Konsequenzen zieht Gunkel aus seiner Bestimmung der Genesis-Erzählungen als „Sagen"? Inwiefern entwirft er eine narrative Ästhetik, und welche Verbindungen lassen sich von dort aus zu neueren narratologischen Ansätzen ziehen? Und, bezogen auf das Leitthema des ersten Teils dieser Arbeit: Wie analysiert er das Phänomen der Wiederholung, insbesondere anhand der hier behandelten Texte in Gen 12, 20 und 26?

---

1 Robert Alter, Adele Berlin, Meir Sternberg, Mieke Bal, Shimon Bar-Efrat, Jean Louis Ska, David M. Gunn/Danna Nolan Fewell, Meir Weiss und Peter D. Miscall sind in diesem Zusammenhang vor allem zu nennen.

An die Betrachtung der Gunkelschen Erzählforschung wird sich (c-e) ein Abschnitt über die neuere Erzählforschung anschließen. Dort wird deutlich werden, um welche Kriterien sich die narrative Interpretation biblischer Texte erweitert hat und wie innerhalb dieser neuen Ansätze Wiederholungen analysiert werden.

a) Hermann Gunkel: Die Genesis erzählt Sage

„Erzählt die Genesis [...] Geschichte oder Sage?" (XI)[1] Mit dieser rhetorischen Frage beginnt Hermann Gunkel 1901 seinen Kommentar zur Genesis. Bereits die Überschrift zum ersten Kapitel enthält die berühmte Antwort: „Die Genesis ist eine Sammlung von Sagen" (ebd.).

Allgemein ist unter einer Sage eine volkstümliche und ursprünglich mündlich erzählte Geschichte zu verstehen. Was diese Gattung näher ausmacht, arbeitet Gunkel heraus, indem er die Genesis-Sagen zunächst in den Gegensatz zur „Geschichtsschreibung" bringt: Die Geschichtsschreibung ist „keine angeborene Kunst des menschlichen Geistes", sondern setzt einen bestimmten Grad geistiger „Entwickelung" (XI), die Fähigkeit zur „Objektivität" (ebd.), die Kraft der Reflexion, „Übung der Schrift"(XII), ja, „eine Art von wissenschaftlichem Betrieb" (ebd.) und einen „irgendwie organisierten Staat" (XI) voraus, denn Gegenstand der Geschichtsschreibung sind „die grossen öffentlichen Ereignisse" (ebd.). An Geschichtsschreibung ist die Bedingung geknüpft, dass sich bei „jeder Nachricht, die als glaubwürdige geschichtliche Erinnerung auftritt, [...] ein Weg denken lassen [muss], der von den Augenzeugen der berichteten Tatsache bis zum Berichterstatter führt" (XIII).

Für die „volkstümliche Tradition" (ebd.) der Sagen trifft dies alles nicht zu:

> „Die unkultivierten Völker schreiben nicht Geschichte; sie vermögen es nicht, ihre Erlebnisse objektiv wiederzugeben [...]. Was sie erleben, verfärbt sich ihnen unter der Hand, Erfahrung und Phantasie mischt sich; und nur in poetischer Form, in Liedern und Sagen vermögen sie es, geschichtliche Begebenheiten darzustellen." (ebd.)

---

1 Gunkel, Genesis, ²1902, XI (Seitenangaben im Text). Zunächst benutze ich diese – mit der ersten Auflage identische – Ausgabe, die Gunkel z.B. noch ohne die Kenntnis von Olriks berühmtem, 1909 erschienenen Aufsatz über „Epische gesetze der volksdichtung" herausgegeben hat. Zu wichtigen Veränderungen in der dritten Auflage des Genesis-Kommentars 1910 vgl. unten.

Sagen entbehren jeder wissenschaftlichen Objektivität, sie werden nicht schriftlich, sondern von Mund zu Ohr überliefert, haben keine historischen, von Augenzeugen verbürgten Ereignisse zum Inhalt (XIII), sondern bieten Anekdoten, erzählen Persönliches und Privates. Die Weltsicht der Sagen ist keine prosaische, sondern eine poetische: Nicht selten berichten uns Sagen Dinge, „die uns u n g l a u b w ü r d i g sind“: Nicht nachvollziehbare etymologische Erklärungen, merkwürdige Schöpfungsvorstellungen, sprechende Tiere – vieles „halten wir nach unserer modernen historischen Weltanschauung [...] für ganz unmöglich“ (XIV).

Die hermeneutische Konsequenz: Ästhetisches Empfinden

Aus unserer Weigerung, „an solche Erzählungen zu glauben“ (XV), erwächst aber ein hermeneutisches Problem. Denn dadurch stehen wir modernen Rezipient/inn/en in der Gefahr, die antiken Sagen in „unverständiger Weise [...] mit Lüge“ zu verwechseln. Doch „Sage ist nicht Lüge, sondern vielmehr eine besondere Art von Dichtung“ (XII)! Die „Poesie“ der volkstümlichen Erzählungen hat eben „eine andere Wahrscheinlichkeit, als die im prosaischen Leben gilt“ (XIV). Erst dadurch gewinnt die Sage für Gunkel ihren besonderen ästhetischen Wert: Sie ist „ihrer Natur nach Poesie, sie will erfreuen, erheben, begeistern, rühren“ (XVI). Hieran merken wir, dass Gunkel uns nicht nur einen nüchternen Kriterienkatalog alttestamentlicher Narrativik präsentieren will. Vielmehr versucht er uns für den „poetischen Reiz“ dieser Texte empfänglich zu machen, damit sie ihre Wirkung entfalten können:

> „So muss derjenige, der solchen alten Erzählungen gerecht werden will, einen Sinn für ästhetisches Empfinden haben, um einer Erzählung abzulauschen, was sie ist, und was sie sein will. [...] Wer aber ein Herz hat und empfinden kann, der muss merken, dass es z. B. der Geschichte von Isaaqs Opferung nicht darauf ankommt, gewisse historische Tatsachen festzustellen, sondern der Hörer soll den herzzerreissenden Schmerz des Vaters mitempfinden, der sein eigen Kind mit eigener Hand opfern soll, und dann seine unendliche Dankbarkeit und Freude, als Gottes Gnade dies schwere Opfer ihm erlässt. Wer aber den eigentümlichen poetischen Reiz dieser alten Sagen erkannt hat, der ärgert sich über den Barbaren – und es gibt auch fromme Barbaren –, der diese Erzählungen nur dann würdigen zu können meint, wenn er sie für Prosa und Geschichte hält.“ (ebd.)

Die Geschichten der Genesis zielen nicht darauf ab, geschichtliche Informationen zu übermitteln, sondern wollen die Rezipienten, z.B. mit Avraham in Gen 22, mitfühlen lassen und sie auf diese Weise in die Erzählwelt gleichsam hineinziehen.[1] Wer sich dem nicht verweigert, wird die Genesis-Geschichten vielleicht mit Gunkel für die „schönsten und tiefsten" Sagen halten, „die es je auf Erden gegeben hat" (ebd.).

Damit wird das ästhetische Leseerlebnis zur Aufgabe der alttestamentlichen Wissenschaft:

> „[W]ir sind der Meinung, dass wer an der künstlerischen Form dieser Sagen achtlos vorübergeht, nicht nur sich selbst eines hohen Genusses beraubt, sondern auch die wissenschaftliche Aufgabe, die Genesis zu verstehen, nicht vollkommen erfüllen kann; vielmehr ist es eine vollberechtigte Frage der Wissenschaft, worin die eigentümliche Schönheit dieser Sagen bestehe, eine Frage, deren Beantwortung zugleich tief in den Inhalt und auch in die Religion der Genesis einführt." (XXVIIIf.)

Ein Wissenschaftler, der die Genesis verstehen will, muss zunächst lernen, die „Schönheit" ihrer Erzählungen wahrzunehmen. Erst dadurch wird es ihm möglich, den „Inhalt" und „die Religion der Genesis" im Kern zu begreifen. Eine ästhetische Haltung gegenüber den Erzählungen wird zur hermeneutischen Voraussetzung für die wissenschaftliche Arbeit an der Genesis. Wir können sie nur dadurch erreichen, dass wir uns zunächst den ursprünglichen ‚Sitz im Leben' der Erzählungen vor Augen halten:

> „Demnach haben wir die Genesis in erster Linie in der Gestalt zu betrachten, in der sie in mündlicher Tradition existiert hat. Wollen wir die Sagen verstehen, so müssen wir uns die Situation vor Augen malen, in der sie erzählt worden sind. [...] Die gewöhnliche Situation aber, an die wir zu denken haben, ist diese: am müssigen Winterabend sitzt die Familie am Herde; die Erwachsenen und besonders die Kinder lauschen gespannt auf die alten, schönen, so oft gehörten und immer wieder begehrten Geschichten aus der Urzeit. Wir treten hinzu und lauschen mit ihnen." (XXXI)

Wer sich in diese mündliche Erzählsituation einfindet und mit den Kindern die spannenden Geschichten hört, der versteht: „Erzähler und Hörer haben die Sagen für ‚wahre' Geschichten gehalten." Denn in der Unmittelbarkeit der Rezeption von Erzählungen gibt es keine Unterscheidung zwischen ‚Wahrheit' und Fiktion, sondern nur eine Sphäre der Glaub-Würdigkeit. Das „folgt auch aus den Sagen selbst, die in vollem Ernste gegenwärtige tatsächliche Verhältnisse begründen" (XXX).

1 Vgl. auch Auerbach, Mimesis, 17.

Die Form der Sagen: Kürze, Klarheit und Plausibilität

Die ursprüngliche Kommunikationssituation bestimmt weitgehend die Form der Sagen, Gattung und Sitz im Leben bedingen sich wechselseitig. Die Erzähler gehen auf den Geschmack und die begrenzte Auffassungskraft ihrer Hörer/innen ein, zu denen „besonders die Kinder" (XXXI) zählen. Kürze, Klarheit und Plausibilität sind daher die wichtigsten Merkmale der Sagen.

Erzählt wurde jeweils nur eine kurze Sage.

> „Wenn dann die Erzählung zu Ende ist, dann ist zugleich die Phantasie des Hörers gesättigt und seine Auffassungskraft erschöpft. Und höchstens dürfen wir uns vorstellen, dass die Hörer, wenn die Geschichte aus ist, so wie unsere Kinder dieselbe Erzählung noch einmal begehren." (XXXIV)

Nach einer Geschichte macht der Erzähler eine Pause, damit sich die Phantasie seiner Hörer/innen „erholen kann" (XXXII). Die Kürze der Sagen ist nicht nur ein „Zeichen der Armut dieser alten Kunst", sondern zugleich ein besonderer Vorzug, weil der Erzähler „seine ganze poetische Kraft an kleinsten Punkten" konzentriert und „so eine starke Wirkung" erreicht (XXXIV).

Jede Sage ist „für sich ein Ganzes; sie beginnt mit einem deutlichen Anfang, sie schliesst mit einem leicht erkennbaren Schlusse" (ebd.), und zwar „sofort, wenn die gewollte Pointe erreicht ist" (XXXXV). Aus der klaren Abgrenzung der Einzelsagen „ergiebt sich für die Exegese die praktische Konsequenz, jede Einzelsage zuerst immer aus sich zu erklären" (ebd.).

> Je kürzer, klarer und „selbständiger eine Erzählung ist, je sichrer ist sie in alter Form erhalten" (ebd.). Erst „später stellen Sammler mehrere solcher Sagen zusammen, oder gestalten Dichter daraus grössere künstlerische Gebilde". Die Sagen werden ausführlicher, bis sie irgendwann die epische Breite der „Novelle" erreichen (LIII), aus den Einzelsagen werden „Sagenkränze". Weil die alten, in ihrer Schlichtheit so wirkungsvollen Sagen z.B. durch „Umarbeitungen", „Zusätze", „kurze erzählende Notizen", „Weglassungen" (LX) verändert wurden, hat der Exeget die Aufgabe, soweit noch „das Ursprüngliche zu erkennen" ist (XXXXVI), dies alles rückgängig zu machen, um die alten Sagen zu rekonstruieren.

Die Erzähler schildern die Sagen ohne jeden Schmuck und „mit den einfachsten Ausdrücken [...]. Eben in dieser Stille und Kargheit des erzählenden Stils besteht zum grossen Teil die uns so anmutende, schlichte Schönheit der alten Erzählungen" (XXIX).

Für „Einfachheit und Übersichtlichkeit" sorgt der Erzähler auch bei der Präsentation der Personen. Es treten mindestens zwei Personen auf (XXXV), die nacheinander gezeigt werden (XXXVI) und deutlich in

Haupt- und Nebenpersonen zu unterscheiden sind (ebd.). Zudem wird „in sehr vielen Fällen, wo eine Mehrheit auftritt, diese als Einheit" behandelt (XXXV).

Die Darstellung dieser Personen ist „nach unseren" modernen „Begriffen merkwürdig karg" (XXXVII). Ist der Erzähler schon „überaus sparsam in der äusseren Beschreibung der Personen", so findet man erst recht sehr „wenig Aussagen über das Seelenleben der Helden" (XXXIX), etwa über die Motive ihres Handelns. Gunkel stellt sich vor, dass dieses „innere Seelenleben" der Personen in der ursprünglichen Erzählsituation nonverbal dargestellt wurde:

> „An diesem Punkte müssen wir uns erinnern, dass wir hier mündlich erzählte Geschichten vor uns haben. Zwischen Erzähler und Hörer giebt es noch ein anderes Band als das der Worte; da spricht der Ton der Stimme, das Mienenspiel oder etwa eine Handbewegung mit; Freude und Schmerz, Liebe, Zorn, Eifersucht, Hass, Rührung und alle die anderen Stimmungen seiner Helden, die der Erzähler mitempfand, teilte er so, ohne ein Wort zu sagen, seinen Hörern mit" (XXXXI).

Gunkel benennt damit einen wesentlichen Unterschied zwischen mündlicher und schriftlicher Kommunikation: Während in der mündlichen Kommunikationssituation der Erzähler die Interpretation des Erzählten mit mannigfachen Mitteln mitbestimmen kann, bleibt bei einem schriftlichen Text vieles davon offen und liegt nun an den Rezipienten: „Unserer Exegese aber erwächst die Aufgabe, das geistige Leben, das der Erzähler nicht ausdrücklich dargestellt hat, zwischen den Zeilen zu lesen." (ebd.)

Einen besonderen Schwerpunkt legen die alttestamentlichen Geschichten auf die erzählten Handlungen und Reden: Gunkels Wahrnehmung nach versteht der Erzähler „es ausgezeichnet, gerade diejenige Handlung herauszufinden, die für den geistigen Zustand seines Helden am charakteristischsten ist" (XXXXI).

Eine andere Möglichkeit, einen Blick auf das Innenleben freizugeben, bietet die Rede (XXXXII). Dabei werden zwei Reden derselben Person hintereinander vermieden, und vielfach reden Personen nicht, wo der moderne Erzähler sie sprechen lassen würde. Weil der Erzähler aber alles der Handlung unterordnet, sind Reden, „die die Handlung selbst nicht weiter fördern", nicht aufgenommen. Der Erzähler spricht „kaum jemals ausdrücklich ein Urteil über die Personen oder ihre Taten" aus, Gunkels Ansicht nach deshalb, weil er nicht in der Lage ist, „über psychologische Vorgänge ausdrücklich zu reflektieren" (XXXXIX).

Die Handlungsverläufe müssen überaus stringent und plausibel sein. „Man beachte, wie in solchen Fällen jedes folgende Glied an das vorhergehende anknüpft, wie jedes vorhergehende als die natürliche Ursache oder wenigstens als die Voraussetzung des folgenden erscheint." (XXXXV) Dadurch werden die Geschichten „mehr oder weniger spannend" (XXXXVII). Auch wir können uns von der Kunst der Erzähler gefangen nehmen lassen, die mit „wunderbarer Eleganz, mit bestrickender Grazie [...] das ihnen gesteckte Ziel zu erreichen" wissen (XXXXVIII).

Ein solches Ziel, eine solche Pointe kann z.B. in einer Ätiologie bestehen. „Die Sagen sind [...] nicht einfach freie Erfindungen der Phantasie, vielmehr hat die Sage vielfach gewisse Daten, die durch Anschauung, Tradition oder Reflexion gegeben waren, aufgenommen und verarbeitet." (XXXXVII) Gunkel findet in den Sagen der Vätergeschichten durchaus auch historische Elemente: „Stammesgeschichtliche Motive etwa (XIXf.), geschichtliche Ereignisse in den von Gunkel so genannten historischen Sagen (XXIII), ätiologische Erklärungen von Völkerverhältnissen, Namen, Gottesdienstformen oder Örtlichkeiten in ethnologischen (ebd.), etymologischen (XXIV), kultischen (XXV) oder geologischen Sagen (XXVII). Zu vielen Sagen gehört konstitutiv dazu, dass sie einen historischen Anlass durchschimmern lassen. Greifen lässt sich dieses geschichtliche Element jedoch kaum mehr:

„Die Sage hat die historischen Erinnerungen poetisch umsponnen und ihre Umrisse verdeckt, die dichtende Phantasie hat aus ihrem Eigenen allerlei hinzugefügt und so Historisches und Poetisches zu einem für unsere Blicke einheitlichen Gewebe zusammengesponnen." (XXI)

Auch wenn er viele Sagen für sehr alt hält, erteilt Gunkel dem Wunsch nach historischer Rekonstruktion des in ihnen Dargestellten eine klare Absage und schließt sich eher der diesbezüglichen Skepsis Wilhelm Martin Leberecht de Wettes und Julius Wellhausens an. Stärker noch wertet Gunkel in der Überarbeitung des Genesis-Kommentars von 1910 die Anteile der Phantasie zumindest im Hinblick auf die Vätersagen, wenn er formuliert:

„Fassen wir alle diese Beobachtungen, die mehr oder weniger für jede alte Sage gelten, in ein Bild zusammen, so kommen wir zu dem Urteil, daß die in den Vätersagen behandelten Sagenstoffe im ganzen weder historischer noch ätiologischer Herkunft sind. Viele der Erzählungen oder Erzählungsstoffe müssen [...] als schöne Geschichten längst umgelaufen sein und werden ihrem Ursprung nach reine Gebilde der Phantasie sein." (Gunkel, Genesis, 1910, XXVI)

Dieser gewagte Satz musste eine Provokation bedeuten, da die weitaus meisten Forscher zwischen 1850 und 1950[1] einen deutlichen Schwerpunkt auf die Suche nach einem ‚geschichtlichen Kern' in den Erzelternerzählungen legten[2]. Verweist Gunkel damit nicht „die ehrwürdigen Patriarchenge-

---

1 Westermann, EdF, 3.

stalten des Alten Testaments in das Reich der Phantasie"[1]? Und auch heute noch empfinden es viele religiöse Rezipient/inn/en als Diskreditierung eines biblischer Textes, wenn dieser als Sage bezeichnet wird. So hatten wir im vorhergehenden Kapitel gesehen, dass Klaus Koch seine Leser/innen bitten muss, „Sage" nicht mit „Lüge" gleichzusetzen. Wir konnten jedoch feststellen, dass Gunkel die Erzählungen der Genesis mit dieser Bestimmung keineswegs abwerten möchte. Vielmehr möchte er uns an den Schauplatz der ursprünglichen Erzählsituation geleiten und uns dort die Schönheit der poetischen Geschichten vor Augen führen. Er will zu einer Haltung einladen, die den Texten der Genesis auch unabhängig von ihrem ‚historischen Gehalt' Wertschätzung entgegenbringt.

Soviel zur mündlichen Überlieferungsphase der Sagen. Wie kam es aber zur Verschriftung der Sagen? Im fünften Kapitel des Kommentars verbindet Gunkel die Überlieferungsgeschichte mit der klassischen Urkundenhypothese: Nachdem aus uns nicht bekannten Gründen „die Zunft der Erzähler [...] aufgehört hatte", wurden die getreulich aufgezeichneten Sagen in den „Sammlungen des Jahvisten (J) und Elohisten (E)" schriftlich fixiert. In einem späteren Stadium kam der „Priesterkodex (P)" hinzu, durch den eine „tiefgreifende Umarbeitung" stattfand (LXXI).

Variation und Wiederholung

Das Thema Wiederholung begegnet in der Einleitung zum Genesis-Kommentar an zwei Stellen, an denen Gunkel von Variationen bzw. Varianten spricht.

Zum einen betrachtet Gunkel die Variation als ein Merkmal, das sich innerhalb von Geschichten findet. „Viele der Sagen lieben es, dasselbe Mo-

2 In unterschiedlicher Weise wurden die Vätergeschichten in der zweiten Hälfte des 19. und in der ersten Hälfte des 20. Jh.s geschichtlich interpretiert: Wellhausen erklärt die Vätergeschichten als Rückprojektionen aus der Königszeit; Klostermann, Kittel und Stade suchen den historischen Kern in der Stammesgeschichte. Die These, dass die Genesis eine Sagen-Sammlung ist, bedeutet aber nicht nur eine Provokation gegenüber vielen konservativen und liberalen Alttestamentlern des ausgehenden 19. Jh.s, sondern hebt sich auch gegenüber den Deutungen der religionsgeschichtlichen Forscher ab, die nach Gunkel in den Vätergeschichten Dokumente babylonischer und kanaanäischer Mythologie sehen (Winckler, Jeremias, Baentsch, Jensen), die aus der Genesis die authentische Väterreligion rekonstruierten (Alt) oder die durch die *external evidence* der Archäologie die Geschichtlichkeit der Vätergeschichten zu erweisen versuchen (Skinner, Albright, Cazelles u.a.). Vgl. dazu Westermann, EdF, 2ff.

1 A. Eberharter (1914) bei Westermann, EdF, 3.

tiv mannigfaltig zu variieren. [...] Dabei gilt es als Regel, ganz entgegen unserem Stilgefühl, dass mit der Sache auch der Ausdruck wiederholt wird, so dass sich oft dasselbe Wort wie ein roter Faden durch die Geschichte zieht." (XXXXVI)

Zum anderen sind die Varianten, also die Darstellungen von ähnlichen Erzählungen, besonders wichtig, weil man Gunkels Ansicht nach gerade an ihnen die „Geschichte der Überlieferung der Sagen der Genesis in mündlicher Tradition" verfolgen kann (LIII). Die „Gedanken der Menschen", die „Religion", die „sittlichen Ideale" und „der ästhetische Geschmack" (ebd.) ändern sich mit der Zeit – und damit auch die Sagen.

> „Hier also bieten uns die Sagen einen überaus wichtigen Stoff zur Erkenntnis der Wandlungen im Volke: eine ganze Geschichte der religiösen, sittlichen und ästhetischen Urteile des alten Israel lässt sich aus der Genesis schreiben. Will man diese Geschichte studieren, so setzt man zweckmässig bei den *Varianten* ein. Es ist der Sage wie der mündlichen Tradition charakteristisch, dass sie in Form von Varianten existiert. Jeder, so treu er auch sei, und besonders jeder besondere Kreis und jede neue Zeit, erzählt die überlieferte Geschichte etwas anders." (LIX)

Am ausführlichsten erläutert Gunkel am Beispiel der drei Ahnfraugeschichten, wie seiner Meinung nach aus den Sagen z.B. eine „Geschichte der *Sittlichkeit*" (LXV) zu rekonstruieren ist: Ursprünglich wurden die Vätersagen mit einer großen „*Freude* an den Gestalten der Väter" erzählt und gehört. Was wir heute als anstößig empfinden, war in alter Zeit

> „nicht bedenklich, sondern vielmehr ein Anlass des Vergnügens und der Begeisterung gewesen. [...] Man kann hier unmöglich übersehen, welche Rolle List und Betrug in den Vätersagen spielen, und wie sich das alte Volk darüber amüsiert hat und sich für uns so selber charakterisiert. Nun sehen wir an vielen Beispielen, wie die spätere Tradition an unseren Geschichten Anstoss nahm, sie umdeutete oder umbildete und das Bedenkliche hinwegzuschaffen versuchte, so gut es eben ging. Am deutlichsten ist das in den Varianten der Sage von der Ahnfrau: hier haben Spätere die ganze Geschichte, die ihnen offenbar höchst bedenklich vorkam, umgestaltet und z. B. Abrahams Lüge in eine Mentalreservation verwandelt (20_{12}), die schimpflichsten Geschenke, die der Erzvater für Sara empfängt, als eine Ehrenerklärung umgedeutet (20_{16}), ja schliesslich seinen Reichtum von Jahves Segen abgeleitet (26_{12} ff.); so ist auch die Deportation Abrahams (12_{20}) in ihr Gegenteil verwandelt worden (20_{15}, [...]) u.a." (LXVf.)

Doch mit der Entwicklung eines zunehmenden „sittlichen" Gefühls geht die Ursprünglichkeit der alten Sagen verloren.

> „Die alte Zeit hat sich sicherlich an den Vätern *gefreut*, aber sie hat sie *nicht für Heilige gehalten* und ganz harmlos von ihnen erzählt, was freilich nicht eben ideal ist. [...] Dergl. hat die spätere, ‚geistlich' empfindende Zeit nicht mehr ertragen; diese Zeit hat vielmehr in den Vätern stets *Muster der Frömmigkeit* gesehen und zwar der hochgesteigerten, zarten Frömmigkeit, die dies Geschlecht besass. Dadurch ist in das Bild der Väter eine eigentümliche Dissonanz gekommen: derselbe Abraham, der seinen Sohn Ismael ins Elend gestossen hat (21_{14}), der kein Beden-

ken hat, Sara dem fremden Könige preiszugeben und gar Geschenke für sie annimmt (12_{10} ff.), das soll derselbe sein, der das hohe Beispiel des Glaubens für alle Zeiten ist! [...] Wir lösen diese Dissonanz auf, und wir befreien diese Sagen von dem hässlichen Verdacht der Unwahrhaftigkeit, wenn wir erkennen, dass die verschiedenen Töne aus verschiedenen Zeiten entstammen. – Die alte Zeit hat auch kein Bedenken getragen, hie und da das Recht der Fremden den Vätern gegenüber unbefangen zuzugeben: so Pharaos Recht gegenüber Abraham (12_{18}f.) [...]! Israelitischer Patriotismus war damals noch so gesund, dass er dergl. vertrug. Aber die spätere Zeit mit ihrer überstiegenen, einseitigen Verehrung des ‚Volkes Gottes' ertrug es nicht, dass die Väter einmal Unrecht gehabt haben könnten. So sieht man, wie einer der Erzähler sich Mühe giebt, zu zeigen, dass Abraham doch Abimelech gegenüber nicht ganz im Unrecht sei (in der Rede $20_{11\text{-}13}$E [...])." (LXVIf.)

Gunkel empfindet eine „eigentümliche Dissonanz" z.B. zwischen dem vorbildhaften und dem keineswegs ideal erscheinenden Avraham. Diese „Dissonanz" löst Gunkel dadurch auf, dass er die „verschiedenen Töne [...] verschiedenen Zeiten" zuordnet. Dabei wirkt ein Dekadenzschema: Die Erzähler der alten Zeit konnten noch freimütig Geschichten erzählen, in denen Avraham kein Heiliger war und auch den Fremden ihr Recht zugestanden wurde. Einen nicht mehr gesunden israelitischen „Patriotismus" als eine übertriebene und „einseitige Verehrung [...] des Volkes Gottes" macht Gunkel als Grund dafür aus, dass die Vätersagen zunehmend an Ideale von Sittlichkeit und Frömmigkeit angepasst wurden, und gerät damit an die Grenze zum Antijudaismus.

Ähnlich wie wir dies im ersten Kapitel bei Koch und anderen gesehen haben, erklärt auch Gunkel einander vergleichbare Erzählungen dadurch, dass er sie in verschiedenen geschichtlichen Kontexten entstanden sieht. Die „Varianten" wurden zu unterschiedlichen Zeiten erzählt und lassen ihr je eigenes Wertesystem deutlich werden. Die Urwüchsigkeit der Sagen ging in dem Maße verloren, in dem sich neue religiöse, sittliche und ästhetische Maßstäbe herausbildeten.

Ein weiteres Beispiel für Gunkels Umgang mit dem Phänomen der Wiederholung zeigt sich in der bearbeiteten Fassung des Genesis-Kommentars 1910. Nach der zweiten Auflage 1902 hat Gunkel eine Reihe von alttestamentlichen und literaturwissenschaftlichen Beiträgen zur Erforschung von Sagen, Märchen und anderer „Volksliteratur" rezipiert und die Ergebnisse in die dritte Auflage aufgenommen[1]. Als 1909 der Aufsatz „Epische gesetze der volksdichtung" von Axel Olrik erscheint, kann Gunkel zahlreiche verblüffende Parallelen zu den alttestamentlichen Sagen feststellen.[2] So

1 Vgl. z.B. die Anmerkungen in Genesis, 1910, XX, XXVf., XXVIII, XXX, LXXI.

2 „Wer Olriks Aufsatz mit dem oben Vorgetragenen vergleicht, wird zu seiner eigenen Verwunderung bemerken, wie richtig Olriks Behauptung (S.1) ist, daß es bestimmte

findet er viele narrative Merkmale, die er an den Erzählungen der Genesis beobachtet hat, in den von Olrik formulierten Gesetzmäßigkeiten wieder, und kann diese Aspekte z.T. mit neuen Begriffen beschreiben.[1]

Interessant ist dabei, in welcher Weise Gunkel das von Olrik genannte „gesetz der widerholung" aufnimmt bzw. gerade nicht aufnimmt. Eine Bezugnahme aus Olriks Passage zur Wiederholung erscheint in Gunkels Genesis-Kommentar von 1910 unter dem Stichwort der „Weitläufigkeit"[2]: Die „alten Erzählungen" waren kurz und knapp, die Josefsge-

---

‚epische Gesetze' aller Volksdichtung gibt, die in der ‚gemeinsamen Geistesanlage' der primitiven Völker begründet sind. Die zukünftige Arbeit an den alttestamentlichen Erzählungen wird darauf gerichtet sein müssen, diese allgemein gültigen Gesetze zu erkennen; eine spätere Zeit möge dann dasjenige hervorheben, was der israelitischen Erzählungskunst eigentümlich ist." (Genesis, 1910, LI Anm.)

1 Im Einzelnen sieht Gunkel an diesen Punkten Verbindungen zwischen Olriks und seinen Ergebnissen: (1) Es erscheinen im Alten Testament „im allgemeinen" (Genesis, 1910, XXXVI Anm.), in Olriks Sagen „immer [...] nur zwei Personen auf einmal auf der Bühne" (Olrik, Gesetze, 5). (2) Es gibt in den alttestamentlichen Sagen immer eine formale Hauptperson" (Gunkel, Genesis, 1910, XXXVII) – auch für Olrik ist das „höchste gesetz der volksüberlieferung [...] die concentration um eine hauptperson" (Olrik, Gesetze, 10, vgl. dazu das Zitat bei Gunkel, Genesis, 1910, XXXVII Anm. und LII). (3) In der dritten Auflage von 1910 fügt Gunkel einen Absatz über das von Olrik beobachtete „gesetz des gegensatzes" (Olrik, Gesetze, 6) ein: Auch in alttestamentlichen Sagen werden„zwei Haupthandelnde gern gegensätzlich gegenübergestellt" (Gunkel, Genesis, 1910, XXXVIII), von Kain und Abel bis zu Josef und seinen Brüdern. (4) Olrik stellt wie zuvor Gunkel heraus, welche große Bedeutung die Handlung für die Sagen hat: Jede „eigenschaft der personen und der dinge muss sich in handlung aussprechen, sonst ist sie nichts" (Olrik, Gesetze, 8). (5) In einer Anmerkung nennt Gunkel das bei Olrik so genannte „gesetz des abschlusses" (Olrik, Gesetze, 2f.), „wonach die Sage nach der Schlußbegebenheit die aufgeregte Stimmung noch auf die eine oder andere Weise besänftigt. Dies entspreche dem „Eingangsgesetz", demzufolge die Sage „nicht mit bewegter Handlung anfängt, sondern vom Ruhigen zum Bewegten emporsteigt" (Gunkel, Genesis, 1910, XLV). (6) Die Beobachtung, dass die Sagen der Genesis straff geschlossene Ketten von Ereignissen präsentieren, bringt Gunkel (XLVI) mit Olriks Gesetz der Einsträngigkeit und der epischen Einheit in Zusammenhang: „jeder zug würkt darauf hin, eine begebenheit hervorzubringen, deren möglichkeit der hörer gleich am anfang gesehen hat und niemals aus dem auge verliert" (Olrik, Gesetze, 10). (7) Was die eigene Wirklichkeit der Sagen anbelangt, formulierte Gunkel schon in den ersten beiden Auflagen des Genesis-Kommentares: „Freilich ist die Wahrscheinlichkeit, die diese alten Erzähler erstrebten, eine andere, als von der wir sprechen" (Gunkel, Genesis, 1910, XLVII) Ähnlich Olrik: „Die sage hat ihre logik. [...] diese logik der sage ist nicht immer mit der natürlichen welt commensurabel" (Olrik, Gesetze, 9). (8) Wenn Gunkel der Ansicht ist, dass die Geschichten stark „stilisiert" (L) sind, kann er auch da auf Olrik verweisen: „unsere volkspoesie ist formelhaft gebunden in weit höherem grade, als man gewöhnlich denkt" (Olrik, Gesetze, 11).

2 Gunkel, Genesis, 1910, LIII.

schichte oder Texte wie Gen 20 oder Gen 24 zeigen jedoch eine „epische Breite", in der sich ein „neuer Geschmack" auszusprechen scheint:

> „Da finden wir eine Fülle von langen Reden, von Selbstgesprächen, von weitläufigen Schilderungen der Situationen und von Auseinandersetzungen der handelnden Personen. Da liebt es der Erzähler, das bereits Berichtete in Form der Rede noch einmal zu wiederholen."[1]

Auf der folgenden Seite in einer Anmerkung referiert Gunkel als Beleg dafür eine Beobachtung von Olrik:

> „die neuere Dichtung schildert durch Ausmalen der einzelnen Teile die Größe und Bedeutung der Sache; die Volkspoesie, der diese lebendige Fülle fehlt, wäre mit der Schilderung sehr bald fertig; um das zu vermeiden, hat sie nur einen Ausweg, die Wiederholung."[2]

Schon hier ergibt sich insofern eine gewisse Spannung zwischen Gunkels Ausführung und dem Beleg bei Olrik, als Gunkel einen Gegensatz zwischen den ursprünglich knappen Sagen und dem späteren, novellistischen und wiederholungsreichen Stil postuliert, wohingegen Olrik die Wiederholung als konstitutives Merkmal („gesetz") der Sagen bzw. der Volkspoesie beschreibt. Der Unterschied zwischen Gunkel und Olrik wird noch deutlicher, wenn man sich die folgende Passage bei Olrik anschaut, die Gunkel nicht mehr aufnimmt:

> „überall wo die dichtung eine wirkungsvolle scene erfunden hat und der zusammenhang eine widerholung gestattet, wird sie widerholt. das ist nicht nur für die spannung, sondern auch für die fülle der dichtung notwendig. Es gibt eine steigernde widerholung und eine schlichte widerholung, aber ohne widerholung kann die vollere sage nicht auskommen."[3]

Die Wiederholung ist ein Element, das in der Volkspoesie für die „spannung" und die „fülle der dichtung" unabdingbar ist und daher nach Olriks Beobachtung so oft eingesetzt wird, wie es möglich ist.

Dass Gunkel auf das hierin ausgeführte Gesetz der Wiederholung nicht eingeht, scheint signifikant: Für Gunkel sind Wiederholungen in Sagen kein literarisch-ästhetisches Stilmittel, sondern entweder durch das Nebeneinander verschiedener mündlicher Varianten entstanden – oder aber sie sind in novellistischen Texten zu finden, die einem späteren Geschmack entsprechen und seinem Empfinden nach in der Gefahr stehen, „vor übergrosser Breite uninteressant zu werden"[4]. Gegenüber Olriks Beschreibung

1 Gunkel, Genesis, 1910, LIII.
2 Gunkel, Genesis, 1910, LIV Anm.
3 Olrik, Gesetze, 3f.
4 Gunkel, Genesis, 1910, LIII.

der Wiederholung als einem geradezu notwendigen Bestandteil einer Sage setzt sich mit Gunkel die literargeschichtliche Sicht durch, nach der die Wiederholung als etwas nicht Ursprüngliches, sondern Sekundäres und Defizitäres betrachtet wird. Die neuere alttestamentliche Erzählforschung wird andere Möglichkeiten entwickeln, Wiederholungen zu interpretieren.

b) Auswertung: Narrative Unmittelbarkeit

Die erzähltechnische Erforschung des Alten Testaments beginnt wesentlich mit dem 1901 erschienenen Genesis-Kommentar von Herrmann Gunkel. Die Geschichten der Genesis werden darin als „Sagen" bezeichnet, deren Sitz im Leben die abendliche Erzählgemeinschaft am Lagerfeuer und deren Träger das einfache Volk ist. Die von einer eigenen, poetischen Wirklichkeitsauffassung geprägten Geschichten wollen keine Historiographie sein – auch wenn viele von ihnen einen historischen Kern haben mögen. Indem Gunkel die Sagen der Genesis scharf von der Geschichtsschreibung unterscheidet, schafft er einen Freiraum, in dem diese Erzählungen – unabhängig von ihrer vermuteten Historizität – ihr ureigenes narrativ-ästhetisches Potential entfalten können. Die Aufgabe der alttestamentlichen Wissenschaftler besteht darin, sich in die Poesie der Sagen einzufühlen und in den formalen Kennzeichen (Kürze, Klarheit und Übersichtlichkeit) ihre unverbildete Schönheit schätzen zu lernen. Dies impliziert jedoch eine Abwertung ‚späterer' und stärker ausgearbeiteter Erzählungen: In ihrer Ausführlichkeit und ihrem Wiederholungsreichtum sowie in ihren neuen sittlich-religiösen Wertmaßstäben zeigen ‚novellistische' Geschichten (wie etwa der Josef-Zyklus) für Gunkel Merkmale von Dekadenz. Während Gunkel 1909 bei Olrik wahrgenommen hat, dass es ein konstitutives Element der Sagen ist, möglichst viele Wiederholungen zu verwenden, formuliert er für die alttestamentlichen Erzählungen kein „gesetz der widerholung"[1]. In Blick kommen bei Gunkel lediglich die Wiederholung innerhalb eines Textes als „roter Faden"[2], die Variation von Motiven oder die Analyse von Varianten wie Gen 12,10-20, Gen 20 und Gen 26 als Zeugnisse verschiedener moralischer und ästhetischer Entwicklungsstadien.

Wie ist Gunkels Beschreibung der Genesis als Sammlung von Sagen nun kritisch zu würdigen? Welche seiner Annahmen lassen sich heute

---

1 Olrik, Gesetze, 3, im Original gesperrt.
2 Gunkel, Genesis, 1902, XXXXVI.

nicht mehr halten? An welchen Punkten könnte Gunkel auch die narrative Analyse von Bibeltexten nach wie vor befruchten?

Zunächst gilt es, Gunkels Ansatz ideengeschichtlich einzuordnen, wozu der folgende Exkurs zur Sagenforschung dienen soll.

Exkurs I: Die ältere und neuere Sagenforschung

Unverkennbar steht Gunkel in der romantischen Tradition, die – als eine Gegenbewegung zum Rationalismus der Aufklärung – nach unverfälschten Äußerungen des ursprünglichen, einfachen Lebens sucht und sich dabei z.B. der Volkspoesie zuwendet. Vor Gunkel bestimmte bereits Johann Gottfried Herder 1792 in seiner Schrift „Vom Geist der ëbräischen Poesie" die Erzählungen des Alten Testaments als Volksdichtung. Die „Naturpoesie" der Hebräer betrachtet Herder als die älteste erhaltene Literatur der Menschheit. Dass neben dem Lied, dem Gedicht und dem Märchen die Sage ein im Volk verankertes und lange mündlich überliefertes Genre ist, findet Gunkel bereits bei Herder vor. Und wenn Herder fordert, sich in die „Denkart und Empfindung" dieser in ihrer Schlichtheit so wundervollen Hirtengedichte einzufühlen, so ist Gunkels ästhetische Hermeneutik darin bereits wesentlich vorgebildet.

Gunkel hat nicht nur Herder rezipiert – auch die ‚Sagenforschung' der Brüder Jacob und Wilhelm Grimm war zu seiner Zeit weithin bekannt. Die Gebrüder Grimm haben einen großen Anteil an der Wertschätzung der mündlich tradierten Volkspoesie. Gattungsgeschichtlich ist ihre Arbeit insofern bedeutend, als sie die Sage von der Mythe als einer prosaischen Göttergeschichte[1] und von dem Märchen abgrenzten, das Jacob und Wilhelm Grimm durch die überaus erfolgreiche Sammlung der Kinder- und Hausmärchen (1812 und 1815) zu einem salonfähigen Genre machten. Die Gebrüder Grimm erweckten den Eindruck, sie seien auf das Land gereist und hätten dort die Märchen dem Volk abgelauscht, ebenso wie die Sagen, die sie 1816 herausgaben. Die Sagen verstanden die Brüder Grimm, nicht anders als später Gunkel, als die älteste Form anonymer Dichtung, deren Urheber, Träger und Tradent das Volk ist[2].

Eine Parallele zwischen den Brüdern Grimm und Gunkel wird auch in der Verhältnisbestimmung zwischen Sage und Geschichte sichtbar. Zum

1 Vgl. Grimm, Mythologie, XIV.
2 Vgl. Grimm, Mythologie, XXVIII.

einen sahen die Gebrüder Grimm wie Gunkel einen Gegensatz zwischen der Geschichte auf der einen und Märchen bzw. Sage auf der anderen Seite, insofern sich Märchen und Sage nicht nur auf das „Natürliche und Begreifliche" beschränken, sondern dies „stets mit dem Unbegreiflichen mischen"[1]. Das Wort „Geschichte" deutet Gunkel 1901 freilich bereits ganz im Sinne der modernen historischen Wissenschaft aus. Zum anderen stimmen die Brüder Grimm und Gunkel darin überein, dass viele Sagen historische Elemente besitzen. So sehen die Gebrüder Grimm den Unterschied zwischen dem „poetischen" Märchen zu der eher „historischen" Sage darin, dass letztere „an etwas Bekanntem und Bewußtem hafte, an einem Ort oder einem durch die Geschichte gesicherten Namen"[2]. Wenn auch Gunkel den Begriff der historischen Sage kennt und darunter weitgehend dasselbe fasst, dann legt das den Schluss nahe, dass Gunkel auch an dieser Stelle eine Anleihe an die damalige Sagenforschung gemacht hat. Einen neuen Akzent setzt Gunkel jedoch dadurch, dass er gegenüber dem in den Sagen vorausgesetzten naiven Volksglauben deutlich die hermeneutischen Schwierigkeiten der modernen Rezipienten und den Zweifel des Wissenschaftlers an der Historizität des Dargestellten herausarbeitet.

Trotz dieser Entgegensetzung von Geschichte und Sagen gehen nicht nur Herder und die Gebrüder Grimm, sondern auch Gunkel davon aus, dass die Sagen „anlage, gestalt und gehalt entlegenste[r] vorzeit"[3] atmen, wie Jacob Grimm im Hinblick auf die nordische Edda formulierte. Man war davon überzeugt, dass „die völker" „fest am hergebrachten" hängen und festhalten,[4] dass es also eine lang anhaltende mündliche Überlieferung gab, die von einem bestimmten Zeitpunkt an schriftlich weiter tradiert wurde. Diese Grundannahme setzt sowohl die Existenz einer „oral literature", d.h. eines bereits in der mündlichen Überlieferung festgefügten Textbestandes, als auch die dafür erforderlichen Gedächtnisleistungen der Tradenten voraus.

Ein Jahrhundert nach Gunkel liegen vor allem aus der empirischen Erzählforschung neue Einsichten vor, die ein solches Überlieferungsmodell ins Wanken bringen: Man konnte bisher nicht nachweisen, dass mündliche Erzählungen weitergegeben werden, ohne dabei z.T. tiefgreifenden Veränderungen ausgesetzt zu sein. Vielmehr haben Versuche gezeigt, dass nicht einmal zwei von derselben Person kurz hintereinander wiedergegebene Er-

1 Grimm, Sagen, V-VI.
2 Grimm, Sagen, V.
3 Grimm, Mythologie, V.
4 Grimm, Mythologie, VI.

zählungen identisch sind. „Schon nach wenigen Minuten kommt es zu erheblichen Abweichungen, nach mehreren Jahren ist nur noch ein grobes Raster von dem aufgezeichneten ‚Original' übrig geblieben"[1]. Erzählen besteht nicht im getreuen Wiedergeben eines festen und unveränderlichen Textes, sondern ist eher mit einer Aufführung, einer *performance*[2] zu vergleichen, in der eine Geschichte jedes Mal neu inszeniert wird. Immer wieder wählt der Erzähler oder die Erzählerin aus, passt die Geschichte an die Situation und an die Reaktionen der Zuhörer/innen an, aktualisiert sie, dichtet hinzu oder vergisst etwas. Auf eine konstante Überlieferung kommt es der Geschichtenerzählerin oder dem Erzähler nicht an. Erzählungen aus erster Hand werden mit größerer Beteiligung dargestellt als Geschichten, die andere erlebt haben.[3] Die für eine unveränderte Weitergabe mündlicher Literatur erforderlichen mnemotechnischen Fähigkeiten sind bislang nicht verifizierbar, auch nicht in Untersuchungen mit Koranschülern, denen manche ein außergewöhnliches Erinnerungsvermögen zugetraut haben.[4] Wurde eine Erzählung von einer vorhergehenden Generation empfangen, so sind die Übereinstimmungen noch geringer als bei der mehrmaligen Darbietung einer Geschichte durch dieselbe Person. Viele Beispiele zeigen, dass Erzählungen dabei weniger die Vergangenheit zu rekonstruieren beanspruchen, sondern vielmehr deutlich an die Gegenwart angepasst werden. Genealogien etwa erweisen sich als Legitimationstexte[5], in denen z.B. ein neu entstandenes Stammessystem „auf die literarisch entworfene Vergangenheit übertragen"[6] wird.

Die Verschriftung einer Erzählung ist ein Prozess, der wiederum stark durch die Momente der Selektion und Adaption geprägt wird.[7] Durch das Wegfallen nonverbaler Ausdrucksmittel und der gesamten Erzählsituation bedeutet die Umwandlung einer mündlichen Erzählung in einen schriftlichen Text einen tiefen Einschnitt im Überlieferungsprozess. Mündliche und schriftliche Texte sind derart verschiedene Kategorien, dass Patricia G. Kirkpatrick[8] zufolge von schriftlichen Texten nicht mehr auf mündliche

1 Wahl, Jakobserzählungen, 134 (Lit.).
2 Zum Charakter jeder mündlichen Erzählung als *performance* und insbesondere zum *feedback* der Zuhörer/innen vgl. auch Dégh, Erzählen, 323ff.
3 Vgl. Wahl, Jakobserzählungen, 120.
4 Wahl, Jakobserzählungen, 178-181.
5 Vgl. Wahl, Jakobserzählungen, 162.
6 Wahl, Jakobserzählungen, 155; zu den fiktionalen Anteilen von Genealogien vgl. 146-162.
7 Wahl, Jakobserzählungen, 201.
8 Vgl. Kirkpatrick, Old Testament, 117 und passim.

Vorstufen geschlossen werden kann. Und selbst nach der Verschriftung, darauf haben Aleida und Jan Assmann[1] aufmerksam gemacht, sind die Texte noch fließend und offen für neues schriftliches und mündliches Material. Erst durch den Akt der Kanonisierung werden sie abgeschlossen. Dies weist zugleich darauf hin, dass nicht allein von einer starren Abfolge mündliche Überlieferungsphase – schriftliche Tradierung ausgegangen werden kann. Vielmehr werden inzwischen verschiedene Modelle erwogen: (1) Mündliche Kompositionen wurden z.B. als Diktat niedergeschrieben oder später anhand von Notizen rekonstruiert (klassisches Modell, Niditch[2] im Hinblick auf prophetische Traditionen); (2) Texte könnten im Stil mündlicher Erzählungen (Niditch)[3] von vornherein niedergeschrieben worden sein, um mündlich vorgetragen zu werden (Alter)[4]; oder aber (3) Texte wurden von Anfang an schriftlich konzipiert (Widengren)[5], auch unter Verwendung anderer schriftlicher Quellen (Niditch)[6]. (4) Die mündliche Überlieferung könnte neben der schriftlichen weiter bestanden haben, wobei mündliches Material in bereits verschriftete Texte eingearbeitet wurde bzw. mündliche Überlieferung und schriftliche Tradition sich wechselseitig beeinflusst haben (Pedersen, Engnell, Ringgren, Ahlström, Rendtorff, Van Seters, Niditch, Wahl[7]). Es wird auch damit gerechnet, dass verschiedene Modelle nur für einige Texte geeignet sind (Niditch).

Fraglich ist bei alledem geworden, ob es möglich ist, anhand bestimmter Kriterien die ursprüngliche Mündlichkeit schriftlich vorliegender Texte zu erweisen. Gunkel und Olrik gingen noch davon aus, dass sie mit Merkmalen der Genesis-Erzählungen und anderer Überlieferungen gleichzeitig die Besonderheiten mündlicher Erzähltexte analysieren. Auch Susan Niditch wertet z.B. gewisse Wiederholungsmuster als Zeichen für einen mündlichen Erzählstil. Andere bezweifeln inzwischen jedoch die Existenz von stilistischen Kriterien für frühere Oralität von Texten. Robert C. Culley etwa hält Niditch entgegen:

> „[R]epeated patterns are characteristic of all literature, although used with a particular intensity in oral-traditional style. From the limited material in the Bible, it is difficult

1 Vgl. Assmann, Kanon, 7ff.
2 Niditch, World, 105.117-120.
3 Niditch, World, 125-127.
4 Vgl. Alter, Art, 90.
5 Vgl. Widengren, Aspects, 116-119.
6 Vgl. Niditch, World, 87-107.
7 Vgl. Wahl, Jakobserzählungen, 299f. und die Darstellung der Konzepte der genannten Forscher aaO., 32-59.

to be sure when repetition marks oral style or simply reflects the structure of literature, although Niditch tips the scales by assuming an ‚oral mentality'."[1]

Harald Martin Wahl interpretiert die Repetitionen in den Epen Homers gar als ein Kennzeichen für Literalität:

„Gerade die häufige Repetition einzelner Formeln und Themen, die schon A. Schlegel erkannt und Parry und Lord dann als Indiz für die ursprüngliche Mündlichkeit angesehen haben, sind Hinweise auf die Schriftlichkeit der Epen."[2]

Sogar die Kürze einer Sage, für Gunkel noch Erfordernis mündlicher Erzählsituation, wertet Wahl als ein Merkmal „ausgefeilter Schriftlichkeit"[3].

Weder biblische Texte noch die von den Gebrüdern Grimm verschrifteten Sagen sind nach den Maßstäben der modernen empirischen Wissenschaft transkribierte Protokolle mündlichen Erzählens. Deshalb dürfte es kaum möglich sein, anhand dieser Texte die Stilmerkmale der Oralität zu erheben.

Hinsichtlich der Grimmschen Sagensammlung hat man sogar erkannt, dass von 217 geschichtlichen Sagen nur fünf direkt aus dem Mündlichen bezogen sind. Und selbst diese gehen vermutlich auf schriftlich fixierte Quellen zurück.[4] Nicht nur die Sagen der Gebrüder Grimm wurden redaktionell stark bearbeitet[5] und müssen als literarische Erzeugnisse betrachtet werden, die nach romantischen Vorstellungen Mündlichkeit fingieren. In seinem Aufsatz „Volkspoesie ohne Volk" zeigt Lutz Röhrich, dass das Volk als Träger dieser Überlieferungen kaum in Betracht kommt.[6]

Somit lautet das Ergebnis des neuen Fragens nach der Beständigkeit ursprünglich mündlicher Volksdichtung: Sowohl die mündlichen Überliefe-

1 Culley, Niditch, 1.
2 Wahl, Jakobserzählungen, 171.
3 Wahl, Jakobserzählungen, 204.
4 Wahl, Jakobserzählungen, 79.
5 Vgl. auch Prill, Kinder- und Hausmärchen, 915: „Unstrittig ist heute, daß sowohl Jacob wie Wilhelm Grimm durchaus eine Bearbeitung der mündlich überlieferten Texte vornahmen; sie ergänzten bruchstückhafte Überlieferungen, kompilierten verschiedene Versionen und glichen Märchen stilistisch einander an; volkstümliche Doppelausdrücke (*‚Speis und Trank'*); Diminuitivformen (*‚Brüderchen und Schwesterchen'*), Stabreimverbindungen (*‚Haus und Hof'*), Sprichwörter und vor allem die Einführung der direkten Rede belebten, wie I. Bennung festgehalten hat, die Texte, die aus der Erzählform des Präsens in das Imperfekt gestellt wurden. Die bekannte Einleitungsformel *‚Es war einmal ...'* steht nicht einmal der Hälfte der Grimmschen Märchen voran [...]. Teils wirkt hier der Glaube an verschollene Urfassungen fort, die es zu rekonstruieren galt, teils waren es Eingriffe aus pädagogischen Gründen."
6 Röhrich, Volkspoesie, 49-65. Ähnlich schon A. Wesselski 1931 bei Wahl, Jakobserzählungen, 79.

rungen als auch die verschriftlichte Tradition sind ständigen Veränderungen ausgesetzt. Das alte, bis in die 70er Jahre des vergangenen Jahrhunderts „unangezweifelte Paradigma der Permanenz und Konstanz der mündlichen Überlieferung [wird] angefochten und durch das ihrer Variabilität und Instabilität ersetzt“[1]. Mündliche Erzählungen verändern sich schon von einer Aufführung zur anderen, erst recht aber bei der Weitergabe an eine andere Generation. Bei ihrer Verschriftung wechseln sie sozusagen ihren Aggregatzustand. Schriftliche Texte lassen keinen Rückschluss auf mündliche Vorlagen zu. Auch nach ihrer schriftlichen Fixierung sind die Texte noch nicht dauerhaft konserviert, sondern bleiben bis zur Kanonisierung der Amnesie, Selektion, Adaption und Redaktion ausgeliefert. „Aus den erheblichen Veränderungen folgt, daß die in den Erzählungen transportierte Erinnerung spätestens nach 50 bis 70 Jahren, was zwei bis drei Generationen entspricht, völlig verlorengeht“[2]. *(Ende des Exkurses)*

Aus diesen Erkenntnissen der neueren Sagenforschung zieht Wahl den Schluss: „Die von H. Gunkel postulierten treuen ‚Sammler‘ und ‚Diener ihrer Stoffe‘ aus dem 10. Jahrhundert, die ehrfurchtsvoll die schönen alten Überlieferungen unverändert aufgeschrieben haben, hat es nie gegeben.“[3]

Darüber hinaus wird man heute weitere Abstriche an Gunkels Konzept machen. So würde man heute etwa kaum mehr die über alles erhabene Objektivität der Geschichtswissenschaft gegen die Erzählungen der Genesis ausspielen. Außerdem wird man in dem Gunkelschen Dekadenzschema, wie auch an anderen Stellen, ein problematisches Israel-Bild angedeutet sehen.

Eine andere Frage, mit der wir uns abschließend befassen wollen, ist die nach dem bleibenden Wert des Gunkelschen Ansatzes.

Gunkel bietet uns eine bis heute im deutschsprachigen Bereich uneingeholte Beschreibung der Formelemente biblischer Erzählungen, die auch die internationale Erzählforschung maßgeblich beeinflusst und inspiriert hat. Das gilt auch dann, wenn Gunkels narrative Analyse inzwischen nicht mehr als ein Kriterienkatalog für ursprüngliche Mündlichkeit verstanden werden kann, und auch wenn man in der Erzählforschung nach Gunkel weitere Beschreibungsmöglichkeiten findet.

---

1 Wahl, Jakobserzählungen, 212.

2 Wahl, Jakobserzählungen, 296 mit einem Hinweis (Anm. 28) auf Kirkpatrick, die mit einer historischen Erinnerung von bis zu 200 Jahren rechnet.

3 Wahl, Jakobserzählungen, 300.

Ein weiteres Verdienst Gunkels ist darin zu sehen, dass er die Bedingungen mündlicher Erzählsituationen grundsätzlich treffend dargestellt hat. Die Gestalt jener Genesis-Geschichten, die Gunkel als wortgetreu tradierte Sagen auffasst, sind zwar nicht unmittelbar mit dem mußevollen Darbieten interessanter Erzählungen zu korrelieren. Das bedeutet jedoch nicht, dass es diese narrativen Situationen und die mündliche Weitergabe von Geschichten nicht gegeben habe. Erzählen, das Gemeinschaft herstellt, Sinn stiftet, Identität schafft, unterhält und belehrt, die Zuhörer/innen in eine andere Welt entführt und darin Stimmungen wie „Schauer und Entsetzen, Staunen und Neugier, Abscheu und Ekel, Zustimmung und Ablehnung, Freude und Trauer“[1] evoziert, das Erzählen auf Festen und im Alltag, von professionellen Erzählern und von allen Menschen, die erzählen können – das alles entspricht der Lebenswirklichkeit vieler Kulturen und ist hinlänglich untersucht worden.

Gunkel macht darauf aufmerksam, dass es der Einfühlung in eine Situation unmittelbaren Erzählens bedarf, um die Genesis-Texte würdigen zu können.[2] Er fordert eine Rezeptionshaltung, in der die eigene, poetische Weltsicht der Geschichten nicht nach den Kriterien moderner Wissenschaftlichkeit be- und verurteilt wird, und verlangt von einer wahrhaft wissenschaftlichen Betrachtung gerade, dass man von seinen modernen Maßstäben absieht und sich in die ursprünglichen Hörer/innen hineinversetzt. Auch wenn wir uns keine Illusionen darüber machen, dass das möglich sein könnte, so gemahnt uns Gunkel doch daran, die biblischen Erzählungen zunächst und so gut es geht nicht von außen, sondern von innen, nicht distanziert, sondern in narrativer Unmittelbarkeit, nicht sogleich mit dem modernen Zweifel, sondern zu Beginn in der Rolle eines ‚naiven‘ Rezipienten oder einer solchen Rezipientin wahrzunehmen.

Für die Wahrnehmung Gen 12, 20 und 26 hat uns Gunkel somit wichtige Kriterien an die Hand gegeben. Seinen hermeneutischen Überlegungen entsprechend werden wir in diesen Texten weniger historische Information erwarten als ihnen vielmehr eine eigene, narrative Realität zugestehen. Gunkels Versuch, sich in die Ersthörer/innen einzufühlen, können wir durch die Beschäftigung mit der Ebene der Rezeption in einem rezeptions-

1 Wahl, Jakobserzählungen, 115.

2 Gunkel steht damit einerseits in der Tradition der Einfühlungshermeneutik seit Herder, Schleiermacher und Dilthey, fokussiert aber im Unterschied zu diesen nicht das Sich-Versetzen in den Autor, sondern konzentriert sich auf die Einfühlung in die Hörer/innen. Insofern wird bei Gunkel ein deutliches Interesse an einer rezeptionsorientierten Hermeneutik sichtbar (Genesis, 1902, XXXI).

orientierten *close-reading* aufnehmen. Zielpunkt ist dabei zunächst die Konzentration auf die Erzählwelt der Genesis-Geschichten und die Imagination der Leser/innen: Die Identifikation etwa mit Sara, Avraham, Jizchak, Rivka, Pharao oder Avimelech, oder das ‚Lesen zwischen den Zeilen', wo durch die Abwesenheit von Erzählerstimme und -gestik Interpretationsbedarf entsteht.

Was das Phänomen der Wiederholung anbetrifft, werden wir Gunkels Bezeichnung von Wortwiederholungen als roten Faden weiterverfolgen. Gegen Gunkel schließe ich mich Olrik, Culley und Wahl an, indem ich die Wiederholung als ein konstitutives Merkmal von – nicht nur mündlichen – Erzählungen begreife.

c) Die neuere alttestamentliche Erzählforschung

Mit Hermann Gunkel haben die Erzählforscher des ausgehenden 20. Jahrhunderts gemeinsam, dass sie narrative Texte des Alten Testaments unter literarisch-ästhetischen Gesichtspunkten betrachten. Die Merkmale, auf die Gunkel geachtet hat, stehen dabei weiterhin im Mittelpunkt des Interesses: Das Inventar der Erzählungen wie Schauplätze, Charaktere, Ereignisse und andere Aspekte wie der Aufbau, die Länge oder die Ausführlichkeit. In dem Maße, in dem neue literaturwissenschaftliche Methoden rezipiert werden, erweitern sich die Analysekriterien. Besonders intensiv nehmen die oben genannten Autoren der 80er- und 90er-Jahre die Ergebnisse der strukturalistischen Erzählforschung auf. Dadurch kommen Strukturmerkmale von Erzähltexten in den Blick, für die man bisher keine Begriffe kannte. Neu gegenüber Gunkel ist in der alttestamentlichen Erzählanalyse etwa das Interesse für die Darstellung der Zeit; die Differenzierung zwischen *story* (die Geschichte in ihrer ursprünglichen und noch nicht durch logische Verknüpfungen interpretierten Ereignisfolge) und *plot* (die Präsentation des gedeuteten Geschehens in einer bestimmten Ordnung); die Unterscheidung zwischen *showing* (der Erzähler „zeigt" ein Geschehen, indem er die Figuren reden und handeln lässt wie in einem Drama) und *telling* (der Erzähler teilt uns mit, was geschieht: das eigentliche Erzählen).

Die Erzähltheorie[1] analysiert narrative Texte zumeist unter den folgenden Aspekten:[2]

1 Vgl. einführend Martinez, Einführung; von der Kommunikationstheorie ausgehend: Kahrmann, Erzähltextanalyse.
2 Vgl. z.T. auch Fokkelman, Reading, 208f.

(1) *Zeit.* In welchem Verhältnis stehen jeweils die erzählte Zeit (die Dauer der Ereignisse in der Erzählwelt) und die Erzählzeit (die Dauer des Hörens bzw. Lesens des Erzählten)? D.h., in welcher Geschwindigkeit wird erzählt: Wo wird gerafft *(summary)*, wo ist die erzählte Zeit gleich der Erzählzeit (wörtliche Rede), wo scheint sich das Geschehen zu verlangsamen, wo wird eine bestimmte Zeitspanne in der Erzählung ausgespart (Ellipse), wo wird die Erzählung wie ein Film „angehalten", um z.B. einen Kommentar einzufügen (Pause)? Ergeben sich Rhythmuseffekte?

(2) *Ordnung.* In welcher Ordnung werden die Ereignisse geschildert (vgl. *plot)?* Werden frühere Ereignisse nachträglich erwähnt (Nachholung, Rückblende, Analepse), werden spätere Ereignisse im Voraus erzählt oder evoziert (Prolepse)? Wird etwas erwähnt, was schon erzählt wurde (Rückgriff) oder noch erzählt wird (Vorgriff)?

(3) *Frequenz.* Wird einmal erzählt, was einmal passiert ist bzw. n-mal erzählt, was n-mal passiert ist (Singulativ)? Wird n-mal erzählt, was einmal passiert ist (repetitive Erzählung)? Wird einmal erzählt, was n-mal passiert ist (Iterativ)? Welcher Art sind also Wiederholungen, wie oft wird wiederholt? Wie wird variiert?

(4) *Schauplatz.* An welchem Schauplatz spielt die Geschichte? Lässt sich die Erzählung durch verschiedene Schauplätze in Szenen einteilen? Wird eine geographische Gliederung sichtbar?

(5) *Charaktere.* Wie viele Erzählfiguren treten auf? Welche handeln als Gruppe? Wer ist die Hauptperson, welche sind die Nebenpersonen? Werden die Erzählfiguren direkt charakterisiert oder bewertet? Werden sie äußerlich beschrieben? Wie kann man sie anhand ihrer Handlungen und/oder Reden charakterisieren?

(6) *Handlungen.* Wer handelt und wer nicht? Wie sind die Ereignisse miteinander verbunden? Wo sind die Knotenpunkte einer Erzählung, an denen Handlungsmöglichkeiten aktualisiert oder nicht aktualisiert werden (Bremond)[1]? Ist der Handlungsverlauf einsträngig oder mehrsträngig?

(7) *Gegensätze.* Wo ergeben sich Gegensätze? Wo werden Erzählfiguren in Opposition zueinander dargestellt? Lassen sich grundlegende Aktantenoppositionen wie Subjekt-Objekt, Helfer-Widersacher, Sender/Spender-Empfänger ausmachen (Greimas)[2]? Lassen sich semantische Gegensätze und Implikationen in einem „semiotischen Viereck"[3] darstellen?

(8) *Reden.* Wer redet, wer redet nicht? Was wird geredet, mit welchen rhetorischen Mitteln, und welches Ziel schreiben wir der Rede zu? Wie wird durch Reden gehandelt (Sprechakte)?

(9) *Stimme.* Wann hören wir die Stimme des Erzählers, wann die einer Figur, welche Kommunikationsebenen sind also zu unterscheiden? In welchem zeitlichen Verhältnis steht der oder die jeweils Redende zu dem, was er oder sie sagt?

(10) *Perspektive.* Aus welcher Perspektive wird erzählt – aus der Perspektive des „allwissenden" Erzählers? Oder aus der Perspektive einer Erzählfigur? Mit wessen

1 Vgl. Bremond, Logique, 131.
2 Vgl. Greimas, Semantica, 125.
3 Vgl. Egger, Methodenlehre, 99f.108f.

Stimme – mit ihrer eigenen Stimme als Ich-Rede oder mit der Stimme des Erzählers als erlebte Rede?

(11) *Aufbau.* Wie könnte man den Aufbau des Textes beschreiben? Beginnt er direkt mit der Handlung, beginnt er mit einer Zustandsbeschreibung, lässt diese bereits die Möglichkeit eines Konfliktes erahnen? Handelt es sich um den Anfang einer neuen Erzählung oder um einen Episodenanfang, der an andere Erzählungen anschließt? Wie wird der Schluss gestaltet: endet die Geschichte abrupt oder wird sie dadurch abgerundet, dass die Stimmung z.B. durch einen Erzählerkommentar beruhigt wird?

In vielen Einführungen in die Erzähltechnik wird der Leser bzw. die Leserin zum Thema gemacht: zumeist als der „implizite Leser", den der Text vorauszusetzen scheint. Hier wird ein neues Paradigma sichtbar. Wo die Literarhistoriker und Gunkel nach der Entstehungssituation der Texte, nach dem historischen Autor oder dem Erzähler und dessen Hörer/innen fragen, da arbeiten die textdeskriptiven Methoden der strukturalistischen Erzählanalyse und des *rhetorical criticism* vor allem textimmanent. Viele Erzähltheoretiker gehen dabei über den Strukturalismus hinaus und richten ihr Interesse auf die Rezeption der Texte, wie es der *reader-response criticism*, die Rezeptionsästhetik oder die empirische Leseforschung tut.

Als besondere Merkmale von Erzähltexten werden nicht selten „Intertextualität" und *repetition*/„Wiederholung" und „Variation" genannt. So betrachten Gunn/Fewell das Phänomen der „Intertextualität" und die Anspielung als zwei Formen der Repetition.[1] Beide kommen erst dann zu Stande, wenn Ähnlichkeiten zwischen Texten erkannt werden. Der Unterschied zwischen Anspielung und Intertextualität besteht nach Gunn/Fewell darin, dass bei der Anspielung bestimmte Kennzeichen im Text (Worte, Ausdrücke, Motive usw.) auf andere Texte verweisen,[2] wohingegen Intertextualität das Verhältnis ist, das zwischen zwei Texten bestehen *kann:* Weniger der Text, sondern eher der Leser schafft die Verbindung.[3] Der Begriff der „Intertextualität" wird hier im Sinne von Text-Text-Beziehungen verstanden und auf Julia Kristeva zurückgeführt. Mit diesem Thema beschäftigen wir uns im nächsten Kapitel.

1 Gunn/Fewell, Narrative, 148.
2 Gunn/Fewell, Narrative, 163.
3 Gunn/Fewell, Narrative, 165.

Repetition

Die ausführlichsten und differenziertesten narratologischen Untersuchungen zur Repetition bieten Robert Alter und Meir Sternberg.[1] Beide kommen unabhängig voneinander zu ähnlichen Ergebnissen, die ich hier meist zusammengefasst darstellen kann.

Alter geht von der Beobachtung aus, dass der moderne Leser bei der Lektüre des Alten Testaments in einem ungewohnten Maße mit Repetitionen konfrontiert ist.[2] Versucht man in unserem Sprachkreis wörtliche Wiederholungen zu vermeiden, so ist es der alttestamentlichen Sprache eigentümlich, ein Wort, eine Wurzel, eine *story* oder einen *plot* zu wiederholen.[3] Weil sich diese exzessive Verwendung von Repetitionen aber nicht mit der sonst zu beobachtenden Ökonomie der hebräischen Sprache verträgt,[4] stellt sich schon daher die Frage, wie sich die zahlreichen Repetitionen erklären lassen. Eine durch Abschreibfehler verursachte irrtümliche Wiederholung scheint nur selten vorzuliegen.[5] Zudem sind Wiederholungen weder auf bestimmte Textsorten wie etwa auf die der Sage *(folktale)* einzugrenzen,[6] noch sehen Alter und Sternberg eine befriedigende Lösung darin, dass man das Phänomen der Repetition lediglich als eine literarische, in Kanaan sozusagen automatisch übernommene Konvention[7] bestimmt. Die beiden Erzählforscher suchen vielmehr nach der *narrativen Funktion* der Repetitionen und wollen den jeweiligen Sinn der Redundanz und der Variation herausarbeiten. Dazu beschreiben sie zunächst die Formen der Wiederholung.

---

1 Vgl. Alter, Art, 88-113 bzw. Sternberg, Poetics, 364-440. Mit der Repetition beschäftigt sich auch Fokkelman, Reading, 112-122, der allerdings durch die Voraussetzung, dass Repetitionen nur durch Variationen der Gefahr der Monotonie entgehen (112), stark der romantischen Ästhetik der Originalität verhaftet bleibt.

2 Alter, Art, 88.

3 Vgl. auch Fokkelman, Reading, 112.

4 Alter, Art, 88; ähnlich Sternberg, Poetics, 365.

5 Alter, Art, 89.

6 Alter, Art, 90.

7 Vgl. z.B. Sarna, Genesis, 94: „According to the literary concepts and the norms of the ancient world, reiteration is a desirable and characteristic feature of epic tradition."

d) Formen und Funktionen der Repetition

Nach Sternberg und Alter können Repetitionen auf der Ebene des Wortes, des *plots* sowie auf der thematischen Ebene begegnen:

(1) Ebene des Wortes. Wörtliche Wiederholung, Synonymität, Antonymität, Homonymität, phonetische[1] Verwandte (Wortspiel),[2] verschiedene Formen eines Wortes. Besonders wichtig auf dieser Ebene: die Schlüsselwörter *(key words)*[3] bzw. das Leitwort, das den Text durchzieht (vgl. unten Kap. 4).

(2) Ebene des *plot*. Ähnlichkeit und Kontrast zwischen Ereignissen, Situationen und dem Agieren von Charakteren.[4] Ganze Handlungsfolgen können wiederholt werden.[5] Wiederholungen auf dieser Ebene lassen sich auch als Repetitionen von Motiven beschreiben: von konkreten Bildern, Gefühlsqualitäten, Aktionen oder Objekten. Dies kann mit einem Leitwort verbunden sein.[6] Durch die Abfolge von bestimmten Motiven oder Themen kann eine typische Szene entstehen.[7]

(3) Thematische Ebene. Abstrahiert man, so werden Themen sichtbar, die Teil eines moralischen, juristischen oder politischen Wertesystems sein können. Themen variieren zuweilen. Sie können mit einem Leitwort verbunden sein, gehen aber stets darüber hinaus.[8]

Die einzelnen Repetitionen lassen sich zudem näher bestimmen hinsichtlich der Größe der in Analogie stehenden Einheiten, ihrer textuellen Distanz zueinander und der Art ihres Verhältnisses (gradlinig oder kontrastiv, statisch oder dynamisch).[9]

Weitere Unterscheidungsmerkmale sind: (1) *Das Objekt der Repetition.* Wiederholt werden kann ein nonverbales Objekt (das Nennen eines Sachverhalts, die Schilderung eines Ereignisses, ein Ereignis selbst) oder ein verbales Objekt (eine Rede)[10]; (2) *Die Quelle der Repetition.* Die erste Quelle der Präsentation und die des Wiedererzählens

1 Vgl. auch Bar-Efrat, Narrative Art, 201ff.
2 Vgl. Sternberg, 366; Alter, Art, 95.
3 Vgl. Bar-Efrat, Narrative Art, 212ff.
4 Vgl. Sternberg, Poetics, 366.
5 Vgl. Alter, Art, 95f.
6 Vgl. Alter, Art, 95.
7 Vgl. Alter, Art, 47-62.96, Ska, Fathers, 36ff., Naumann, David als exemplarischer König, 139f.; Gordis, Lies, 358 mit der Vermutung, der biblische Autor habe bei der Bildung der Preisgabeerzählungen eine „standard ‚type-scene'" vor Augen gehabt.
8 Vgl. Alter, Art, 94.
9 Vgl. Sternberg, Poetics, 366.
10 Vgl. dazu auch Savran, Telling, der Repetitionen durch ein Zitat auf der *story*- oder auf der Diskursebene untersucht.

kann jeweils der Erzähler oder eine Erzählfigur sein; (3) *Mögliche Abweichungen.* Die Repetition kann wörtlich oder mit Abweichungen erfolgen, wobei weiter differenziert werden kann, ob die Wörtlichkeit der Wiederholung bzw. die Variation beabsichtigt oder unbeabsichtigt ist.

Repetitionen entstehen häufig dadurch, dass die Erzählung eines Ereignisses wiederholt wird - durch eine Vorhersage (als Auftrag, Prophezeiung oder Szenario) und deren Verwirklichung oder durch einen Bericht über die Vorhersage oder die Verwirklichung.[1]

Befragt man Wiederholungen im Alten Testament nach diesen drei Kriterien, so wird eine Vielzahl von Kombinationsmöglichkeiten sichtbar, wenn man die verschiedenen Kommunikationsebenen der Erzählung unterscheidet:[2]

Nonverbale Objekte kann der Erzähler generell wiederholen, etwaige Abweichungen in seinen Repetitionen werden als stets beabsichtigt betrachtet, weil er als zuverlässig und omnipotent gilt. Es kann z.B. dadurch wiederholt werden, dass der Erzähler von der Verwirklichung von etwas berichtet, was eine Erzählfigur vorausgesagt hat. Eine Erzählfigur kann vom Erzähler Präsentiertes repetieren, indem sie beispielsweise von einem Ereignis berichtet. Sie kann dies jedoch nicht bewusst wörtlich tun, da sie den Erzähler nicht hört.

Weitere Kombinationen ergeben sich hinsichtlich der verbalen Objekte: Wörtlich zitiert sich der biblische Erzähler nicht, und auch hier kann eine Erzählfigur vom Erzähler Gesagtes nicht bewusst wiederholen. Der Erzähler oder eine Person innerhalb der Erzählung können Worte einer Erzählfigur wiederholen. Wo eine Erzählfigur die Rede einer anderen repetiert, sind etwaige Abweichungen absichtlich oder unabsichtlich.

Eine besondere Stellung hat bei alledem Gott, wie Sternberg[3] herausstellt. Einerseits spricht der Erzähler von Gott in der dritten Person, als sei er eine Erzählfigur unter anderen. Andererseits wird ihm oft eine allwissende Perspektive zugeschrieben, so dass er in dieser Hinsicht mit dem Erzähler zu vergleichen ist.

Wer auch immer wiederholt, ob der Erzähler, ob Gott oder eine Erzählfigur der ‚irdischen' Welt, so gut wie immer ergeben sich Abweichungen. Das Thema Repetition/Wiederholung ist von dem der Variation nicht zu trennen. Abweichungen können sich durch Änderung der Funktionen (Vorhersage, Verwirklichung, Bericht) ergeben, oder durch Änderung von Sprecher, Adressat, Zeit und Ort. In den repetitiven Elementen selbst können Variationen in der syntagmatischen Dimension (Erweiterung oder Hinzufügung, Auslassung, Umstellung) oder in der paradigmatischen Richtung erscheinen (lexikalische Substitution, grammatische Transformation).

1 Vgl. Sternberg, Poetics, 376.
2 Vgl. dazu die Tabelle bei Sternberg, Poetics, 432-435.
3 Vgl. Sternberg, Poetics, 153ff.

Selbst dort, wo wörtlich wiederholt wird, ergeben sich Veränderungen - allein schon dadurch, dass der Kontext der Repetition ein neuer ist. Zwei verschiedene Worte können niemals dieselbe Bedeutung tragen. Doch auch wo dasselbe Wort wiederholt wird, erhält es in seiner neuen Umgebung einen Sinn, der sich zumindest um eine Nuance verändert hat.[1] Es gibt keine Repetition, keine Wiederholung, die nicht gleichzeitig eine Variation wäre.

Begegnet uns eine Wiederholung, so haben wir also nicht nur auf das Identische zu schauen, sondern sogleich auch nach den Veränderungen zu fragen. Unabsichtliche Variationen mögen auf die Kompetenz oder das Wissen der Erzählfigur zurückzuführen sein. Doch auch diese Variationen gehen auf denjenigen zurück, der uns die Charaktere und ihre Reden präsentiert: auf den Erzähler als den Urheber der Erzählwelt oder den „impliziten Autor“ (W. Booth) als denjenigen, der nicht nur den Erzähler sprechen lässt, sondern auch für die Meta- und Paratexte verantwortlich ist (Überschriften, Einleitungen, Anmerkungen usw.). Nicht beabsichtigte Abweichungen in der Rede von Erzählfiguren sind also letztlich vom impliziten Autor geplante Variationen.[2] Wie alle repetitiv-variierenden Elemente eröffnen auch sie den Raum für Interpretationen.

Soweit zu den Formen von Wiederholungen. Welche Funktionen können nun den Figuren der Repetition und Variation auf den verschiedenen Ebenen zugeschrieben werden?

(1) *Rhetorik.* Als rhetorisches Mittel dient die Wiederholung vor allem zur (z.T. emphatischen)[3] Verstärkung einer Aussage mit dem (u.U. didaktischen)[4] Ziel des Überzeugens.[5]

(2) *Pragmatik.* Auf der Ebene der Pragmatik lässt sich eine Repetition als Vorhersage oder Andeutung begreifen, womit Erwartung aufgebaut bzw. Spannung erzeugt wird - im Leser oder darüber hinaus auch in einer Erzählfigur, je nachdem, auf welcher Kommunikationsebene der Vorausverweis liegt.[6]

(3) *Semantik.* Das semantische Material eines Textes kann z.B. durch eine lexikalische Variation in der Repetition intensiviert, spezifiziert bzw. qualifiziert oder durch ein komplementäres Element ergänzt bzw. angereichert werden.[7] Eine Bedeutung kann umgekehrt werden.[8]

---

1 Vgl. Sternberg, Poetics, 386, gegen Ibn Esra zu Ex 20,1 und Radak zu Gen 24,39 (vgl. a.a.O., 370);

2 Ähnlich Sternberg, Poetics, 411.

3 Vgl. Muilenburg, Study, 102.

4 Vgl. Savran, Telling, 94.

5 Vgl. Revell, 94.

6 Vgl. Sternberg, Poetics, 377.

7 Dies gilt z.B. vom poetischen Parallelismus; vgl. Alter, Art, 97.

8 Vgl. Sternberg, 388.

(4) *Textstruktur.* Durch Repetitionen kann ein Text strukturiert werden,[1] es kann der Eindruck von Kohärenz hergestellt oder verstärkt werden[2]. Wie van Dyke Parunak[3] zeigt, werden Texte oft durch Repetitionen in der Form eines Schlüsselwortes *(„keyword“)*, einer punktuellen Verknüpfung *(„link“)* oder eines Scharnieres *(„hinge“)* oder durch eine Kombination dieser Elemente miteinander verbunden.

(5) *Wiederaufnahme.* Bereits im vorangehenden Kapitel haben wir Wiederholungen betrachtet, die als Wiederaufnahmen dienen. Talmon sieht in der Wiederaufnahme ein Mittel, mit dem die Synchroneität von Ereignissen dargestellt wird, Quick hebt diese von ihm so genannten Ereignis-Digressionen von den Nicht-Ereignis-Digressionen ab. Letztere sind Abschweifungen auf der Diskursebene Erzähler-Leser/in, z.B. für Erzählerkommentare. Vergleichbares nennt Long „rahmende Wiederholungen“ *(framing repetitions)*[4].

(6) *Redeeinleitungen.* Die Wiederholung von Redeeinleitungen untersucht Revell und kommt dabei zu dem Ergebnis, dass dabei zumeist entweder Sprecher, Verb und Adressat oder nur das finite Verb repetiert werden, und zwar vermutlich, um erneut die Aufmerksamkeit auf die Identität des Sprechers bzw. der Sprecherin zu lenken, den Beginn einer neuen Einheit zu markieren oder um das Folgende hervorzuheben.

(7) *Variationen.* Die mit Wiederholungen einhergehenden Variationen können Handlungen intensivieren, Handlungsfolgen können in Form einer Steigerung aufgebaut werden.[5] Es kann (durch Auslassungen) beschleunigt[6] oder aber durch Wiederholungen retardiert werden. Überraschungen entstehen, wenn zunächst bekannte Elemente repetiert, dann aber unerwartet in anderer Weise fortgesetzt werden.[7]

Repetitionen, die sich im Zusammenhang mit der Figurenrede ergeben, laden in besonderer Weise zu Deutungen ein: So kann beispielsweise der Erzähler etwas repetieren, was eine Figur sagt, und dadurch den Inhalt ihrer Rede als verbürgt erscheinen lassen. Abweichungen zwischen einem Auftrag und seiner Verwirklichung oder Unterschiede in einem Bericht zu dem Berichteten z.B. geben Anhaltspunkte, um eine Person zu charakterisieren. Dabei sind vor allem die Variationen und die Lücken aufschlussreich, die in Berichten von Erzählfiguren sichtbar werden. Sternberg sieht eine sehr enge Verbindung zwischen der Repetition und dem Innenleben der Akteure sowie der Bewertung ihrer Handlungen. „Repetition systematically illuminates those dark spots.“[8] Wo der Erzähler hinsichtlich der

1 Vgl. Gunn/Fewell, Narrative, 148.
2 Vgl. Sternberg, Poetics, 388.
3 Van Dyke Parunak, Techniques.
4 Long, Repetitions, passim.
5 Vgl. Alter, Art, 97.
6 Vgl. Alter, Art, 97.
7 Vgl. Alter, Art, 97.
8 Sternberg, Poetics, 438.

Charakterisierung von Personen eine Lücke lässt, da geben Repetitionen dem Leser zuweilen die Chance, diese Lücke durch die Interpretation von Wiederholtem und Variiertem zu schließen.[1]

Angesichts der vielfältigen Möglichkeiten, Wiederholungen zu interpretieren, warnt Sternberg jedoch davor, in jeder Repetition einen Sinn erkennen zu wollen. Man darf nicht erwarten, durch die Interpretation einer Wiederholung stets das Geheimnis einer Erzählung aufzuschließen.[2]

e) Auswertung: Der Wiederholung einen Sinn zuweisen

Während ihre deutschen Kollegen Gunkel im Wesentlichen als den Begründer der überlieferungsgeschichtlichen Exegese rezipieren, führen die zumeist englischen, amerikanischen oder israelischen alttestamentlichen Erzählforscher die Narratologie auch darin weiter, dass sie umfangreich und differenziert das Phänomen der Wiederholung untersuchen. Exegeten wie Robert Alter oder Meir Sternberg lassen die historische Fragestellung bei Seite und betrachten – hauptsächlich mit strukturalistischen Methoden – die vielfältigen Formen und Funktionen der „Wiederholung". Repetitionen können auf der Ebene des Wortes, auf der Ebene des *plot* oder auf der thematischen Ebene auftreten und sind nach dem Objekt der Repetition (Sachverhalt/Ereignis oder Rede), nach der Quelle der Präsentation (Erzählfigur oder Erzähler) und nach dem Grad der absichtlichen oder unbeabsichtigten Abweichungen zu unterscheiden. Vielfältige Funktionen werden den Wiederholungen für die Textstruktur, die Semantik, Pragmatik oder Rhetorik zugeschrieben. Dies alles zeigt für Alter und Sternberg: Repetitionen werden nicht mechanisch als *normative rule* bzw. *formulaic scheme* gebraucht, sondern sind das Produkt einer hohen Erzählkunst. Die Aufgabe der modernen Leser/innen ist es daher, „to appreciate the artfulness of this kind of repetition"[3].

Gegenüber dem historisch-kritischen Umgang mit dem Phänomen Wiederholung ergeben sich somit neue Perspektiven. Es werden Möglichkeiten sichtbar, Repetition nicht nur literarhistorisch zu erklären, sondern auch erzähltechnisch zu interpretieren. Die neuere Erzählforschung – eine wichtige Basis für meine Auslegung der Erzeltern-Texte –, stellt damit ein

1 Vgl. Sternberg, Poetics, 365.438.
2 Vgl. Sternberg, Poetics, 439.
3 Alter, Art, 96. Vgl. auch Muilenburg, Study, 109 und passim.

überzeugendes Instrumentarium zur Interpretation von Wiederholungen dar, das eine differenzierte Analyse der Repetitionen in Gen 12, Gen 20f. und Gen 26 verspricht. Weil die Herausarbeitung von Wiederholungen aufgrund von Abstraktionen methodisch nur schwer kontrollierbar ist, soll dabei von den wörtlichen Wiederholungen (einschließlich Repetitionen von Verbwurzeln) ausgegangen werden, die zusammengenommen Wiederholungen auf der Ebene des *plots* konstituieren. Dabei werden besonders jene repetierten Elemente berücksichtigt, die den Leser/inne/n noch frisch in Erinnerung sind. In zweiter Linie wird auf solche Bezüge geachtet, welche die Rezipient/inn/en über die einzelne Erzählung, den größeren narrativen Zusammenhang, das jeweilige biblische Buch oder den Kanonteil hinaus herstellen können. Grundlage ist jeweils der vorliegende, kanonische Text. Die Abweichungen, die sich im *plot* der Ahnfrau- und Brunnenstreitgeschichten oder bei den verbalen Repetitionen in der Gottesrede Gen 26,2-5 ergeben, sind als absichtliche Variationen zu werten, insofern man sowohl dem Erzähler als auch Gott eine unbeschränkte narrative Kompetenz zutrauen kann.

Weiter verfolgen müssen wir die Frage, ob es auch Wiederholungen geben kann, die keine Funktion haben. Doch zunächst werden wir uns näher mit dem schon angesprochenen Konzept der Intertextualität befassen, das eine weitere Möglichkeit zur Deutung von Wiederholungen darstellt.

3. Intertextualität

Repetition und Variation sind ein wichtiges Textmerkmal für Text-Beziehungen bzw. für das, was als ‚Intertextualität' bezeichnet wird. Über das Thema Intertextualität wird in der Literaturwissenschaft seit dem Ende der 60er-Jahre diskutiert, seit den 80er-Jahren wird dieser Begriff verstärkt in die alttestamentliche Wissenschaft eingebracht.[1] Besonders eingehend widmet sich 1998 Georg Steins diesem Thema. In seiner Monographie über „Die ‚Bindung Isaaks' im Kanon (Gen 22)" veröffentlicht er das „Programm einer kanonisch-intertextuellen Lektüre" alttestamentlicher Texte. Steins entwirft darin nicht nur eine eigene, Rezeptionsgeschichte Kanontheorie, sondern rezipiert darüber hinaus auch – auf der Suche nach einer Methode für die kanonische Auslegung – bemerkenswert tiefgehend und differenziert die Modelle von „Dialogizität" und „Intertextualität" bei Michael Bachtin bzw. Julia Kristeva. Weil dies einige Impulse für unsere Beschäftigung mit narrativen Variationen in den Erzelterngeschichten verspricht, werde ich zunächst (a) einen Blick auf Steins' Grundlagen werfen, um dann den Themenkomplex Intertextualität mit den Konzepten von (b) Bachtin und (c) Kristeva zu vertiefen und (d) Steins' Programm einer kanonisch-intertextuellen Lektüre vorzustellen.

a) Georg Steins: Kanon als Rezeptionsphänomen

Steins beginnt die Ausarbeitung seines kanonisch-intertextuellen Lektüreprogrammes damit, dass er die kanonische Auslegung nach Brevard S. Childs darstellt.[2] Dabei macht Steins zwei Schwachpunkte aus: Zum einen

---

1 Vgl. z.B. Aichele/Philips, Intertextuality; Beal, Ideology; Bail, Schweigen; zur Intertextualität im Midrasch s. Boyarin, Intertextuality; einen sehr guten Überblick über das Thema bietet Gilmmayr-Bucher, Intertextualität.

2 Steins nimmt zunächst die Bestimmungen von Brevard S. Childs (New Testament, 1985 und Biblical Theology 1992, dt. Theologie 1, 1994 u. Theologie 2, 1996) auf, was durch die Begriffe „Kanon" bzw. „kanonisch" impliziert sei. 1985 bezeichnet Childs mit „Kanon" erstens *„a fixed body of sacred literature"* mit normativem Anspruch. Zweitens impliziere dies *„a particular theological construal* of the tradition", als ein theologisches Konstrukt, das bei der Sammlung der Schriften wirksam war und das die Gestalt und die „Intertextualität" der Literatur mitbestimmt. Und drittens schließe der Kanon-Begriff ein *„the interpretive activity of the modern Christian reader"* (New Testament, 41). 1992 erweitert Childs diese Definition etwas, indem er nun das Werden des Kanons in den Mittelpunkt der kanonischen „Faktoren" stellt: Den Begriff „kanonisch" bezeichnet Childs als „hilfreich" für die „Bezeichnung der Aufnahme und

kritisiert er, dass bei Childs „Kanon" „zu einem stark aufgeladenen, [...] überbordenden"[1] und im Gebrauch oft unklaren Begriff wird. Zum anderen vermisst Steins eine Methode kanonischer Auslegung, ein klares und geeignetes Instrumentarium.

Im Hinblick auf einen deutlicheren Gebrauch des Kanonbegriffes schlägt Steins vor, zwischen dem Kanon als dem kanonisierten Text der Bibel und dem Kanon als „Metatext" zu unterscheiden. Als „Metasprache" bzw. „metalinguistischer Rahmen"[2] ist der Kanon etwas, was zwischen den Leser/inne/n bzw. der Lesegemeinschaft und dem Text liegt[3]. Ein Kanon ist mehr als ein Text. Der Begriff des Kanons „zeigt den privilegierten Status des Textes an. Der Referent des kanonisierten Textes ist Kanonizität, d.h., Vollständigkeit und Einheit, Autorität und Heiligkeit."[4] In der Fortführung von Childs unterscheidet Steins „drei Funktionsebenen des Kanons": die literarische, die soziologische und die theologische Ebene. Diese drei Ebenen sind untrennbar miteinander verbunden:

> „Der Kanon ist das privilegierte Medium *literarischer* Kommunikation in einer *Gemeinschaft* über ihre religiös-*theologischen* Prinzipien. Er sichert die Gruppenidentität durch die Umschreibung der normativen Grundlagen der Gemeinschaft. Er schafft Artikulation religiöser Erfahrung, synchronen und diachronen Konnex der Gemeinschaft."[5]

Zu einem besonderen Text wird der Kanon nicht durch seine literarischen Eigenheiten, sondern vor allem auf der soziologischen Ebene: durch die Gemeinschaft, die ihren theologischen Diskurs mit dem Kanon führt.[6]

Anerkennung verschiedener religiöser Traditionen als autoritative Schriften" (Theologie 1, 93) innerhalb der Glaubensgemeinschaft, für den Prozess, durch den die Sammlung entstand – bis hin zum letzten Stadium der literarischen und textlichen Stabilität, die eigentliche Kanonisierung. Der Begriff „kanonisch" lenkt die Aufmerksamkeit auf die „theologischen Kräfte", „die in der Komposition der Literatur am Werke sind." (Theologie 1, 94) Sie hängen damit zusammen, dass der Kanon auch dem „modernen Leser", der nach dem Sinn der Texte für heute sucht, als autoritative Norm begegnet (Theologie 1, 94).

1 Steins, Bindung, 14.

2 Steins, Bindung, 14. Dies formuliert er in Aufnahme von G. Aichele (s. dort).

3 Vgl. Aichele, Sign, 128.

4 Steins, Bindung, 15.

5 Steins, Bindung, 14.

6 Die „Geschichte" will Steins als Aspekt jeder der drei Ebenen begreifen: „Die Literar-, Motiv-, Traditions- und Redaktionsgeschichte erhellt den Binnenraum des Textes und bewahrt vor ideologischen Engführungen und Vereinnahmungen. In der Rezeptions- und Wirkungsgeschichte läßt sich das Zusammenspiel der drei Funktionsebenen als komplexes Vermittlungsgeschehen begreifen." (Steins, Bindung, 16) Damit wird deutlich, dass „kanonische" und „synchrone" Auslegung nicht notwendig synonym sind.

„Kanon" ist ein „Relationsbegriff" und beschreibt ein „Rezeptionsphänomen", bei dem Literatur und Rezeptionsgemeinschaft miteinander korrespondieren.[1]

Wird ein Text als „Kanon" bezeichnet, so impliziert dies eine „Qualitätsänderung [...], die sich in den *drei Merkmalen* [1] Kontext, [2] Struktur, [3] Rezeptionsmedium ausdrückt"[2].

(1) *Kontext:* „Der Kanon etabliert für jeden Teiltext (Einzeltext, Buch, Büchergruppe etc.) einen neuen, den letzten literarischen Kontext." Die Einzeltexte werden zunächst dekontextualisiert, bevor sie im neuen Zusammenhang rekontextualisiert werden.[3] Geht man von der Rezeption der Kanontexte aus, dann ist dieser letzte

---

Steins holt die klassische diachrone Textforschung in den Kanonbegriff ein, indem er die in der historisch-kritischen Exegese konstruierte Textgeschichte als „Binnenraum" des Textes begreift. Damit kann er direkt an Childs anschließen, der sich nicht nur für die Entstehung des Kanons und der einzelnen Schriften, sondern auch für die vermutete mündliche und schriftliche Vorgeschichte der biblischen Bücher interessiert: „In meinen beiden früheren Einführungen in das Alte Testament und in das Neue Testament habe ich versucht, die Wirkung zu beschreiben, die der Kanon auf die Formation jedes der beiden Testamente ausübt. Ein sehr bedeutender Punkt, der auftauchte, war die Einsicht, daß der sehr lange Prozeß der Entwicklung der Literatur bis hin zum Endstadium der Kanonisierung eine tiefgehende hermeneutische Aktivität von seiten der Tradenten beinhaltet [...]. Das Material wurde durch seine verschiedenen mündlichen, schriftlichen und redaktionellen Stufen bis hin zu einem theologischen Schluß überliefert." (Childs, Theologie 1, 93)

1 Steins, Bindung, 33.

2 Steins, Bindung, 17.

3 Stein stellt sich diesen Vorgang analog zu dem vor, was Lohfink und Jeremias für den Übergang vom mündlichen Wort eines Propheten zum schriftlichen Bibeltext formuliert haben. Lohfink geht davon aus, dass die mündlichen Vorgaben „geschrotet, ja vielleicht sogar gehäckselt" wurden. Zumindest sind sie „auf ihre Kerne reduziert und dann neu und frei zusammengesetzt" worden, was ein Desinteresse an der Konservierung ursprünglicher Redesituationen zeigt. Der Übergang zur Schriftlichkeit ist insofern „alles andere als eine Bandaufnahme" gewesen (Lohfink, Zornesglut, 64). Bei Jeremias findet Steins die Beschreibung von zwei Transformationen, die mit der Verschriftung einhergehen. Zum einen vollziehe sich auf der Inhaltsebene eine „Verlagerung vom Einmaligen zum Modellhaften bzw. Prinzipiellen" (Steins, Bindung, 18). Die „Ursprungssituation des mündlichen Wortes erhält durch die Schriftlichkeit Modellcharakter und vermittelt grundsätzliche Erkenntnisse über Gottes Handeln an Israel, die auf neue geschichtliche Stunden übertragbar sind" (Jeremias, Proprium, 491). Zum anderen zeige sich auf der literarischen Ebene „die allmähliche Überlagerung der Wirklichkeitsreferenz durch die Textreferenz" (Steins, Bindung, 18), was von der ersten Transformation nicht zu trennen ist. Sichtbar wird z.B. dadurch, dass die nachexilischen Prophetenbücher die Worte „vieler, wenn nicht aller älteren Propheten" (Jeremias, Proprium, 492) aufgreifen. Steins überträgt damit Modelle, die den Übergang von der Mündlichkeit auf die Schriftlichkeit beschreiben, unmittelbar auf die Entstehung des Kanons durch bereits schriftliche Einzeltexte, Bücher und Büchergruppen.

Kontext in der „final form“ primär, „in diesem Sinne ist der Kanon ein Erstes, nicht ein Letztes in der Wahrnehmung“[1].

Auch wenn der auszulegende Text „nicht der Teiltext, sondern der Kanon als Ganzes“[2] ist, so fokussiert eine Auslegung doch „aus pragmatischen Gründen“ den Einzeltext.

„Die Auslegung geschieht folgerichtig in einer Doppelbewegung der ‚Wahrnehmung des Ganzen aus seinen Teilen‘[3] und der Teile im Kontext des Ganzen. Der Kanon ist der primäre und authentische Kontext des Einzeltextes, während rekonstruierte historische Kommunikationssituationen demgegenüber hypothetisch bleiben.“[4]

(2) *Struktur:* „Der Kanon etabliert eine spezifische Struktur.“[5] Die besondere Struktur des Kanons ergibt sich daraus, dass dieser nach außen geschlossen, in sich aber offen ist, weil er immer neue Kombinationen auf der Text-Ebene ermöglicht, weil er in immer neuen Aspekten mit der Wirklichkeit ins Gespräch zu bringen, weil er vielstimmig ist: eine „polyphone Sinfonie“, deren „komplexe und kontrastive Gestalt“ „kein Mangel“, sondern „ausdrücklich gewollt“ ist, wie Steins es bei Zenger ausgedrückt findet.[6]

„Wenn man unbedingt von einer ‚Einheit‘ des Ersten Testaments reden will, dann ist dies höchstens eine komplexe, spannungsreiche, unsystematische und kontrastive Einheit. Statt von ‚Einheit‘ sollte man vielleicht konsequenter von ‚Zusammenhang‘ reden, dessen Vielgestaltigkeit zum Diskurs und zum Streit über/um die Wahrheit provozieren will.“[7]

Den Blick für diese Vielstimmigkeit zu schulen, war „eine der herausragenden Leistungen historisch-kritischer Arbeit“[8].

Doch bei aller inneren Vielgestaltigkeit und Offenheit zeigt die innere Struktur des Kanons durch seine Architektonik, wozu z.B. die Voranstellung der Tora gehört, eine „konturierte Intertextualität“[9], wie es Zenger auf den Begriff bringt. Nach Sheppard lassen sich „specific guidelines“ bzw. „Rezeptionssteuerungen“ erkennen: Durch „canon-conscious-redactions“[10] wie z.B. durch den Bezug von Ps 1 auf die Tora oder durch die Verbindungen der Psalmen mit den Davidüberlieferungen durch „historisierende Überschriften“[11] werden zahlreiche kanoninterne Bezüge hergestellt. Vorverständnisse werden etabliert durch „hermeneutical constructs“ wie die Einteilung des Kanons in Tora, Versprechen/Verheißung und Weisheit, in

1 Steins, Bindung, 17.
2 Steins, Bindung, 20.
3 Dohmen, Texte, 58.
4 Steins, Bindung, 21.
5 Steins, Bindung, 21.
6 Zenger, Thesen, 152
7 Zenger, Thesen ,153.
8 Steins, Bindung, 22.
9 Lohfink, Eine Bibel, 79.
10 Vgl. Sheppard, Canonization, 23.
11 Steins, Bindung, 24.

der „zwei-einen" Bibel käme noch „Evangelium" dazu[1]. Durch alle diese Konturierungen wird die Offenheit gesteuert.

(3) *Rezeptionsmedium*: „Der Kanon etabliert eine spezifische Rezeptionsvorgabe."[2] Nach Childs konserviert der Kanon nicht nur historische Texte, sondern macht sie als stets aktuelle lesbar. Auf diese Weise erhält die Aktivität der Leser/innen eine große Bedeutung – es entsteht ein neues Potential für jede neue Generation von Hörern.

Offen bleibt für Steins nach dieser Beschreibung der kanonischen Merkmale immer noch die Frage nach einer Methode kanonischer Auslegung. Ist eine kanonische Lektüre eine Methode wie Form- oder Quellenkritik? Ja, gibt es überhaupt ein Methode kanonischer Exegese, die zu solch einer Lektüre anleiten könnte?[3] Steins vermisst bei Childs die Vermittlung von kanonischer Auslegung und „Rezeptionsästhetik"[4]. Daher bleibe überhaupt unklar, ob die Aussage-Intentionen des „final canonical author"[5], „oder ob die Rezeptionsmöglichkeiten des vorliegenden Endtextes als Feld einer schöpferischen Lektüre erschlossen werden sollen"[6]. So lautet Steins' Resümee zu Childs:

„Ohne Frage leistet er Bedeutsames, wenn er gegen einseitige historisch-kritische Rekonstruktionen, deren Grenzen und Aporien in den letzten Jahren deutlich herausgestellt worden sind, den Kanon als Angelpunkt einer theologischen Hermeneutik hervorhebt. Die mangelnde Vermittlung von Hermeneutik und konkreter Textarbeit läßt sich nur durch eine literarische Theorie des Kanons beheben. Eine solche liegt bei Childs nicht vor, sein Konzept ist in seinen zentralen Einsichten und Anliegen aber grundsätzlich dafür offen."[7]

Das Kanonkonzept von Childs ist ergänzungsbedürftig und ergänzungsfähig: Was bislang fehlt, ist eine literarische, rezeptionsästhetische Theorie des Kanons.[8] Hier könnte Bachtins und Kristevas *post*strukturalistische

1 Steins, Bindung, 24.

2 Steins, Bindung, 25.

3 Childs selbst stellt dazu fest: „The frequent reference to the term ‚canonical' is not to suggest that a new exegetical technique is being developed. Rather, the term denotes a context from which the literature is being understood." (Old Testament, 14) „Ist das der Grund", fragt Steins nicht ohne Polemik, „warum seine [sc. Childs] Exegesen oft den Eindruck einer zufälligen Verbindung origineller synchroner Beobachtungen zur Buchgestalt mit traditionellen Erkenntnissen der theologischen und exegetischen Klassiker von Luther und Calvin bis Noth und von Rad machen?" (Bindung, 27)

4 Steins, Bindung, 30.

5 Rendtorff, Interpretation, 6.

6 Steins, Bindung, 27.

7 Steins, Bindung, 31.

8 Bevor Steins eine solche mit dem Modell der „Intertextualität" darstellt, diskutiert er die Frage, wie mit den Kanon-Differenzen umzugehen ist, die sich aus den Unterschieden zwischen dem Masoretischen Text der hebräischen Bibel und der Bibel in der grie-

Theorie der Intertextualität aushelfen, die ich im Folgenden darstelle, ohne dabei Steins' Konzept aus den Augen zu verlieren. Anders als Steins werde ich die beiden Theorien in der Reihenfolge ihrer Entstehung präsentieren. Um ein Ergebnis gleich vorwegzunehmen: Von Bachtin und Kristeva werden wir erfahren, dass Intertextualität mehr ist als ein Ausdruck zur Beschreibung von Text-Text-Beziehungen und der Begriff Dialogizität die Vielstimmigkeit von bestimmten Texten in einem ungewöhnlich tiefgehenden Sinne erfasst.

b) Michael Bachtin: Dialogizität

Was Kristeva später zur Theorie der Intertextualität ausbauen wird, beschreibt der russische Literatur- und Kulturwissenschaftler Michael M. Bachtin 1929 zunächst mit den Begriffen Dialog, Dialogizität und Dialogisierung.

Bachtin geht von einem „metalinguistischen“[1] – heute würden wir sagen, soziolinguistischen[2] oder metasemiotischen[3] – Ansatz aus, indem er die Sprache, die Äußerung, das „Wort“ als ein permanent dialogisches Medium bestimmt:

---

chischen Tradition, aus der „Zwei-Einheit“ (Steins, Bindung, 32) von Altem und Neuem Testament gegenüber der jüdischen Bibel und aus christlich-konfessionellen Kanondifferenzen ergeben. „Sinndeterminierend“ ist für Steins der „Übergang aus der einen Schrift zu der einen Schrift aus den zwei Teilen des Alten und Neuen Testaments“ (Steins, Bindung, 34, im Original z.T. kursiv), aus dem sich gemeinsam mit der Prae-Position des älteren Teils ein komplexes Verhältnis ergibt. Überwunden sieht Steins kategorisierende Einteilungen wie „Verheißung versus Erfüllung“ oder „Gesetz versus Evangelium“, an deren Stelle tritt die Einsicht in den Eigenwert beider Kanonteile, in die Berechtigung und Notwendigkeit unterschiedlicher Leserichtungen und die Forderung einer gesamtbiblischen intertextuellen Lektüre (vgl. Steins, Bindung, 35) – eine „Hermeneutik kanonischer Dialogizität“ (Zenger, Am Fuß, 80). Als inhaltlich ebenfalls sehr bedeutend betrachtet Steins die Sonderrolle der vorangestellten Tora im jüdischen und im christlichen Kanon (vgl. Steins, Bindung, 36). Im jüdischen Kanon sind alle übrigen Teile durch ihre Rahmungen auf die Tora bezogen, wobei die Bücher der Chronik als Klammer des dritten Kanonteils und des gesamten Kanons zu lesen sind (vgl. Steins, Bindung, 37). Der wichtigste Unterschied zur Septuaginta sind Stellung und Umfang der „Schriften“. Dohmen ist der Ansicht, man habe im griechischen Kanon die Tora und die Propheten als Eckdaten beibehalten wollen und daher die „Schriften“ in die *Neviim* integriert (vgl. Steins, Bindung, 38).

1 Vgl. Bachtin, Literatur, 129.
2 Vgl. Rössler, Imitation, 12.
3 Vgl. Grübel, Bachtin, in: Bachtin, Ästhetik, 36.

„Das Wort ist kein Ding, sondern das ewig bewegte, sich ewig verändernde Medium des dialogischen Umgangs. [...] Das Leben eines Wortes besteht im Übergang von Mund zu Mund, von Kontext zu Kontext, von Kollektiv zu Kollektiv, von Generation zu Generation. Dabei bleibt das Wort seines Weges eingedenk. Es vermag sich nicht restlos aus der Gewalt jener Kontexte zu lösen, in die es einst einging. Jedes Mitglied eines Sprechkollektivs findet das Wort nicht als ein neutrales Wort der Sprache vor, das von fremden Bestrebungen und Bewertungen frei ist, dem keine fremde Stimme innewohnt. Nein, es empfängt das Wort von einer fremden Stimme. In seinem Kontext kommt das Wort aus einem anderen Kontext, durchwirkt von fremden Sinngebungen.“[1]

Jede Äußerung ist ein soziales Ereignis, weil jedes Wort in einem schier unendlichen gesellschaftlichen Diskurs steht. In diesem unaufhörlichen Dialog wird das Wort immer wieder neu bestimmt und kann all die Stationen seines Besprochenseins niemals abstreifen.

Das bedeutet aber, dass die Bewegung des Wortes auf den Gegenstand keine gradlinige, ungestörte ist. Vielmehr taucht jedes Wort, das sich auf einen Gegenstand bezieht, in einen Bereich komplexer Dialogbeziehungen ein:

„Das lebendige Wort steht seinem Gegenstand keineswegs identisch gegenüber: zwischen Wort und Gegenstand, zwischen Wort und sprechender Person liegt die elastische und meist schwer zu durchdringende Sphäre der anderen, fremden Wörter zu demselben Gegenstand, zum gleichen Thema. [...] So findet jedes konkrete Wort (die Äußerung) jenen Gegenstand, auf den es gerichtet ist, immer schon sozusagen besprochen, umstritten, bewertet vor und von einem ihn verschleiernden Dunst umgeben oder umgekehrt vom Licht über ihn bereits gesagter, fremder Wörter erhellt. Der Gegenstand ist umgeben und durchdrungen von allgemeinen Gedanken, Standpunkten, fremden Wertungen und Akzenten. Das auf seinen Gegenstand gerichtete Wort geht in diese dialogisch erregte und gespannte Sphäre der fremden Wörter, Wertungen und Akzente ein, verflicht sich in ihre komplexen Wechselbeziehungen, verschmilzt mit den einen, stößt sich von den andern ab, überschneidet sich mit dritten; und all das kann das Wort wesentlich formen, sich in allen seinen Bedeutungsschichten ablagern, seine Expression komplizieren, auf das gesamte stilistische Erscheinungsbild einwirken.“[2]

Dadurch, dass das Wort in seiner Ausrichtung auf den Gegenstand auf fremde Worte trifft, entsteht die erste Dialogbeziehung. Die zweite ergibt sich daraus, dass jedes Wort auf eine Antwort des Hörers gerichtet ist und „keines dem tiefgreifenden Einfluß des vorweggenommenen Wortes der Replik entgehen“[3] kann. Autor und Hörer kommen so ins Gespräch.

---

1 Bachtin, Literatur, 129f.

2 Bachtin, Ästhetik, 169f.

3 Bachtin, Ästhetik, 172.
Jedes Wort ist „auf antwortendes Verstehen eingestellt“. Verstehen vollzieht sich dabei in zwei Etappen: Der erste Schritt, das „passive Verstehen des Wortes“, bezieht

Das Eingebundensein eines jeden Wortes in einen unabsehbar großen und komplexen Dialog ist ein allgemeines sprachliches und soziales Phänomen.[1] Es betrifft mündliche Äußerungen, aber auch schriftlich fixierte Texte. 1975, also sechs Jahre nach dem Erscheinen des berühmten Aufsatzes von Julia Kristeva zur „Intertextualität" (vgl. c), beschreibt Bachtin auch den Dialog, den schriftliche Texte miteinander führen:

> „Jedes Wort (jedes Zeichen) eines Textes führt über seine Grenzen hinaus. Es ist unzulässig, die Analyse (von Erkenntnis und Verständnis) allein auf den jeweiligen Text zu beschränken. Jedes Verstehen ist das In-Beziehung-Setzen des jeweiligen Textes mit anderen Texten und die Umdeutung im neuen Kontext (in meinem, im gegenwärtigen, im künftigen). [...] Die Etappen dieser dialogischen Bewegung des Verstehens sind: Ausgangspunkt – der vorliegende Text, Bewegung zurück – die vergangenen Kontexte, Bewegung nach vorn – Vorwegnahme (und Beginn) des künftigen Kontextes. Der Text lebt nur, insofern er sich mit einem anderen Text (dem Kontext) berührt."[2]

Es gehört wesentlich zu einem schriftlichen Text, dass er mit anderen Texten in einem dialogischen Verhältnis steht. Die Aufgabe einer literaturwissenschaftlichen Analyse ist es, die Beziehungen zu den übrigen Texten und zu meinem gegenwärtigen oder zukünftigen Kontext aufzudecken.

Zentral in Bachtins Schriften ist die Untersuchung von dialogischen Strukturen als Rede- und Stimmenvielfalt im Roman. Dabei geht es nicht um den Dialog als die bloße Rede und Gegenrede zweier oder mehrerer Personen, sondern um die ‚innere Dialogizität' der Sprache: um die Dialogisierung von Meinungen und Werten im Gegensatz zur Monologisierung durch eine einheitliche, alles bestimmende Ideologie. Ein Romancier hat die Chance, die lebendige Sprachvielfalt verschiedener sozialer Gruppen, Generationen, Weltanschauungen, Gattungen, aufzunehmen und sie als Stimmen- und Redevielfalt in die Sprache seines Romanes zu integrieren.

---

sich auf die sprachliche, „neutrale Bedeutung" einer Äußerung. Im zweiten Schritt, dem „aktiven Verstehen", rückt im Dialog zwischen Autor und Hörer der „aktuelle [...] Sinn" der Äußerung ins Zentrum, der sich „vor dem Hintergrund anderer konkreter Äußerungen [...] [,] Meinungen, Standpunkte und Wertungen" ergibt – „d.h. gerade vor dem Hintergrund dessen, was, wie wir sehen, den Weg jedes Wortes zu seinem Gegenstand komplex macht." (Bachtin, Ästhetik, 173)

1 Bachtin stellt nicht nur die vielfältigen Dialoge dar, in denen das Wort besprochen wird, er kann sogar das Wort selbst als Gesprächspartner beschreiben: „Wir haben von ihm noch nicht alles erfahren, was es uns sagen kann; wir betten es in neue Kontexte ein, passen es an neues Material an, stellen es in eine neue Situation, um von ihm neue Antworten, neue Nachrichten seines Sinns und neue *eigene* Wörter zu erhalten (weil das produktive fremde Wort unsere Antwort dialogisch erzeugt)." (Bachtin, Ästhetik, 233)

2 Bachtin, Ästhetik, 352.

Auf diese Weise entwirft er in seinem Roman ein Abbild der Gesellschaft. Allein der Roman ist in der Lage, diese Redevielfalt darzustellen:[1]

- Hier lassen sich verschiedene Erzählstimmen und -stile kombinieren (z.B. literarisierte Erzählerrede und alltagssprachliche Figurenrede);
- unterschiedliche Erzählformen und Textsorten/Gattungen können eingeschaltet werden (wie Brief, Tagebuch, Novellen, lyrische Stücke, Poeme oder kleine dramatische Szenen);
- der Romancier kann einzelne gesellschaftliche Diskurse imitieren (beispielsweise moralische, philosophische oder wissenschaftliche Erörterungen),
- er kann sogar in einer einzelnen Äußerung durch die Epoche oder die soziale Differenzierung geschiedene sprachliche Bewusstseine aufeinander treffen lassen.

Die Möglichkeit, verschiedene Stimmen auch in einer Äußerung zusammenzustellen, steht in Verbindung mit Bachtins „Typologie des Prosawortes“[2]. Demnach ist zu unterscheiden zwischen der einstimmigen, „monologischen“ Autorenrede, die in der Erzählerrede oder in der Figurenrede erscheinen kann, die aber immer noch vom Autor abhängig ist, und dem „auf das fremde Wort eingestellte[n] Wort“ als das zweistimmige, dialogische Wort.[3] Diese beiden Stimmen können eine friedliche Koexistenz führen, aber auch konfrontativ einander gegenüber stehen. Oder aber das fremde Wort bleibt im Hintergrund und wirkt von dort her auf das Wort des Autors ein:

> „Jedes Wort empfindet mehr oder weniger stark seinen Zuhörer, Leser und Kritiker, es spiegelt seine vorwegnehmenden Einwände, Bewertungen und Standpunkte. Außerdem hat das literarische Wort eine Empfindung für seinesgleichen, es spürt neben sich ein anderes literarisches Wort, einen anderen Stil.“[4]

Erst wo diese letzte Variante erreicht ist, indem das fremde Wort von außen her auf das Wort des Autors einwirkt, erst dort wird die Dialogizität der Sprache gespiegelt: in der Dialogisierung des Romanes.

Den Idealtypus eines solchen dialogischen Romans findet man in den Werken Dostojewskis, deren Analyse den Literaturwissenschaftler Bachtin zu den hier dargestellten Überlegungen geführt hat. Die dialogischen Romane Dostojewskis zeichnen sich durch eine „Polyphonie“ der „Stimmen“ und „Bewußtseine“ aus, was Bachtin als eine prinzipielle literarische Neue-

1 Vgl. Rössler, Imitation, 14.
2 Steins, Bindung, 59.
3 Vgl. Steins, Bindung, 59.
4 Bachtin, Literatur, 123.

rung betrachtet. Das zeigt sich z.B. darin, dass dem Held Raum gegeben wird, eine eigene, vom Autor unabhängige Stimme zu haben. Die von ihm ausgesprochenen Ideen sind autonom und können dadurch mit den Stimmen anderer Epochen und Weltanschauungen, auch mit dem Bewusstsein des Autors ins Gespräch kommen. Es ergibt sich die offene Struktur eines unermesslichen Dialogs.

Umgekehrt verhält es sich in einem monologischen Roman. In ihm bemüht sich der Romancier, jedes Wort unter eine einheitliche Sichtweise, unter eine Ideologie zu stellen, die dadurch absolut gesetzt wird. Zwar gilt auch für den monologischen Roman, dass jedes Wort in einem gesellschaftlichen, Epochen übergreifenden Dialog gesprochen ist. Zudem erklingt im Roman ein Vielfalt an Stimmen, ohne dass ein Schriftsteller dies verhindern könnte. Entscheidend ist aber das Bestreben, die Dialogizität der Sprache einzudämmen und unter ein monologisches System zu zwängen. Unverkennbar ist Bachtins Wirken nicht nur eine literaturwissenschaftliche Auseinandersetzung mit dem Formalismus, sondern auch eine Antwort auf die marxistische Ästhetik und auf die Sprache der stalinistischen Diktatur.[1] Bachtin war von den Repressionen in der Zeit des Stalinismus betroffen, seine Schriften konnten erst nach seiner Rehabilitierung 1965 erscheinen.[2]

c) Julia Kristeva: Intertextualität

Die bulgarische, später in Frankreich lebende Semiotikerin und Literaturwissenschaftlerin Julia Kristeva hat den Terminus „Intertextualität" 1967 geprägt, als sie mit einem Aufsatz über „Bachtin, das Wort und der Dialog" den Anstoß zur Rezeption von Bachtins Sprach-, Literatur- und Kulturtheorie gab. Konnten Strukturalisten und Formalisten noch den Text als eine strenge und feste Größe beschreiben, die es mit gleichsam mathematischer Genauigkeit zu beschreiben gilt, so würdigt Kristeva Bachtins dynamische Textauffassung:

> „Bachtin gehört zu den ersten, die die statische Zerlegung der Texte durch ein Modell ersetzen, in dem die literarische Struktur nicht *ist*, sondern sich erst aus der Beziehung zu einer *anderen* Struktur *herstellt*. Diese Dynamisierung des Strukturalismus wird erst durch eine Auffassung möglich, nach der das ‚literarische Wort' nicht ein *Punkt* (nicht ein feststehender Sinn) ist, sondern eine *Überlagerung von Text-Ebenen*, ein Dialog ver-

1 Vgl. Rössler, Imitation, 14.
2 Zu Bachtins Biographie vgl. R. Grübel in: Bachtin, Ästhetik, 7-20.

schiedener Schreibweisen: der des Schriftstellers, der des Adressaten (oder auch der Person), der des gegenwärtigen oder vorangegangenen Kontextes."[1]

Das literarische Wort ist kein fester Körper. Die kleinste Einheit eines Textes ist der Wortzustand („statut du mot"), dynamisch zu verstehen als Lage, als das jeweilige Verhältnis. Man kann den Wortzustand in Analogie zur Lehre von den Atomen begreifen. War man bis zum Ende des 19. Jh.s der Ansicht, ein Atom sei eine unteilbare, ungeheuer kleine Kugel fester Materie, so gelangte man im 20. Jh. zu der Vorstellung, dass auch ein Atom eine dynamische Formation aus kreisenden Elektronen und aus einem Kern ist, der wiederum aus kleineren Teilchen besteht. „Der Begriff des *Status* ersetzt das Bild des Textes als eines Korpus von [sc. festgefügten] Atomen durch das Bild eines aus Relationen bestehenden Textes".[2]

Dieser dynamische Wortzustand kommt dadurch zustande, dass das Wort immer mindestens zweien „gehört"[3]: In der horizontalen Achse sowohl dem Subjekt der Schreibweise (das, was wir als den ‚Autor' zu denken gewohnt sind) als auch dem Adressaten; in der vertikalen Achse den vorausliegenden und den gleichzeitigen Texten:

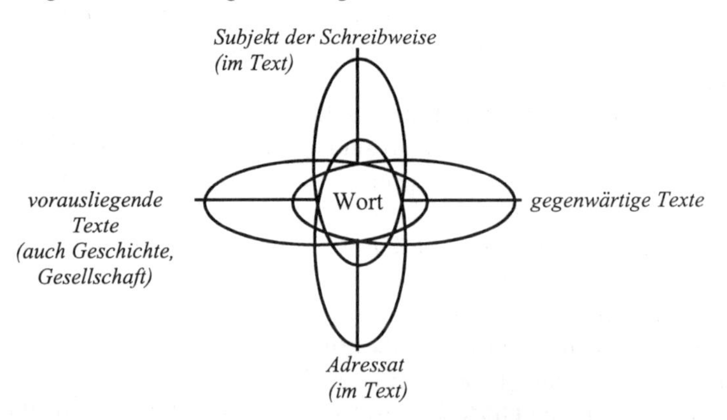

Jedes Wort wird im Dialog mindestens dieser Größen konstituiert.

Die horizontale Dimension: Das Subjekt der Schreibweise und der Adressat können im Wort deshalb in einen Diskurs treten, weil „der Adressat für den Autor nicht real, sondern *im Text* anwesend"[4] ist, ebenso wie der Autor: Er „geht in den Text ein und darin auf" und bedient sich

1 Kristeva, Bachtin, 346 (Hervorhebungen im Original).
2 Kristeva, Bachtin, 373.
3 Kristeva, Bachtin, 347.
4 Steins, Bindung, 50.

dort „einer Person, eines Charakters, eines Subjekts der Aussage. Im Text treffen Autor und Leser aufeinander."[1] Dadurch, dass dieser Dialog *im Text* stattfindet, ist das Verhältnis zwischen dem Subjekt der Schreibweise und dem Adressaten ein intertextuelles. Die horizontale Dimension wird durch die Logik des Dialoges bestimmt.[2]

Die vertikale Dimension: In der Struktur des Textes ist stets ein anderer, vorhergehender Text anwesend. Dieser wird absorbiert, auf ihn wird geantwortet. Dadurch ist jeder Text die Verknüpfung mindestens zweier Zeichensysteme, es entsteht jene Ambivalenz, deren Logik auf der vertikalen Ebene vorherrschend ist. Dazu muss man wissen, dass Kristeva einen sehr weiten Textbegriff hat: Unter Texten versteht sie nicht nur schriftliche Artefakte oder alles, was versprachlicht erscheint. Vorausliegende Texte, das sind Geschichte und Gesellschaft; beide werden „als Texte angesehen [...], die der Schriftsteller liest, in die er sich einfügt, wenn er schreibt"[3].

Durch den horizontalen Dialog und die vertikal sich ergebende Ambivalenz lässt sich die poetische Sprache, ja, jedes poetische Wort als ein doppeltes, als ein „double" lesen – als „nicht-ausschließender Gegensatz von Bedeutungen, und zwar sowohl im *Binnen*raum des Textes als auch im *Zwischen*raum der Texte"[4].

Jeder Text ist dialogisch. Eine Erzählung lässt sich nicht mehr als eine Mitteilung begreifen, bei der Wort und Sache, Signifikant (Bezeichnendes) und Signifikat (Bezeichnetes) einander in einem statischen Verhältnis gegenüberstehen,[5] oder der feststehende Sinn aus der Relation der Signifikanten zueinander zu ermitteln wäre. Eine Erzählung ist ein Dialog zwischen dem Subjekt der Aussage und dem Adressaten, in dem die Schreibweise des Autors nicht nur mit der des Adressaten, sondern auch mit fremden und eigenen Texten, mit den in Geschichte und Gesellschaft vorausliegenden Schreibweisen in einen Diskurs treten.

Kristeva formuliert ihre Literaturtheorie ausgehend von der Seite der Textproduktion. Dennoch wird man ihr Modell nicht ausschließlich pro-

1 Steins, Bindung, 51. Ähnliche Bestimmungen werden wir später bei rezeptionsästhetischen Modellen kennen lernen.

2 Kristeva geht in ihrer Analyse der Dialogizität sogar noch weiter: Der „Autor" und der Adressat selbst sind ebenfalls je ein Diskurs, da der reale Autor in den Text eingeht (ein Diskurs), ebenso wie der Adressat (ein weiterer Diskurs).

3 Kristeva, Bachtin, 346 und vgl. Steins, Bindung, 52.

4 Steins, Bindung, 52, der auf Kristeva, Bachtin, 352 verweist.

5 Vgl. Steins, Bindung, 50.

duktionsästhetisch nennen können,[1] weil sie mit dem Aufgehen des Autors und des Adressaten im Text einen Aspekt beschreibt, der in die Richtung rezeptionsästhetischer Bestimmungen weist.

Als wesentlich an Kristevas Intertextualitätskonzept arbeitet Steins heraus, dass es hierbei nicht um Intertextualität als einem akzidentiellen Aspekt von „Text" geht, sondern dass Intertextualität „die Textualität (sc. poetischer)" Texte ausmacht.[2] Jeder Text ist wesensmäßig intertextuell, weil er sich im Dialog der in den Text eingegangenen Partner Autor und Adressat und im Diskurs mit früheren Texten, mit der Geschichte und der Gesellschaft konstituiert. In diesem Sinne will Steins den Begriff der Intertextualität gebrauchen.[3]

d) Georg Steins: Kanonisch-intertextuelle Lektüre

Kehren wir zurück zu Steins' Programm einer kanonisch-intertextuellen Lektüre. Steins folgert vor allem aus Bachtins Konzept für den Vorgang des Verstehens: „Sinnverstehen ist nicht begriffliche Rekonstruktionen und bloßer Nachvollzug einer im Text eingeschlossenen und ‚fertigen' Sinnvorgabe, sondern Rekontextualisierung in wechselnden Horizonten."[4] Den Leser/inne/n kommt eine schöpferische Rolle bei der Sinnkonstitution zu. Verstehen bedeutet nicht, einen festgelegten und unveränderlichen Sinn freizulegen. Das Verständnis eines in seiner Sinnstruktur offenen Textes ist vielmehr in einer doppelten Kontextualisierung fundiert, einer textuellen (Text-Text-Relation) und einer transtextuellen (sozio-kultureller Kontext).

Beides – sowohl die Beziehungen zwischen biblischen Texten als auch die Wechselbeziehung zwischen dem kanonischen Text und der immer wieder neuen Kontextualisierung in der Glaubensgemeinschaft –, sind wichtige Aspekte einer kanonisch-intertextuellen Lektüre. Voraussetzung für solch eine Leseweise ist die „Einsicht in den literarisch-poetischen Charakter biblischer Texte. Biblische Texte sind polyvalent und unterscheiden sich darin von in der Alltagskommunikation vorherrschenden monovalenten Texten"[5].

1 Gegen Rössler, Differenz, 25.
2 Steins, Bindung, 52f.
3 Vgl. Steins, Bindung, 53.
4 Steins, Bindung, 67f. im Original z.T. kursiv.
5 Steins, Bindung, 69.

Eine kanonisch-intertextuelle Lektüre im Anschluss an Bachtins und Kristevas Konzepte literarischer Dialogizität scheint zudem geeignet, den Kanon-Text in seiner „g“[1] zu lesen. Eine kanonisch-intertextuelle Lektüre vermag diese Multiperspektivik auch so zur Sprache zu bringen, dass das „Nebeneinander vielfältiger, oft widersprüchlicher Positionen und die Pluristilistik/Gattungsvielfalt“ nicht aufgelöst, sondern bewahrt werden. Historische Rekonstruktionen, aber auch synchrone und rezeptionsorientierte Ansätze laufen oft Gefahr, dieser Polyphonie auszuweichen – sei es durch literargeschichtliche Erklärungen, sei es durch eine Harmonisierung der Texte, als seien sie von einem Autor geschaffen.[2] Beides führt zu einem „Monologismus“[3].

Dagegen setzt Steins seine dialogisch-intertextuelle Bestimmung des kanonischen Textes und formuliert mit Mosaiksteinen von Bachtin:

> „Der biblische Kanon läßt sich als ein verstetigter Dialog beschreiben. Vielstimmigkeit ist sein Bauprinzip. [...]. Jedes Wort ist ein Wort unter Wörtern, es findet sich in der Gesellschaft von Wörtern, in der der Gegenstand schon vielfach besprochen vorgefunden wird. ‚Das auf seinen Gegenstand gerichtete Wort geht in diese dialogisch erregte und gespannte Sphäre der fremden Wörter und Wertungen ein.‘[4] Jede Äußerung wird zur ‚Replik, die aufnimmt, verwirft, polemisiert oder weiterspricht, ergänzt, die vorgefundene Äußerung in eine neue mögliche öffnet.‘[5] Der biblische Kanon ist ein dialogisch strukturierter Text; für den Bedeutungsaufbau ist die Dialog- bzw. Replikstruktur entscheidend.“[6]

Steins möchte eine „Rezeptionstheorie [...] für den Kanon“ entwickeln. Hat er schon das Bachtin'sche Konzept von der Dialogizität des Wortes als „Rezeptionsästhetik“[7] bezeichnet, so führt er diesen Faden nun weiter: Mit Gadamers Kritik an der romantischen Hermeneutik und dem Abschied von der Intention des Verfassers als Ziel der Auslegung nimmt Steins eine grundlegende Einsicht der Rezeptionsästhetik auf. Der Sinn eines Textes ist nicht nur gelegentlich, sondern immer mehr als das, was der Autor sagen wollte. Verstehen ist nicht nur Reproduktion, sondern wesentlich Produktion. Die damit verbundene Abkehr von der Rekonstruktion der Welt hinter dem Text, der Textgenese und die Hinwendung zu einer Exegese,

1 Steins, Bindung, 70.
2 Steins, Bindung, 71f.
3 Steins, Bindung, 78.
4 Bachtin, Ästhetik, 169.
5 Lachmann, Gedächtnis, 127.
6 Steins, Bindung, 74.
7 Steins, Bindung, 67.

die sich auf das Verhältnis zwischen Text und Rezipienten richtet, ist für Steins ein notwendiger hermeneutischer „Paradigmenwechsel“[1],

> „denn die Frage der Rezeption ist der Frage nach der Produktion nicht nach-, sondern vorgeordnet: Die Rekonstruktion der Textentstehungsbedingungen und die Beschreibung der Textstrukturen sind selbst Rezeptionsakte. Alle Aspekte des Interpretationsvorgangs [...] sind daher rezeptionsästhetisch zu reformulieren.“[2]

Dazu gehört auch die Frage nach dem „impliziten Leser“, den Steins im Anschluss an Wolfgang Iser als jene „strukturierte Hohlform“[3] versteht, die von vielen Empfänger/inne/n ausgefüllt werden kann. Den Modell-Leser (ein Begriff von Umberto Eco[4]) beschreibt Steins als den idealen und informierten Bibelleser, als einen kanonbewussten Leser,[5] der in der Lage ist, vielfältige Verknüpfungen herzustellen. Eco zufolge wird jener Modell-Leser vom Autor sowohl vorausgesetzt als auch erst erschaffen.[6] Dasselbe gilt für die Kompetenz des Lesers: Enzyklopädisches Wissen wird vom Leser einerseits erwartet und andererseits durch den Text selbst vermittelt. Das trifft auf die Bibel mindestens ebenso sehr zu wie auf andere literarische Texte. Die „unverzichtbare Bedeutung der historisch-kritischen Exegese“ sieht Steins in der Aufgabe, die teilweise versunkene Enzyklopädie des fremden Textes wiederzugewinnen und so „eine Überwältigung durch die Gegenwartsinteressen von Leserin und Leser“ zu verhindern.[7]

In welcher Weise Vorwissen und Kontext von Anfang an in die Sinnkonstitution einfließen, zeigt Steins anhand von Ergebnissen aus der empirischen Lesepsychologie, die wesentliche Einsichten der Rezeptionsästhetik bestätigen konnte. Steins gibt vor allem die Ergebnisse der Leseforscherin Sabine Gross wieder, wonach sich der Lesevorgang nicht in visuelle und kognitive Elemente aufspalten lässt, sondern von Anfang an Interpretation ist. Diesen Komplex werde ich im Teil B dieser Arbeit darstellen.

Nachdem Steins Bachtins und Kristevas Konzepte von literarischer Dialogizität und Intertextualität referiert und diese mit einigen Aspekten der Rezeptionsästhetik verbunden hat, nennt er die Bedingungen, die ein „Operationalisierungskonzept“[8] für eine kanonische Auslegung erfüllen

1 Steins, Bindung, 86.
2 Steins, Bindung, 86f.
3 Iser, Akt, 61.
4 Vgl. Eco, Lector, bes. 61ff.
5 Steins, Bindung, 96.
6 Eco, Lector, 68.
7 Steins, Bindung, 94.
8 Steins, Bindung, passim.

muss: Erstens darf es den Text nicht auf eine Bedeutung festlegen, sondern muss den Raum für immer neue Auslegungen eröffnen. Zweitens muss der Kanon „als Voraussetzung und Moment der Rezeption des auslegenden Textes erscheinen"[1]. Und drittens muss die „Textualität des Kanons als Intertextualität" begriffen werden, wobei der „Bibelkanon als objektiver Dialog und privilegierter Intertext"[2] eine große Zahl unterschiedlicher Text-Text-Relationen ermöglicht.

> „Der Text als Kreuzungspunkt verschiedener Linien im kanonischen Intertext erfordert die Spurensuche und die Identifikation des hintergründig mitwirkenden anderen Textes oder der anderen Texte. Schrittweise wird ein Beziehungsgeflecht aufgedeckt, daß [sic] sich in der Rezeption des kanonbewußten Lesers aufgebaut hat. Durch je verschiedene Kontextualisierungen/Text-Text-Relationen erscheint der Text in je neuer Beleuchtung, verändert sich der Sinnaufbau. Das Verfahren gleicht einem Spiel mit einer großen Zahl von Möglichkeiten. Ein Moment des Zwangs kommt jedoch dadurch hinzu, daß innerhalb des Kanons nicht alle Beziehungen das gleiche Gewicht haben, sondern deutliche Akzente gesetzt werden. Hier wirken sich die Produktionsvorgaben als prominente Lesesteuerungen aus, Vorgaben, die sowohl in der Entstehung des einzelnen auszulegenden Textes begründet sind als auch in den verschiedenen Stadien der Kanonformierung. Mit dem Kanon ist der Raum definiert, in dem die Text-Text-Relationen möglich sind. [...] Der Kanon gibt darüber hinaus die Leserichtung(en) vor, z.B. vom Alten Testament zum Neuen Testament, vom Neuen Testament zurück zum Alten. Innerhalb eines jeden der beiden Teile können durch Positionierung und explizite Verweise Leserichtungen markiert sein."[3]

An den Leser/inne/n liegt es, im Text mitwirkende Texte („Hypotexte") zu erkennen und ihren Beitrag zum Bedeutungsaufbau des vorliegenden Textes („Hypertext") herauszuarbeiten. Damit wird die „Rezeption des kanonbewußten Lesers" nachvollzogen. Hat dieses Verfahren noch einen experimentellen, spielerischen Aspekt, so kommt mit den in der Textproduktion festgelegten Lesesteuerungen ein „Moment des Zwangs" hinzu. Steins versucht trotz seines rezeptionsorientierten Zugangs, an dieser Stelle an einem Stück Produktionsästhetik festzuhalten.[4] Vorgegeben ist nicht nur der Raum des Kanons, sondern damit auch eine bestimmte Leserichtung.

Eine kanonisch-intertextuelle Lektüre vollzieht sich demnach in diesen Schritten:

---

1 Steins, Bindung, 99.
2 Steins, Bindung, 99.
3 Steins, Bindung, 100f.
4 Besonders deutlich wird dies an der kritiklosen Übernahme eines Zitates, in dem B. van Iersel von dem *„Leserstandpunkt"* spricht, *„den der Text [...] allen Lesern vorschreibt"* (Steins, Bindung, 88).

(1) Identifizierung des im Hypertext anwesenden Hypotextes (welche Texte werden aufgerufen/evoziert?); Beschreibung der Art der Anwesenheit, Darlegung und Prüfung der Referenzsignale.
(2) Frage nach dem Beitrag des Hypotextes für den Hypertext und nach dem Bedeutungszuwachs.

Eine solche Auslegung vollzieht sich in immer neuen Anläufen, sie ist experimentell und nie abschließbar.[1] „Relationen zwischen Texten werden aufgebaut über Ähnlichkeiten"[2], wobei sowohl auf die „Ähnlichkeiten/Wiederholungen" als auch auf die „Veränderungen", auf *„repetition"* und *„variation"*[3] zu achten ist.

Eine solche kanonisch-intertextuelle Lektüre, die Steins anhand von Gen 22 vorführt, verlängert und intensiviert die Wahrnehmung des Endtextes. Sie ist nicht enthistorisierend und unterwirft den biblischen Text „nicht aktuellen Interessen, sondern ist im Gegenteil der Versuch, seine Andersheit und Fremdheit, in der sich die historische Distanz ausdrückt, zu steigern, um so einen wirklichen Dialog, d.h., eine Begegnung von Verschiedenem zum Zwecke der Bereicherung im Sinne der Erschließung neuer Sichtweisen, zu ermöglichen"[4].

Mit dem Intertextualitätskonzept nimmt Steins ein Modell auf, das in der Sprach- und Literaturwissenschaft viel diskutiert wird. Im Allgemeinen wird dabei von der Grundunterscheidung zwischen einem weiten und einem mehr oder weniger engen Begriff von Intertextualität ausgegangen:

Auf der einen Seite steht der weit gefasste, bei Julia Kristeva geradezu „globale[n] Intertextualitätsbegriff"[5], der in der Vorstellung von einer „universelle[n] Vernetztheit von Texten"[6], Kultur und Gesellschaft gründet.[7] Wegen seiner allzu großen Offenheit wird dieses Intertextualitätskonzept jedoch von vielen kritisiert. So formulieren die Herausgeber eines umfangreichen Sammelbandes zu „Textbeziehungen" den Konsens der Beitragenden:

---

1 Vgl. Steins, Bindung, 101.
2 Steins, Bindung, 78.
3 Steins, Bindung, 101, im Original recte.
4 Steins, Bindung, 227.
5 Tegtmeyer, Begriff, Zit. 49.
6 Heinemann, Eingrenzung, Zit. 22.
7 Dieses Verständnis von Intertextualität als ein generelles Kennzeichen von Textualität hat, soweit damit Texte im engeren Sinne gemeint sind, Parallelitäten mit Riffaterres Definition des Textes als „un ensemble de présuppositions d'autres textes" (Riffaterre, Syllepse, 496).

„Einig ist man sich in der Skepsis gegenüber dem Konzept Kristevas, der ‚Erfinderin' des Terminus Intertextualität, weil es der Beliebigkeit Tür und Tor öffnet."[1]

Noch deutlicher bezeichnet Henning Tegtmeyer Kristevas Intertextualitätsbegriff im Hinblick auf „literatur- oder sprachwissenschaftliche Textanalysen" als unbrauchbar.[2] Wer schriftliche Texte zum Untersuchungsgegenstand hat, wird in Kristevas Theorie der Intertextualität eher ein für die Analyse und Interpretation von Texten „schwer handhabbares Werkzeug"[3] sehen, wie es die Alttestamentlerin Ulrike Bail ausdrückt.

Aus diesen Gründen wird zumeist ein engerer Intertextualitätsbegriff favorisiert. Dabei wird von der Text-Referenz als der Wechselbeziehung zwischen konkreten Texten[4] ausgegangen, die sich in der horizontalen Dimension als assoziative Verknüpfung von Texten, als „referentielle Intertextualität" (Holthuis)[5] manifestiert und in der vertikalen Dimension als auf Textsorten bezogene, „typologische Intertextualität" (Holthuis)[6] erscheint. Am engsten wird Intertextualität dort gefasst, wo nur nach vom Autor intendierten und von den Rezipient/inn/en als solche erkannten Textreferenzen gefragt wird.

Dass dieses Merkmal der „Kommunikativität" aber nur eines der Kriterien ist, mit deren Hilfe sich intertextuelle Bezüge beschreiben lassen, das zeigen die von Broich/Pfister[7] ausgearbeiteten, im Allgemeinen als sehr praktikabel betrachteten Parameter.

Dabei zählen zu den qualitativen Kriterien für die Intensität der Intertextualität: (1) Referenzialität. Wie stark thematisiert ein Text einen anderen? (2) Kommunikativität. Wie hoch ist der Grad der Bewusstheit der Referenz beim Autor (Intentionalität) und bei den Rezipient/inn/en (Deutlichkeit der Markierung)? (3) Autoreflexivität. Reflektiert der Autor den Bezug auf einen anderen Text? (4) Strukturalität. Wird ein Text punktuell aufgenommen oder werden größere Textteile als strukturelle Folie benutzt, bis hin zur Übernahme des gesamten Textes? (5) Selektivität. Ist das aus einem Text aufgenommene Element prägnant (Zitat) oder eher weniger deutlich umgrenzt (Anspielung)? (6) Dialogizität. Wie hoch ist der Grad der semantischen und ideologischen Spannung zwischen dem aufgenommenen Text und dem neuen Kontext? Quantitative Kriterien für die Intensität der Intertextualität sind zum einen Dichte und

---

1 Klein/Fix, Textbeziehungen, 7.

2 Tegtmeyer, Begriff, 56.

3 Bail, Schweigen, 98 (Lit.). Zu erwägen wäre aber, ob der weite Textbegriff Julia Kristevas einen methodischen Rahmen bieten könnte, die außertextlichen kulturellen Zeugnisse mit zu erfassen, die in der historischen Bibelforschung besonders wichtig sind.

4 Heinemann, Eingrenzung, 35.

5 Holthuis, Intertextualität, 48-50.89ff.

6 Holthuis, Intertextualität, 48ff.

7 Broich/Pfister, Intertextualität, 26-30.

Häufigkeit der intertextuellen Bezüge und zum anderen Zahl und Streubreite der aufgenommenen Texte.

Steins rezipiert mit der Intertextualitätstheorie von Julia Kristeva zunächst ein sehr weites Verständnis von Text und Intertextualität, spitzt es dann aber auf die Beziehungen zwischen (den biblisch-kanonischen) Texten zu. Damit folgt er dem *mainstream* der Literatur- und Sprachwissenschaft, der Intertextualität als die Beziehung zwischen konkreten Texten fasst.

e) Auswertung: Dialogizität und Intertextualität

In seiner Arbeit über die Bindung Isaaks präsentiert uns Georg Steins „Grundlagen und Programm einer kanonisch-intertextuellen Lektüre". Ausgangspunkt ist ihm dabei der kanonische Auslegungsansatz von Brevard S. Childs und die Beobachtung, dass in diesem Modell eine literarische Theorie des Kanons sowie eine Methode kanonischer Exegese fehlt. Diese Lücke füllt Steins mit den Konzepten Michael M. Bachtins und Julia Kristevas. Bei Bachtin kann Steins herausarbeiten, inwiefern jedes Wort in einem gesellschaftlichen und geschichtlichen Dialog steht und inwiefern sich diese Diskurse über Wertsysteme und Meinungen durch die Stimmen- und Redevielfalt im dialogischen Roman abbilden lassen. In diesem Sinne beschreibt Steins den biblischen Kanon als dialogisch konstituiert und wertet damit die Vielstimmigkeit, die auch die historisch-kritische Perspektive gesehen hat, als etwas Positives.

Mit Julia Kristeva verbindet sich erstmals der Begriff Intertextualität, der bei ihr jedoch mehr als die Beziehungen zwischen schriftlichen Texten bezeichnet. Im Anschluss an Bachtin beschreibt Kristeva auf der horizontalen Ebene den Dialog zwischen vorausliegenden Texten, worunter auch Geschichte und Gesellschaft zu fassen sind, und dem gegenwärtigen Text. Auf der vertikalen Ebene siedelt sie das Gespräch zwischen der Schreibweise des Autors und der des Adressaten an. Dadurch, dass sowohl der Autor als auch der Adressat sich in den Text entäußert haben und einander dort begegnen, ist auch ihr Dialog ein im Text liegender, ein intertextueller. Insofern ist Intertextualität ein wesensmäßiges Merkmal aller Texte. Steins bezieht dieses Intertextualitätskonzept auf den literarischen Bibelkanon, den er als intertextuell begreift. Die Aufgabe des kanonbewussten Lesers ist es daher, biblische Texte miteinander in ein gleichberechtigtes Gespräch zu bringen.

Georg Steins vertritt ein rezeptionsästhetisches Konzept: Zum einen beschreibt die Bezeichnung eines Textes als „Kanon" im Grunde ein Rezeptionsphänomen. Zum anderen ist der dialogisch-intertextuell aufgebaute biblische Kanon offen für immer wieder neue Sinnkonstruktionen von Leser/inne/n und für immer wieder neue Kontextualisierungen. Steins will einen „Paradigmenwechsel" einleiten: Der Sinn eines Textes wird nicht mehr in der Intention des Verfassers, in seiner Entstehungssituation gesucht, sondern durch die jeweiligen Leser/innen konstituiert. Weil die Frage der Rezeption jeder Auslegungsweise primär ist, sind alle Methodenschritte der historischen Kritik rezeptionsästhetisch zu reformulieren. Eine rezeptionsorientierte, kanonisch-intertextuelle Lektüre hat zuallererst auf Wiederholungen bzw. Ähnlichkeiten zu achten.

Steins bringt mit der Rezeption von Bachtin und Kristeva weiterführende Aspekte in die alttestamentliche Exegese ein. In der Tat wird die von Bachtin beschriebene gesellschaftliche und dann in Literatur übertragene Dialogizität auch in der Bibel sichtbar durch die Kombination verschiedener Erzählstimmen und -stile, unterschiedlicher Erzählformen und Textsorten/Gattungen sowie durch die Aufnahme von verschiedenen Meinungen oder theologischen Konzepten. Er kann sogar in einer einzelnen Äußerung durch die Epoche oder die soziale Differenzierung geschiedene sprachliche Bewusstseine aufeinander treffen lassen. Bei der Lektüre der Erzelterngeschichten werden wir auf Merkmale von Dialogizität achten: Können z.B. der Pharao in Gen 12 bzw. Avimelech in Gen 20f. und Gen 26 als Erzählfiguren begriffen werden, denen als ‚Nichtisraeliten' eine eigene Stimme und ein eigenes theologisches Verständnis gegeben wird?

Der Gewinn, den Steins aus der Aufnahme der Theorie von Julia Kristeva zieht, ist ein vertieftes Verständnis des Phänomens der Intertextualität. Während in den Bibelwissenschaften zuweilen jede beliebige Inbeziehungsetzung von Texten mit diesem Begriff bezeichnet wird, profiliert Steins die Intertextualität. Er setzt sie von der Einflussforschung ab, insofern er Intertextualität als eine Wechselbeziehung mit Rückwirkung auf beide beteiligten Texte markiert. Das bedeutet: Unter dem Blickwinkel der Intertextualität bezieht sich Gen 20 nicht nur auf Gen 12 zurück, indem z.B. nach der Lektüre von Gen 12 offen gebliebene Fragen in der neuen Erzählung beantwortet werden. Vielmehr wird den Leser/inne/n die Möglichkeit gegeben, auch umgekehrt die früheren Texte Gen 12 und 20 im Lichte der späteren (Gen 20f. und Gen 26) zu interpretieren. Dieses Modell ist zudem darin überzeugend, dass es einen geeigneten Rahmen zu liefern scheint, mit dem sich auch das Verhältnis von alt- und neutestamentlichen Texten bestimmen lässt.[1]

Ein bemerkenswertes Novum ist zudem das ausdrückliche Plädoyer für eine rezeptionsästhetische Exegese, auch wenn Steins an einigen Stellen produktionsästhetische Elemente weiter transportiert und so ein Stück hinter seinen eigenen Forderungen nach einer „Rezeptionsästhetik"[2] zurückbleibt. So ist etwa fraglich, ob man innerhalb eines rezeptionsästhetischen Konzeptes noch von textlichen Lesesteuerungen sprechen kann. Eine weitere Schwäche ist darin zu sehen, dass Steins die Einschränkung des weit gefassten Intertextualitätsbegriffes auf das enge Verständnis von Intertextualität als Text-Text-Beziehung zu wenig reflektiert und dabei einen Teil des Konzeptes der Dialogizität verliert, das die Vielstimmigkeit auch nicht-literarhistorisch gelesener Texte herausarbeitet.

Dennoch werde ich wegen der inzwischen übermächtigen Geprägtheit dieses Begriffes Steins darin folgen, dass ich mit Intertextualität die Beziehungen zwischen Texten im engen Sinne bezeichne. Dabei ist m.E. die Einsicht von Holthuis zu beachten, dass Intertextualität selbst ein Rezeptionsphänomen ist: Intertextualität ist keine gleichsam ontologische Eigenschaft von bestimmten Texten, sondern wird „in der Interaktion zwischen Text und Leser, seinen Kenntnismengen und Rezeptionserwartungen"[3] vollzogen, entsteht also erst bei der Lektüre. Neben der Intertextualität werde ich auf die Dialogizität der Erzelterntexte achten, womit nicht nur das Bachtin'sche Konzept, sondern auch die dynamische Semantik Kristevas in die Auslegung einfließen kann.

Grundlegend für eine intertextuelle Lektüre sind die festgestellten Wiederholungen bzw. Ähnlichkeiten, wie Steins meiner Ansicht nach zurecht betont. Bezieht man die Ergebnisse der Untersuchung von Formen und Funktionen der Repetition aus dem vorhergehenden Kapitel mit ein, so könnte eine detaillierte intertextuelle Textanalyse in diesen Schritten erfolgen:

(1) Benennen der Verknüpfung durch die Leser/innen. Welche Wiederholung oder Ähnlichkeit hat der Leser/die Leserin wahrgenommen? Welchen Text betrachtet er oder sie als Kotext/Bezugstext? Liegt die Repetition auf der Ebene des Wortes, des *plots* oder liegt eine Verknüpfung durch dieselbe Textsorte/Gattung vor?

1 Vgl. dazu auch Grohmann, Aneignung, 37.
2 Steins, Bindung, 30; vgl. auch aaO., 85ff.
3 Holthuis, Intertextualität, 31.

(2) Analyse der Wiederholung. Wird ein verbales (Zitat) oder ein nonverbales Objekt (Ereignis) repetiert? Ist die Quelle der Repetition der Erzähler, Gott oder eine Erzählfigur? Welche Funktion kann der Wiederholung zugeschrieben werden (z.B. Vorhersage, Spannungssteigerung, Wiederaufnahme zur Darstellung von synchronen Ereignissen oder nach einer Erzählereinrede, ...)?
(3) Feststellen der Abweichungen, der Spannung zwischen den Texten. Welche Deutungen ermöglichen die Abweichungen?
(4) Autoreflexivität. Gibt es sprachliche Anzeichen dafür, dass sich der Erzähler einer Wiederholung bewusst ist („stets“, „wieder“, „immer“)? Wird die Repetition im Text reflektiert?
(5) Formulieren des Dialogs zwischen den beiden Texten (Ergebnis).

4. Rabbinische Hermeneutik

Die Offenheit des biblischen Textes für Rezipient/inn/en und die Möglichkeit, immer neue intertextuelle Verknüpfungen herzustellen - dies spielt auch in der rabbinischen Hermeneutik eine wichtige Rolle. Von daher ist die Frage interessant, wie im Rahmen der rabbinischen Schriftauslegung, die (a) von einer Wechselbeziehung zwischen festem Text und freier Auslegung geprägt ist, (b) repetitive Elemente interpretiert werden. Anhand von (c) Martin Bubers Begriff des „Leitwortes" beschäftigen wir uns am Ende des Kapitels mit einer jüdischen Auslegungsweise, die sich auf eine spezielle Form der Wiederholung in erzählenden Texten bezieht.

a) Der feste Text und die freie Auslegung

Es ist eine stillschweigende Voraussetzung der rabbinischen Auslegungsweise, dass jede Wiederholung einen Sinn hat.

> „Nichts in der sprachlichen Form der Bibel hat nicht irgendeine Bedeutung, ist nicht zumindest Signal, das Verbindungen zwischen Texten herstellt, Steuerzeichen für den Ausleger, der es für die Anwendung der Auslegungsregeln einsetzt. Nach diesem Denken kann es in der Bibel keine bloßen Wiederholungen geben."[1]

Im Hintergrund einer solchen Auffassung steht eine Hermeneutik, die den biblischen Text als letztlich widerspruchslos betrachtet. In der Bibel gibt es weder Brüche noch sinnlose Dubletten. Alles, was der Leserin oder dem Leser auf den ersten Blick als eine Widersprüchlichkeit oder eine „bloße [...] Wiederholung" erscheinen mag, lässt sich z.B. mit Hilfe der rabbinischen Auslegungsregeln (vgl. unten) als Bedeutung tragendes Merkmal des Textes herausstellen.[2]

Wenn jemand auf etwas Unverständliches stößt, dann ist er oder sie daher aufgefordert, nach einer plausiblen Erklärung zu suchen. Das bedeutet: Verstehensschwierigkeiten, die der Ausleger oder die Auslegerin hat, werden nicht als Unvollkommenheiten des Textes, sondern als Aufforderung an die Leserinnen und Leser begriffen, nach einer Lösung für die Irritation zu suchen. Von der Rezipientin oder vom Rezipienten empfundene Anstößigkeiten beinhalten eine produktive Chance:

1 Stemberger, Hermeneutik, 80.
2 Vgl. Goldberg, Schriftauslegung, 6f.

„Kein Mensch kann die Worte der Tora verstehen, bevor er darüber gestolpert ist" (bGittin 43a).

Diese Hermeneutik impliziert einerseits einen festen und unabänderlichen Text, an dem sich der Bibelausleger bzw. die -auslegerin stößt, und andererseits eine gewisse Freiheit, diesen Text für sich sinnvoll zu interpretieren.

Die Grenze ist dabei durch den unantastbaren Konsonantentext gesetzt:[1] Es ist genau festgelegt, welches Wort mit Hilfsbuchstaben, *plene*, und welches *defektiv* zu schreiben ist – die Anzahl der Buchstaben darf sich nicht verändern. Vielmehr ist der hebräische Text in jedem sprachlichen Detail zu beachten, denn

„[m]an geht davon aus, daß im Text nichts zufällig ist, jede von der Norm abweichende Schreibweise, jede ungewöhnliche grammatikalische Form, jede verbale Übereinstimmung eines Textes mit einem anderen in der Bibel für eine exegetische Verbindung gewertet werden kann."[2]

Übersetzungen des heiligen Textes sind damit im Grunde undenkbar. Eine Begrenzung wird in der rabbinischen Bibelauslegung zudem dadurch gesetzt, dass eine Stelle nicht gegen die halachische Tradition ausgelegt werden darf, ebenso wie bei aggadischen Texten stets auf die Stimme früherer Gelehrter zu achten ist.

Damit sind die Grenzen für die Bibelinterpretation klar formuliert. Auf der anderen Seite steht in der rabbinischen Hermeneutik jedoch das oft erstaunliche Maß an Auslegungsfreiheit, in der die Exegeten ihren „Erfindungsreichtum im Entdecken sprachlicher Möglichkeiten erproben"[3] können. Wenn der nicht veränderbare hebräische Konsonantentext der Bibel „zur Auslegung gegeben" ist (pMegilla 1,1,70a), dann scheint das gleichzeitig zu bedeuten, dass er auf der Rezeptionsseite frei wird für die Kreativität der Auslegenden. Der feste Text hat zum Gegenpol „die offene Auslegung".[4] Relativ frei ist die Bibelinterpretation schon im Hinblick auf

1 Vgl. Goldberg, Schriftauslegung, 6f. Die Unveränderlichkeit gilt zumindest für die Zeit nach 70: „Die Schriftauslegung vor 70 war von einer gewissen Freiheit im Umgang mit dem Bibeltext geprägt [...]. Rabbinische Auslegungstradition stand dagegen von Anfang an unter anderen Vorzeichen als ihr Vorgänger. Die selbstverständliche Bindung an den hebräischen Text und dessen einheitliche, bis ins letzte Detail festgelegte Form ist nicht nur textgeschichtlich von Interesse, sondern bedingt auch die spezifisch rabbinische Hermeneutik, die unter anderen textlichen Verhältnissen nie möglich gewesen wäre." (Stemberger, Hermeneutik, 75)

2 Stemberger, Hermeneutik, 80.

3 Stemberger, Hermeneutik, 80.

4 Stemberger, Hermeneutik, 79. S. auch Goldberg, Schriftauslegung, 7.

die Vokale und Satzzeichen, da diese nur auf mündlicher Tradition beruhen. So ist es z.B. möglich, mit dem Verweis auf abweichende Lesarten in den Targumin, andere Vokale zu lesen oder Satzzeichen so zu setzen, dass neue sinnvolle Kombinationen entstehen.[1] Wo nicht „religiöse Tradition dagegensteht", können „alle Möglichkeiten des bloßen Konsonantentextes"[2] ausgeschöpft werden.

Jene Zeichen, die über die Konsonanten hinausgehen und die den Text erst lesbar und hörbar machen, markieren den Ort der Mitarbeit von Rezipient/inn/en an der Interpretation. Sie sind nicht sakrosankt und insofern grundsätzlich veränderbar. Wenn den Auslegern ein aktive Rolle bei der Aufnahme und Interpretation des Bibeltextes zugeschrieben wird, dann impliziert das eine Vielfalt der Meinungen,[3] worin sich die „Bedeutungsfülle"[4] der Bibel widerspiegelt:

> „Die Schrift sagt: eines hat Gott geredet, zwei habe ich vernommen, denn die Macht ist bei Gott (Ps 62,12); ein Schriftvers hat verschiedene Deutungen, nicht aber ist eine Deutung aus verschiedenen Schriftversen zu entnehmen. [...] Und wie ein Hammer Felsen zersplittert (Jer 23,29), wie der Stein durch den Hammer in viele Splitter zerteilt wird, ebenso zerfällt ein Schriftvers in viele Deutungen." (bSanh 34a)

Sogar in der Halacha können die Gelehrten zu unterschiedlichen Entscheidungen kommen,[5] ebenso wie die Auslegungsregeln nicht eigentlich feste Vorgaben zur Interpretation von Bibeltexten sind – eher muss man sie als Werkzeuge betrachten, die dem jüdischen Ausleger oder der Auslegerin angeboten werden. Rabbinische Autoritäten können daher mit unterschiedlichen Regeln zu entgegengesetzten Ergebnissen kommen.[6] So zeigt sich ein gewisser Pluralismus auch in der Interpretation des festen Textes, auch in halachischen Entscheidungen und in der Anwendung der Auslegungsregeln.

Die Tora wurde „zur Auslegung gegeben"[7], d.h. in die Hände der Menschen gelegt, damit sie dort Bedeutung entfaltet. Tritt in diesem Zitat das *passivum divinum* Gott nicht als ‚Autor' der Bibel hervor,[8] so scheint diese

1 Anders in der liturgischen Verwendung des Bibeltextes: Hier muss sich der Vorleser auch über die Konsonanten hinaus an den kanonischen Text halten.
2 Stemberger, Hermeneutik, 77.
3 Vgl. Stemberger, Hermeneutik, 81.
4 Stemberger, Hermeneutik, 95 und passim.
5 Vgl. die Diskussion um das Prosbol in Lau, Juden, 110f.
6 Zuweilen werden auch die Auslegungsregeln selbst kritisch betrachtet, etwa von den Karäern. Vgl. Stemberger, Einleitung, 32; ders., Hermeneutik, 102ff.
7 pMegilla 1,1,70a.
8 Vgl. mAvot 1,1.

zunächst sprachliche Eigenheit einen Grundzug der rabbinischen Hermeneutik zum Ausdruck zu bringen: Dadurch, dass die Tora am Sinai den Menschen gegeben, man möchte fast übersetzen, an sie *weg*gegeben wurde, existiert keine übergeordnete Instanz mehr, die nach dem einen Sinn oder nach der einen wahren Bedeutung des Textes befragt werden könnte. Es eröffnet sich der Raum für viele Auslegungsmöglichkeiten der Heiligen Schrift. Textsinn und Textbedeutungen werden auf der Rezeptionsseite gesucht, in dem unendlichen Diskurs verschiedener Interpretationen.

Bisher habe ich die Unveränderlichkeit des Textes und die Freiheit der Auslegung als die zwei Seiten der rabbinischen Hermeneutik beschrieben. Doch näher betrachtet, muss das Verhältnis zwischen diesen beiden Polen als ein wechselseitiges verstanden werden: Denn der biblische Text kann nur deshalb immer wieder neu interpretiert werden, weil es niemandem gestattet ist, in die Folge der Konsonanten einzugreifen. Niemand darf Anstößiges abändern oder Glossen einfügen, Text und Interpretation müssen stets genau unterschieden werden. Somit hat jede Generation die Chance, auf denselben Text zurückzugreifen und ihn anders auszulegen als jemand, der sich vor ihr mit dem Text beschäftigt hat. Das heißt aber auch, dass der Text selbst nie an neue Situationen angepasst wird. Es ist die Aufgabe der Auslegung, die Tora so zu interpretieren, dass der Text auf die Gegenwart angewandt werden kann und so lebendig bleibt. Der feste Text ermöglicht *und* erfordert also die immer wieder freie Auslegung. Der feste Text und die freie Auslegung, die Geschlossenheit des biblischen Kanons und Offenheit der Bibelinterpretation bedingen sich wechselseitig: Gerade der in sich geschlossene, weil festgefügte Bibeltext ist offen für eine unendliche Fülle immer wieder aktualisierender Leseweisen. Letztlich geht es der halachischen rabbinischen Auslegung darum, stets dieselbe Tora als Weisung zum Leben in einem nicht aufhörenden „Adaptierungsprozeß“[1] auf die jeweiligen Verhältnisse hin zu interpretieren.

Es ist eine rabbinische Überzeugung, dass dieser Prozess, in dem Deutungen gefunden werden, dieses Ineinandergreifen von Begrenzungen und Freiheit in der Auslegung von Bibeltexten, diese „Vielfalt ohne Beliebigkeit“ (Jürgen Ebach)[2] vom Sinai her gegeben ist. Denn dort wurde nicht nur die schriftliche, sondern auch die mündliche Tora gegeben und damit auch der Keim für die gesamte Auslegungstradition: „Bibel, Mischna, Tal-

1 Vgl. Stemberger, Einleitung, 25f, Zitat 26.
2 So der Untertitel des Aufsatzes Ebach, Bibel. Vgl. auch Grohmann, Aneignung, 239.

mud und Haggada, ja sogar, was ein erfahrener Schüler einst vor seinem Lehrer vortragen wird, wurde schon Mose am Sinai gesagt." (pPea 2,6,17a)

„Sie ist nicht im Himmel" - eine Beispielgeschichte

Viele der hier genannten Aspekte rabbinischer Hermeneutik werden in einer Geschichte anschaulich, die in bM59b aufgezeichnet ist:[1]

> „Es wird gelehrt: An jenem Tag brachte Rabbi Eliezer alle Einwände der Welt vor, aber sie [sc. die übrigen Gelehrten im Lehrhaus] akzeptierten sie nicht. Da sagte er zu ihnen: ‚Wenn die Halacha nach mir [geht], dann wird es dieser Johannisbrotbaum beweisen.' Da rückte der Johannisbrotbaum 100 Ellen von seinem Ort, und manche sagen: 400 Ellen."[2]

Um Halacha geht es also in dieser Diskussion im Lehrhaus, im Bet Midrasch. Genauer gesagt dreht es sich um die Reinheit eines Ofens. In der Aggada, z.B. bei der Interpretation von erzählenden Bibeltexten, können verschiedene, auch einander widersprechende Meinungen durchaus nebeneinander stehen. Hier jedoch muss Eindeutigkeit erzielt werden, damit man weiß, wie man sich zu verhalten hat. Rabbi Eliezer will eine Entscheidung erzwingen, indem er mit einem Wunder die Richtigkeit seiner Auffassung zu erweisen versucht. Allerdings ohne Erfolg, wie sich zeigt:

> „Da sagten sie zu ihm: ‚Es gibt keinen Beweis von einem Johannisbrotbaum.' Er [sc. Rabbi Eliezer] sprach erneut zu ihnen: ‚Wenn die Halacha nach mir [geht], dann wird es der Wasserkanal beweisen.' Der Wasserkanal trat zurück. Da sagten sie zu ihm: ‚Es gibt keinen Beweis von einem Wasserkanal.'
>
> Er sprach erneut zu ihnen: ‚Wenn die Halacha nach mir [geht], dann werden es die Mauern des Lehrhauses beweisen.' Die Mauern des Lehrhauses neigten sich [und drohten] einzustürzen."

Eine bedrohliche Situation: Wenn jetzt die Mauern einstürzen, hat Rabbi Eliezer zwar eine Vereindeutigung in seinem Sinne erreicht. Doch das Lehrhaus, die Auslegungsgemeinschaft, wäre dadurch zerstört. Der Preis wäre zu hoch. Denn wer sollte fortan halachische Entscheidungen treffen? In dieser Lage interveniert ein anderer Rabbi, R. Jehoschua, und wendet sich an die Mauern:

> „Da schrie Rabbi Jehoschua sie an und sagte zu ihnen: ‚Wenn die Gelehrten[schüler] einander in der Halacha besiegen, was geht euch das an?' Daraufhin stürzten sie nicht

1 Vgl. zur Ausdeutung dieser Geschichte auch Grohmann, Aneignung, 188ff.
2 Hebräischer Text nach Bar Ilan's Judaic Library.

ein wegen der Ehre von Rabbi Jehoschua und richteten sich nicht [wieder] auf wegen der Ehre von Rabbi Eliezer, sondern sie stehen noch immer geneigt."

Die Mauern lassen sich von Rabbi Jehoschua beeindrucken. Sie scheinen sowohl Jehoschua als auch den gewichtigen Argumenten Rabbi Eliezers Recht zu geben und verharren in ihrer Position. Die Ausgangsfrage, ob die Halacha nach Rabbi Eliezer geht, ist damit immer noch offen und steht im Raum wie die schiefen Mauern. Eliezer macht nun einen letzten Versuch, die Angelegenheit zu klären:

„Er sprach erneut zu ihnen: ‚Wenn die Halacha nach mir [geht], wird man es vom Himmel beweisen.' Es erklang eine himmlische Stimme und sagte: ‚Was habt ihr gegen Rabbi Eliezer? Die Halacha geht doch überall nach ihm!'"

Man könnte denken, dass die Autorität der Himmelsstimme damit die Frage entschieden hat – Eliezer hat Recht, und die Geschichte könnte hier enden. Doch wiederum greift Rabbi Jehoschua ein:

„Da stellte sich Rabbi Jehoschua auf seine Füße und sagte: *‚Sie ist nicht im Himmel (Dtn 30,12)!'"*

Überraschenderweise findet sich Rabbi Jehoschua nicht mit der himmlischen ‚Entscheidung' ab. Gegen die Himmelsstimme kann er nur noch mit einem Bibelvers argumentieren. Den Leser/inne/n könnte im Zusammenhang der Erzählung nicht ganz klar sein, was mit „sie" gemeint ist. So fragt der Erzähler (oder Gott?):

„Was heißt: *Sie ist nicht im Himmel?"*

Ein anderer Rabbi beantwortet die Frage und pflichtet dadurch Jehoschua bei:

„Rabbi Jirmeja sagte: ‚Weil die Tora vom Berg Sinai gegeben wurde, achten wir nicht auf eine himmlische Stimme; denn du hast schon am Berg Sinai in der Tora geschrieben: *sich der Mehrheit zu beugen* (Ex 23,2).'"

Das Zitat „Sie ist nicht im Himmel" bezieht sich im biblischen Zusammenhang von Dtn 30 auf die Mizwa – das Gebot, das den Kindern Israels am Sinai vorgelegt ist und das sie deshalb tun können, weil es weder hoch im Himmel, noch jenseits des Meeres, sondern sehr nahe im Mund und im Herzen ist (Dtn 30,11-14). Rabbi Jirmeja macht nun die Tora zum Subjekt des Satzes. Die Tora ist deshalb nicht im Himmel, weil sie vom Berg Sinai (weg)gegeben wurde. Die Tora ist nicht mehr im Himmel, sondern im Lehrhaus, darum achten die Gelehrten auch nicht mehr auf „eine", man möchte fast wiedergeben: irgendeine Stimme aus dem Himmel. Das ist das erste Argument gegen die Äußerung der Himmelsstimme. Das zweite: Zudem habe der Autor der Himmelsstimme, den Jirmeja frei mit „du" anredet, schon am Sinai in dieser Tora geschrieben: ... *sich der Mehrheit zu beugen.* Das verpflichtet Rabbi Eliezer, aber auch jede Stimme aus dem Himmel.

Die Geschichte endet mit einer Reaktion der himmlischen Stimme:

> „Es traf Rabbi Nathan [den Propheten] Elia und sagte zu ihm: ‚Was tat der Heilige – gelobt sei er – in dieser Stunde?' Er [sc. Elia] antwortete ihm: ‚Er schmunzelte und sagte: Meine Kinder haben mich besiegt, meine Kinder haben mich besiegt!'"

Der Heilige gibt sich geschlagen. Obwohl Eliezers Auslegung der Halacha nach Meinung der Himmelstimme die richtige ist, müssen sich nach Ex 23,2 alle Teilnehmer an solch einem Diskurs der Mehrheit beugen – auch Gott.

Aber hätte die himmlische Stimme denn nicht wissen müssen, was in Ex 23,2 steht? – Die Pointe der Geschichte besteht darin, dass sich der Heilige nicht eigentlich durch Ex 23,2, sondern durch eine ganz bestimmte Lesart dieses Verses hat überwinden lassen und diese schmunzelnd bestätigt. Es ist nämlich durchaus nicht eindeutig, wie Ex 23,2 auszulegen ist. Nach der Verseinteilung und Vokalisation der Masoreten lautet dieser Vers, nicht leicht verständlich:

> „Sei nicht nach einer Mehrheit zum Bösen. Und antworte nicht in einem [Rechts]-Streit, um dich zu biegen nach einer Mehrheit, zu beugen."

Was der letzte Infinitiv „zu beugen" bedeutet, wird nicht ganz klar.[1] Rabbi Jirmeja greift aus diesem Vers lediglich die letzten drei Worte heraus: „sich der Mehrheit zu beugen" und schließt sie an das Vorhergehende an: Die Tora ist nicht mehr im Himmel – um sich nun „der Mehrheit zu beugen" (wie du selbst, Gott, es in der Tora auch geschrieben hast).

Wenn Rabbi Jirmeja die letzten drei Worte als eine Sinneinheit begreift, dann setzt das eine Verseinteilung voraus, die dem Vers auch eine andere Bedeutung gibt:

> „Sei nicht nach einer Mehrheit zum Bösen; antworte nicht, dich einem Streit zuzuneigen; folge der Mehrheit."

Diese Auslegung ist keineswegs die einzig mögliche. Die Septuaginta, die Masoreten und viele jüdische Ausleger nach ihnen interpretieren diesen Vers in einer Weise, in der er Jirmeja in dieser Diskussion nicht geholfen hätte, weil er seiner Ansicht geradezu widerspricht.

---

1 Die Septuaginta liest רִב („Mehrheit") statt רַב („[Rechts-]Streit") und fügt vor dem Infinitiv als Objekt „Rechtsentscheidung" bzw. „Recht" ein: „Sei nicht nach einer Mehrheit zum Bösen. Und antworte nicht nach einer Mehrheit, um dich zu biegen, um nach einer Mehrheit Recht zu beugen."

Gott lässt sich also in einer doppelten Weise überwinden: Er ist einverstanden, dass Ex 23,2 auf ihn angewendet wird, er lässt sich sagen: „Antworte nicht, dich einem Streit zuzuneigen, folge der Mehrheit", d.h. mische dich hier nicht ein. Damit ist Gott aber gleichzeitig einverstanden, dass Jehoschua und Jirmeja den Vers in ihrem Interesse interpretieren, indem sie jene Freiheiten ausnutzen, die ihnen in der Auslegung gegeben sind. Die Rabbinen halten sich zwar strikt an den Konsonantentext, benutzen aber eine Verseinteilung, die in ihrem Sinne ist. Gott erkennt diese Auslegungsfreiheit an:[1] Gültige Interpretationen von Bibeltexten werden nicht in einsamen Entschlüssen, sondern stets in einer Auslegungsgemeinschaft wie etwa dem Lehrhaus gefunden. Weil es keine andere, keine höhere Instanz gibt, wird dort ausführlich diskutiert und, wenn ein Ergebnis gefunden werden muss, nach der Mehrheit entschieden.

Die Polarität von der Freiheit in der Bibelinterpretation und den Begrenzungen, die den Rezipient/inn/en durch das rabbinische Schriftverständnis gegeben sind, bestimmt in einer ähnlichen Weise die jüdische Auslegung von erzählenden Texten. Auch dort markiert der heilig-unantastbare Text die Grenzen der Interpretation. Weil er in dieser Form am Sinai gegeben wurde, in dieser Gestalt sogar schon vor der Erschaffung der Welt existierte, kommt man hinter ihn nicht zurück.

Die Möglichkeiten, einen Bibeltext auszulegen und dabei ‚Widersprüche' aufzulösen und ‚Wiederholungen' zu erklären, sind dabei sehr vielfältig: Die Methoden der rabbinischen Schriftauslegung reichen von der genauen Betrachtung der sprachlichen Eigenheiten eines Textes (Was bedeutet ein Wort? Woher kann man es ableiten? Was ist das Besondere einer Formulierung und worauf weist dies hin?) über die ständige Suche nach Verknüpfungsmöglichkeiten mit anderen Bibeltexten, den Vergleich mit den Targumin, das *‚close reading'* und die detaillierte Rekonstruktion der Erzählwelt bis zur Suche nach einem zusätzlichen Sinn von Worten durch ihre Zahlenwerte (Gemiatrie)[2] und bis zum Ausfüllen von Leerstellen in Texten durch z.T. ausführliche eigene Erzählungen (vgl. die Midraschim)[3].

1 Vielleicht schaut Gott noch einmal in den Toratext, um dann lächelnd festzustellen, dass die Interpretation von Rabbi Jirmeja durchaus möglich ist.
2 Vgl. Stemberger, Einleitung, 39
3 Vgl. dazu auch Ebach, Schwester, zum Verfahren der narrativen Amplifikation.

b) Die Wiederholung in der rabbinischen Auslegung

Wie nach rabbinischem Verständnis Repetitionen in aggadischen, aber auch in halachischen Texten ausgedeutet werden können, machen einige der 32 Auslegungsregeln[1] Rabbi Eliezers deutlich:

Nach dem Analogieschluss (Gesera schawa, Regel 7) wird, wenn zwei Verse denselben Ausdruck enthalten, eine Information aus dem einen Vers auf den anderen übertragen. Berühmtes Beispiel ist die Frage, ob das Pesach den Sabbat verdrängt. In pPes 6,1,33a wird die Frage mit dem Verweis auf eine Analogie entschieden:

> „Vom täglichen Opfer heißt es ‚zur festgesetzten Zeit' (Num 28,2) und vom Pesach heißt es ‚zur festgesetzten Zeit' (Num 9,2). Wie das tägliche Opfer, von dem es heißt ‚zur festgesetzten Zeit', den Sabbat verdrängt, so verdrängt auch das Pesach, von dem es heißt, ‚zur festgesetzten Zeit', den Sabbat."

Ähnlich funktionieren auch andere Regeln, z.B.: In Dtn 17,6 steht יִמָּצֵא („er wird angetroffen") im Zusammenhang damit, dass der Täter von zwei oder drei Zeugen gesehen werden muss. Daher ist bei jeder Fallbeschreibung mit der Wendung יִמָּצֵא davon auszugehen, dass zur Verurteilung so viele Zeugen notwendig sind (Regel 8: Binjan av – „Gründung einer Familie", Beispiel aus Sifre Dtn §148). Beide Regeln gehen davon aus, dass sich ein bestimmter Ausdruck in einem Text mit einer Information verbindet, die auch bei jeder Wiederholung dieses sprachlichen Elements mittransportiert wird.

In vergleichbarer Weise kann man nach Regel 17 zwei Stellen miteinander verknüpfen, um in eine Stelle, in der etwas genannt, aber nicht näher beschrieben ist, die Beschreibung aus einer anderen Stelle einzutragen. So wird der Garten (in) Eden zwar nicht in Gen 2,8, wohl aber in Ez 28,13 beschrieben, so dass von dort aus ergänzt werden kann, wie man sich das ‚Paradies' vorzustellen hat. Diese Regel setzt voraus, dass ein Ausdruck auch die zuvor gebildeten Konnotationen wiederholt.

Etwas allgemeiner schreibt die Regel 10 vor, dass eine Wiederholung zur Deutung benutzt werden soll: In BerR 89,9 sagt Jehuda ben Ilai, die Hungersnot über Ägypten habe 14 Jahre gedauert, die sieben mageren Kühe stehen für sieben Jahre, die dürren Ähren für weitere sieben. Nechemja antwortet darauf, sie habe 28 Hungerjahre gedauert, weil Pharao

---

1 Zu den sieben Regeln Hillels, den 13 Middot Rabbi Jischmaels und den hier angesprochenen 32 Regeln Rabbi Eliezers vgl. Stemberger, Einleitung, 27-40 und ders., Hermeneutik, 83-102.

nicht nur diesen Traum geträumt, sondern dann auch noch Josef erzählt und damit die Zahl wiederholt habe. Schließlich werden in BerR die Rabbinen zitiert, die Hungersnot habe sich über 42 Jahre erstreckt, weil Pharao die Träume nicht nur geträumt (14 Jahre) und Josef erzählt (weitere 14 Jahre), sondern Josef sie zudem noch vor Pharao wiederholt habe („חוזר ואומר לפרעה“; weitere 28 Jahre). In gesetzlichen Texten werden „Wiederholungen“ von Verboten auf die Warnung vor einer Tat und auf die Strafandrohung bzw. auf verschiedene Aspekte des Gebotes verteilt.[1]

Auch an anderen Stellen, an denen historisch-kritische Exegeten oft Wiederholungen finden, sehen rabbinische Ausleger gerade keine bloße Doppelung und suchen nach einer Erklärung für die Wiederkehr des Ähnlichen. Die Erschaffung des Menschen beispielsweise wird danach in Gen 1 und Gen 2 nicht etwa doppelt erzählt. Vielmehr gilt: „Folgt auf ein Allgemeines eine Handlung [...], so ist sie das Besondere des ersteren“[2]: Gen 1,27 berichtet, dass der Mensch „männlich und weiblich“ erschaffen wurde, die Stellen in Gen 2,7.21 führen das dann aus (Regel 13, Beispiel aus MHG Gen M. 30).[3]

Was poetische Texte anbelangt, wird der „Parallelismus membrorum“ als ein rein stilistisches Element abgelehnt.[4] Vielmehr gilt es, die semantischen Unterschiede herauszuarbeiten.

Die rabbinische Auffassung, dass keine Repetition im biblischen Text entbehrlich ist und es daher keine „bloße“ Wiederholung gibt, setzt voraus,

> „daß die Tora bzw. die Bibel ein geschlossenes Ganzes ist, in dem alles miteinander in Beziehung steht und sprachlicher Ausdruck nicht nur stilistischen Kriterien folgt, sondern zugleich ein Beziehungsnetz aufbaut und für Suchzwecke formalisiert ist. Die Wortwahl ist kein Zufall [...].“[5]

„Technisch“ erfordert dies, „daß Listen seltener Ausdrücke und Formen erstellt werden“, wie es die Sofrim getan haben. Für uns heute erfüllen

---

1 Vgl. Dohmen/Stemberger, Hermeneutik, 95.

2 Stemberger, Einleitung, 36.

3 Weitere Ausdeutungen von Repetitionen: Nach Regel 27 gibt es bedeutsame Entsprechungen zwischen gleichen Zahlen. Die 40 Tage in Num 13,25 entsprechen den 40 Jahren in Num 14,34. Die 28. Regel betrifft die Paronomasie als das Spiel mit Wörtern, die sehr ähnlich oder gleich klingen, aber Unterschiedliches bedeuten, z.B. נְחַשׁ הַנְּחֹשֶׁת („eherne Schlange“). Der sprachliche Reiz entsteht hier durch das Zusammenspiel von klanglicher Wiederholung und semantischer Differenz.

4 Vgl. auch Ratner, Variation; Muilenburg, Study, 98.

5 Dohmen/Stemberger, Hermeneutik, 86f. Vgl. auch a.a.O., 78.

Konkordanzen[1] eine ähnliche Funktion. Die Bibel wird demnach in der jüdischen Exegese als ein synchrones Verweissystem mit unabsehbar vielen Verknüpfungsmöglichkeiten genutzt - synchron, weil alle Aussagen als gleichzeitig behandelt werden können: „Weil es kein Vorher und kein Nachher in der Tora gibt." (KohR 1,12) Deshalb sind alle Stellen miteinander korrelierbar, die dasselbe sprachliche Element, eine Repetition aufweisen.

c) Martin Buber: Der Leitwortstil

Martin Buber und Franz Rosenzweig haben in ihrer „Verdeutschung" der Hebräischen Bibel versucht, gerade dieses Netz von Repetitionen in der deutschen Übertragung darzustellen.[2] In seinem Aufsatz über den „Leitwortstil in der Erzählung des Pentateuchs"[3] (1936) führt Buber aus, inwiefern manche Wiederholungen, die von ihm so genannten „Leitworte", für die Suche nach einer Textbedeutung besonders wichtig sind:

> „Unter Leitwort ist ein Wort oder ein Wortstamm zu verstehen, der sich innerhalb eines Textes, einer Textfolge, eines Textzusammenhanges sinnreich wiederholt: wer diesen Wiederholungen folgt, dem erschließt oder verdeutlicht sich ein Sinn des Textes oder wird auch nur eindringlicher offenbar. Es braucht wie gesagt nicht dasselbe

1 Konkordanzen können das Textwissen z.B. der Sofrim oder der Masoreten natürlich bei weitem nicht ersetzen. Erweiterte Möglichkeiten, nach Wortverbindungen und Wendungen zu suchen, bieten aber die verfügbaren Computerkonkordanzen.

2 Die beiden jüdischen Autoren wollten in der deutschen Sprache eine Bibelausgabe schaffen, die sich möglichst eng am hebräischen Ausgangstext orientiert. Vielerorts wird die ‚Verdeutschung' von Buber und Rosenzweig wegen ihrer starken Orientierung an vielen Elementen der Ausgangssprache geschätzt. Auch wer des Hebräischen nicht kundig ist, kann viele Merkmale des Originaltextes wahrnehmen, die in anderen Bibelübersetzungen nicht deutlich werden. Die ‚Verdeutschung' lässt sich nicht flüssig konsumieren, sondern möchte eher Zeile für Zeile bedacht werden: Der Text ist kolometrisch aufgeteilt und benutzt auch in Rhythmus und Wortwahl die Sprachformen der Poesie. Viele Worte sind den Leser/inne/n fremd und sperren sich dagegen, unmittelbar verstanden zu werden. Kirchliche Gruppen berichten, mit der Buber/Rosenzweigschen Verdeutschung richte sich das Interesse eines Bibelkreises weitaus stärker auf den Text als das bei anderen Übersetzungen der Fall ist.
Doch gerade an diesen Stärken werden auch die Schwächen des Konzeptes von Buber und Rosenzweig festgemacht: Kritisiert wurde z.B., dass die eigentümliche Sprachwelt der Verdeutschung eher die Richard Wagners als die der biblischen Propheten sei und dass Bubers Vorhaben, die hebräische Sprache möglichst originalgetreu und „rein" darzustellen, einen naiven Positivismus zeige. Zu den Stärken und möglichen Schwächen der Übertragung von Buber/Rosenzweig vgl. Ebach, Verdeutschung.

3 Seitenzahlen im Text.

Wort, sondern nur derselbe Stamm zu sein, der solcherweise wiederkehrt; durch die jeweiligen Verschiedenheiten wird sogar oft die dynamische Gesamtwirkung gefördert.“ (1131)

Das Leitwort als die Wiederholung eines Wortes oder Wortstammes durchzieht einen Text wie ein roter Faden. Eine Wiederholung ist aber nur dann ein Leitwort, wenn sie in den Augen des Lesers bzw. der Leserin „sinnreich“ ist. Dann verhält sich dieses Band von wiederholten Worten oder Wortstämmen innerhalb eines Textes wie ein Wollfaden, den man in Salzwasser hält: es bilden sich Kristalle – es kristallisiert Sinn.

Dabei ist nicht nur auf das wiederholte sprachliche Element, sondern auch auf die „Verschiedenheiten“ zu achten, welche die „dynamische Gesamtwirkung“ fördern:

> „Dynamisch nenne ich sie, weil sich zwischen den so aufeinander bezogenen Lautgefügen gleichsam eine Bewegung vollzieht: wem das Ganze gegenwärtig ist, der fühlt die Wellen hinüber und herüber schlagen. Die maßhafte Wiederholung, der inneren Rhythmik des Textes entsprechend, vielmehr ihr entströmend, ist wohl überhaupt das stärkste unter allen Mitteln, einen Sinncharakter kundzutun, ohne ihn vorzutragen [...].“ (1131)

Besonders deutlich wird in diesem Abschnitt der ästhetische Aspekt von Leitworten: So wie ein poetischer Text durch die Wiederholung von bestimmten Betonungsfolgen, dem Versmaß, wellenförmig in Bewegung gebracht wird, so werden größere Einheiten von Bibeltexten durch Leitworte rhythmisiert. Das mag etwas mystisch klingen, und Buber fordert denn auch mehr als eine rationale Analyse der Texte: Die Rezipient/inn/en müssen sich in dieses wellenartige Fortschreiten der Erzähltexte einfühlen.

Durch diese Rhythmik der Wiederholungen gewinnen die Texte einen „durch nichts zu ersetzenden *Äußerungswert*“ (1131). Ästhetik und Bedeutung, Form und Inhalt der Bibel sind nicht voneinander zu trennen, denn Sinn wird gerade durch die Ästhetik der Repetition transportiert. Die Erzählungen des Pentateuchs halten keinen lehrhaften Vortrag, sondern „die Botschaft“ erkennt „das epische Gesetz“ an und stellt sich „unter seinen Schutz.“ (1132) Dass wie in „einem Gedicht“ Bedeutung nicht mit einem „Sondermittel“ eingetragen wird, sondern sich Botschaft durch die Kunstform hindurch ihren „Ausdrucksweg“ bahnt, ist nicht nur ein Ausdruck literarischer Kunstfertigkeit, sondern geradezu eine theologische Notwendigkeit: Denn in der Bibel transzendiert die Botschaft immer wieder die Sprache, in die sie eingeht. Auch die „Leitwortstil-Deutung“ kann nach Buber „nur Andeutung, die Aufzeigung nur Hinzeigung sein auf etwas, was in seiner Wirklichkeit wahrzunehmen, nicht aber zu umschreiben und zu umdenken ist.“ (1133)

Buber führt Beispiele für Wiederholungen an, die sich als Leitworte interpretieren lassen und beschreibt ihre Formen und Funktionen: Leitworte bilden eine Schnur im Geflecht des Textes (1151), sie wiederholen sich (in kleineren oder größeren Abständen) wie ein Refrain (1134/38). Sie schaffen Brücken (1135) und können zu einem neuen Abschnitt überführen (1138). Eine ganze Episode kann leitwortmäßig einer Erzählung einverleibt werden (1156f.). Leitworte können Gruppen bilden, ein Leitwort kann von dem nächsten abgelöst werden, kann sich mit ihm verschlingen (1156). Leitworte schaffen „Entsprechungsverknüpfungen" (1143): Sie parallelisieren Personen (ebd.) und, so kann man hinzufügen, Ereignisse. Zwischen zwei Erzählungen können Leitworte vermitteln. Sie können eine ambivalente Wortatmosphäre haben (1137) und eine Dialektik in den Text bringen (1150).

Anschaulich demonstriert Buber die Leitwort-Deutung ausgehend von Gen 27,35 – der Antwort Isaaks auf Esaus Schrei, als dieser merkt, dass ihm Jakob am Totenbett seines Vaters zuvorgekommen ist:

> „‚Mit Trug kam dein Bruder und hat deinen Segen genommen'. Und Esau wieder (V.36): ‚Rief man drum seinen Namen Jakob, Fersenschleicher? beschlichen hat er mich nun schon zweimal: / genommen hat er einst mein Erstlingtum (b^{e}khorathi), und jetzt eben hat er noch meinen Segen (birkhathi) genommen!'
>
> Vier Leitworte: Trug, Erstlingtum, Segen, Name." (1139)

Buber schildert nun den weiteren Verlauf der dramatischen Geschichte von Jakob und Esau anhand dieser vier Leitworte. Das erste Leitwort, „Trug", kehrt wieder, als Jakob von Laban für seinen siebenjährigen Knechtsdienst nicht Rachel, sondern Lea erhält und ihn fragt:

> „‚Warum hast du mich betrogen?' Und Laban antwortet – mit dem zweiten Leitwort. Denn sein ‚Trug' bestand ja darin, daß er, wie Jakob, der Jüngere, sich durch Verstellung als der Erstgeborene ausgegeben hatte, so ihm an Stelle der Jüngeren die Erstgeborene durch Verstellung zum Weibe gab. ‚So tut man nicht an unserem Ort', sagt Laban (V.26), ‚die Jüngere fortzugeben vor der Ersten'. B^{e}khora: Erstgeburt; bekhira: Erstgeborne. ‚So tut man nicht an unserem Ort!' sagt Laban."

Mehr deutet Buber nicht, die Schlussfolgerungen überlässt er seinen Leser/inne/n: Jakob wird das Opfer einer Vertauschung von Erst- und Zweitgeburt, die er selbst schon einmal veranstaltet hat, und zieht die Verbindung zwischen den beiden Ereignissen sogar selbst, durch seine eigene Wortwahl. Laban redet, als kenne er diese Geschichte in Gen 27, als wolle er sagen: ‚Du beklagst Dich über einen Trug? Das Jüngere vor dem Erstgeborenen, das mag ja Deine Gewohnheit sein. Doch so etwas tut man bei uns nicht! Bei uns kommt die Erstgeburt zuerst.'

Seinen Namen „Fersenschleicher" wird Jakob erst am Jabbok los, wo Jakob um den Segen kämpft. „Den erschlichenen Segen soll der errungene decken", kommentiert Buber dies. Und tatsächlich nimmt der Mann „diesen Schuldnamen" von Jakob:

> „‚Nicht fürder Jakob, Fersenschleicher, werde dein Name gesprochen' –, ‚sondern Israel, Fechter Gottes'." (1140)

Die Versöhnung zwischen den beiden Brüdern geschieht erst, als „Jakob-Israel" zu Esau spricht:

> „so nimm denn birkhati, meine Segensgabe, die dir gebracht wurde!" (1141)

Buber ist der Ansicht, dass man auf diese Weise aufdecken kann, wie der Text-Organismus funktioniert. Am Ende des Aufsatzes fasst Buber seine Arbeit mit dem Leitwortstil zusammen:

> „Ich habe das Aderngeflecht eines großen Textes entblößen müssen, um Ader für Ader den vollkommnen Kreislauf darin zu zeigen. In die neue Lesung seiner Ganzheit dürfen wir von dieser unsrer Betrachtung nicht die Teile, nur die Ganzheit aufnehmen. Nur noch als ein zart durchscheinendes Gebild darf sich jetzt das blutdurchflossene Netz unsrem ehrfürchtigen Blicke bieten." (1158)

d) Auswertung: Es gibt keine bloße Wiederholung

Die jüdische Schriftauslegung ist deshalb besonders aufmerksam auf die Deutung von Wiederholungen, weil in der rabbinischen Hermeneutik jedes Merkmal des unabänderlichen biblischen Textes als sinnvoll betrachtet wird. Von da her gibt es keine bedeutungslosen Wiederholungen. Vielmehr stellt sich den Ausleger/inne/n bei jedem repetitiven Element die Frage, wozu diese Wiederholung dient: Soll sie es ermöglichen, Informationen aus einem Vers in einen anderen zu übertragen? Erscheint etwas Ähnliches zweimal, weil zunächst das Allgemeine und dann das Besondere berichtet wird? Wird etwas wiederholt, weil verschiedene semantische Aspekte beleuchtet werden sollen? Liegt ein Wortspiel vor?

Ebenso wie alles, was zunächst widersprüchlich erscheint, stellen auch Wiederholungen die Leser/innen vor die Aufgabe, nach einer Erklärung für das jeweilige Textmerkmal zu suchen. Von diesen wird auf der einen Seite zwar erwartet, dass sie den unverrückbaren Konsonantentext des Tanachs als Grenze respektieren. Innerhalb dieses Rahmens ist die Auslegungsgemeinschaft, wie in der talmudischen Geschichte gesehen, aber frei, sich zumindest bei der Interpretation von aggadischen Texten für neue, oft erstaunliche Lesemöglichkeiten zu entscheiden. Rabbinische Schriftauslegung vollzieht sich in diesem Spannungsfeld zwischen Begrenzungen und Freiheit: zwischen dem festen Text und der Notwendigkeit zu immer neuer Auslegung; zwischen dem Rückbezug auf die Tradition und der Möglichkeit, sich gegen überlieferte Meinungen zu stellen; zwischen dem Geleitetwerden durch die Auslegungsregeln und der Freiheit, sie unterschiedlich anzuwenden oder auch kritisch zu beleuchten. Dabei eröffnet der begrenzende Text stets aufs Neue den Raum für die Auslegungsfreiheit.

Die rabbinische Hermeneutik zeigt sich damit in der Lage, nicht nur die Vielfalt der Auslegung ohne Beliebigkeit zu denken, sondern auch die Freiheit des Interpretierens in eins mit den Grenzen der Auslegung zu sehen. Sie verzichtet auf Gott als Berufungsinstanz für die Interpretation und setzt stattdessen einen starken Akzent auf den biblischen Text und die Gemeinschaft seiner Ausleger. – In all diesen Punkten wird eine bemerkenswerte Nähe zu neueren, literarisch-hermeneutischen Ansätzen sichtbar, die, wie bei Georg Steins, oft als ein rezeptionsästhetisches Konzept formuliert werden.

Eine weitere Parallelität zu einem ‚modernen' Konzept ist mit dem Stichwort der Intertextualität angedeutet. Schon das rabbinische Judentum hat die biblischen Texte intertextuell gelesen, wobei der Tanach als ein synchrones sprachliches Geflecht betrachtet wird, in dem die Wiederholungen eine herausragende Bedeutung als Verknüpfungspunkte haben. Daher werde ich bei der Suche nach Wortverknüpfungen zwischen Gen 12, Gen 20f. sowie Gen 26 und anderen Texten mit Hilfe der Masora oder der Konkordanzen immer auch eine rabbinische Auslegungsmethode anwenden. Bei meiner Interpretation der Erzelterntexte werde ich stets auch rabbinische bzw. jüdische Exegesen rezipieren, wobei ich mich in zwei wichtigen Punkten von der rabbinischen Schriftauslegung abgrenze: Zum einen teile ich nicht die im literaturwissenschaftlichen Sinne synchrone Herangehensweise, bei der es in der Bibel „kein Vorher und kein Nachher" gibt (KohR 1,12), sondern werde die zeitliche Entfaltung der Lektüre beachten. Zum anderen betrachte ich im Unterschied zu der rabbinischen Hermeneutik den biblischen Text nicht als widerspruchslos, sondern gehe auch hier von der Rezeption aus, indem ich die Aufgabe der Leser/innen darin sehe, zu einem kohärenten Verständnis des Textes zu gelangen. Insofern lautet die Frage nicht, ob es ‚Brüche' und ‚Dubletten' im Text gibt, wie es die historische Kritik formuliert, oder ob es sie nicht geben darf, wie die rabbinische Hermeneutik vorgibt, sondern wie die Leser/innen mit der Wahrnehmung von solchen Inkonsistenzen umgehen.

Was die Deutung der Repetitionen anbelangt, hat die starke Betonung des Vorgegebenseins des biblischen Textes einerseits zu einer Konzentration auf die wörtlichen Wiederholungen und andererseits zu einer intensiven Suche nach einer Deutung dieser Wiederholungen geführt. Wie später die Erzählforschung, so fragt schon die rabbinische Hermeneutik intensiv nach den Funktionen der Repetitionen. Da jeder Buchstabe im Tanach notwendig ist, muss grundsätzlich nach dem Sinn einer Wiederholung gefragt und diese erklärt werden, z.B. in der folgenden Weise:

- Repetierte Ausdrücke werden an einer Stelle mit bestimmten Informationen konnotiert, die sie bei jeder Wiederholung mit sich tragen.
- Wiederholtes und Wiederholung bezeichnen je verschiedene Aspekte einer Sache.

Worte in Wiederholungsketten, die Leser/innen als semantische Leitlinien durch einen Text verstehen können, bezeichnet Martin Buber als „Leitworte". Sie können z.B. die Funktion haben,

- Abschnitte zu verbinden und zwischen ihnen zu vermitteln oder
- Personen bzw. Ereignisse zu parallelisieren.

Damit kann Buber an die rabbinische Wertschätzung der Wiederholung anknüpfen, die sich innerhalb dieser Hermeneutik des gegebenen Textes entwickelt, um sie in zweifacher Weise ein Stück weiterzuführen: Zum einen dadurch, dass er nicht nur einzelne Stellen vergleicht, sondern nach ganzen Ketten von Wiederholungen sucht. Zum anderen, indem er für diese Art der Auslegung eine Begrifflichkeit und ein Konzept entwickelt, das er die „Leitwortstil-Deutung" nennt. An den Leitworten manifestiert sich eine „Wiederholungslust", die im „Dienste der Botschaft" steht (1158). Leitworte und Paronomasien bilden einen Faden, an dem entlang die Ausleger/innen nach Sinn suchen können.

Als zentrale Leitworte in Gen 12ff. lassen sich etwa die Begriffe „Land", „Same" und „Segen" verstehen. Auf diese Worte werden wir zu achten haben, weil sie in den hier zu behandelnden Texten z.T. eine zentrale Rolle spielen und insbesondere in Gen 26 eng mit dem Erzählgerüst verknüpft sind. Während Buber häufig von den Lautgefügen als etwas objektiv Gegebenem ausgeht, möchte ich demgegenüber aber betonen, dass das biblische Leitwortsystem das Ergebnis einer bestimmten Interpretation ist. Die Leitworte sind nicht durch den Text vorgegeben, sondern jede Rezipientin und jeder Rezipient hat zu entscheiden, welche repetitiven sprachlichen Elemente sie oder er als Leitwort deutet.

5. Rezeptionsorientierte Konzepte

Zum Abschluss dieses Überblicks über verschiedene Interpretationen des Phänomens Wiederholung möchte ich einige Beispiele dafür vorstellen, wie die Repetition in leserorientierten Konzepten betrachtet wird.

Gemeinsam ist den hier genannten rezeptionsorientierten Lese- und Texttheorien, dass sie sich bemühen, der Wiederholung einen ästhetischen Wert beizumessen. Die drei Literaturwissenschaftler Stanley Fish, Gérard Genette und Umberto Eco, deren Konzepte ich im Folgenden wiedergebe, sind sich in diesem Punkt einig: Jede Repetition ist mit einer Variation verbunden, sie ist nie eine ‚bloße Wiederholung', sondern bietet stets etwas Neues.

a) Stanley Fish: Affektive Stilistik

Fish beschäftigt sich in seinem Aufsatz „Literature in the Reader: Affective Stylistics"[1] u.a. mit jener Form der Repetition, die wir „nichtwörtliche Wiederholung" nennen. Er kommt dabei zu der Aussage,

> „that it is impossible to mean the same thing in two (or more) different ways, although we tend to think that it happens all the time"[2].

Dasselbe auf unterschiedliche Weise auszudrücken, ist für Fish deswegen undenkbar, weil er – seinem rezeptionsästhetischen Ansatz entsprechend – die Bedeutung einer Aussage nicht in ihrer ‚Sache', ihrem ‚Gegenstand', sondern in dem ‚Erlebnis einer Aussage' sieht. Das Erlebnis verschiedener Aussagen ist aber niemals dasselbe. Eine ‚nichtwörtliche Wiederholung' ist in Wahrheit keine. Wenn wir annehmen, dass es eine solche Repetition geben könnte, ersetzen wir aber

> „for our immediate linguistic experience an interpretation or abstraction of it, in which ‚it' is inevitably compromised. We contrive to forget what has happened to us in our life with language, removing ourselves as far as possible from the linguistic event before making a statement about it. Thus we say, for example, that ‚the book of the father' and ‚the father's book' mean the same thing, forgetting that ‚father' and ‚book' occupy different positions of emphasis in our different experiences".[3]

1 In: Fish, Text, 21-67.
2 Fish, Text, 32.
3 Fish, Text, 32.

Anhand eines Satzes von A.N. Whitehead und einer – auf den ersten Blick ‚inhaltlich' äquivalenten – Aussage von Walter Pater demonstriert Fish: Nur dann sagen unterschiedliche Formulierungen dasselbe,

> „if one considers them at a high enough level of generality. But as individual experiences through which a reader lives, they are not alike at all, and neither, therefore, are their meanings"[1].

Fish geht es also weniger um die Frage, ob jeder Wiederholung ein Sinn zuzuweisen ist, sondern um die Feststellung, dass jede nichtwörtliche ‚Wiederholung' im Vergleich zum Repetierten ein unterschiedliches Erlebnis für die Leser/innen ermöglicht. Insofern ist zumindest jede nichtwörtliche ‚Wiederholung' für die Rezeptionsebene eine Variation. Was wäre aber in dem Zusammenhang zu der wörtlichen Repetition zu sagen? Mit diesem Punkt beschäftigt sich Gérard Genette.

b) Gérard Genette: Wiederholung als Konstrukt des Geistes

Genette, ein Vertreter des sog. ‚offenen', d.h. leserorientierten Strukturalismus, geht in seinen Überlegungen noch einen Schritt weiter und macht deutlich, dass auch dasjenige, was als ‚wörtliche Repetition' empfunden wird, im Grunde keine Wiederholung ist:

> „In Wirklichkeit ist die ‚Wiederholung' ein Konstrukt des Geistes, der aus jedem Einzelfall alles Individuelle eliminiert und nur das zurückbehält, was allen Fällen einer Klasse gemeinsam ist, ein Abstraktum also [...]. Das ist wohlbekannt, und ich erinnere nur daran, um ein für allemal klarzustellen, daß es sich bei dem, was ich hier ‚identische Ereignisse' oder ‚Wiederkehr desselben Ereignisses' nenne, um eine Reihe ähnlicher Ereignisse handelt, *die allein unter dem Blickwinkel ihrer Ähnlichkeit betrachtet werden.*
>
> Entsprechend wird eine narrative Aussage nicht bloß produziert, sie kann auch reproduziert, ein oder mehrere Male im selben Text wiederholt werden. Nichts hindert mich daran zu sagen oder zu schreiben: ‚Pierre ist gestern abend gekommen. Pierre ist gestern abend gekommen. Pierre ist gestern abend gekommen.' Auch hier wieder sind die Identität und mithin die Wiederholung Resultat einer Abstraktion, da keiner der Fälle materiell (phonisch oder graphisch) völlig identisch mit den übrigen ist, ja nicht einmal ideell (linguistisch), allein schon wegen ihres gemeinsamen Vorkommens und ihrer Aufeinanderfolge, die diese drei Aussagen zu einer ersten, einer folgenden und einer letzten macht. [...] Es gilt also zu abstrahieren, und wir werden es tun."[2]

---

1 Fish, Text, 33.
2 Genette, Erzählung, 81 (Hervorhebung im Original).

Während es dem Rezeptionsästheten Fish darauf ankommt, nicht durch Abstraktionen die Unterschiede in der Wirkung von zwei *ähnlichen* Aussagen zu vernachlässigen, stellt der Strukturalist Genette heraus, dass auch jede *identisch* erscheinende Wiederholung eine Konstruktion des abstrahierenden Geistes und daher nichts ontologisch Gegebenes, sondern ein Interpretament ist. *Jede* Wiederholung ist daher im Grunde eine Variation.

Daraus, dass es im strengen Sinn keine Wiederholungen gibt, zieht Genette aber nicht die Konsequenz, dass Kategorien und Begriffe wie „identische Ereignisse", „Wiederkehr desselben Ereignisses", „reproduzieren" oder „wiederholt werden" vermieden werden müssten. Vielmehr nimmt er die Wiederholung als Wahrnehmungsphänomen ernst und versucht sie näher zu spezifizieren: Man kann etwas einmal erzählen, was einmal passiert ist (Singulativ als singuläre Szene); n-mal erzählen, was n-mal passiert ist (ebenfalls Singulativ)[1] oder n-mal erzählen, was einmal passiert ist (wie Kinder es lieben und es vielen rituellen Erzählungen entspricht: repetitive Erzählung). Weiterhin kann man iterative Elemente näher bestimmen hinsichtlich ihrer Determination („Von einem gewissen Jahre an ..." oder „Ende Juni bis September 1890 ..."),[2] der Spezifikation (unbestimmt: „An gewissen Tagen ..." oder bestimmt: „Jeden Sonntag ...") und der Extension (punktuelle Iteration: „Jeden Morgen um sieben klingelt mein Wecker" oder Iterationen mit einem größeren Umfang: „Ich verbrachte immer wieder schlaflose Nächte").[3] Im Deutschen kann auch das sog. epische Präteritum (Käte Hamburger) eine Iteration implizieren.

Fish und Genette machen uns auf diesen wichtigen Sachverhalt aufmerksam: Wenn jemand in einem Text eine ‚Wiederholung' feststellt, dann ist das keine unschuldige Beobachtung, sondern das Ergebnis einer abstrahierenden Interpretation. Der Begriff ‚Wiederholung' ist in Wahrheit ein Deutungsmuster, das die Ähnlichkeit gegenüber der Variation herausstellt.

c) Umberto Eco: Ästhetik der Serialität

Auf eine andere Weise nähert sich Umberto Eco dem Phänomen der Wiederholung. In seinem Aufsatz „Serialität im Universum der Kunst und der

1 Genette, Erzählung, 82.
2 Genette, Erzählung, 91f.
3 Genette, Erzählung, 92.

Massenmedien" von 1987 geht Eco von der Beobachtung aus, dass die moderne Ästhetik seit dem Manierismus und der Zeit der Romantik die Wiederholung als etwas Minderwertiges betrachtet.

> „Das moderne Kriterium, mit dem der künstlerische Wert gemessen wurde, war die *Neuigkeit*, der hohe Informationsgrad. Die modernen Kunsttheorien betrachteten die lustvolle Wiederholung eines bereits bekannten Musters als typisch für das Handwerk und für die Industrie, nicht aber für die Kunst."[1]

Die Folge musste sein, dass eine solche, sich immer noch haltende, „moderne Ästhetik mit den industrieähnlichen Produkten der Massenmedien sehr streng"[2] verfährt. Eco dagegen ist auf der Suche nach einer den Massenmedien angemessenen Ästhetik, einer „neuen Ästhetik der Reihe",[3] einer Ästhetik der Serialität. Sie soll sich mit jenen Dingen beschäftigen, die uns erstens „als originell und different angeboten werden" und an denen wir „zweitens erkennen, dass dieses Etwas ein anderes wiederholt, das wir bereits kennen und das wir drittens nichtsdestotrotz – oder besser, gerade deswegen – mögen (und kaufen)"[4].

Damit sind z.B. Film- und Fernsehserien gemeint:

> „Bei den Serien glaubt man, sich an der Neuheit der Geschichte (die immer die gleiche ist) zu erfreuen, tatsächlich erfreut man sich aber an der Wiederkehr des immer konstanten narrativen Schemas. Die Serie erfüllt in diesem Sinne unser infantiles Bedürfnis, die gleiche Geschichte immer wieder zu hören, getröstet zu werden durch die ‚Wiederkehr des Identischen', das nur oberflächlich verkleidet ist."[5]

Die Wiederkehr des Konstanten und „Identischen" erfüllt die wichtige Funktion, uns Sicherheit zu gewähren und sogar „Trost"[6] zu geben. Diese Rituale des Wiedererzählens entsprechen einem menschlichen Grundbedürfnis. Während Fish und Genette also deutlich gemacht haben, dass es im Grunde keine Wiederholung gibt und dabei auf die Abstraktionsleistungen der Leser/innen hingewiesen haben, die solche ‚Repetitionen' feststellen, beschäftigt sich Eco gerade mit den wahrgenommenen Konstanten und versucht die stabilisierende Funktion des Wiederkehrenden für Rezi-

---

1 Eco, Streit, 49.
2 Eco, Streit, 50.
3 Eco, Streit, 63.
4 Eco, Streit, 51
5 Eco, Streit, 52.
6 „Die Serie tröstet uns (die Konsumenten), weil sie unsere prophetische Gabe belohnt: wir sind glücklich, weil wir unsere Fähigkeit entdecken, das Geschehen vorherzusehen. Wir sind zufrieden, weil wir das Erwartete wiederfinden, und wir schreiben dieses glückliche Resultat nicht der Durchsichtigkeit der narrativen Struktur zu, sondern unserer Fähigkeit, Vorhersagen zu machen." (Eco, Streit, 52)

pient/inn/en herauszuarbeiten. Erst Eco befasst sich also mit dem ästhetischen Wert der wahrgenommenen Wiederholung selbst.

Er demonstriert dies etwa anhand von Fernsehreihen: Nicht nur die „Serie" (wie z.B. „Columbo"), sondern auch die „Saga", die einer kontinuierlichen Linie von der Geburt bis zum Tod folgt oder stammbaumartig verfährt, basiert auf der Wiederkehr des Bekannten:

> „Die Saga ist eine verkleidete Serie. Sie unterscheidet sich von der Serie insofern, als sich die Charaktere verändern (sie verändern sich auch, weil die Schauspieler altern): tatsächlich wiederholt die Saga aber trotz der historisierenden Form, die das Vergehen der Zeit feierlich zur Schau stellt, die gleiche Geschichte. Wie schon in den alten Sagen gleichen die Taten der galanten Vorfahren denen ihrer Nachkommen. In *Dallas* durchlaufen die Großväter und Enkel mehr oder weniger die gleichen Prüfungen: Kampf um Reichtum und Macht, Leben, Tod, Niederlage, Sieg, Ehebruch, Liebe, Haß, Neid, Illusion und Desillusion."[1]

Im Folgenden arbeitet Eco heraus, inwiefern auch und gerade Innovation und Variation ein wichtiges Merkmal serieller massenmedialer Kultur sind. Anhand von Beispielen aus dem Filmbereich weist er darauf hin, dass die Massenkunst eine ausgeprägte Fähigkeit besitzt, sich selbst zu thematisieren. Da wird z.B. ein Allgemeinplatz in ironischer Weise zitiert, oder ein Werk enthält „Echos vorhergehender Texte", mit denen er in einen „intertextuelle[n] Dialog"[2] tritt. Ein raffiniertes Spiel mit der enzyklopädischen Kompetenz und den Erwartungen der Rezipient/inn/en wird sichtbar: Das jeweilige Werk ‚weiß', was sein Publikum weiß und erwartet. Deshalb kann es auf andere Werke anspielen, Zitate in ironischer Weise brechen, z.B. dadurch, dass es die Erwartungen aufgrund des Textwissens oder aufgrund der ‚normalen' Erzählgrammatik enttäuscht. Tut ein Werk dies, dann mit der Absicht, einen davon frustrierten, zunächst „naiven" Rezipienten in einen kritischen Zuschauer zu verwandeln, „der die Art genießt, in der er getäuscht wurde"[3].

Eco betrachtet die Rezeption eines Textes oder eines Filmes als ein Geschehen auf zwei Ebenen:

> „Jeder Text setzt einen doppelten Modell-Leser (sozusagen einen naiven und einen ‚gewitzten') voraus und konstruiert ihn. Der erste benutzt das Werk als eine semantische Maschine und ist ein Gefangener der Strategien des Autors, der ihn Stückchen für Stückchen an einer Reihe von vorhersehbaren Ereignissen und Erwartungen entlangführt. Der zweite wertet das Werk als ein ästhetisches Produkt, und er freut sich an den eingelagerten Strategien, die einen Modell-Leser der ersten Stufe erschaffen sollen.

1 Eco, Streit, 53.
2 Eco, Streit, 54.
3 Eco, Streit, 54.

> Dieser Leser der zweiten Stufe erfreut sich an der Serialität der Serie, nicht so sehr an der Wiederkehr des Gleichen (das der einfache Leser für verschieden gehalten hatte), sondern an der Strategie der Variationen. Der Leser der zweiten Ebene erfreut sich mit anderen Worten an der Art und Weise, in der die gleiche Geschichte überarbeitet wurde, um unterschiedlich zu erscheinen."[1]

Ein serielles Werk befriedigt also zwei Bedürfnisse zugleich: Auf der ersten Ebene werden die Leser/innen von einer Welt der Kontinuität und Sicherheit umgeben, die durch Wiederholungen konstituiert wird. Diejenigen, die auf die zweite, kritische Ebene gelangen, können sich daran freuen, wie ‚etwas gemacht ist' - z.B. daran, wie das neue Werk mit der Vorlage spielt.

So finden wir in den Massenmedien eben jene „Dialektik zwischen Ordnung und Neuheit, Schema und Innovation"[2], die der modernen Ästhetik zufolge jedes Kunstwerk aufweisen muss, um als ein solches gelten zu können. Eine scharfe Trennung zwischen „hoher" Kunst und einer niederen massenmedialen Kultur, so lautet Ecos Schlussfolgerung, ist gerade mit dem Kriterium der Originalität nicht mehr aufrecht zu erhalten.

Bis hierher hat sich Eco mehr oder weniger im Rahmen der modernen Ästhetik bewegt, indem er die Elemente der Variation in der Serialität der Massenmedien herausgearbeitet hat. Nun versucht er in einer „‚post-moderne[n]' ästhetische[n] Lösung"[3] noch stärker den „Nachdruck auf den unlösbaren Knoten ‚Schema-Variation'" zu legen, „der es nicht länger erlaubt, daß die Variation höher bewertet wird als das Schema"[4]. So stelle eine neue Ästhetik der Serialität heraus,

> „daß es nicht die einzelnen Variationen sind, die uns interessieren, sondern die ‚Variabilität' als ein formales Prinzip, der Umstand, daß man die Variationen bis ins Unendliche fortsetzen kann."

Was wir genießen sollen, ist das Ineinander von Repetition und Innovation - die „Wiederkehr des Zyklischen, des Periodischen, des Regelhaften."[5]

1 Eco, Streit, 57.
2 Eco, Streit, 56.
3 Eco, Streit, 61.
4 Eco, Streit, 62f.
5 Eco, Streit, 62.

d) Auswertung: Die Ästhetik der Wiederholung

Die in diesem Kapitel angesprochenen Konzepte stellen in besonderer Weise heraus, welche Bedeutung Wiederholungen auf der Ebene der Textrezeption haben. So zeigt Fish, dass es nichtwörtliche Wiederholungen im Grunde nicht gibt, weil verschiedene Formulierungen stets ein unterschiedliches Erlebnis der Aussagen bewirken. Genette bezeichnet auch wörtliche Wiederholungen als ein „Konstrukt des Geistes": Eine Repetition ist keine dem Text inhärente Eigenschaft, sondern das Ergebnis einer Abstraktion der Rezipient/inn/en. Nichtsdestotrotz betrachtet Genette das Wahrnehmungsphänomen ‚Wiederholung' als eine sinnvolle Kategorie für die strukturalistische Analyse eines Erzähltextes.

Den Gedanken, dass die Wiederholung etwas ästhetisch Minderwertiges ist, stellt Eco als eine Erfindung der romantisch-modernen Ästhetik der Originalität heraus. Eco möchte dem eine Ästhetik der Serialität entgegensetzen und zeigt, inwiefern z.B. Fernseh- und Filmserien zum einen dem menschlichen Grundbedürfnis nach Kontinuität und Wiederholung entsprechen und zum anderen gerade interessante Variationen bis hin zur lustvoll-enttäuschenden Abweichung von der erwarteten Repetition bieten. Eine post-moderne Ästhetik genießt nach Eco gerade die Variabilität.

Wenn die Wahrnehmung sowohl nichtwörtlicher (Fish) als auch wörtlicher (Genette) ‚Wiederholungen' das Ergebnis einer Abstraktion sind, dann hat das Konsequenzen für eine intertextuelle Bibellektüre, die mit der Beschreibung von Repetitionen einsetzt: Diese Erkenntnis sollte als Mahnung verstanden werden, den Begriff der ‚Wiederholung' nur mit Vorsicht, d.h. möglichst präzise und reflektiert zu verwenden. Haben wir uns bereits dafür entschieden, uns wegen der mangelnden methodischen Kontrollierbarkeit von Inhaltsabstraktionen auf wörtliche Repetitionen zu konzentrieren, so wird dies durch Fish unterstützt, der auf die Unterschiede nichtwörtlicher ‚Wiederholungen' für die Rezeption aufmerksam macht. Dabei weist uns Genette darauf hin, dass auch bei wörtlichen Repetitionen die stets mitgegebenen Variationen zu beachten sind und analysiert die repetitiven Elemente z.B. als wiederholte Aufführungen von ein und derselben Erzählung oder als Iteration innerhalb einer Erzählung (z.B. „immer wieder", „manchmal").

Für unsere Textarbeit sind daraus folgende Schlüsse zu ziehen:

- Bei jeder Benennung einer Repetition ist zu reflektieren, welche Abstraktion die Wahrnehmung der ‚Wiederholung' voraussetzt: Auf welcher Ebene sind die assoziierten Elemente vergleichbar?

– Wobei zugleich zu klären ist: Wo liegen die Unterschiede, die sich schon durch den veränderten Kontext auch bei ,wörtlichen Wiederholungen' ergeben? Wie ist die Variation in semantischer sowie syntaktischer Hinsicht und vor allem im Blick auf die Rezeption zu beschreiben?

Das Wort ,Wiederholung' bezeichnet insofern nicht mehr als eine partielle Ähnlichkeit zwischen zwei sprachlichen Elementen. Deswegen bedeutet Repetition immer zugleich Variation.

Umberto Eco setzt an einer anderen Stelle als Fish und Genette an. Ihm geht es darum, weniger die Unzulänglichkeiten in der Verwendung des Begriffes ,Wiederholung' zu kritisieren, als vielmehr die nachromantische Abwertung der Wiederholung zu überwinden. Schon seine Diagnose des Problems lässt sich auch auf die alttestamentliche Exegese beziehen: die Epoche des Manierismus und der Romantik hat eine bis heute weithin herrschende Ästhetik ausgebildet, in der die Originalität sehr hoch, Formen der Wiederholung dagegen gering geschätzt werden. Dies bestimmt nicht nur die Bewertung der massenmedialen Serialität, wie Eco herausarbeitet. Vielmehr ist diese Ästhetik der Originalität auch Ursache dafür, dass die klassische, im 19. Jahrhundert wurzelnde literarhistorische Forschung Wiederholungen im Alten Testament oft nur als Hinweise auf die Diachronie des Textes, nicht aber als sinnvolle Komponenten der Erzählung interpretieren konnte.

Gegen diese Tendenzen versucht Eco nun die massenmediale Serialität aufzuwerten, indem er zum einen die stabilisierende Funktion der narrativen Wiederholung (Sicherheit und Trost) herausstellt und zum anderen den hohen Stellenwert gerade der Variationen bzw. der Variabilität selbst für die Serien demonstriert. Dabei ist allerdings kritisch zu fragen, ob der ,Genuss der Variabilität' in der Tat den Inhalt einer „post-modernen Ästhetik" zu beschreiben vermag, welche die neoromantische, „moderne" Abwertung der Wiederholungskunst hinter sich lässt. Ist es nicht vielmehr so, dass Eco auch im Schlussteil seines Aufsatzes doch wieder allein die Variation zum ästhetischen Kriterium macht und gegen die Serialität ausspielt? Damit verfinge sich Eco letztlich wiederum in den Parametern einer Ästhetik der Innovation und illustriert so die außerordentliche, vermutlich unentrinnbare Schwierigkeit, in unserem modernen, westlichen Kontext Ästhetik und Repetition zusammenzudenken.

Ich bin aber der Auffassung, dass es gerade Ecos Überlegungen möglich machen, eine Ästhetik der Wiederholung zu denken, in der Repetition und Variation als zwei gleichermaßen wichtige Teilmomente begriffen werden.

Weder ist die Variation eine sekundäre Beigabe zur Repetition noch umgekehrt. Am besten lässt sich in einer Weiterführung von Ecos Konzept des idealtypischen doppelten Modell-Lesers erläutern:

- *Wirkungen der Wiederholung.* Auf der ersten Ebene können die Rezipient/inn/en entweder aus den Wiederholungsmustern (z.B. Motive, Erzählgrammatik) ein Gefühl von Vertrautheit, Orientierung, Stabilität, ja Sicherheit und Trost beziehen und dies genießen, oder sie können – sofern sie sich der Wiederholungen bewusst werden –, die Repetition abschätzig als ‚immer dasselbe' und langweilig beurteilen. Die Rezipient/inn/en haben grundsätzlich die Möglichkeit, auf dieser Ebene zu bleiben, indem sie die Variationen entweder ausblenden oder ihnen keine Bedeutung zumessen.
- *Wirkungen von Variationen.* Jeder Wiederholung ist aber eine Variation mitgegeben (durch den unterschiedlichen Kontext, durch Veränderungen gegenüber dem Repetierten). Diese Variation erschließt sich demjenigen, der die erste, vornehmlich rezeptive Ebene verlässt und auf einer zweiten Ebene für die Abweichungen aufmerksam wird, sich vielleicht sogar für die „Strategie der Variation" interessiert.[1] Hierbei wirkt der Reiz des Neuen, angesprochen ist die Lust an der Variabilität, die Freude „an der Art und Weise, in der die gleiche Geschichte überarbeitet wurde, um unterschiedlich zu erscheinen"[2]. Die Abweichungen können aber auch negativ bewertet werden, etwa dann, wenn die bekannte sprachliche Form geradezu ‚kanonisch' geworden ist (z.B. Vorlesegeschichten für Kinder, bekannte Bibelübersetzung, Liturgie).

Die folgende Tabelle fasst dies zusammen:

Modell-Leser	*Wirkendes Element*	*Reaktion (positiv oder negativ)*
Modell-Leser erster Ebene	Repetition, z.T. Nicht-Wahrnehmen oder Ausblenden der Variation	+ Gefühl von Vertrautheit, Orientierung, Stabilität, Sicherheit, Trost – Langeweile, Desinteresse
Modell-Leser zweiter Ebene	Variation	+ Interesse am Neuen, Freude am spielerischen Variieren – Irritation durch die Abweichung vom Bekannten, Desorientierung

1 Eco, Streit, 57.
2 Eco, Streit, 57.

Dies ist weniger als ein Entwicklungsmodell gemeint, das aus zwei Phasen besteht. Vielmehr hat die Unterscheidung zwischen den beiden Ebenen vor allem eine heuristische Funktion. Denn beide Ebenen wirken immer auch zusammen, indem gerade die repetierenden Elemente die Variationen beleuchten und umgekehrt. Als ein Ergebnis dieser Beschäftigung mit den beiden Ebenen Repetition und Variation ist eine Ästhetik der variierenden Repetition denkbar, in der sich die positiven Reaktionen beider Phasen vereinigen.

Lässt sich Ecos Ästhetik der massenmedialen Serialität aber auf unsere Erzelterngeschichten anwenden, oder sind nicht vielmehr die Differenzen zwischen Gen 12-26 und „Columbo“ oder „Dallas“ dafür zu groß? Immerhin gibt es einige Berührungspunkte: Die Erzählungen von den Erzeltern sind am ehesten mit Ecos Beschreibung der „Saga“ zu vergleichen, die wir Familien-Saga nennen wollen[1]. Nicht nur die modernen Familien-Sagas, sondern auch die Erzelterngeschichten sind mit der Geschichte nur einer Familie befasst: Sie verfolgen die kontinuierliche Linie der Stammeltern Israels (Avraham/Sara; Jizchak/Rivka; Jaakov/Lea, Rachel; Josef ...) und erzählen das Leben des betreffenden Charakters in der Regel „von der Geburt bis zum Tod“[2]. Gleichzeitig verfährt die Genesis aber „stammbaumartig“[3]: Da „gibt es zunächst den Patriarchen“ (Avraham), „dann die verschiedenen Erzählstränge, die sich nicht nur mit seinen direkten Nachfahren“ (Jizchak/Jischmael; Jaakov/Esaw; Josef und seine Brüder), „sondern auch mit den Seitenlinien [...] befassen“ (Lot; Laban), „wobei jeder Zweig sich unendlich verzweigt“.[4] In den Genealogien erscheint diese Struktur in verdichteter Form.

Dabei macht uns Eco darauf aufmerksam, dass auch diese Familien-Sagas im Grunde genommen Serien sind. Auch wenn die Charaktere sich ändern und altern, „wiederholt die Saga [...] die gleiche Geschichte“.[5] Nirgends wird dies in den Erzelterngeschichten deutlicher als in Gen 26, wo Jizchak dieselben „Prüfungen“[6] wie Avraham durchläuft (Hungersnot, subjektive Gefahr im Asylland, Streit mit anderen Hirten um die Bewirtschaftung von Brunnen).

1 Damit sollen die „Sagas“, von denen Eco spricht, begrifflich von den Isländer-Sagas sowie dem englischen Terminus *saga* unterschieden werden.
2 Eco, Streit, 53. Von der Geburt bis zum Tod wird das Leben der drei Erzväter erzählt.
3 Eco, Streit, 53.
4 Eco, Streit, 53.
5 Eco, Streit, 53.
6 Eco, Streit, 53.

Auch diese Geschichten gehören zu jenen Kunstwerken, die (durch eine veränderte *dramatis personae* und z.T. andere Schauplätze) zunächst „als originell und different angeboten werden“, an denen wir zweitens erkennen, „daß dieses Etwas ein anderes wiederholt, das wir bereits kennen und das wir drittens nichtsdestotrotz – oder besser, gerade deswegen – mögen“.[1]

Das Ziel dieser Arbeit ist es, Gen 26 nicht nur „trotz“ der Wiederholungen zu lesen, sondern in dieser Erzählung gerade die Kunst des Wiederholens aufzuspüren, die in dem Wechselspiel von Repetition und Variation sichtbar wird.

1 Eco, Streit, 51.

6. Der Ertrag: Erzählen als Wiederholen

Dieser Durchgang durch verschiedene Konzepte für den Umgang mit dem literarischen Phänomen der Wiederholung (Teil A) hat gezeigt, dass die Interpretationen von Repetition und Variation so unterschiedlich sind wie die hermeneutischen Voraussetzungen der Lektüreweisen, in die sie eingebettet sind. Wie ich Wiederholungen wahrnehme, hängt davon ab, wie ich lese.

Vor allem ist das Verständnis narrativ-repetitiver Strukturen von der Haltung bestimmt, die ich der Erzählung gegenüber einnehme. Nur wenn ich mich als Leser/in in einer gewissen Distanz zu dem Text befinde, kann ich die „Wiederholung" wahrnehmen, die das Ergebnis einer Abstraktion ist.

So ist es im Rahmen des *historisch-kritischen Paradigmas*, das den Abstand des Rezipienten oder der Rezipientin aus hermeneutischen Gründen für wichtig hält, leicht möglich, unter Absehung von Differenzen eine Vielzahl von ‚Dubletten' oder ‚Doppelüberlieferungen' zu erkennen. Diesen Repetitionen wird weniger eine Bedeutung innerhalb des erzählten Geschehens oder für die literarische Struktur der Geschichte zugeschrieben – meist werden sie durch das Zusammentreffen von Teiltexten verschiedener Autoren erklärt. Dass die Repetitionen von ein und demselben Verfasser beabsichtigt sein könnten, wird für nicht wahrscheinlich gehalten. In der historisch-kritischen Exegese wirkt sich aus, dass diese Methode in jener Zeit ihre Wurzeln hat, in der auch die Ästhetik der Originalität entstanden ist.

Sobald ich stärker auf die *Techniken des Erzählens* achte, entsteht die Frage: Welche Funktion könnte diese oder jene Repetition für die erzählte Geschichte oder innerhalb des größeren Textzusammenhangs haben? Untersucht man daraufhin den Text, dann stößt man sowohl auf Wiederholungen, die einen besonderen Sinn zu haben scheinen, als auch auf solche Repetitionen, bei denen dies nicht erkennbar ist.

Für eine *intertextuelle Auslegung* haben Wiederholungen insofern eine grundlegende Bedeutung, als hier erkannt wird: Der Dialog verschiedener Texte, ihr Verknüpftsein durch Ähnlichkeiten und/oder Repetitionen bildet das Fundament der Lektüre eines Textes, der dadurch als ein komplexes Gewebe erscheint.

Im Rahmen der *rabbinischen Hermeneutik* ist die Distanz zum Text in mancherlei Hinsicht geringer als bei anderen Zugängen. Das zeigt sich nicht zuletzt darin, dass der heilige Text als in jedem Detail sinnvoll betrachtet wird, so dass die Aufgabe des Auslegers oder der Auslegerin darin besteht, stets den Sinn bzw. das Neue an einer ,Wiederholung' herauszufinden.

Rezeptionsorientierte Konzepte wie die von Stanley Fish, Gérard Genette und Umberto Eco analysieren die Repetition demgegenüber auf einer Meta-Ebene, indem sie darauf aufmerksam machen, dass die scheinbar vorgegebenen ,Wiederholungen' in Wahrheit ein – Abstraktion voraussetzendes – Wahrnehmungsphänomen sind. Daraus lässt sich zum einen die Konsequenz ziehen, dass man dieses Wahrnehmungsphänomen Repetition strukturalistisch untersucht (Genette), zum anderen kann man weiter nach den unterschiedlichen Rezeptionshaltungen und Reaktionen fragen, die von einem Gefühl der Stabilisierung (in der narrativen Unmittelbarkeit) zum Erzähltext oder von Langeweile, Desinteresse und ästhetischer Abwertung bis zur Irritation (durch die Abweichungen vom bekannten Schema) und zur Freude an der spielerischen Variation reichen.

Eine Ästhetik der Wiederholung müsste m.E. Variation und Repetition als einander bedingende Phänomene begreifen und jenseits einer Ästhetik der Originalität den Blick dafür öffnen, dass wir nicht nur das Innovative an der Repetition oder die Tatsache der Variabilität,[1] sondern auch die Wiederholungen selbst genießen. Denn sie führen in einen Raum der Orientierung und Sicherheit, in dem wir uns zu Hause fühlen und glücklich sind, das Bekannte wiederzufinden, so dass wir immer wieder gern an diesen Ort zurückkehren.

Durch die Reflexionen über die Wiederholung gelangen wir damit an einen Punkt, an dem eine der wichtigsten Funktionen des Erzählens sichtbar wird. Erzählen ist immer die Wiederkehr von Bekanntem: die Repetition von Wörtern, Personen, Handlungen, Handlungsmustern, Erzählgrammatiken. Auf diese Weise scheinen Erzählungen eine innere Beziehung zu Wiederholungen zu haben, zumal es nicht nur so ist, dass Erzählungen Wiederholungen enthalten, sondern gleichzeitig auch Erzählungen stets aufs Neue wiederholt werden:

> „Das aber scheint gerade eine Besonderheit von Erzählungen zu sein, daß sie zur Wiederholung anregen, zum wiederholten Hören wie zum Weitererzählen. Erzählungen behalten ihre Anziehungskraft gerade in der Wiederholung, ja auch dann, wenn sie nur offenbar Altbekanntes erzählen."[2]

---

1 Dies ist gegen Eco gesagt, der meiner Meinung nach am Ende seines Aufsatzes über die Serialität (in: ders., Streit) in die Gefahr gerät, eine Ästhetik der Originalität zu repristinieren und damit hinter seine vorherigen Ergebnisse zurückfällt.

Erzählen ist oft mit Ritualen,[1] mit typischen Situationen verbunden. In der jüdischen wie in der christlichen Religion werden stets Erzählungen wiederholt: Beim Verlesen der Pessach-Haggada oder beim Rezitieren der Weihnachtsgeschichte wird besonders deutlich, wie zentral zyklische Wiederholungen für diese Erzählgemeinschaften sind. Man kann sagen: Erzählungen gewinnen ihre Attraktivität gerade durch die Wiederholung, indem sie immer wieder Altbekanntes erzählen. Deswegen rezipieren wir denselben Film, eine nach dem alt bekannten Muster gedrehte Folge einer Serie oder sogar eine ähnliche oder identische Erzählung *gern* noch einmal und machen dabei jedes Mal den Genuss perfekt, indem wir uns trotz unseres faktischen Wissens über die narrativen Schemata künstlich in den Zustand der Erstrezeption versetzen.[2]

Die Tatsache aber, dass – strukturalistisch wie rezeptionstheoretisch betrachtet – keine Wiederholung ohne Veränderung ist, wirft ein Licht auf das Geheimnis, dass bei jeder Repetition, und sei sie noch so ‚wörtlich', ein neues Leseerlebnis entstehen kann. Jede Wiederholung innerhalb einer Erzählung bzw. jede wiederholte Aufführung gibt Raum für den Reiz des Neuen, das spannungsreiche Spiel mit dem Gewohnten: mit der Wort-Semantik, die sich bei jeder Erwähnung ein wenig verschiebt, oder mit der Erzählgrammatik, die stets etwas abgewandelt wird – von der kleinen Abweichung bis zur Auflösung der Erzählstrukturen.

Mit dieser in Teil A erarbeiteten Sensibilität für die Ästhetik der Wiederholung, die gleichzeitig eine Ästhetik des ständigen Variierens ist, wollen wir nun die Preisgabe- und die Brunnenstreitgeschichten in den Erzelternerzählungen lesen.

---

2 Dieses Zitat ist aus dem – mir dankenswerter Weise zur Verfügung gestellten – Skript zur Vorlesung „Wie erzählt das Alte Testament" von Thomas Naumann, Siegen, entnommen.

1 Vgl. auch Dégh, Erzählen, 330f.

2 Vgl. bei Ebach, Nein, 78 (darin zitiert: Kluge, Macht, 77ff.) das Interview mit dem Opernsänger, der darauf beharrt, dass er zu Beginn einer jeden Aufführung einer tragischen Oper das Ende nicht kennt.

B Ein rezeptionsästhetischer Zugang zu biblischen Erzähltexten

Nachdem wir in Teil A verschiedene Interpretationen des literarischen Phänomens der Wiederholung betrachtet und dabei eine Linie von der literarhistorisch-produktionsästhetischen Fragestellung bis zu leserorientiert-rezeptionsästhetischen Ansätzen gezogen haben, will ich hier in B die hermeneutischen und methodischen Voraussetzungen für eine rezeptionsästhetische Lektüre der betreffenden Erzelterngeschichten (C) darstellen.

Beginnen wir mit einem knappen forschungsgeschichtlichen Überblick: Die Rezeptionsästhetik ist sowohl in der Literaturwissenschaft als auch in ihrer Aufnahme durch die Theologie und die Bibelwissenschaften eine der neueren Entwicklungen. In der Literaturwissenschaft bildet sich die rezeptionsorientierte Fragestellung Ende der 60er-Jahre/Anfang der 70er-Jahre heraus und hat ihren Schwerpunkt zunächst außerhalb des deutschen Sprachraums (Riffaterre, Booth, Eco, Fish u.a.).[1] Etwas später zeigen auch deutsche Literaturwissenschaftler Interesse an der Rezeptionsästhetik,[2] die

1 Die ersten rezeptionsorientiert-literaturwissenschaftlichen Konzepte erschienen außerhalb des deutschsprachigen Raumes in der ersten Hälfte des 20.Jhs.: I.A. Richards (Principles, [2]1926) ist einer der ersten, der in einem Versuch mit dreizehn Studenten empirische Literaturforschung betreibt; L.M. Rosenblatt (Literature, 1937) belegt die große Nähe rezeptionsorientierter bzw. literaturempirischer Fragestellungen zur Literaturdidaktik, indem sie sich dafür interessiert, wie Schüler/innen ihre Lektüreerfahrungen beschreiben können; W. Gibson (Authors, 1950) erarbeitet bereits eine Unterscheidung zwischen dem Autor, dem textinternen fiktiven Sprecher und dem textinternen bzw. dem empirischen Leser; vgl. Mayordomo-Marín, Anfang, 29-32.
Weitere, entscheidende Stationen auf dem Weg zur literaturwissenschaftlichen Rezeptionsästhetik verbinden sich mit den folgenden Namen: M. Riffaterre (Style, 1957), W.C. Booth, (Rhetoric, 1961), U. Eco, (Opera, 1962; Lector, 1987), M. Riffaterre, (Poetic structures, 1966), S. Fish, (Surprised, 1967; Text, 1980).

2 In Deutschland hat die sog. Konstanzer Schule (Jauß, Iser) einen starken Einfluss auf die Entwicklung der Rezeptionsästhetik. Das macht schon ein Überblick über die wichtigsten deutschen Beiträge zur Rezeptionsästhetik deutlich: H.R. Jauß (Literaturgeschichte, 1967), H. Weinrich, (Literaturgeschichte, 1967), W. Iser (Apellstruktur, 1970; Der implizite Leser, 1972), H.R. Jauß (Apologie, 1972); das Verdienst des Sammelbandes Warning, Rezeptionsästhetik ([1]1975) ist es, einen Überblick über die philosophischen und literaturwissenschaftlichen Ansätze innerhalb der Rezeptionsästhetik

hierzulande oft mit der Aufnahme der philosophischen Hermeneutik (Gadamer, Ricœur)[1] einhergeht und nicht selten in der unmittelbaren Nachbarschaft der empirischen Literaturwissenschaft bzw. der Rezeptionsforschung[2] angesiedelt ist. Seit etwa 20 Jahren spielt die Rezeptionsästhetik schließlich auch in der deutschsprachigen Theologie eine zunehmend wichtigere Rolle. Systematische Theolog/inn/en beschäftigen sich seit den 90er-Jahren tiefgehend mit diesem Themenkomplex.[3] Lassen sich Bibelwissenschaftler außerhalb Deutschlands schon seit den 70er-Jahren von der leserorientierten Literaturwissenschaft anregen, findet man hier erst ab den 80er-Jahren Hinweise auf die Rezeption leserorientierter Konzepte.[4]

So stellt etwa Erhard Blum 1984 im letzten Abschnitt seiner Monographie „Die Komposition der Vätergeschichten" die Vieldeutigkeit der behandelten Erzählungen heraus und bezieht sich dabei auf Wolfgang Iser[5] sowie auf den von Rainer Warning herausgegebenen Sammelband „Rezeptionsästhetik":

> „In deutlicher Analogie zur Polyvalenz literarischer Kunstwerke erfordert ein Verstehen unserer Erzählungen ja immer auch eine vom Ausleger zu leistende Sinnkonstitution, in welcher er die zahlreichen ‚Leerstellen' des Textes ‚füllt', Textelemente aufeinander bezieht, inhaltliche Aussagen vor dem Hintergrund eines vergangenen oder seines eigenen geschichtlichen Kontextes interpretiert u.ä.m. *Entsteht* also jeder Textsinn erst im ‚Gespräch' zwischen dem Text und dem Interpreten, beläßt jede Auslegung Raum für weitere Sinndeutungen."[6]

Blum deutet hier grundlegende Elemente rezeptionsorientierter Auslegungsweisen an, indem er auf die aktive Mitarbeit der Lesenden an der In-

---

zu verschaffen und damit dieses Feld leicht zugänglich zu machen; W. Iser (Akt des Lesens, 1976). Eine Rezeptionstheorie aus der Sicht eines Autors bietet M. Walser (Lesers Selbstverständnis, 1993).

1 Vgl. Gadamer, Wahrheit; ders., Hermeneutik II; ders. und Boehm, Seminar; Ricœur, Hermeneutik, sowie die Reihe Poetik und Hermeneutik.

2 Die Rezeptionsforschung versucht oft, rezeptionsästhetische Annahmen empirisch zu untermauern: Vgl. Groeben, Rezeptionsforschung (Groeben möchte in dieser Monographie der hermeneutisch ausgerichteten Rezeptionsästhetik der Konstanzer Schule durch empirisch-literaturwissenschaftliche Studien zum Durchbruch verhelfen); Link, Rezeptionsforschung; Gross, S., Lese-Zeichen; Hauptmeier/Schmidt, Einführung in die empirische Literaturwissenschaft sowie die Reihe SPIEL (Siegener Periodicum in empirischer Literaturwissenschaft), mit dem sich die Arbeit des Siegener Institutes für Medienforschung (früher: Institut für empirische Literatur- und Medienforschung, LUMIS) verbindet.

3 Genannt seien die folgenden Titel: Körtner, Leser; Raguse, Raum; Huizing, Homo legens; ders. u.a. (Hgg.), Lesen; Gehring, Schriftprinzip; Grohmann, Aneignung.

4 Vgl. die neueren Arbeiten von Hartwig Thyen, programmatisch etwa in Rez. Fortna.

5 Hier: Iser, Akt.

6 Blum, Komposition, 506.

terpretation, auf die im Dialog zwischen Leser/in und Text geschehende Sinnkonstitution sowie auf die Vieldeutigkeit der Texte und ihre prinzipielle Offenheit für weitere Deutungen Bezug nimmt.

Seit diesem Ausblick Blums auf eine rezeptionsästhetische Bibelauslegung wurde das Konzept leserorientierter Interpretation von Alt- und Neutestamentler/inne/n weiter diskutiert[1] und in jüngster Zeit auf einige Textbereiche angewendet.

Moisés Mayordomo-Marín liefert 1998 an Hand von Mt 1-2 ein Beispiel für eine „leserorientierte Evangelienexegese“[2], indem er die „hypothetische [...] Erst-Rezeption“[3] der beiden Anfangskapitel des Matthäus-Evangeliums zu rekonstruieren versucht. 1999 entwickelt Georg Steins das „Programm“ einer rezeptionsästhetischen und „kanonisch-intertextuellen Lektüre“, wie wir bereits in Kap. 4 gesehen haben, und erprobt dieses Konzept anhand von Gen 22. Das Interpretationskonzept Umberto Ecos nach „Lector in fabula“ macht im selben Jahr Melanie Köhlmoos zur Grundlage ihrer Exegese von Texten aus dem Buch Hiob,[4] während Johannes Taschner sich für den synchronen Teil seiner Arbeit über die Jakoberzählung vor allem auf Wolfgang Iser bezieht.[5] Zwischen der Systematischen Theologie und biblischer Exegese ist die 2000 publizierte Dissertation von Marianne Grohmann angesiedelt, die eine rezeptionsorientierte und jüdisch inspirierte ‚Skriptologie‘ entwirft und auf alttestamentliche, neutestamentliche und rabbinische Texte anwendet.[6] Dorothea Erbele-Küster veröffentlicht 2001 unter dem Titel „Lesen als Akt des Betens“ eine „Rezeptionsästhetik der Psalmen“[7]. Eine rezeptionsästhetische Arbeit über die Jakobserzählungen von Renate Klein[8] erschien vor Kurzem und konnte von mir nicht mehr berücksichtigt werden.

Mit den Methoden der empirischen Literaturwissenschaft wurde die Lektüre von Bibeltexten meines Wissen noch nicht untersucht.

In der vorliegenden Arbeit soll ein rezeptionsästhetischer Ansatz entwickelt werden, der sich auf Gen 26 und die entsprechenden Kotexte anwenden lässt. Da in den oben genannten Monographien exzellente und ausführliche Referate rezeptionsorientierter Konzepte geboten werden,[9] kann ich hier auf eine detaillierte Darstellung der Forschungsgeschichte verzichten und sogleich zu den konzeptionellen Voraussetzungen dieser Arbeit (1) kommen.

---

1 Vgl. z.B. Frey, Leser; Utzschneider, Lektüre; besonders auch ders., Text.
2 Mayordomo-Marín, Anfang.
3 Mayordomo-Marín, Anfang, 194ff., Zit. 194.
4 Köhlmoos, Auge.
5 Taschner, Verheißung, bes. 15ff.
6 Grohmann, Aneignung.
7 Erbele-Küster, Lesen.
8 Klein, Renate A., Leseprozess als Bedeutungswandel. Eine rezeptionsästhetisch orientierte Analyse der Jakobserzählungen im Buch Genesis, Leipzig 2002.
9 Besonders ist dabei auf die Darstellungen bei Mayordomo-Marín, Anfang, hinzuweisen.

1. Konzept für eine rezeptionsästhetische Auslegung biblischer Erzähltexte

a) Das Modell

Ausgehen möchte ich dabei von der folgenden Grafik[1], die einen Überblick über die rezeptionsästhetische Betrachtung von narrativen Texten bieten soll:

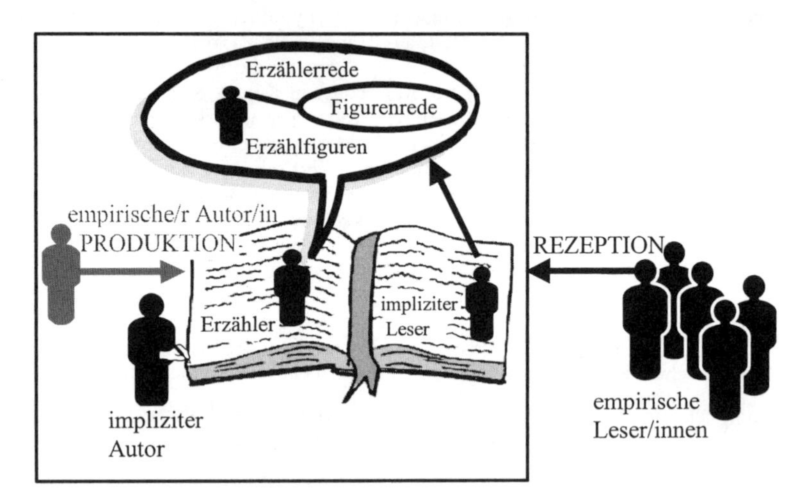

Beginnen wir auf der rechten Seite. Die Gemeinschaft der Leser/innen mit ihren Bedingtheiten, Einstellungen[2], Erwartungen und Kompetenzen markiert unseren Standpunkt bei der Lektüre, wobei wir noch klären müssen, wo die Unterschiede zwischen dem Hören und dem Lesen sowie zwischen der einsamen und der gemeinsamen Rezeption eines Textes liegen. Der mit „Rezeption" bezeichnete Pfeil macht deutlich, dass die Fragen der Rezeption allen anderen Fragen nach dem Text oder dem Autor vorgeordnet sind. Mit anderen Worten: Der mittlere Kasten enthält kein Element, das von der hermeneutischen Aktivität der Rezipient/inn/en unabhängig wäre.[3] Das gilt auch für den empirischen Autor/die empirische Autorin, der bzw. die im Akt des Lesens abwesend, bei alttestamentlichen Texten meist unbe-

1 Für die Erstellung dieser Grafik danke ich herzlich meiner Frau, Adele von Bünau.
2 Mit den Einstellungen der Leser/innen befasst sich z.B. Fokkelman, Reading, 206f.
3 Vgl. Mayordomo-Marín, Anfang, im Anschluss an Fish, Text, 163.

kannt und daher nur als Schatten darstellbar ist. Denjenigen, dem die Leser/innen den gesamten Text einschließlich der Überschriften und anderer Paratexte[1] zuschreiben, nennen wir den impliziten Autor oder Modell-Autor – verstanden als das Modell, das sich die Rezipient/inn/en vom Autor machen. Der implizite Autor erschafft sich im Haupttext mit dem Erzähler[2] jene Stimme, durch welche uns die Erzählwelt (mit Erzählkommentaren, Handlungen, Figurenreden) präsentiert wird. Die empirischen Leser/innen haben die Möglichkeit, zwischen sich und dem ‚narrativen Publikum' zu unterscheiden, das der Text vorauszusetzen scheint und das mit den realen Rezipient/inn/en nicht notwendig kongruent ist: dem sog. ‚impliziten Leser'.

Wenn ich in der rezeptionsästhetischen Auslegung von Gen 26 und den Kotexten versuche, die Aktivitäten ‚der Leser/innen' darzustellen, dann stellt sich – besonders angesichts der vielen denkbaren Lesermodelle[3] – sogleich die Frage, welche Implikationen dieses Leser/innenkonstrukt enthält. Um es mit einem Satz zu sagen: Das Ziel dieser rezeptionsästhetischen Analyse ist es, den Verlauf der Rezeption *literarischer Leser/innen* zu beschreiben, die mit gewissen kognitiven, emotionalen und evtl. sozialen Kompetenzen ausgestattet sind und sich nicht nur ein „kohärentes Verständnis"[4] des gegebenen, dialogisch-vieldeutigen Bibeltextes erarbeiten, sondern darüber hinaus die existentielle Chance ergreifen, der Welt des Textes unmittelbar zu werden. Im einzelnen bedeutet das: Nicht Hörer/innen, sondern Leser/innen werden als Rezeptionsinstanz gedacht, so

---

1 Zum Begriff vgl. Genette, Palimpseste, 11.

2 Im Anschluss an Fischer, Gottesstreiterinnen, 18, benutze ich diese männlichen Begriffe, was nicht ausschließt, dass „die weibliche Stimme in den Texten authentisch präsent" sein kann, „vielleicht sogar durch die Formulierung eines männlichen Autors hindurch" (ebd.).

3 Eine herausragende Bedeutung wird nicht nur dem impliziten Leser, sondern oft auch der Erstrezeption eingeräumt, die z.B. Mayordomo-Marín, Anfang, 51-65, besonders 62-65, im Anschluss an das Jauß'sche Konzept der Horizontabhebung für Mt 1-2 zu rekonstruieren versucht. Dieses Vorhaben weist einige Parallelen mit der von Gunkel propagierten Einfühlung in die ursprünglichen Hörer/innen auf. Was die hier zu betrachtenden alttestamentlichen Texte anbelangt, sind m.E. die Möglichkeiten einer hypothetischen Erstrezeption eher skeptisch zu beurteilen, schon weil die Datierungsfragen im Hinblick auf die Genesis-Texte deutlich schwieriger sind als bei Mt 1-2. Daher scheint es unter methodisch-hermeneutischen Gesichtspunkten angemessener, statt von der *Re*konstruktion der Erstrezeption von der *Konstruktion* der Leser/innen zu sprechen.

4 Z.B. Trabasso/Suh, Lesen, 218. Iser, Lector, 115, spricht in ähnlicher Weise mit Greimas von der „Isotopie" als einer „Gesamtheit von redundanten semantischen Kategorien, welche die einheitliche Lektüre einer Geschichte ermöglicht."

dass es in dieser rezeptionsästhetischen Studie nicht mehr um die mündliche Kommunikationssituation, sondern um das davon grundsätzlich verschiedene *Lesen von Texten* geht, das in seinem *zeitlichen Verlauf* dargestellt werden soll. Diese Rezeptionsinstanz wird als eine kollektive Größe formuliert, womit die Existenz einer *Auslegungsgemeinschaft* angedeutet wird, innerhalb derer es einerseits *verschiedene Lesemöglichkeiten* gibt und andererseits die *Grenzen der Interpretation* geregelt werden. In die Profilierung dieser Größe der ‚Leser/innen' gehen zum einen *empirische Daten* durch die eigene Lektüre und durch fremde, zumeist schriftlich vorliegende Deutungen ein, zum anderen sind die ‚Leser/innen' als die Zusammenfassung aller betrachteten Interpretationen stets auch ein *ideales Konstrukt*, das in dieser Hinsicht mit dem Modell des impliziten Lesers vergleichbar ist. Diesen ‚Leser/innen' werden bestimmte *Kompetenzen* zugeschrieben. Wenn von ‚literarischen Leser/inne/n' die Rede ist, dann ist damit eine Lesehaltung bezeichnet, bei der die Rezipient/inn/en ein *kohärentes Verständnis* des Textes anstreben und in eine ästhetische[1] *Unmittelbarkeit* zu der Erzählwelt geraten, so dass der Text zu einem Erlebnisraum werden kann. Diese Punkte möchte ich in den folgenden Abschnitten (b-m) etwas erläutern, bevor ich die Schritte einer rezeptionsästhetischen Lektüre (2.) vorstelle.

b) Mündliche Kommunikation und die Lektüre von Texten

Es ist eine grundlegende Einsicht der Rezeptionsästhetik, dass zwischen der mündlichen Kommunikationssituation und dem Akt des Lesens ein kategorialer hermeneutischer Unterschied besteht. Äußerlich wird dieser Unterschied dadurch sichtbar, dass bei der Lektüre eines schriftlichen Textes die *face-to-face*-Situation fehlt: Weder Autor/in noch Rezipient/in erhalten Rückmeldungen, die ‚Kommunikationspartner' befinden sich in unterschiedlichen hermeneutischen Situationen und können nicht auf dieselben Konventionen zurückgreifen, ja, der Verfasser bzw. die Verfasserin ist für die Lesenden gänzlich unerreichbar. Während beim mündlichen Erzähl-Vortrag Aufführende/r und Schreiber/in fusionieren,[2] können sich Leser/innen die Autorin oder den Autor nur durch ihre Vorstellungskraft

1 Der in dieser Arbeit vorausgesetzte Ästhetikbegriff schließt die Ernsthaftigkeit ein, vgl. Mathys, Anmerkungen, 237, über Gerhard von Rad.
2 Mayordomo-Marín, Anfang, 165.

als Modell-Autor anwesend machen. Darüber hinaus wird die „[a]ffektive und pragmatische Textwahrnehmung [...] beim mündlichen Vortrag stärker aktiviert“[1], so dass das Hören einer mündlich dargebrachten Erzählung am ehesten mit der Rezeption eines Filmes zu vergleichen ist. Bei der Lektüre hingegen liegt es an der Imagination der Rezipient/inn/en, die Schrift in ein dramatisches Geschehen umzusetzen oder innerlich zu phonetisieren,[2] was die produktive Rolle der Rezipient/innen deutlich werden lässt, denn sie sind es, die dem stummen Drehbuch erst zur Aufführung verhelfen.

Daraus ergibt sich, dass ein Schrift gewordener Text nicht mehr an seinen Urheber gebunden ist und gegenüber der Intention des Verfassers oder der Verfasserin wie überhaupt gegenüber den Entstehungsbedingungen autonom wird. Wurde diese Ablösung des Textes, der mit dem abgeschossenen Pfeil eines Bogenschützen zu vergleichen ist,[3] oft als ein Mangel (vgl. Platon[4]) oder sogar als eine Bedingung beklagt, die ein ‚rechtes Verstehen‘ verhindern muss (Overbeck[5]), so wird diese Transzendierung der Ursprungssituation durch den Text von der Rezeptionsästhetik hermeneutisch fruchtbar gemacht und als etwas Positives begriffen. Das zeigt z.B. das folgende Zitat von Paul Ricœur:

> „Für ein literarisches Werk ist es wie für jedes Kunstwerk überhaupt wesentlich, die psycho-sozialen Bedingungen seines Entstehens zu transzendieren und sich so für eine nicht begrenzbare Folge von Kenntnisnahmen zu öffnen, die ihrerseits in unterschiedlichen sozio-kulturellen Zusammenhängen stehen. Kurz, der Text muß sich, sowohl unter soziologischem wie unter psychologischem Gesichtspunkt, aus seinem Kontext lösen lassen, um sich in einer Situation wieder in einen neuen Kontext einfügen zu lassen: eben dies tut der Akt des Lesens.“[6]

1 Mayordomo-Marín, Anfang, 170.

2 Da das leise Lesen, wie Untersuchungen gezeigt haben (vgl. Gross, Lese-Zeichen, 62), nicht den Umweg des innerlichen Phonetisierens gehen muss, spielt anders als beim Hören eines Textes beim Lesen die phonetische Gestalt (z.B. Rhythmus, phonetische Stilmittel) nicht unbedingt eine Rolle.

3 Vgl. Heinrich Heine, bei Mayordomo-Marín, Anfang, 170.

4 Platon sorgt sich im Dialog „Phaidros“ darum, dass sich die Schrift überall herumtreibt, nicht weiß, zu wem sie sprechen soll bzw. zu wem nicht, und sich gegen Beleidigungen und Schmähungen nicht wehren kann. Vgl. dazu auch Raguse, Raum, 34; Fish, Text, 37ff.

5 Der liberale Theologe aus dem beginnenden 20.Jh. bedauert, dass wir die neutestamentlichen Schriften nicht mehr verstehen können, weil sie als „Urliteratur“ nur in der damaligen Situation, in der „unmittelbaren Einheit von Entstehung und Wirksamkeit“ (Christentum, 23) verstanden werden konnten. Vgl. dazu auch Körtner, Leser, 123-130.

6 Ricœur, Hermeneutik, 28.

Die Loslösung eines Textes von seinem Entstehungszusammenhang ist also nichts „Schädliches", sondern geradezu „die Bedingung der Interpretation"[1]: Erst dadurch, dass jeder Text die Situation seines Entstehens übersteigt, wird er für andere lesbar und dafür offen, in neuen Situationen bedeutsam zu sein.

c) Synchrone und diachrone Lektüre

Eine Gemeinsamkeit zwischen dem Hören eines mündlichen Vortrags und der Lektüre eines schriftlichen Textes besteht darin, dass beide Rezeptionsweisen einem zeitlich linearen Verlauf folgen. Aufgrund dieser Gegebenheit betonen rezeptionsorientierte Ansätze den (im literaturwissenschaftlichen Sinne) diachronen Charakter einer sich sequentiell entfaltenden[2] Lektüre und kritisieren u.a. die strukturalistisch-synchrone Lektüreweise, die – etwa im Gefolge des textzentrierten *New Criticism* – einen Text gewissermaßen aus der Vogelperspektive als eine landkartenähnliche Struktur betrachtet. Gegenstand der rezeptionsästhetischen Analyse ist also primär nicht die synchron erfasste Textstruktur, sondern der Lesevollzug:

> „Das poststrukturalistische Denken [...] versteht den Text in seiner zeitlichen Entwicklung [...]. Aus dieser Perspektive präsentiert sich eine Struktur nicht als fester, überall gleichermaßen zugänglicher Code, sondern ist ad hoc, disparat, und entsteht wie auf der Bühne durch Improvisieren. Dieses Ausagieren geschieht *in der Zeit*"[3].

Daraus ergibt sich für die Bibelexegese freilich insofern ein Problem, als im Grunde nur Protokolle von der Lektüre alttestamentlicher Texte Aufschluss über den chronologischen Leseprozess geben können, solche aber bislang kaum vorliegen. Deswegen sind wir bei der rezeptionsorientierten Auslegung der Genesis-Texte einstweilen auf die Ergebnisse der eigenen Lektüre, auf eine begrenzte Zahl an Interviews und auf Rückschlüsse aus der Sekundärliteratur angewiesen.

Bei näherem Hinsehen unterscheidet sich das Hören vom Lesen jedoch darin, dass die Rezeption eines Schrifttextes neben der primären diachro-

---

1 Ricœur, Hermeneutik, 29.

2 Vgl. Riffaterre, Style, 249f. bei Mayordomo-Marín, Anfang, 34: „Man kann niemals genug die Bedeutung einer Lektüre betonen, die im Sinne des Textes verläuft, d.h., von Anfang bis Ende. Wenn man diese ‚Einbahnstraße' nicht beachtet, verkennt man [...], daß das Buch abläuft (so wie im Altertum die Schriftrolle materiell abgerollt wurde), daß der Text Gegenstand einer progressiven Entdeckung ist; einer dynamischen und sich dauernd verändernden Wahrnehmung [...]."

3 Hopper, Times, 227.

nen Lektüre auch einen synchronen Umgang mit dem Text erlaubt. Denn anders als bei der mündlichen Aufführung oder beim Vorlesen einer Geschichte (wie z.B. in Kirche und Synagoge) ist Lesen nicht zwingend linear, sondern gibt Gelegenheit zum Verlangsamen, zum Unterbrechen und zum Vor- oder Zurückgehen. „Der Text ist nicht mehr Nach- und Vorschrift von Mündlichkeit, sondern eine dem Auge lediglich als Empfehlung nahegelegte Bahn mit einer Vorzugsrichtung."[1] Das lässt sich kognitionspsychologisch auch daran erkennen, dass beim Lesen nicht einzelne Buchstaben nacheinander entschlüsselt, sondern Worte als Bilder abgespeichert und wiedererkannt werden, wobei auch die Worte eines Textes nicht unbedingt der Reihenfolge entsprechend fixiert werden und das Auge sich erstaunlich ungebunden innerhalb des Textes bewegt. Welche Worte in welcher Reihenfolge aufgenommen werden, hängt in einem erheblichen Maße vom Vorwissen, vom Kontextwissen, von der Lesehaltung und -erwartung ab.

d) Lesen bedeutet aktive Mitarbeit

Das bedeutet aber, wie Sabine Gross in ihrer „Psychophysiologie des Lesens" zeigt, dass Interpretationshypothesen schon auf der visuell-kognitiven Ebene mit einfließen bzw. bereits dort gebildet werden. Lesen und Interpretieren lassen sich nicht voneinander trennen, sondern sind eng miteinander verwoben.

> „Lesen ist ein Prozeß von Sinnproduktionen, in dem ständig Entscheidungen getroffen und Vermutungen aufgestellt werden. Es werden unablässig neue Informationen aktiviert und Hypothesen gebildet, die sich entweder bestätigen oder modifiziert werden müssen. Bereits das visuelle Abtasten findet daher als ständige Folge von vorausgreifenden Erwartungen und rückwirkenden Korrekturen statt."[2]

Einen Text zu lesen bedeutet also, von Anfang an Interpretationshypothesen zu bilden und fortlaufend ein konsistentes Verständnis zu konstruieren. Ein ‚unschuldiges' Lesen oder ‚Beobachten', ohne zu deuten, gibt es daher nicht. Wenn Exeget/inn/en versuchen, dem Interpretieren eine Phase des ‚Beobachtens' vorangehen zu lassen, so lässt sich das als den Versuch würdigen, die interpretativen Wahrnehmungen im Rahmen der geltenden Plausibilitätsstrukturen eng an ‚den Text' zurückzubinden.

---

1 Gross, Lese-Zeichen, 62.
2 Gross, Lese-Zeichen, 15.

e) Der materielle Text als spezifische Rezeptionsvorgabe

Ein weiterer Unterschied zwischen der mündlichen Kommunikation und dem Akt des Lesens ist dadurch gegeben, dass mit dem schriftlichen Text ein materielles Artefakt vorliegt, welches von den Augen abzutasten und zunächst[1] nicht zu verändern ist.[2] Erst diese Materialität ermöglicht die Fortdauer des Textes über die Produktionssituation hinaus und eröffnet den Rezipient/inn/en die Freiheit, den Text synchron oder diachron zu lesen. In unserem Falle steht dieser Text als die „Biblia Hebraica Stuttgartensia“ (BHS), – die von christlichen Philologen herausgegebene Hebräische Bibel zur wissenschaftlichen Lektüre – in der Form eines *Kodex* zur Verfügung, was in unserer Lesekultur selbstverständlich ist, aber nicht ohne Auswirkungen auf die Rezeptionsweise bleibt. Denn die sukzessiv zu entrollenden Schriftrollen, die heute noch im synagogalen Gottesdienst benutzt werden und bis ins Mittelalter hinein üblich waren, begrenzen erheblich die Möglichkeiten, zurück- oder vorausliegende Texte konkret aufzusuchen, so dass Bezüge zwischen Texten hauptsächlich aus der Erinnerung heraus hergestellt werden. Die Kodex-Form hingegen macht es leichter, Textstellen wortgenau miteinander zu vergleichen oder bereits gelesene Texte noch einmal zu überfliegen – etwa auf bestimmte Leitworte hin, oder um sich unter anderen Gesichtspunkten einen Überblick über einen größeren Textbereich zu verschaffen. Somit wirkt sich die Kodex-Form der BHS als eine spezifische Rezeptionsvorgabe aus, die es nahelegt, z.B. Erzähltexte auch synchron-überblicksartig bzw. selektiv[3] zu nutzen und intertextuell zu lesen. Zusätzlich werden die Leser/innen durch das masoretische Verweissystem zu einer intertextuellen Lektüre angeregt.[4]

---

1 Auch hier muss einschränkend gesagt werden, dass ein schriftlicher Text noch nicht per se unveränderlich ist. Feststehend ist er in dem Sinne, dass er materiell vorliegt und im Falle des biblischen Textes später durch das Konzept des Kanons vor Veränderungen geschützt wurde: „Permanenz stellt sich nicht von selbst her, aber es gibt gesellschaftliche Institutionen, die mit ihrer Herstellung befaßt sind. Sie stützen und regulieren, verfestigen und stellen still, was naturgemäß variabel ist“ (Assmann, Kanon, 11). Als „Wächter der Überlieferung“ nennen Aleida und Jan Assmann die „Institution der Zensur“, die „Institution der Textpflege“ und die „Institution der Sinnpflege“ (11), wobei Zensur und Kanon korrelative Begriffe sind (19).

2 Vgl. auch das oben zur rabbinischen Hermeneutik Gesagte (Kap. C 5) und Goldberg, Schriftauslegung, 7f.

3 Zu verschiedenen Funktionen des Lesens vgl. Fritz/Suess, Lesen, 19.

4 Das komplexe masoretische Verweissystem mitsamt der *masora gedola* bietet z.T. ähnliche Recherchemöglichkeiten wie eine moderne Konkordanz.

Als eine weitere Rezeptionsvorgabe will ich die Gliederung und Anordnung der Texte ansprechen: Die biblischen Bücher werden in offene *(Petucha)* und geschlossene *(Setuma)* Sinnabschnitte unterteilt. Durch Einrückungen werden einige Textteile als besonders geformte Reden (z.B. in Gen 2-3) hervorgehoben oder als poetische Texte markiert.

f) Einsames und gemeinsames Lesen

Wenn ich in dieser Studie die Rezeption der *Leser/innen* darzustellen versuche, dann ist damit das Ideal eines Lesens in Gemeinschaft angedeutet. Denn anders als in der mündlichen Kommunikationssituation muss bei der Lektüre von Texten Gemeinschaft, wo sie gewünscht wird, erst willentlich hergestellt werden. Sowohl in der jüdischen als auch in der christlichen Tradition haben sich verschiedenen Formen des gemeinsamen Lesens (Gottesdienst, Unterricht, gemeinschaftliches Lernen, z.B. im Lehrhaus, Bibelkreis) sowie der individuellen Lektüre (Schriftstudium, Meditation) herausgebildet. In beiden Religionen ist das kollektive Lesen aber derart grundlegend, dass sie als ‚Lese- und Erzählgemeinschaften' bezeichnet werden können. Interpretationen von Alttestamentler/inne/n und Literaturwissenschaftler/inne/n sind insofern zumeist Produkte solitärer Lektüren, als sie zum großen Teil in der Einsamkeit des Schreibtischs entstehen. Das Ergebnis kollektiven Lesens sind sie insofern, als die Sekundärliteratur und die Kommunikationsmöglichkeiten in Gemeinde, Schule und Universität ‚virtuelle' oder reale Lesegemeinschaften ermöglichen. Diese Lesekollektive müssen m.E. in einem rezeptionsorientierten Konzept nicht zuletzt deshalb eine große Rolle spielen, weil sich nur in einer solchen Lektüregemeinschaft die Vielfalt der legitimierbaren Lesemöglichkeiten konkretisieren.

g) Eindeutigkeit und Bedeutungsvielfalt in der Auslegungsgemeinschaft

Wie schon in dem Zitat von Blum anklang, grenzt sich die Rezeptionsästhetik von den vielfältigen Versuchen ab, einen eindeutigen Textsinn durch die Rekonstruktion der Verfasserintention zu finden (Intentionalismus)[1], und hält daran fest, dass jeder Text wesensmäßig polyvalent, d.h.

1 Vgl. E.D. Hirsch bei Mayordomo-Marín, Anfang, 176-178.

mehrdeutig ist, und stets für neue Lesemöglichkeiten offen bleibt. Ein solches Modell muss sich zwangsläufig dem Vorwurf aussetzen, dass es dem Subjektivismus und Relativismus Vorschub leiste und damit ein Ausdruck postmoderner Beliebigkeit sei. Doch sollte man dabei m.E. nicht übersehen, dass die Vielfalt an Auslegungsmöglichkeiten eine allgemeine Erscheinung ist, mit der sich die Rezeptionsästhetik insofern auseinandersetzt, als sie gerade auch nach den „Grenzen der Interpretation" fragt, wie es schon der Titel einer Monographie von Umberto Eco deutlich macht. Danach gibt es zwar eine Vielzahl von legitimierbaren Interpretationen, aber eben auch unmögliche Leseweisen. Meiner Ansicht nach sind diese Grenzen jedoch nicht als formale Texteigenschaften zu beschreiben, die unabhängig von der hermeneutischen Aktivität der Rezpient/inn/en gesehen werden könnten. Vielmehr meine ich mit Stanley Fish, dass die Plausibilitätsstrukturen, innerhalb derer eine Interpretation ‚möglich' oder ‚unmöglich' ist, immer unmerklich durch die jeweilige Auslegungsgemeinschaft festgelegt wird, in deren Kontext wir von vornherein denken und in deren Rahmen unsere Interpretationen ganz natürlich erscheinen. Selbst die sog. ‚wörtliche Auslegung' etwa stellt sich immer nur abhängig vom Kontext ein, weshalb man nicht von ‚textgemäßen', sondern höchstens von textbezogenen Deutungen sprechen sollte. Somit sieht der hier vertretene rezeptionsästhetische Ansatz zwar Grenzen für die Interpretation, aber keine, die objektiv und konventionsunabhängig wären.

h) Die Leser/innen

Die teils realen, teils postulierten *Leser/innen* als Mitglieder einer solchen Auslegungsgemeinschaft sind die Rezeptionsinstanz, von der aus ich die literarische Lektüre der Erzelterntexte betrachten will. Mit dieser Ausdrucksweise grenze ich mich ein Stück weit von jenen rezeptionsästhetischen Ansätzen ab, die das innertextliche narrative Publikum, den „impliziten Leser" (Iser), zu dem der Erzähler zu sprechen scheint, als den Mittelpunkt ihrer Untersuchungen bezeichnen – andere nennen dieses Leserkonstrukt, das sich aus dem Text erschließen und vom realen Autor her betrachtet als die Vorstellung von seinen ‚Zuhörer/inne/n' verdeutlichen lässt,[1] den encodierten Leser (Gibson), den Modell-Leser (Eco) oder den Er-

1 Vgl. die von Max Frisch beschriebene Notwendigkeit, beim Schreiben den richtigen Hörer zu erfinden: „Der erste schöpferische Akt, den der Schriftsteller zu leisten hat,

zähladressaten (Prince). Der implizite Leser ist als ein Rollenangebot zu begreifen, das empirische Leser/innen annehmen oder auch ablehnen können.

Den Charakter des impliziten Lesers als Rollenangebot veranschaulicht das folgende Beispiel: In einem Seminar werden Studierende bei der Lektüre des Buches Ruth gefragt, wie sie das Verhalten Ruths beurteilen, und wie der Erzähler möchte, dass die Lesenden diese Figur sehen. Die Studierenden antworten differenziert, der Erzähler setze sicherlich Lesende voraus, die Ruths Initiativen, einen männlichen Versorger an sich zu binden, positiv beurteilen. Sie selbst allerdings fänden es überwiegend „nicht gut, dass sich Ruth so sehr an Boas klammert."[1] Den Studierenden war es also durchaus möglich, ihre Einstellung von der hypothetischen Struktur des impliziten Lesers zu unterscheiden und die mit dem impliziten Leser angebotene Rolle abzulehnen.

Die Konstruktion des impliziten Lesers bringt m.E. jedoch dann methodische Probleme mit sich, wenn man die Tatsache vernachlässigt, dass dieses Rollenangebot nie ‚objektiv', d.h. niemals unabhängig vom Verstehenshorizont der Rezipient/inn/en zu analysieren ist.

Bei den Studierenden könnte z.B. das Vorurteil gewirkt haben, dass die biblischen Texte eine patriarchale Ideologie vertreten, in der Ruths Verhalten als gesellschaftskonform gelten muss.

Allgemein besteht die Gefahr, dass der implizite Leser als informierter und kompetenter Leser zum Spiegelbild der eigenen Fähigkeiten und interpretativen Vorstellungen gerät[2] und die eigenen Lesereaktionen in übermäßiger Weise generalisiert werden.[3] Auch wenn ich das Konstrukt des impliziten Lesers ausdrücklich als ein heuristisch wertvolles Modell zur

---

ist die Erfindung seines Lesers. Viele Bücher mißraten uns nur darum, weil sie ihren Leser nicht erfinden, sondern einen Alltagsleser ansprechen, den es gibt, oder wir erfinden einen Leser, der uns gar nicht bekommt: er macht uns böse und rechthaberisch oder hochmütig von vornherein, jedenfalls unfrei, er zwingt uns, beispielsweise, zur Gescheitelei, weil er, obschon von uns erfunden, uns imponiert, so daß auch wir, statt uns auszudrücken, vor allem imponieren wollen. Dies, und ähnliches in vielen Variationen, ergibt keine Partnerschaft." (Frisch, Öffentlichkeit, 65)
Die Kunst eines Autors besteht also darin, nicht lediglich vorfindliche Leser/innen auf diese oder jene Weise anzusprechen, sondern eine Leserin oder einen Leser zu erfinden: den impliziten Leser als eine ‚Textstrategie'. Die Kunst eines Predigers, so hat Rudolf Bohren im Anschluss an Max Frisch gezeigt, besteht darin, dass er nicht nur zu dem realen Hörer spricht, so wie er ihn findet, sondern dass er ihn im Lichte jener Wirklichkeit *er*findet, in der er vor Gott schon steht, in der Realität der „Gnadenwahl", oder, wie ich es ausdrücken würde, in seinem Gerechtfertigtwerden (Bohren, Predigtlehre, 465ff., Zit. 467).

1 So drückte eine Lehramts-Studentin ihre Einstellung zu Ruths Verhalten aus. Dem stimmten die meisten Seminarteilnehmer/innen zu.

2 Diese Gefahr wird z.B. bei Umberto Ecos Lektüre von James Joyce deutlich (vgl. z.B. Lector, 72).

Unterscheidung zwischen den eigenen Lesereaktionen und der – vermutlich – vom Text vorausgesetzten Leser/innenrolle würdigen möchte, so halte ich es doch für wichtig zu betonen, dass der implizite Leser keine objektiv aus dem Text erhebbare Größe ist.[1] Zudem sehe ich in dieser Bezeichnung den Nachteil, dass sie zu einseitig männlich konstruiert und nicht transparent auf das Ideal des gemeinschaftlichen Lesens hin ist. Aus diesen Gründen werde ich nicht den impliziten Leser, sondern die ‚Leser/innen' in den Mittelpunkt meiner rezeptionsästhetischen Lektüre stellen. Diese Größe ist wie der implizite Leser ein Konstrukt, das aus den eigenen Leseerfahrungen, aus den Aufzeichnungen fremder Lektüreerlebnisse und aus Hypothesen über die Wirkung von Texten gebildet ist. In besonderer Weise macht die Rede von den ‚Leser/innen' jedoch deutlich, dass die Texte stets von *empirischen* Leser/innen und in ihrer spezifischen, durch sie zu reflektierenden hermeneutischen Situation (Gadamer)[2] rezipiert werden.

Von den – die Lektüre beeinflussenden – Bedingungen wie den lebensweltlichen Faktoren, dem Lesekontext, den Fähigkeiten, Erwartungen, Präferenzen und Vorentscheidungen möchte ich im Folgenden kurz die Kompetenzen betrachten, die der biblische Text sowohl voraussetzt als auch vermittelt.[3]

i) Lesekompetenz

Im Bereich der *kognitiven* Kompetenzen fungiert häufig die enzyklopädische Kompetenz (Eco)[4] als ein Oberbegriff für:
- die sprachliche, d.h. semantische und grammatikalische Kompetenz (das Beschäftigungsfeld der Linguistik);

3 Der frühe Stanley Fish stellt die kritische Frage, ob sich die eigenen Lesereaktionen generalisieren lassen, und beantwortet sie z.T. positiv: „When I talk about the responses of ‚the reader,' am I not really talking about myself, and making myself into a surrogate for all the millions of readers who are not me at all? Yes and no. Yes, in the sense that in no two of us are the responding mechanisms exactly alike. No, if one argues that because of the uniqueness of the individual, generalization about response is impossible" (Text, 44).

1 All diese Überlegungen gelten auch für die Modelle des ‚idealen' oder des ‚informierten Lesers' (vgl. Mayordomo-Marín, Anfang, 41-46).

2 Vgl. Gadamer, Wirkungsgeschichte.

3 Vgl. Eco, Lector, 68.

4 Vgl. Eco, Lector, 94ff.

- die literarische Kompetenz als das Vertrautsein mit Textsorten bzw. Gattungen und Textstrategien, hier insbesondere mit narrativen Strukturen (das Feld der Literaturwissenschaft und der Erzählforschung);
- das Weltwissen und, als Teil davon, die historische Kompetenz: das Wissen um allgemeine kulturelle und geschichtliche Fakten, Kenntnisse über die Begriffs-, Religions- und Traditionsgeschichte[1] (Rezipient/inn/en mit Wissen über die damalige Welt auszustatten, ist eine Aufgabe der unverzichtbaren historischen Forschung[2]);[3]
- die intertextuelle Kompetenz als das Wahrnehmen von Repetitionen und Variationen bzw. als die Analyse des ‚Gespräches', das verschiedene Texte miteinander führen (vgl. Kap. A 4). Diese Kompetenz ist abhängig von der Gedächtnisleistung, der individuellen Kreativität, Kombinationsfähigkeit, Aufmerksamkeit und von den jeweiligen Literaturkenntnissen,[4] was zur Vorsicht gegenüber der vorschnellen Beschreibung von möglichen Text-Text-Verknüpfungen als ‚objektive' literarische Abhängigkeiten gemahnt.

Die kognitiven Kompetenzen versetzen die Leser/innen in die Lage, auf den verschiedenen Ebenen des Textes durch Hypothesen und Schlussfolgerungen ein kohärentes Verständnis zu erarbeiten.

Nun scheint es aber, dass im Rahmen eines rezeptionsästhetischen Modells die Kompetenzen der Leser/innen nicht auf die Ebene der Kognition zu begrenzen sind: So hat Jonathan Culler darauf aufmerksam gemacht, dass ein rezeptionsorientierter Ansatz nicht nur die kognitiven, sondern gerade auch die affektiven Reaktionen der Rezipient/inn/en beachten sollte. Und wie in Kap. A 3 dargestellt, hat schon Gunkel das Ziel von Gen 22 nicht darin gesehen, „gewisse historische Tatsachen festzustellen", sondern darin, dass die Rezipient/inn/en zunächst „den herzzerreissenden Schmerz des Vaters" und am Ende „seine unendliche Dankbarkeit und Freude" „mitempfinden" sollen.[5] Die Voraussetzung dafür, dass sich die Leser/innen „erfreuen, erheben, begeistern" und „rühren"[6] lassen, ist aber ein bestimmtes Maß an *emotionaler Kompetenz.* Denn zum einen müssen die im

1 Vgl. Mayordomo-Marín, Anfang, 51.
2 Vgl. Steins, Bindung, 94; Mayordomo-Marín, Anfang, 152.
3 Das häufig sehr allgemeine historische Wissen durchschnittliche Leser/innen speist sich im großen Maße nicht nur aus dem Schulwissen, sondern auch aus populären historischen Filmen und literarischen Werken.
4 Vgl. Mayordomo-Marín, Anfang, 160.
5 Gunkel, Genesis, XVI.
6 Gunkel, Genesis, XVI.

Text beschriebenen Emotionen im Gefühlshaushalt der Leser/innen vorhanden sein (Emotionswissen).[1] Zum anderen – und darin sehe ich die eigentliche, für eine gelungene Lektüre unabdingbare emotionale Kompetenz –, muss der Rezipient bzw. die Rezipientin die Bereitschaft mitbringen, sich selbst vom Text bzw. dem darin erzählten Geschehen affizieren zu lassen. Besonders deutlich wird dies anhand der verschiedenen Möglichkeiten der Leser/innen, sich mit den Figuren einer Erzählung zu identifizieren. Betrachtet man die dafür grundlegende, von Jauß erstellte Tabelle über die Identifikation des Lesers mit dem ‚Helden' einer Geschichte,[2] so fallen die wichtigsten emotionalen Anforderungen an die Rezipient/inn/en ins Auge: Es wird erwartet, dass sich Leser/innen provozieren lassen, dass sie lachen können (sowohl mit anderen als auch über sich selbst), dass sie sich erschüttern lassen, dass sie das Vermögen haben, sich einzufühlen, Mitleid zu empfinden und sich zu solidarisieren, dass sie Bewunderung empfinden können und fähig sind zu genießen.[3]

Über die kognitive und die emotionale Kompetenz hinausgehend wäre zu diskutieren, ob auch die *soziale Kompetenz* einen Einfluss auf die Lektüre von narrativen und anderen Texten hat. Denn zum einen können emotionale Kompetenzen nur in sozialen Zusammenhängen erworben werden, und zum anderen machen es kommunikative Kompetenzen leichter, einen Text schon bei der individuellen Lektüre als eigenständigen ‚Gesprächspartner' ernst zu nehmen und sich mit anderen Rezipient/inn/en über Leseerfahrungen auszutauschen.

j) Kohärenz und Dialogizität

Wenn ich die Rezipient/inn/en, deren Lektüreverlauf ich in dieser Arbeit modellhaft darstellen will, als ‚*literarische* Leser/innen' bezeichne, dann ist damit zunächst eine Lektüreweise angesprochen, die ein kohärentes Verständnis des Textes anstrebt. *Kohärenz* meint dabei die Einheitlichkeit des Textes auf einer bestimmten Ebene und nach gewissen Kriterien. Die ‚Un-

1 Mayordomo-Marín, Anfang, 165.

2 Vgl. Jauß, Erfahrung, 252; übernommen in: Groeben, Rezeptionsforschung, 33; ähnlich Mayordomo-Marín, Anfang, 59.

3 Erzähltexte setzen bei den Leser/innen etwa die Fähigkeiten zu jenen Reaktionen voraus, die seit Aristoteles als die Wirkungen von Kunstwerken beschrieben werden (zu den Anfängen der Wirkungsästhetik vgl. Naumann, David als Spiegel, 30f.; Mayordomo-Marín, Anfang, 120, jeweils mit Lit.).

stimmigkeiten' und ‚Inkohärenzen', bzw. positiv ausgedrückt: die innere Vielfalt an Denk- und Sprechweisen soll dagegen durch den Begriff der *Dialogizität* dargestellt werden. Einheit und Kohärenz bzw. Dialogizität und Pluristilistik sind rezeptionsästhetisch gesehen aber keine Eigenschaften, die einem Text innewohnen, sondern Elemente einer Leseerfahrung (Stanley Fish)[1], wobei insbesondere die Beschreibung von ‚Kohärenz' das Ergebnis von Interpretations- und Abstraktionsleistungen ist. Somit lautet die Frage nicht, ob ein Text kohärent oder dialogisch strukturiert ist, sondern wie mit der Wahrnehmung von Kohärenz und Dialogizität umzugehen ist.

Dabei sehen wir uns einer nicht geringen Schwierigkeit gegenüber: Denn auf der einen Seite arbeitet die Leseforschung das grundlegende Bedürfnis von Rezpient/inn/en heraus, auf den Ebenen der Figurenkonstellation, der Handlungszusammenhänge oder in thematisch-inhaltlicher Hinsicht Kohärenz herzustellen.[2] Auf der anderen Seite will es ein rezeptionsästhetisches Modell aber gerade vermeiden, durch zu viele Abstraktionen die Wahrnehmung von Dialogizität einzuebnen, weil auf diese Weise die eigenen Bedürfnisse und Denkkategorien den Text überwältigen. Mit dieser zwickmühlenartigen Situation könnte eine rezeptionsästhetische Auslegungsweise m.E. in der Weise umgehen, dass man diese Dialogizität als möglichen Bestandteil eines kohärenten Textes begreift. Dabei obliegt es – wie bei anderen Ansätzen auch – den jeweiligen Leser/inne/n bzw. der Auslegungsgemeinschaft, die Grenze zwischen notwendiger Kohärenz und auszuhaltender Dialogizität zu ziehen.

Wie die innere Vielfalt von Texten beschrieben werden kann, zeigt neben Bachtin (s. Kap. A 4) auch Iser anhand der vier „zentrale[n] Modalisierungen der Zuordnung von Textperspektiven“[3]. Danach wird (1) in der *kontrafaktisch-hierarchischen Anordnung* die zentrale Perspektive der Hauptperson denen der Nebenfiguren eindeutig übergeordnet[4]; (2) in der

1 Fish, Text, 38; vgl. auch Mayordomo-Marín, Anfang, 44.

2 Dass ein Text ‚sinnvoll' zu sein hat, scheint ein grundlegendes Bedürfnis der realen Leser/innen zu sein. Man kann das daran erkennen, dass „auch unsinnige Texte von Lesenden sinnvoll gemacht werden“ (Gross, Lese-Zeichen, 23, vgl. auch Trabasso/Suh, Lesen, 228). Als Leser/innen gehen wir davon aus, dass sich ein Text an jenen ungeschriebenen, impliziten Vertrag hält, demzufolge alle Mitteilungen „sinnvoll und relevant“ sein müssen (Gross, Lese-Zeichen, 23). Bei vielen Lesenden ist diese Erwartung bei der Bibellektüre deutlich stärker als bei der Rezeption anderer Texte.

3 Vgl. Iser, Akt, 169-174; Zit. 171.

4 Die von Iser genannte „didaktische“ Literatur unterschlage ich an dieser Stelle, um nicht eine negative Vorstellung von Didaktik zu transportieren.

oppositionellen Anordnung negieren sich die gegensätzlichen Normen gegenseitig und können vom Leser oder von der Leserin überschritten werden; (3) in der *gestaffelten Anordnung* stehen die Normen ohne die zentrale Opposition der Hierarchie oder der Opposition nebeneinander; und in der (4) *seriellen Anordnung* werden alle hierarchischen Anordnungen total abgebaut. Durch ein solches Herausarbeiten der Dialogizität des biblischen Textes lässt sich in einem rezeptionsästhetischen Zugang die von der historisch-kritischen Exegese analysierte Vielstimmigkeit der Texte zum Ausdruck bringen und als etwas Positives beschreiben.

k) Nähe und Distanz zum Text

Ein weiteres Merkmal literarischen Lesens ist die Prozesshaftigkeit der Rezeption und das Lektüreerlebnis, in dem der Text als unmittelbar erfahren wird. In Abgrenzung von einer langen Tradition der Suche nach ‚*dem* Sinn' bzw. ‚*der* Bedeutung' eines Textes begegnet die rezeptionsästhetische Richtung diesen Begriffen und den dahinter stehenden Einheitskonzeptionen mit Skepsis. Deshalb versuchen rezeptionsorientierte Literaturwissenschaftler nicht ‚die Textbedeutung', sondern den Leseprozess als die Wirkung eines Textes auf die Rezipient/inn/en darzustellen: eine „Zeitlupenlektüre, bei der [...] möglichst präzise die Erwartungen, Erwägungen, Hypothesenbildungen und Schlussfolgerungen"[1] sowie die Affekte der Leserin bzw. des Lesers registriert werden. Dadurch wird eine Lektüreform avisiert, die sich über die kognitiven Interessen mancher historisch-kritischen oder literaturwissenschaftlich-analytischen Interpretationen hinaus in einer ästhetischen Unmittelbarkeit zum Text hineinnehmen lässt und dadurch eine wichtige Impulsgeberin für die Bibelexegese und die Bibeldidaktik sein kann.

Die Gefahr eines rezeptionsästhetischen Ansatzes besteht darin, dass durch eine solche Nähe zum Text dieser nicht in seiner Fremdheit respektiert, sondern von (dogmatischen, moralischen, politischen oder anderen) Gegenwartsinteressen vereinnahmt wird, so dass der von der historisch-kritischen Exegese betonte hermeneutische Abstand zwischen Rezipient/in und dem biblischen Text als einem historischen Dokument unberücksichtigt bleibt. Doch birgt auch und gerade die Rezeptionsästhetik das Potential, die hermeneutische Distanz zum Text deutlich zu machen. Zwar

1 Mayordomo-Marín, Anfang, 41.

versucht diese Zugangsweise nicht, die historischen Konstituenten eines Textes zu rekonstruieren, weil sie von der Autonomie eines schriftlichen Textes gegenüber Verfasser/in-Intention und Entstehungsbedingungen sowie von der praktischen Unerreichbarkeit des auktorialen Bewusstseins[1] ausgeht. Anstelle dessen arbeitet die Rezeptionsästhetik aber auf *hermeneutische* Weise die Fremdheit und Widerständigkeit des Textes gegenüber den Leser/innen heraus, die dem Text nicht die eigenen, begrenzten Kategorien des Verstehens aufzudrängen, sondern von diesem her ein erweitertes Verständnis des Selbst zu empfangen versucht.[2] Denn nur so – und das ist theologisch besonders bedeutsam – kann sich der Leser bzw. die Leserin von dem Text etwas Neues sagen lassen, was man sich nicht selbst sagen kann. Ein solcher hermeneutischer Impuls kann sich dann als fruchtbar erweisen, wenn übersehen wird, dass auch jede historische Lektüre insofern an der Gegenwart orientiert ist, als sie die Vergangenheit vom eigenen Standpunkt aus und mit den neuzeitlich-modernen Denkvoraussetzungen und Methoden konstruiert.[3] Die rezeptionsästhetische Hermeneutik ermöglicht es hier, Rezeptionsbedingungen der modernen Leser/innen zu betrachten und so vermeintliche historische Rekonstruktionen als moderne Konstruktionen zu erkennen.

Wenn im Textteil dieser Arbeit kein Schwerpunkt auf die literarhistorische Betrachtung der biblischen Texte gesetzt wird und stattdessen die Beschäftigung mit dem gegebenen, kanonischen Text im Mittelpunkt steht,[4] dann soll damit aber keinesfalls geleugnet werden, dass die Bibeltexte in einem langen mündlichen und schriftlichen Überlieferungsprozess entstanden sind. Die rezeptionsästhetische Fragestellung beschränkt sich deswegen bewusst auf die vorliegende Textgestalt, weil sie der Ansicht ist, dass alle Teiltexte, die einmal existiert haben mögen, im gegenwärtigen Text aufgehoben sind.[5]

1 Vgl. Mayordomo-Marín, Anfang, 179.
2 Vgl. Ricœur, Hermeneutik, 33.
3 Darüber hinaus verfolgt auch die historische Frage das Ziel, sich diese hypothetische Vergangenheit anwesend zu machen, was durch das Streben nach Einfühlung in den Verfasser einer Schrift (Schleiermacher, Dilthey) bzw. in die Hörer/innen einer Geschichte (Gunkel) besonders anschaulich wird.
4 Vgl. auch die von Gerhard von Rad betonte Notwendigkeit der Lektüre des gebotenen Textes, bei Mathys, Anmerkungen, 238.
5 Vgl. Thyen, Rez. Fortna, 37.

l) Die Erzählwelt

Nachdem wir uns in den voranstehenden Abschnitten der literarischen Bibellektüre gleichsam von außen genähert haben, will ich mich im Folgenden mit dem Inneren der Textwelt befassen.

Halten wir uns noch einmal die oben stehende Grafik vor Augen, so sind auf der Produktionsseite drei Instanzen sichtbar. Der für die Leser/innen abwesende historische Autor bzw. die Autorin hat sich in den impliziten Autor entäußert, der mit Mayordomo-Marín als *„das von den Leser/innen aufgrund bestimmter Textelemente gezeichnete Bild des Autors zu verstehen“*[1] ist. Diesen Modell-Autor stellen sich die Rezipient/inn/en als den Urheber nicht nur der Meta- und Paratexte, sondern auch als den Schöpfer des Erzählers vor, dessen Stimme sie ‚hören‘.

Der Erzähler als das „Sprachrohr“[2] des impliziten Autors innerhalb der Erzählwelt ist immer präsent – auch dort, wo er auf den ersten Blick nicht sichtbar ist:

> „Wenn es also im Text heißt, daß sich ‚viele versammelten‘, dann ist in dieser Vergangenheitsform eine zweite Aussage impliziert, nämlich der Satz ‚Ich erzähle jetzt‘. Und in diesem Satz haben wir wieder das Ich des Erzählers.“[3]

Was erzählt wird und was nicht, wählt der Erzähler aus. Er ist „unerbittlich“ und „erzählt kein bißchen mehr als das, was er von dem Geschehen in Worte umsetzt oder zitiert“[4] – auf diese Weise entstehen die Freiräume für die Leser/innen. Neben dem Inventar der Erzählung bestimmt der Erzähler das Verhältnis von erzählter Zeit und Erzählzeit, die Ordnung des Erzählten, die Frequenz der Geschehnisse und ihrer Darstellung, die Schauplätze und Requisiten, die Charaktere und ihre Handlungen, die Gegensätze z.B. zwischen Aktanten, die Beziehung zwischen Stimme und Perspektive (vgl. oben Kap. A 3). In den narrativen alttestamentlichen Texten blickt der Erzähler nicht in der limitierten Perspektive (Genette: *point of view)* einer bestimmten Person auf das Geschehen, sondern spricht als allwissender, der Erzählwelt enthobener Narrator (Genette: „Übersicht“ bzw. „Nullfokalisierung“). Im erzähltheoretischen Sinne ist er als zuverlässig zu betrachten.

---

1 Mayordomo-Marín, Anfang, 95.
2 Raguse, Raum, 79.
3 Raguse, Raum, 74.
4 Raguse, Raum, 74.

Mit dem impliziten Leser kommuniziert der Erzähler auf verschiedene Weise: Zu einem großen Teil wendet er sich durch Beschreibungen des Geschehens, durch Kommentare und Einreden indirekt an sein Publikum (Kommunikationsebene 1 = K1), manchmal spricht er es sogar direkt an (vgl. Joh 20,31). Zum anderen lässt er Figuren auftreten und legt ihnen Reden in den Mund (K2), in denen weitere Personen zitiert werden können (K3 bis Kn). Im Textteil werde ich diese Ebenen durch Einrückungen markieren.

Wenn der Erzähler die Summe seiner Wahlen ist, dann impliziert das aber auch, dass der Erzähler viele Dinge nicht berichtet, die Leser/innen gern wissen würden. Solche ‚Leerstellen', die Rezipient/inn/en in jedem Text wahrnehmen können und die oft Unsicherheit hervorrufen,[1] bewirken eine erhöhte Kompositionsaktivität[2] der Rezipient/inn/en, die diese ‚Leerstellen' mit Projektionen bzw. Inferenzen füllen.

Der Erzählwelt treten wir mit einem *„willing suspension of disbelief"*[3] gegenüber, der uns die starke Eigengesetzlichkeit dieser Welt akzeptieren lässt. Wir wissen, dass die Erzählwelt eine Welt für sich ist und viele Begrenzungen der alltäglichen Welt in ihr keine Gültigkeit zu haben brauchen, so dass in der Erzählwelt z.B. Tiere sprechen können. Ohne weiteres akzeptieren wir einen potentiell allgegenwärtigen Erzähler, der uns sogar die Erschaffung der Welt berichten oder die Gedanken Gottes mitteilen kann, und zweifeln in der Haltung der Unmittelbarkeit auch dann nicht am Erzählten, wenn uns nicht mitgeteilt wird, wer das erzählte Geschehen beobachtet und überliefert hat.

Von außen betrachtet, könnte man sagen, dass die Figur des allkompetenten Erzählers und dadurch die gesamte Erzählwelt immer fiktional ist. Eine Erzählung ist keine Wiedergabe der Wirklichkeit – die oft an die Historiographie gestellten Anforderungen kann und will sie nicht erfüllen, und zwar schon deshalb nicht, weil der Erzähler jedes Geschehen unbefangen selektiv wiedergibt und keineswegs anstrebt, historische Wirklichkeit abzubilden – ein Erzähler ist kein Chronist.[4] In der literarischen Lesehal-

1 So stellen sich Rezipient/inn/en oft die Frage, ob etwas, was ‚nicht da steht', auch ‚nicht passiert' ist. Diese Frage löst sich dann auf, wenn erkannt wird, dass jeder Erzähltext vieles offen lässt und daher die interpretative Aktivität der Leser/innen erfordert.

2 Vgl. Mayordomo-Marín, Anfang, 75.

3 Zu diesem Begriff von T. Coleridge vgl. Mayordomo-Marín, Anfang, 386.

4 Die Frage, inwieweit auch die Arbeit eines Chronisten unter erzähltheoretischen Aspekten analysiert werden muss, wäre gesondert zu diskutieren.

tung der Unmittelbarkeit, d.h. für das Lektüreerlebnis spielt die Unterscheidung zwischen Fiktionalität und Historizität keine Rolle, ja ist überhaupt nicht möglich.[1] Hier ist alles ‚wahr', was glaub-würdig erzählt wird.

m) Die existentielle Bedeutung des Lesens

> „Of course there are many books which I could read. But there is only one book which reads me."
>
> Eine afrikanische Christin[2]

Bevor ich die Schritte einer rezeptionsästhetischen Lektüre darstelle, will ich mich abschließend weiter auf das Verhältnis konzentrieren, das Leser/innen zu der Innenwelt des Textes einnehmen können. Literarische Leser/innen haben die Chance, sich in die Innenwelt eines Erzähltextes zu versetzen, dem Erzählten durch die Kraft ihrer Imagination gleichzeitig zu werden und sich in das Geschehen verstricken zu lassen.[3] Auf diese Weise kann die Textwelt zu einem Raum werden, in dem Leser/innen die Möglichkeit haben, neue, in der Außenwelt nicht möglich erscheinende Erfah-

1 Vgl. Naumann, David als als exemplarischer König, 137f.: „[D]ie Unterscheidung von Historie und Fiktion, die für unsere, durch die moderne Geschichtswissenschaft geprägte Wahrnehmung konstitutiv ist, ist den israelitischen Erzählern fremd, zum einen deshalb, weil sie diese Unterscheidung innerhalb ihrer Weltwahrnehmung nicht kennen, zum anderen, weil sie den Literaten und Erzählern aller Zeiten fremd, mindestens aber wenig bedeutsam ist." Vgl. auch ders., David als Spiegel, 32f.; ders., Thronfolgeerzählung, bes. 13.

2 Zit. bei Baldermann, Didaktik, VII.

3 Wer Bücher nur ‚von außen' liest, verliert den Zugang zur Textwelt und macht keine Leseerfahrungen mehr. Wer Texte z.B. ausschließlich als historische Dokumente wahrnimmt, „kann sie allenfalls noch zeitgeschichtlich oder soziologisch interpretieren" und steht in der Gefahr, sie letztendlich „von ihrem Inhalt her als Lügen zu be- und verurteilen" (Raguse, Raum, 102).
Umgekehrt besteht aber die Gefahr, dass Lesende in der Textwelt bleiben wollen und die Beziehung zur Außenwelt zu verlieren drohen. So ergeht es etwa Don Quijote: Für ihn ist die Innenwelt der Ritterromane derart ‚real', dass es keine Begrenzung mehr zur Außenwelt hin gibt und diese der Romanwelt einverleibt wird. Don Quijote ist so sehr in der Erzählwelt gefangen, dass er nicht mehr den Rahmen sieht, der sie umgibt.
Daher scheint es für eine gelingende Lektüre und für ein gelingendes Leben wichtig, dass Lesende sowohl im Innen als auch im Außen zu leben vermögen und immer wieder des Rahmens gewahr werden, der beide Bereiche voneinander unterscheidet.

rungen zu machen. Die Welt des Textes ist dann, um es mit Paul Ricœur zu sagen, ein

> „*Entwurf von Welt,* den ich bewohnen kann, um eine meiner wesenhaften Möglichkeiten darein zu entwerfen."[1]

Es geht insofern nicht mehr darum, den Text und seine ‚Sache' zu verstehen, sondern der oder die Lesende selbst rückt ins Zentrum. Einen Text zu verstehen, bedeutet dann nichts anderes, als angesichts des Textes sich selbst zu verstehen, indem man sich die Innenwelt des Textes aneignet:

> „Was ich mir schließlich aneigne, ist ein Entwurf von Welt; dieser findet sich nicht hinter dem Text als dessen verborgene Intention, sondern *vor* dem Text als das, was das Werk entfaltet, aufdeckt und enthüllt. Daher heißt Verstehen *Sich-Verstehen vor dem Text.* Es heißt nicht, dem Text die eigene begrenzte Fähigkeit des Verstehens aufzuzwingen, sondern sich dem Text auszusetzen und von ihm ein erweitertes Selbst zu gewinnen, einen Existenzentwurf als wirklich angeeignete Entsprechung des Weltentwurfs. Nicht das Subjekt konstituiert also das Verstehen, sondern – so wäre wohl richtiger zu sagen – das *Selbst* wird durch die ‚Sache' des Textes konstituiert."[2]

Das Ergebnis dieses Sich-Einlassens auf die Textwelt ist es, dass sich der Text die Lesenden aneignet. Im Fluchtpunkt dieser Überlegungen steht eine theologische Hermeneutik:

> „Wir nannten die Textwelt der ‚Literatur' einen Weltentwurf, der sich in der Weise der Dichtung von der alltäglichen Wirklichkeit entfernt. Gilt das nicht ganz besonders von dem neuen Sein, das die Bibel entwirft und ausspricht? Schafft sich dieses neue Sein nicht die Kraft, zu sprengen und zu öffnen?"[3]

Die Lektüre des Bibel ist deshalb so lebendig, weil Lesende in die Innenwelt eintreten und sich in neue Seinsweisen hineinnehmen lassen können. In der biblischen Erzählwelt können Rezipient/inn/en mit Avraham und Jizchak wandern, als Kind Israels aus Ägypten ausziehen oder ein Jünger bzw. eine Jüngerin Jesu werden. Sie können sich als Träger/innen einer Verheißung, als Gesegnete, als Befreite und Gerechtfertigte erleben, um mit einem neuen Selbst in die Außenwelt zurückzukehren.

Wenn diese Möglichkeiten, biblische Texte als existentielle Erfahrungsräume zu begreifen, sich in einer wissenschaftlichen Arbeit auch nur andeuten lassen, so wird doch deutlich, welche Chancen sich hier für den praktischen Umgang mit der Bibel ergeben.[4]

---

1 Ricœur, Hermeneutik, 32.
2 Ricœur, Hermeneutik, 33.
3 Ricœur, Hermeneutik, 41.
4 Welche Verknüpfungsmöglichkeiten sich zwischen der Biblischen Didaktik Ingo Baldermanns und der Rezeptionsästhetik ergeben, zeigt Nißlmüller, Bibellese, auf. Zu Be-

2. Schritte einer rezeptionsästhetischen Auslegung

Kehren wir zurück zu den grundlegenden methodischen Fragen. In welchen Schritten soll nun einer rezeptionsästhetische Lektüre von Gen 26 und den Kotexten in Gen 12 und 20f. erfolgen?

(1) *Hermeneutische Selbstreflexion.* Am Anfang einer solchen Beschäftigung mit den Bibeltexten steht die hermeneutische Selbstreflexion, die eine rezeptionsästhetische Lektüre auch weiterhin stets begleitet:

> „Da Lesen immer von den eigenen Prämissen, Erwartungen, Interessen, Vorurteilen, Voraussetzungen usw. abhängig ist, sollte man sich Rechenschaft über diese ablegen. Einige Leitfragen im Vorfeld der Lektüre sollten sein: Warum und zu welchem Zweck lese ich diesen Text [...]? Welche Erkenntnisse will ich daraus gewinnen und/oder was erhoffe ich mir persönlich aus der Beschäftigung mit diesem Text? Welchen Ort weise ich meiner hermeneutischen Aktivität zu? [...] Was weiß ich bereits über den zu lesenden Text? Welche Erinnerungen und Erfahrungen verknüpfe ich damit? Hierhin gehören prinzipiell auch Fragen nach der eigenen geistig-geistlichen Tradition, nach dogmatischen Präferenzen (z.B. im Hinblick auf den Stellenwert der Bibel), aber auch sozio-ökonomische, kulturelle und geschlechtliche Faktoren.“[1]

Auf diese Weise kann man sich eines Teils der Lesefaktoren sowie der Wirkungsgeschichte bewusst werden, in der man steht. Innerhalb der vorliegenden Arbeit dient der Theorieteil (besonders der Teil B) dieser hermeneutischen Reflexion.

(2) *Protokoll der eigenen Lesereaktionen.* Grundlage der rezeptionsästhetischen Lektüre sind die eigenen Lesereaktionen, die bei jedem neuen Durchgang durch den Text protokolliert werden und die es der Leserin bzw. dem Leser ermöglichen, im Hinblick auf Kognition und Emotionen vom Leseprozess Bericht zu erstatten. Stanley Fish beschreibt in einem älteren Aufsatz dieses Verfahren folgendermaßen:

> „Essentially what the method does is *slow down* the reading experience so that ‚events‘ one does not notice in normal time, but which do occur, are brought before our analytical attentions. It is as if a slow motion camera with an automatic stop-action effect were recording our linguistic experiences and presenting them to us for viewing.“[2]

Eine rezeptionsästhetische Lektüre basiert also auf der Aufzeichnung von ‚Lesereaktionen‘ auf den verschiedenen Ebenen.

---

zügen zwischen Homiletik und der Rezeptionsästhetik vgl. Gehring, Schriftprinzip; Martin, Predigt; Möller, Hörer.

1 Mayordomo-Marín, Anfang, 191f. Eine Selbstaufklärung ist dabei selbstverständlich unmöglich und auch nicht beabsichtigt.

2 Fish, Text, 28.

„The category of response includes any and all of the activities provoked by a string of words: the projection of syntactical and/or lexical probabilities; their subsequent occurence or nonoccurrence; attitudes toward persons, or things, or ideas referred to; the reversal or questioning of those attitudes; and much more.“[1]

Dabei empfiehlt es sich, zunächst in einer möglichst subjektiven ‚Erst'-Lektüre die Fülle der ungefilterten Reaktionen auf jede Texteinheit zu protokollieren, die z.B. in einfachen Elaborationen, in Kommentaren und emotionalen Äußerungen zu der Handlungsweise von Personen oder auch in Fragen zum Geschehen bestehen können. Die Reaktionen können entweder nach der Lektüre jedes Teilverses oder jeweils nach einer Textsequenz von mehreren Versen aufgezeichnet werden, wobei zumeist auch die Erwartungen hinsichtlich des weiteren Verlaufes der Geschichte deutlich werden.[2] Diese spontanen Aufzeichnungen sind oft das wertvollste Material für eine rezeptionsästhetische Auslegung. Danach lässt sich der Text in je einem Durchgang im Hinblick auf die sprachlich-syntaktischen, die semantischen und die narratologischen Operationen lesen, die durch den Text ausgelöst werden.

(3) *Gespräch mit anderen Lektüreerfahrungen.* Nach dem Protokoll der eigenen Leseerfahrungen bringt der Leser oder die Leserin die eigenen Ergebnisse mit fremden Lektüreweisen ins Gespräch, die in solitären oder kollektiven Leseprozessen gewonnen wurden und z.B. in der Form von Sekundärliteratur oder anderen Zeugnissen vorliegen. Dieser Vergleich mit anderen Lektüreergebnissen macht die Besonderheiten des eigenen Interpretationsvorganges deutlich und lässt eine (virtuelle) Lesegemeinschaft entstehen: einen Diskurs über den Text, in dem sich die eigene Deutung profilieren kann.

Für die rezeptionsästhetische Analyse von Gen 12,10-20 und Gen 26 stehen mir neben der umfangreichen jüdischen und christlichen Sekundärliteratur 41 für didaktische Zwecke konzipierte, von Schüler/inne/n der 11. Klasse und Studierenden ausgefüllte Fragebögen[3] sowie insgesamt 26[4] nach dem Vorbild der empirischen Literaturforschung durchgeführte Interviews zur Verfügung.

1 Fish, Text, 27.

2 Das ist dadurch möglich, dass literarische Leser/innen darin geschult sind, sich auch bei der Lektüre eines bekannten Textes in die Rolle von Erstleser/innen zu begeben.

3 In diesem Fragebogen wurde der biblische Text in Sequenzen präsentiert, an die sich verschiedene Fragen zur Einstellung gegenüber den Erzählfiguren und dem Geschehen anschlossen.

4 Je 13 Interviews zu Gen 12,10-20 und 26,12-31. Bei Zitaten werden im Folgenden die Pseudonyme verwandt, die den Interviewten zugeordnet wurden.

Dabei wurde die Methode des Lauten Denkens genutzt, wie sie von Trabasso/Suh[1] beschrieben wird. Zunächst wurde der biblische Text von zehn Leser/inne/n in Sequenzen unterteilt *(pretest)*. Die mehrheitlich gewählten Abschnitte wurden dann auf DIN-A-5-Karteikarten gedruckt und nacheinander einer Probandin oder einem Probanden gereicht, der oder die von der Interviewerin[2] ermuntert wurde, unmittelbare Reaktionen zu äußern. Diese wurden auf Tonband aufgenommen und anschließend transkribiert. Bei der Auswertung dieser Interviews wird davon ausgegangen, dass diese Äußerungen einen Einblick in Leseerfahrungen mit den biblischen Texten bieten. Das dabei entstandene, sehr aufschlussreiche Material *in extenso* auszuwerten, würde zwar eine eigene Arbeit beanspruchen, doch können diese Leseprotokolle hier wenigstens stellenweise in die rezeptionsästhetische Interpretation einbezogen werden.[3]

(4) *Beschreibung des Leseprozesses.* Im letzten Schritt verallgemeinert der Leser oder die Leser/in die so gewonnene Lektüreweise, indem er oder sie den Leseprozess ‚der Leser/innen' beschreibt. In diesem Konstrukt werden die aufgenommenen Leserfahrungen zusammenfassend dargestellt, die von den linguistischen Operationen, von der semantischen und der narrativen Kohärenzbildung und vom durch den Text vermittelten Wissen ausgehen, um von dort aus zu einer Deutung des literarisch rezipierten und existenzdeutenden Textes fortzuschreiten. Da wir gesehen haben, dass der Bibeltext nicht nur eine Vorzugsrichtung und einen Leseverlauf vorgibt, sondern dass die BHS die Lesenden darüber hinaus zu Relektüren, Vorgriffen, intertextuellen Verknüpfungen und anderen synchronen Betrachtungsweisen einlädt, soll über die diachrone Lektüre hinaus auch immer wieder nach dem übergreifenden Beziehungsgeflecht der Texte gefragt werden. Gehören die ersten drei Schritte zu den oft nur ausschnitthaft darstellbaren Vorarbeiten, so wird im Folgenden vor allem der vierte Arbeitsschritt rezeptionsästhetischer Bibelauslegung vorgeführt: die hypothetische (Re)-Konstruktion des Lektüreprozesses.

---

1 Trabasso/Suh, Lesen.

2 Für die Mitarbeit hieran danke ich ganz herzlich Frau stud. theol. Tabea Schäfer.

3 Solche Lese-Protokolle machen in besonderer Weise die aktive Mitarbeit der Lesenden deutlich: „Der Leser [...] ko-konstruiert den Text gemeinsam mit dem Autor [...]. Diese Ko-Konstruktion involviert den Leser und veranlaßt ihn zur Übernahme von Rollen von Erzählern und Figuren, Ereignissen und Handlungen, zur Erklärung der Gründe für Ereignisse, und zur Voraussage zukünftiger Ereignisse, Zustände, Handlungen und Resultate. Der Leser wacht über die Figuren und bewertet, was ihnen zustößt, was sie denken, glauben, präferieren, und was sie im Zusammenhang mit dem Geschehen empfinden, was sie brauchen, was sie tun, und ob sie erfolgreich sind oder scheitern" (Trabasso/Suh, Lesen, 232).

C Rezeptionsästhetische Auslegung von Gen 26 und Kotexten

Bevor wir uns mit Gen 26 befassen, werde ich in der Leserichtung die Rezeption von drei Erzählungen darstellen, die m.E. besonders wichtige Kotexte jenes Kapitels sind: die Gefährdungserzählungen in Gen 12,10-20 (1) und Gen 20 (2) sowie der Brunnenstreit zwischen Avraham und Avimelech in Gen 21 (3). Dabei soll deutlich werden, in welcher Weise jeweils die Erfahrungen bei der Lektüre eines Textes in die Rezeption der nächsten Erzählung eingehen, so dass die sich allmählich aufbauenden Verstehensvoraussetzungen für Gen 26 sichtbar werden. Dieser Text wird anschließend ausgelegt (Abschnitte 4-9).

1. Kotext I: Gen 12,10-20

a) Avram und Saraj bei Pharao in Ägypten (Gen 12,10-20)

Der folgende Abschnitt will Lesereaktionen zu Gen 12,10-20 so zusammenfassen, dass die entscheidenden Weichenstellungen in der Rezeption herausgearbeitet werden. Nach der Beschäftigung mit dieser Geschichte werde ich mich (b) mit dem Kontext befassen, aus dem dieser Text gegriffen ist. Das ist schon deshalb nötig, weil der Abschnitt 12,1-9 durch eine *Petucha* als ein zu 12,10ff. hin offener Text gekennzeichnet ist, und zwischen Gen 12 und Gen 13 im masoretischen Text keine Trennung erfolgt. Zudem werde ich auf die oft gesehenen Bezüge zur Exodusgeschichte eingehen.

Der erste Vers (12,10) der Erzählung enthält die Exposition. Er schildert eine problematische Situation (Problem 1 = P1) und die Reaktion der Hauptperson: „*Und es entstand eine Hungersnot im Land (a). Und Avram stieg hinab nach Ägypten, um sich dort als Fremdling aufzuhalten (b), denn schwer war die Hungersnot im Land (c).*"[1] Aus diesen beiden Sätzen ziehen die Rezipient/inn/en zumeist zwei Schlüsse. Erstens: Da das Herabsteigen Avrams nach Ägypten nicht nur mit einer „Hungersnot", sondern mit einer *„schweren* Hungersnot" begründet wird (V.10c), hat Avram wahrscheinlich keine andere Wahl gehabt, als das Land zu verlassen.[2] „Was hätte Abraham denn sonst tun sollen?", fragt eine Schülerin. Seltener[3] wird Avrams Verhalten, das schon syntaktisch-formal von der Situationsbeschreibung „Hungersnot im Land" - רָעָב בָּאָרֶץ inkludiert ist,[4] kritisiert - etwa, weil Avram vorschnell das verheißene Land verlassen und somit dieser ‚Prüfung' nicht standgehalten habe.[5] Zweitens schließen die Leser/in-

1 Die Versteile nach den masoretischen Trennungen werden zur Vereinfachung fortlaufend mit arabischen Zeichen benannt.

2 Vgl. z.B. Zlotowitz, Bereishis I, 442ff.; Sarna, Genesis, 93; Keil, Genesis, 167; Jacob, Genesis, 347; Staerk, Studien, 13; Gunkel, Genesis, 1902, 149; Davidson, Genesis II, 24; Fischer, Erzeltern, 124; Levin, Jahwist, 141; Hellbardt, Lüge, 11; Millard, Genesis, 321, Anm. 49; Deurloo, Gefährdung, 19; Seebass, Genesis II/1, 25; Westermann, Genesis I/2, 190; Cassuto, Genesis II, 346 („Only because the famine was severe did Abram decide, against his will an with heartful grief, to leave the land"); ähnlich Breuer, Wissen, 16; Vischer, Christuszeugnis, 157. Ebenso wählen nur vier von 41 Schüler/innen im Fragebogen den möglichen Kommentar: „Avram hätte erst Gott fragen sollen, bevor er fortzieht". Die übrigen stimmen dieser Aussage zu: „Wenn dort, wo Avram ist, eine Hungersnot herrscht, muss er in ein anderes Land fortziehen, da hat er keine andere Wahl." Eine Schülerin möchte wissen, ob „Avram denn eine andere Möglichkeit gehabt" hätte - diese Frage vermerkt sie in einem für freie Kommentare vorgesehenen Feld.

3 Vgl. Ramban, z.St. Nachmanides ist der Ansicht, Avram hätte auch während der Hungersnot auf Gott vertrauen sollen, statt das Land zu verlassen. Wegen dieser „Sünde" habe Gott die Gefangenschaft der Kinder Israels in Ägypten beschlossen. In ähnlicher Weise sieht Cassuto, Genesis II, 351, eine Schuld Avrams, die in einer zweifachen Sünde deutlich wird: „The first is the lack of faith. [...] The second was this: the crooked way that he decided upon was that of falsehood". Auch Brueggemann, Genesis, 126ff., bezeichnet Avram in 12,10-20 als „faithless" (129); Nomoto, Entstehung, 22 sieht einen Mangel an Vertrauen.; bei Wahl, Flucht, kommt etwas von der Enttäuschung und Erschütterung (vgl. 343) über Avrams Verhalten schon im Titel des Aufsatzes zum Ausdruck („Die Flucht eines Berufenen"); vgl. auch Berg, Sündenfall, 9f. Diejenigen Leser/innen, die Avrams Verhalten bereits bei der Lektüre von 12,10 kritisch beurteilen, berücksichtigen stets den Zusammenhang mit Gen 12,1-9 und lassen nicht selten ein Avrahambild erkennen, nach dem der Erzvater ein Vorbild im Glauben und im Glaubensgehorsam ist.
Hinweis: Die rabbinisch-jüdischen Ausleger zitiere ich in der Regel mit der Angabe „z.St." Der hebräische Text wurde nach Mikraot Gdolot und nach Bar Ilan's Judaic Library benutzt. Verfügbare Übersetzungen werden im Literaturverzeichnis genannt.

4 Vgl. Fischer, Erzeltern, 124.

5 Gelegentlich wird Gen 12,10ff. als Prüfung bezeichnet, vgl. Raschi z.St.; Cassuto, Genesis II, 334.346; Zlotowitz, Bereishis I, 442ff.; Brueggemann, Genesis, 129; Nomoto,

nen entweder aus ihrem kulturellen Wissen oder allein aus Avrams Reaktion, dass er in Ägypten Nahrung finden wird,[1] d.h. von dem erzwungenen Ausweichen nach Ägypten wird eine Lösung (L1) des Hungerproblems (P1)[2] erwartet. Doch gleichzeitig sehen viele Rezipient/innen eine neue Notlage voraus, weil sie vermuten, dass Avram als Fremdling in Ägypten nicht allzu viele Rechte genießen wird.[3] Zum einen verstärkt das wiederum den Eindruck, Avram gehe nicht ohne Not nach Ägypten, um sich dort *vorübergehend* aufzuhalten, wie לָגוּר שָׁם meist interpretiert wird.[4] Zum anderen erregt die Avram-Figur in dieser Situation Mitleid und lädt zur Identifikation ein. So ist es nicht verwunderlich, dass die meisten Leser/innen Avram aus seiner Flucht nach Ägypten keinen Vorwurf machen. Das wird sich bei der Lektüre der ersten Szene (VV.11-13) jedoch ändern.

11 a *Und es geschah, als er nahe daran war, nach Ägypten hineinzugehen,*
b *da sagte er zu Saraj, seiner Frau:*

Entstehung, 22f.; Keel/Küchler, Texte, 131. Cassuto, Genesis II, 351, scheint der Ansicht zu sein, dass Avram die Prüfung nicht bestanden habe; ebenso in seiner assoziativen und z.T. antijudaistischen (354) Textbetrachtung Wahl, Flucht, 343.347.

1 Vgl. z.B. Seebass, Genesis II/1, 25; Philo, De Abrahamo, 19. Siehe auch 1QApGen XIX 10, worin dies auserzählt ist: Avram hat danach gehört, dass es in Ägypten Güter gebe.

2 Fischer, Erzeltern 123, und Coats, Genesis, 73, sehen in der Hungersnot nicht das Ausgangsproblem der Erzählung, sondern nur den Anlass zu Avrams Flucht.

3 Diese Antwortmöglichkeit war im Fragebogen gegeben. In den Interviews hat sich allerdings niemand zu möglichen Implikaten des Begriffes ‚Fremder' geäußert. Zur Recht- und Schutzlosigkeit eines Ger vgl. etwa Gunkel, Genesis, 1902, 149; Sarna, Genesis, 93; Proksch, Genesis, 100, Janzen, Genesis II, 24, Westermann, Genesis I/2, 191, ders., Anfang, 152; Koch, Formgeschichte, 142 („Damit ist die Basis der Verwicklung gegeben, die gleich im nächsten Satz beschrieben wird"); Zimmerli, Genesis, 26; Augustin, Inbesitznahme, 147, gegen Crüsemann, Herr, 74 („Schutzbürger"). Niditch, Underdogs, 44ff., macht die soziale Einordnung der Avram-Figur als „underdog" zum Ausgang ihrer Untersuchung.
Oswald, Erzeltern, 79-83, sieht in der Schutzbürgerschaft der Erzeltern das Hauptthema von 12,10-20. Die „unklaren Charakterisierungen" (83) und die Zurückhaltung bei Bewertungen seien „Nebeneffekt der straffen", an der Sachfrage der Schutzbürgerschaft orientierten Erzählweise. Nach Oswald will der Erzähler die Schutzbürgerschaft hier als ein gescheitertes Experiment darstellen.

4 Vgl. Sforno, z.St.; Sarna, Genesis, 93; Janzen, Genesis II, 24; Hellbardt, Lüge, 9; Speiser, Genesis, 90; Cassuto, Genesis II, 346.351. Daher, so die Argumentation einiger, könne man Avram auch nicht vorwerfen, er verlasse in unerlaubter Weise das verheißene Land (vgl. z.B. Ramban, z.St.; Janzen, Genesis, 24; Cassuto, Genesis II, 346; Vogels, Abraham, 128). Dass גור einen längerfristigen Aufenthalt bezeichnet, meint dagegen Wenham, Genesis I, 287.

	c	*„Sieh doch, ich weiß,*
	d	*dass du eine Frau von schönem Aussehen bist.*
12	a	*Es wird geschehen, wenn die Ägypter dich sehen,*
		dann werden sie sagen:
	b	*‚seine Frau ist diese'‚*
	c	*und sie werden mich erschlagen,*
		[dich dagegen werden sie am Leben lassen.
13	a	*Sage doch, du seist meine Schwester,*
	b	*damit es mir gut geht um deinetwillen*
	c	*und meine Seele lebe deinetwegen."*

Angesichts dieser Verse teilt sich die Leserschaft in zwei Gruppen: in diejenigen, die Avrams Szenario als realistisch betrachten, und in diejenigen, die seine Aussagen kritisch hinterfragen. Für die ersten ergibt sich das eine Problem aus dem anderen: Als Bittsteller sind Avram und Saraj vollkommen in der Hand der Ägypter. Wenn diese nun die attraktive Saraj sehen, weil sie sich ihrer bemächtigen wollen, dann werden sie Avram als den im Weg stehenden Ehemann töten (P2). Mit einer solchen Leseweise setzen die Rezipient/inn/en drei im Text nicht explizierte Dinge voraus: Erstens schreiben sie den Ägyptern die Absicht zu, Saraj zu rauben. Zweitens gehen sie mit Avram davon aus, dass entweder dieser selbst oder die Ehe ein Hindernis dafür ist. Und drittens übernehmen sie das Bild, das sich Avram von den Ägyptern macht: Die Mizrim sind ein unmoralisches[1], tyrannisches[2] und lüsternes[3] Volk, d.h., elementare ethische Normen wie das Verbot, eine Ehefrau zu begehren oder das Verbot von Menschenraub und Mord scheinen in Ägypten keine Gültigkeit zu haben.[4]

Würde Avram aus diesen Gründen erschlagen, so eine häufige Argumentation, dann ist weder ihm noch Saraj geholfen: Sie würde auch in diesem Fall im Haus eines Ägypters verschwinden, und Avram hätte überhaupt keine Chance mehr, etwas für sie zu tun.[5] Das geringere Übel, wenn

1 Vgl. Zlotowitz, Bereishis I, 446; Breuer, Wissen, 16.

2 Vgl. Cassuto, Genesis II, 346.

3 Vgl. Cassuto, Genesis II, 346.350; Holzinger, Genesis, 139; Mann, Joseph, 121. Vgl. auch die Beschreibung Pharaos bei Philo, De Abrahamo, 19.21f.

4 Vgl. Millard, Genesis, 326.

5 Vgl. Zlotowitz, Bereishis I, 446, Keil, Genesis, 168, Cassuto, Genesis II, 350.

nicht sogar die Lösung des Problems, besteht darin, dass sich Saraj als Avrams Schwester ausgibt (L2?). Denn dann könnte sich Avram noch für sie einsetzen[1] (V.13b), und Saraj wäre in der Zeit der Hungersnot versorgt[2] (V.13c). Mit diesem Vorschlag gibt Avraham seine Frau noch nicht notwendig preis,[3] denn es ist nicht gesagt, dass er eine Heirat seiner „Schwester" zulässt. Vielleicht ist dies eine Strategie,[4] um Zeit zu gewinnen[5] und eine Flucht vorzubereiten - man sollte Avram nicht vorschnell aus dem Wissen des weiteren Erzählverlaufs heraus verurteilen. Avram sucht nicht nach einer Gelegenheit, seine Frau „günstig loszuschlagen"[6], sondern weiß sich in seiner Todesangst keinen anderen Rat, ist sich vielleicht sogar dessen bewusst, dass er Schuld auf sich lädt.[7] Diejenigen, die VV.10.13 in dieser Weise lesen, können sich mit Avram identifizieren und beurteilen die Situation mit seinen Augen:

> „Abraham ist in einer schlimmen Lage: der Hunger zwingt ihn, nach Ägypten zu gehen; hier ist er aber ein גֵּר [...] ohne Schutz und Recht. Er muss fürchten, um seines Weibes willen getötet zu werden."[8]

Dem moralischen Problem, dass Avram hier eine „Lüge"[9] vorbereitet, begegnen manche durch den Hinweis darauf, dass Saraj in der Tat seine Halbschwester sei (vgl. 20,13)[10] bzw. es damals üblich gewesen sein könnte,

---

1 Vgl. Cassuto, Genesis II, 353; Breuer, Wissen, 16.

2 Vgl. Ibn Esra, z.St.

3 Vgl. Hamilton, Genesis I, 381.

4 Vgl. Pelcovitz, Sforno, 64 mit Anm. z.St., Sarna, Genesis, 95; Wenham, Genesis I, 288; Cassuto, Genesis II; Hezekiah ben Manoah (Avram könnte etwaige Verehrer darüber informieren, dass ihr Ehemann zurzeit nicht da ist) und Reuben Gerondi (Avram könnte einen unbezahlbaren Brautpreis fordern) nach Eichler, Reading Genesis, 32. Zur Funktion eines Bruders als Beschützer für seine Schwester im Alten Orient und entsprechenden Ergebnissen anthropologischer Studien vgl. aaO., 32ff. Eichler zieht daraus den Schluss, dass Avram damit rechnen konnte, als Sarajs Beschützer geachtet zu werden (aaO., 37f.).

5 Vgl. Breuer, Wissen, 17.

6 Crüsemann, Herr, 75. Scharf Fewell/Gunn, Gender, 42: „Doubtless Abram knows the score - it is, after all, his composition. But a little unwanted sex, according to Abram, is a small price to pay for a husband's survival."

7 Vgl. Westermann, Genesis, 191.

8 Gunkel, Genesis, 1902, 149; vgl. auch Westermann, Genesis I/2, 191.

9 Vgl. Hellbardt, Lüge, passim; Keller, Gefährdung, 186. Andere sprechen von einer „Notlüge" (Gunkel, Genesis, 149; Fischer, Erzeltern, 126).

10 Viele Kommentator/inn/en weisen darauf hin, dass Saraj nach 20,13 Avrams Halbschwester ist (vgl. von Rad, Genesis, 141) und die Verabredung dieser listigen Auskunft schon bei der Wanderung nach Kenaan getroffen wurde (vgl. Keil, Genesis, 167; Ramban, zu V.11; Sarna, Genesis, 94; Jacob, Genesis, 349). Nach Coats, Genesis, 111 setzt die Erzählung hingegen voraus, dass Saraj nicht Avrams Schwester ist.

seine Frau zärtlich als Schwester zu bezeichnen[1] oder sie sogar bei der Heirat als Schwester zu adoptieren.[2]

Die zweite Gruppe von Leser/innen betrachtet Avram kritischer und hinterfragt die Voraussetzungen seiner Vorstellungen.[3] „Man weiß eigentlich nicht so richtig", formuliert eine Studentin, „warum Avram fürchtet, erschlagen zu werden."[4] Und ein Schüler fragt: „Kennt er die Ägypter? Woher will er wissen, dass die Ägypter so schlecht sind?"[5] Was Avram uns und Saraj präsentiert, so analysiert Irmtraud Fischer, ist eine „fiktive [...] Szene"[6] – das darin geschilderte Geschehen ist keineswegs sicher erwartbar. Einige Rezipient/inn/en gehen noch weiter und bewerten Avrams Verhalten sogar unter der Prämisse, dass seine Einschätzung der Lage realistisch ist, als negativ: „Meiner Meinung nach ist die Verleugnung der eigenen Ehefrau für diese schlimmer, als den eigenen Mann zu verlieren" (ein Schüler). Oft wird Avram als fremdenfeindlicher „Feigling"[7] bezeichnet, den seine persuasive Rede an der Grenze zum Fluchtland Ägypten als Egoisten[8] entlarvt. Avram macht Saraj nicht lediglich einen Vorschlag, sondern suggeriert rhetorisch geschickt die Evidenz seiner Situationsanalyse (V.11:

---

1 Vgl. Hld 2,9f.; 5,1f.

2 Vgl. Speisers Verweis auf die in Nuzi-Texten beschriebene hurritische Praxis, nach der eine Frau bei ihrer Heirat zur Schwester ihres Ehemannes werden kann (Speiser, Wife-Sister Motif; Speiser, Genesis XLf.; 91-94; aufgenommen bei Sarna, Understanding, 105). In der Diskussion dieser These überwiegen seit langem die Vorbehalte gegenüber Speisers Analyse der hurritischen Texte und ihrer Relevanz für Gen 12: Vgl. Hamilton, Genesis I, 381 mit Anm. 6 (Lit.).382; Thompson, Historicity, 235f.; Wenham, Genesis I, 288; Westermann, EdF, 83ff. (Lit.); ders., Genesis II, 191 (Lit.); Davidson, Genesis II, 26; Brueggemann, Genesis, 127, Niditch, Underdogs, 53; Eichler, Reading Genesis, 24-26. mit Anm. 7f. (Lit.).

3 Im 1QApGen XIX 14ff. werden Avrams Vorstellungen dadurch seiner Subjektivität enthoben, dass sie als Traum berichtet werden.

4 Vgl. auch Crüsemann, Herr, 74: „Man muß doch wohl in Frage stellen, ob das der Realität entsprach [...]. Kein Text des Alten Testaments läßt erkennen, daß der Kontakt mit einem Fremdland [...] in jedem Falle Todesgefahr bedeutete, daß man Leute umbrachte, nur weil ihre Frauen schön waren. [...] Kurz, es ist kaum anzunehmen, daß der Hörer der Geschichte dem Abraham das einfach abnahm." Noch kritischer fragen Fewell/Gunn: „Does Abram truly fear for his life? Or does he see in Sarai the opportunity to increase his economic worth? [...] How much is genuine anxiety? How much is rhetoric?"

5 In der Tat gehen gerade jüdische Ausleger davon aus, dass die Ägypter sich unmoralisch verhalten oder sogar (im auffälligen Gegensatz zu Saraj) hässlich sind – ohne dies zu belegen. Vgl. etwa Ramban, zu V.11; Raschi, zu V.11.

6 Fischer, Erzeltern, 125 (im Original kursiv); vgl. dies., Gottesstreiterinnen, 25; vgl. auch Fewell/Gunn, Gender, 42 („hypothetical scenario").

7 Crüsemann, Herr, 75; vgl. auch Brueggemann, Genesis, 129; Holzinger, Genesis, 139; Fischer, Gottesstreiterinnen, 27.

הִנֵּה־נָא) sowie, - durch den Sprechakt der Prophezeihung (V.12 ... וְהָיָה) und durch das logisch-syntaktisch dichte Aufeinanderfolgen der Perfecta consecutiva (VV.11-12), - die Gewissheit[1] seines dramatisch geschilderten Szenarios (vgl. das Auftretenlassen der Ägypter in V.12: !אִשְׁתּוֹ זֹאת). Dadurch lässt Avram den Plan, den auszuführen er seine Frau eher drängt[2] (VV.13 נָא)[3] denn bittet, als unausweichlich erscheinen. Hinweise darauf, dass Avram in erster Linie eigennützig an sich selbst denkt, finden die Avram-kritischen Rezipient/inn/en vor allem im letzten Satz seiner Rede (V.13): Zunächst geht es darum, dass es *Avram* gut geht (יטב), wobei er in der Interpretation von Raschi und Ibn Esra bereits an Geschenke denkt.[4] Achtet Avram insofern auf sein Wohl wirklich „um" Sarajs „willen", wie wir oben übersetzt haben (V.13b)? Oder legt der Erzähler dem Erzvater mit בַּעֲבוּרֵךְ in den Mund, dass er „auf ihre Kosten" leben will, wie Frank Crüsemann interpretiert?[5]

Fragt man Schüler/innen, die in der Regel den weiteren Verlauf der Geschichte nicht kennen, nach ihrer Einschätzung, ob Avrams List Erfolg haben wird, so zeigt sich etwa die Hälfte skeptisch: „Wird der Plan funktionieren?" (2x); „Besteht nicht die Gefahr, dass die beiden aufgedeckt werden?" (4x); „Saraj ist in Gefahr!" (6x) Die meisten (8x) kritisieren, dass Avram seine Frau auf diese Weise preisgibt.[6] Wenn sich diese Bedenken später in Gen 12,10-20; Gen 20 und Gen 26 als realistisch erweisen, dann zeigt sich darin, wie sehr die interpretative Mitwirkung der Leser/innen und die Arbeit des Erzählers ineinander greifen - ganz so, als kenne der Erzähler die Fragen und die Interpretationen seiner Hörer/innen und nähme sie auf als das Material, mit dem er den narrativen Faden weiterspinnen kann.

---

8 Vgl. Exum, Ancestress, 99: Avram „is not concerned about what might happen to his wife in another man's harem, and clearly not interested in protecting her." Ähnlich Vogels, Abraham, 129.

1 Vgl. Weimar, Untersuchungen, 7. Gleichwohl sind die Leser/innen frei, die von Avram suggerierte Gewissheit anzuzweifeln, vgl. Fischer, Erzeltern, 125.

2 Vgl. van Dijk-Hemmes, Sarai's Exile, 227.

3 Dieses Partikel wird hier als Bekräftigung verstanden. Raschi, Ramban, Ibn Esra, z.St., dagegen verstehen נָא im Sinne von „jetzt".

4 Raschi, z.St.; Ibn Esra, z.St. Vgl. dagegen Cassuto, Genesis II, 348ff.

5 Crüsemann, Herr, 74f.; vgl. auch Blum, Komposition, 308f.; van Dijk-Hemmes, Sarai's Exile, 229; Fischer, Erzeltern, 128; dies., Gottesstreiterinnen, 25; Vogels, Abraham, 130. Crüsemann belegt diese Interpretation mit Am 2,6; 8,6. Angesichts der vielen Stellen, an denen בַּעֲבוּר „um ... willen" oder „... wegen" bedeutet, kann man mit diesem Hinweis nicht mehr als eine Möglichkeit aufzeigen.

6 Vgl. auch Exum, Ancestress, 102 („The patriarch is not only willing for his wife to commit adultery; he invites it").

Die Tatsache, dass nach V.13 keine Antwort von Saraj berichtet wird, belässt die Leser/innen in Ungewissheit darüber, wie sie auf Avrams Rede reagiert: Analysiert sie die Situation wie er?[1] Betrachtet sie die Lüge als notwendig? Sieht sie darin eine Hoffnung für ihren Mann - oder auch für sich? Welche Konsequenzen erwartet sie? Wird sie kooperieren - und wenn ja, weil sie will oder weil ihr keine andere Wahl gelassen wird?[2] Sarajs Stummbleiben deuten manche als ein Zeichen für ihr Einverständnis,[3] wobei Irmtraud Fischer das Schweigen als bedrückend empfindet.[4]

Was passiert nun, wenn Avram und Saraj ihr Asylland erreichen? Die zweite Szene (VV.14-16) berichtet von den Handlungen der Ägypter. Lesen wir zunächst VV.14f.:

14	a	*Und es geschah, als Avram hineinging nach Ägypten,*
	b	*da sahen die Ägypter die Frau,*
	c	*dass sie sehr schön war.*
15	a	*Und es sahen sie die Obersten Pharaos,*
	b	*und sie priesen sie bei/für Pharao,*
	c	*und die Frau wurde genommen –*
		[in das Haus Pharaos.

Die Rezeption dieser Verse ist wesentlich durch die Einstellung gegenüber Avrams Rede beeinflusst: Wer sein Szenario für realistisch gehalten und die Lüge als einen Ausweg betrachtet hat, liest aus VV.14f., dass genau das eingetreten ist[5], was Avram befürchtet hat. Schon die Gemeinsamkeiten

---

1 Vgl. Janzen, Genesis II, 25.

2 Vgl. Janzen, Genesis II, 25.

3 Vgl. Westermann, Genesis I/2, 190; Hamilton, Genesis, 328; Wenham, Genesis I, 287; Niditch, Underdogs, 59; Hellbardt, Lüge, 15 („Sie tut das vielleicht aus sehr großer Liebe"). Hier wäre weiter zu überlegen, ob Saraj als Komplizin (vgl. Niditch, ebd.; Exum, Ancestress, 107 mit Anm. 33) oder als stummes Opfer (vgl. etwa Fischer, Gottesstreiterinnen, 27; White, Narration, 185; van Dijk-Hemmes, Sarai's Exile, passim) zu bezeichnen ist.

4 Fischer, Erzeltern, 127. Van Dijk-Hemmes, Sarai's Exile, 230, fragt, ob Sarajs Schweigen denn verwunderlich sei, „since Abram expects her to put her life at the service of his interests while he does not care for hers".

5 Vgl. Sforno, z.St.; Proksch, Genesis, 101; Gunkel, Genesis, 1902, 150; Keil, Genesis, 168; Jacob, Genesis, 350; Westermann, Genesis I/2, 192; Hamilton, Genesis I, 382, von Rad, Genesis, 141; Weimar, Untersuchungen, 8; Augustin, Inbesitznahme, 146; Coats, Genesis, 111, White, Analysis, 182; Thompson, Origin, 53; Laffey, Introducti-

zwischen V.14a und V.11a (וַיְהִי + בוא + מִצְרָיְמָה) veranlassen dazu, Avrams Prophezeiung und das tatsächlich folgende Geschehen miteinander zu vergleichen. Und da zeigt sich: In der Tat sehen die Ägypter (VV.12a/14b: ראה + הַמִּצְרִים), dass Saraj schön ist (VV.11c/14c: יפה), was nicht ohne Folgen bleibt. Gut, dass Avram durch seine List vorgesorgt hat, so dass er jetzt nicht erschlagen wird, denn Saraj wäre ja ohnehin geraubt worden.

Dabei sind einige Rezipient/innen der Ansicht, dass die Realität Avrams Szenario nicht bestätigt, sondern übertrifft.[1] Es ist insofern noch schlimmer gekommen, als Saraj von den Ägyptern nicht nur als „schön an Aussehen“ (V.11), sondern sogar als „sehr schön“ (V.14) empfunden wird[2] – als so attraktiv, dass die Fama immer weitere Kreise zieht. In einer fein angelegten sprachlichen Steigerung wird erzählt,[3] dass Saraj erst bei den Mizrim (V.14b), dann bei den Obersten Pharaos (V.15a) Aufsehen erregte, die sie schließlich „bei Pharao“ (אֶל־פַּרְעֹה),[4] oder, wie eine andere Übersetzungsmöglichkeit lautet: „für Pharao“[5], nämlich als allein für Pharao passend rühmten. Dass Saraj nicht von irgendeinem Ägypter umworben, sondern ohne Umschweife von *Pharao* in sein Haus genommen wird, so verteidigen manche Avram, und dass damit der gebeutelte Erzvater keine Möglichkeit zur Intervention haben würde, konnte dieser nicht ahnen – eine unerwartete Komplikation.[6] Das Geschehen zeigt entweder, dass sich Avram nur durch die getroffene Vorkehrung hat retten können, denn vermutlich haben ihn die Ägypter gefragt, in welchem Verhältnis die reizende Frau an seiner Seite zu ihm steht. Oder aber sie haben sich gar nicht erst danach erkundigt, weil sie Saraj in jedem Fall geraubt hätten – was Avrams Bild von den gesetzlosen Ägyptern bestätigt.[7]

---

on, 28; Breuer, Wissen, 17.

Van Dijk-Hemmes, Sarai's Exile, 230, zeigt aber, dass es ebenso möglich ist, Avram aus der Vorhersehbarkeit der Ereignisse einen Vorwurf zu machen.

1 Vgl. Mann, Joseph, 120.

2 Vgl. Fischer, Erzeltern, 127.

3 Vgl. Westermann, Genesis I/2, 192; Augustin, Inbesitznahme, 146.

4 In 1QApGen XX 2-8 wird erzählerisch ausgefüllt, wie Sarajs Schönheit und Weisheit beim fremden Herrscher gepriesen wird.

5 Vgl. die jüdischen Auslegungen im Targum Onkelos, bei Raschi, z.St., Jacob, Genesis, 350; Zlotowitz, Bereishis I, 449. Ramban, z.St., erwägt hingegen das in den nichtjüdischen Auslegungen verbreitete Verständnis, wonach Saraj vor oder bei Pharao gepriesen wurde.

6 Vgl. Cassuto, Genesis II, 353; Breuer, Wissen, 17. Anders Thompson, Origin, 53; Eichler, Reading Genesis, 38.

Wer allerdings schon bei der Lektüre der vorhergehenden Verse kritisch gegenüber Avram eingestellt war, interpretiert oft dieselben Leerstellen in entgegengesetzter Weise und zieht aus dem Vergleich zwischen Avrams Szenario und dem tatsächlich Eingetretenen gänzlich andere Schlüsse:

Avrams Vision		**Die Realität**	
12	*So wird es geschehen, wenn die Ägypter dich sehen,*	14	*Und es geschah, als Avram hineinging nach Ägypten, da sahen die Ägypter die Frau, dass sie sehr schön war.*
	dann werden sie sagen: ‚seine Frau ist diese', und sie werden mich erschlagen, dich dagegen werden sie am Leben lassen.		?
	?	15	*Und es sahen sie die Obersten Pharaos, und sie priesen sie bei/für Pharao, und die Frau wurde genommen – in das Haus Pharaos.*
13	*Sage doch, du seist meine Schwester, damit es mir gut geht um deinetwillen und meine Seele lebe deinetwegen."*		?

So, wie die Avram-Kritiker diese Gegenüberstellung lesen, erweist sich dessen Vision in VV.14f. als falsch,[1] da weder davon berichtet wird, dass sich die Ägypter nach Sarajs Familienstand erkundigt hätten, noch davon, dass jemand versucht hätte, Avram zu töten.[2] Die Ägypter haben sich nicht als „grobe Wüstlinge" erwiesen, sondern halten sich zurück[3] und bringen Saraj wie einen kostbaren Fund zu Pharao. Vielleicht haben sich die relativ anständigen Ägypter aber auch darüber informiert, ob Saraj verheiratet ist, und hätten nicht weiter nach Saraj verlangt, wenn man ihnen gesagt hätte,

7 1QApGen XX 9f. gibt dem Avram des masoretischen Textes recht: Danach habe sich der ob der Schönheit Sarajs begehrlich gewordene König die Hebräerin ins Haus geholt und wollte Avram töten, weil er ihn offenbar als den dazugehörigen Ehemann identifizierte. Dies konnte Saraj nur dadurch verhindern, dass sie Avram als ihren Bruder ausgab, damit er „um ihretwillen" Gewinn hätte.

1 Vgl. z.B. Cassuto, Genesis II, 354; Fischer, Gottesstreiterinnen, 25.

2 Vgl. Miscall, Workings, 35.

3 Vgl. Fischer, Erzeltern, 127.

dass sie Avrams Ehefrau ist – so dass Avrams Szenario durch die Lüge zur *self-fulfilling prophecy* wurde.[1] Auf der anderen Seite kommt in Avrams Rede nicht vor, dass Saraj in das Haus eines Ägypters, ja in das Haus Pharaos genommen werden könnte. Hat Avram Saraj vielleicht diese erwartbare Konsequenz verschwiegen?

Damit befindet sich Saraj im Haus Pharaos. Als eine Lösung (L2) mag diese Situation kaum jemand ansehen, oft auch diejenigen nicht, die aus Avrams Angstvorstellungen ein reales Problem (P2) lesen. Wenn die drei Sätze in V.15 jeweils mit „Pharao" enden,[2] dann macht das deutlich, in welche Sackgasse (P3) dies alles geführt hat. Viele Schüler/innen sehen das Problem, dass Avram und Saraj nun voneinander getrennt sind und Saraj weggeführt wurde.

Über Sarajs Schicksal teilt der Erzähler nichts Genaues mit. Hat sie sich schweigend mitnehmen lassen?[3] Oder wurde sie gegen ihren Willen[4], gar mit Gewalt ihrem Mann weggenommen? Und wie hat sich Avram verhalten?[5] Musste er sie freiwillig gehen lassen, weil er als der ‚Bruder' nichts dagegen einwenden konnte? Oder muss man mit Fischer sagen, dass er seine Chance zum Widerstand nicht genutzt hat?[6] Hat man sie nur in das Haus Pharaos verbracht, oder hat man sie direkt ihm zugeführt?

Unklar ist auch, was mit Saraj im Haus Pharaos geschieht – eine Leerstelle, die selten übersehen wird.[7] Für die große Mehrheit der Rezipient/inn/en ist klar, dass mit dem „Haus" Pharaos nur sein „Harem"[8] gemeint sein kann, und Claus Westermann z.B. weiß, dass Pharao viele Frau-

1 Vgl. Clines, Eve, 68; Fischer, Erzeltern, 132.
2 Vgl. Cassuto, Genesis II, 354; Fischer, Erzeltern, 128.
3 1QApGen XIX 21 erzählt hier hinein, Saraj habe nach Avrams Rede geweint.
4 Vgl. Aggadat Ester bei Zlotowitz, Bereishis I, 450.
5 Vgl. Alexander, Oral Variants, 7.
6 Vgl. Fischer, Erzeltern, 128. Dagegen erzählt TanchB III לך־לך 8 die Ereignisse dahingehend aus, dass nach V.14 nur Avram das Land Ägypten betreten und dabei Saraj in einem großen Behälter verborgen habe. Auf das Drängen der Zollbeamten habe er aber schließlich den Kasten öffnen müssen, so dass seine schöne Ehefrau zum Vorschein kam. Vgl. auch Raschi zu V.14.
7 Exum, Ancestress, 92, bemerkt, dass die Frage, was mit Saraj im „harem" Pharaos geschieht, die Leser stärker bewegt als offenbar Avram.
8 Vgl. z.B. Gunkel, Genesis, 1902, 150; Proksch, Genesis, 101; Fischer, Erzeltern, 130, Crüsemann, Herr, 75; Coats, Genesis, 111, Cassuto, Genesis II, 360; Deurloo, Way, 104; Schulte, Dennoch, 31, Exum, Ancestress, 92; Augustin, Inbesitznahme, 148. Dieser Begriff wurde auch in den Fragebögen, in den Interviews und im Unterricht oft verwendet.

en hat.[1] Fast automatisch werden hier standardisierte Bilder reproduziert: „[S]o handeln orientalische Könige; die schönen Frauen, deren sie habhaft werden können, kommen in den Harem."[2] Die Vorstellung, dass Saraj nun Pharao „sexuell zur Verfügung" stehen könnte, ist für eine interviewte Studentin geradezu verstörend.[3] Eine andere fragt: „Wo bleibt nun Avram?" Und, in Anspielung auf das „deinetwillen" in V.13: „Was macht er jetzt um ihretwillen?"[4] Denn für Saraj ist die „Gefahr ihrer Ehre nun aufs höchste gestiegen, so daß die Leser[innen und Leser] in höchster Spannung sind."[5]

Während wir nicht wissen, wie es Saraj ergeht, hören wir, dass Pharao Avram Gutes tut:

16 a *Und Avram, dem tat er ihretwegen Gutes.*[6]
b *Und er erhielt Schafe und Rinder und Esel,*
c *und Knechte und Mägde,*
d *und Eselinnen und Kamele.*

Was Avram hier erhält, wird im Allgemeinen als „Brautpreis"[7] gedeutet – als der Preis, um den Saraj von ihrem vermeintlichen Bruder „verkauft"[8]

1 Vgl. Westermann, Genesis I/2, 192; siehe auch Exum, Ancestress, 106, zum „sexual prestige" Pharaos.

2 Gunkel, Genesis, 1902, 150; vgl. auch Dillmann, Genesis, 227 mit einem Verweis auf die Reisebeschreibungen des Olearius. Zu einer kritischen Betrachtung der stereotypen Vorstellung ‚orientalischer Despoten' vgl. Naumann, David als exemplarischer König, 146ff.162 („Die gängige exegetische These von der Verfügungsgewalt orientalischer Herrscher über die Frauen erscheint im Horizont von Gen 12,10ff als schlichte Historisierung eines Vorurteils Abrahams").

3 Vgl. Interview „Claudia". S. auch Fewell/Gunn, Gender, 43: „How does Abram intend to break free this situation? Or does he plan to do so?"

4 Die Frage, wie die Erzählung nach V.16 weitergehen könnte, beantwortet eine Studentin mit einem Satz, der weniger eine Prognose als vielmehr einen Wunsch wiederzugeben scheint: „Avram fühlt sich sehr schlecht. Er stirbt."

5 Procksch, Genesis, 101.

6 Inversion.

7 Fischer, Erzeltern, 130; vgl. auch Gunkel, Genesis, 1902, 150; Zlotowitz, Bereishis I, 450; Millard, Genesis, 328, Schmidt, Israel, 141. Jacob, Genesis, 351f., argumentiert gegen dieses Verständnis und interpretiert V.16 dahingehend, dass Pharao dem Avram Gutes getan hat, indem er ihn als Herdenbesitzer und Viehzüchter „begünstigt und gefördert" (352) hat. So habe der Hebräer das Aufgezählte erwerben können.

8 Dieses Verb erscheint bei den Lesereaktionen sehr häufig. Vgl. auch Mann, Joseph, 121.

wurde. Bittet man Schüler/innen um eine spontane Reaktion auf V.16, so zeigen sie sich überwiegend empört. Die Kritik an Avram, die sehr viel häufiger von Schülerinnen als Schülern geäußert wird, entlädt sich nicht selten in beißender Ironie: „Super! Auf Kosten der Frau. Hat sich richtig gelohnt, sie loszuwerden", kommentiert ein Student. Aber auch viele Exegeten denken, dass Avram ein schlechtes Gewissen haben muss, und sind der Ansicht, dass diese Geschenke „beschämend"[1] sind und seine „Schuld" „erhöhen"[2]. Uns gefällt nicht, gibt Hermann Gunkel diese Stimmung wieder, „dass Abraham für sein Weib sogar noch Geschenke nimmt"[3], dass er seine Frau gegen eine bunte Ansammlung[4] von Vieh und Gesinde zu tauschen scheint.

Nur wenige verteidigen hier noch Avram, er habe die Geschenke nicht ablehnen können,[5] weil Pharao sonst misstrauisch geworden wäre. Die meisten Leser/innen identifizieren sich aber immer weniger mit Avram. Waren bei der Lektüre des ersten Verses dieser Erzählung noch fast alle Rezipient/inn/en und bis V.16 noch mindestens die Hälfte der Leser/innen mit Avrams Verhalten einverstanden, so weicht nun in VV.16ff. zunehmend die Sympathie für den Erzvater, während die Parteinahme für

1 Von Rad, Genesis, 196.

2 Keil, Genesis, 168.

3 Gunkel, Genesis, 1902, 150; scharf auch die Verurteilung Avrams durch Holzinger, Genesis, 139: „Die Erzählung schildert [...], wie Abraham in schmählicher selbstsüchtiger Feigheit (v. 13) sein Weib der Lüsternheit eines fremden Fürsten preisgiebt und aus dem schmutzigen Handel noch Nutzen zieht".

4 Die von vielen empfundene Unordnung der Geschenke wird auf unterschiedliche Weise erklärt, z.B.: (1) Nach Hirsch, z.St., zeigt die konfuse Reihenfolge der Geschenke, dass Pharao alles versucht, um die Gunst Avrams zu erheischen. (2) Nach Jacob, Genesis, 352, ist „an der Reihenfolge der Aufzählung nichts auszusetzen: Schafe, Rinder, Esel, zu welchen Nutz-, Schlacht-, und Arbeitstieren Knechte und Mägde gehören, und dann erst die andere Gattung: die Reit- und Lasttiere für Reisen, אֲתֹנֹת [weibliche Maultiere] und Kamele." Ähnlich Cassuto, Genesis II, 355. (3) „Die Reihenfolge steigt wohl von dem Billigen zu dem Wertvollen auf" meint Gunkel, Genesis, 1902, 150 nach Holzinger, Genesis, 139. (4) Eine der beiden Wendungen, „Knechte und Mägde" (z.B. Gunkel, Genesis, 1910, 171, Seebass, Genesis II/1, 26, mit der Erklärung, hier habe 20,14 eingewirkt) oder „Eselinnen und Kamele" (Dillmann, Genesis, 228; Skinner, Genesis, 250; Kilian, Abrahamsüberlieferungen, 8, Levin, Jahwist, 141; u. a.), ist sekundär. Vgl. dazu auch Weimar, Untersuchungen, 10 (Lit.). Vgl. dagegen Blum, Komposition, 307 (Lit.); Fischer, Erzeltern, 121f.
Zudem wird häufig diskutiert, ob die Nennung der Kamele nicht ein Anachronismus sei, da diese Tiere erst ab der persischen Periode eine Rolle spielen (vgl. Kilian, Abrahamsüberlieferungen, 8 mit Anm. 34 [Lit.], Westermann, Genesis I/2, 109, Sarna, Genesis, 96; Proksch, Genesis, 101; Millard, Genesis, 325f., Anm. 68 [Lit.]; u.a.).

5 Vgl. Keil, Genesis, 168; Zlotowitz, Bereishis I, 450.

Saraj und für Pharao wächst. So wird der Pharao als „nett und anständig", „freigebig"[1] oder „großmütig" beschrieben:[2] Durch seine Geschenke steht er in „noblem Licht"[3].

Durch die lange Liste der Geschenke, die Avram zu einem reichen Mann machen,[4] lässt der Erzähler eine gewisse Zeit verstreichen, in der Saraj einiges geschehen kann. Auf der Handlungsebene kehrt gleichzeitig Ruhe ein,[5] bevor im nächsten Vers das Unerwartete geschieht. Es gäbe viele Möglichkeiten, die Geschichte fortzusetzen: Manch einer stellt sich vor, dass die Wahrheit ans Licht kommt, indem die beiden ertappt werden, wenn sie sich lieben[6] – diese Erwartung ist deswegen besonders interessant, weil ihr das Geschehen in Gen 26 entspricht. Oder wird Avram versuchen, Saraj zu befreien?[7]

Noch immer ist Saraj bei Pharao, und nur wenige stellen sich das als ein (willkommenes) „Abenteuer"[8] für sie vor.[9] Fast alle Leser/innen empfinden diese Situation als sehr unbefriedigend[10]: Avram wurde etwas Gutes getan,[11] aber wie geht es Saraj?

---

1 Mann, Joseph, 121.

2 Vgl. Hellbardt, Lüge, 18; Stoevesandt, Andacht, 188f. Die Zitate stammen aus Fragebögen von Schüler/inne/n.

3 Fischer, Erzeltern, 130.

4 Der Reichtum an Leuten und Vieh ist Erzählvoraussetzung für Gen 13 und, soweit auch die Ägypterin Hagar zu den Mägden gehört, für Gen 16ff. (vgl. auch Zimmerli, Genesis, 27, der zudem an die Vorbereitung der 318 kriegstüchtigen Knechte in 14,14 denkt). Jub 13,14 zählt analog zu Gen 13,2 auch Silber und Gold zu Avrams neu erworbenem Reichtum. Nach PRE, s. Zlotowitz, Bereishis I, 735, war Hagar die Tochter Pharaos.
Butting, Gefährdung, 16, verbindet das Stichwort כבד in 12,10 und 13,2 intelligent und vielleicht etwas ironisch mit einer Deutung, die Avrams Reichtum als Folge der Befreiung Sarajs sieht: „*Schwer* war der Hunger, der den Abraham nach Ägypten trieb, aber *schwer*-reich ist Abraham an Vieh, Silber und an Gold[,] als er Ägypten verläßt! Sage noch einer, die Befreiung der Frauen wäre nicht auch der Segen der Männer!"

5 Vgl. Fischer, Erzeltern, 129.

6 Dies äußerte eine Schülerin im Fragebogen.

7 So sechs Schüler/innen.

8 Proksch, Genesis, 100; Scharbert, Genesis, 159 zu Gen 20.

9 Vgl. auch Schulte, Dennoch, 31. Diese Leserin stellt sich vor: „Für die Nomadenfrau aus dem Dürreland war dies ein Märchen, ein Traum, ein unbekannter Luxus, vielleicht auch ein erotisches und sexuelles Erlebnis. Allerdings nur ein kurzer Traum. Pharao gibt sie ihrem Mann, dem primitiven Leben im Zelt, dem Staub der Herden zurück. Wäre sie lieber im Palast geblieben?"

10 Vgl. z.B. Oswald, Erzeltern, 82.

11 Es bleibt der Phantasie der Leser/innen überlassen, sich vorzustellen, wie es Avram geht. Nach 1QApGen XX 11ff. hat Avram in der Nacht geweint und geklagt, bis

Mit dieser Fortsetzung hat kaum jemand gerechnet:[1] *„Und Adonaj schlug Pharao große Schläge, und sein Haus (V.17a) – wegen der Sache mit Saraj, der Frau Avrams. (b)“* Wenn nun Gott eingreift, weil offenbar auch ihm Sarajs Lage missfällt, so wird das im Nachhinein als angemessen betrachtet und z.T. als „Peripetie“[2] bzw. als „Höhepunkt der Erzählung“[3] wahrgenommen. Gott tritt für Saraj ein, die in seinen Augen immer noch die Frau Avrams ist – aus der Gefährdungsgeschichte wird eine Rettungserzählung.[4] Manche interpretieren die Schläge bzw. Plagen zudem als eine Bestrafung für Pharao. Schließlich hat dieser, wenn auch unwissend, u.U. die Ehe eines anderen Mannes gebrochen.[5] Und selbst wenn der fremde Herrscher dafür nicht zur Verantwortung gezogen werden könnte, könnte er sich doch immerhin dadurch schuldig gemacht haben, dass er eine Frau geraubt hat. In jedem Fall wird Pharao durch die Plagen hart getroffen: Dreifach wird der Schlag Adonajs gegen ihn gesteigert: Durch die Intensivierung des Schlagens im Pi‘el von נגע, durch den Plural נְגָעִים und durch den Zusatz, dass es sich um schwere, wörtlich: „große Plagen“ (נְגָעִים גְּדֹלִים) handelt.[6]

Sehr viele Rezipient/inn/en thematisieren an dieser Stelle von sich aus die Frage, ob Pharao nicht unschuldig abgestraft und damit ungerecht behandelt wurde.[7] So einverstanden sie damit sind, dass Saraj notfalls auch mit Gewalt befreit wird, ergreifen sie hier doch meist Partei für Pharao. „Nicht der Pharao, sondern Abraham hätte Schläge verdient“, finden unabhängig voneinander zwei Interviewte.[8] Die Frage nach der Bewertung des Verhaltens Adonajs gegenüber Pharao verschärft sich noch einmal da-

---

Gott schließlich den Plagegeist gesandt hat.

1 Vgl. Crüsemann, Herr, 75 („überraschend“); Weimar, Untersuchungen, 11 („unvermittelt“); aaO., 22 (die Geschichte arbeitet mit „Überraschungseffekten“); Vogels, Abraham, 132. Von 41 Schüler/inne/n und Studierenden, die in dem didaktischen Fragebogen gebeten wurde, ihre Vermutungen über den Fortgang der Geschichte nach V.16 zu äußern, haben nur vier damit gerechnet, dass Gott eingreift.

2 Von Rad, Genesis, 141; vgl. auch Interview „Gudrun“.

3 Fischer, Erzeltern, 131; vgl. Skinner, Genesis, 250.

4 Vgl. Fischer, Erzeltern, 136; dies., Gottesstreiterinnen, 28. Nach Oswald, Erzeltern, 82, besteht „die Funktion der Schläge [...] allein darin, den Abbruch der Schutzbürgerschaft anzustoßen.“

5 Vgl. Augustin, Inbesitznahme, 147.

6 Vgl. Jacob, Genesis, 353; Fischer, Erzeltern, 130.

7 Vgl. z.B. Schulte, Dennoch, 32; Fewell/Gunn, Gender, 44; oder Van Seters, Abraham, 173f., der die Plage als „unjustified punishment“ bezeichnet (174). Besonders deutlich auch Augustin, Inbesitznahme, 147: „Wieso wird der Pharao bestraft, obwohl die Tat auf der Lüge Abrahams basiert? Mit welchem Recht wird der am Ehebruch Unschuldige von Jahwe mit Plagen geschlagen?“

durch, dass mit dem ägyptischen Herrscher sogar die Menschen in seinem „Haus" (V.17b) getroffen werden.[1] All diese Überlegungen werden in Gen 12,10-20 nicht aufgegriffen, spielen aber wenige Kapitel später in Gen 20 eine für diese Nacherzählung konstitutive Rolle.

Auch was die Ebene des Geschehens anbetrifft, bleibt einiges offen: Wie hat man sich die „Schläge" genau vorzustellen?[2] Kann Pharao aus der Art der Schläge eine Verbindung der Plagen zu Saraj sehen und den Schluss ziehen, dass sie verheiratet ist?[3] Wird Pharao z.B. durch Impotenz oder eine Geschlechtskrankheit geschlagen,[4] da נגע als Substantiv z.B. in Lev 13f. und in 2Kön 15,5 mit Hauterkrankungen konnotiert ist?[5] Schickt ADONAJ die „Schläge" oder „Plagen", um Saraj vor dem Geschlechtsverkehr mit Pharao zu schützen, und kommen sie dafür noch rechtzeitig? Sind sie als Strafe gedacht?[6] Oder will ADONAJ mit ihnen vor allem eine Änderung

---

8 Dass eine Bestrafung Avrams in Betracht gekommen wäre, meinen auch von Rad, Genesis, 141; Westermann, Genesis I/2, 194.

1 Oft haben die Exegeten beobachtet, dass die Wendung „und sein Haus" am Ende des Satzes merkwürdig hinterherhinkt. Zwei Erklärungsmöglichkeiten seien hier genannt: (1) Der Erzähler wollte damit sagen, dass Pharao von „großen Schlägen" getroffen wurde, während „sein Haus" weniger schwer geschlagen wurde (Sforno, z.St.). (2) Die Worte וְאֶת־בֵּיתוֹ sind sekundär. Möglicherweise wurden sie aufgrund von Gen 20,17f. eingefügt (vgl. die Herausgeber der BHS in der Anm. z.St.; oder z.B. Proksch, Genesis, 102; Gunkel, Genesis, 1902, 151; Holzinger, Genesis, 139; Westermann, Genesis I/2, 193; Kilian, Abrahamsüberlieferungen, 8f.).
Weimar, Untersuchungen, 11 und Levin, Jahwist, 141, halten zudem V.17b für sekundär. Vgl. dagegen Millard, Genesis, 322: Das Betroffensein des Hauses von den Plagen ist insofern „sachlich verständlich" (312), als Saraj „in das Haus Pharaos" gebracht wurde.

2 Vgl. z.B. Alter, Genesis, 53: „In the laconic narrative art of the Hebrew writer, this is left as a gap for us to fill in by an indeterminate compound of careful deduction and imaginative reconstruction."

3 Davon gehen aus: Sarna, Genesis, 96; Keil, Genesis, 168.

4 Vgl. Sarna, Genesis, 96; Proksch, Genesis, 102.

5 Vgl. Wenham, Genesis, 290; Seebass, Genesis II/1, 27 („Aussatz"); und auch Millard, Genesis, 321, Anm. 51 („Ob נֶגַע als genaue Bezeichnung eines medizinischen Befundes in Gen 12 gelten [...] kann, ist allerdings durchaus fraglich. [...] Doch von der Stellenhäufung des Begriffes in Lev 12f. [sic] her bleibt die Assoziation von נֶגַע mit ‚Aussatz' im Horizont des Hebräisch des vorliegenden Textes dominant"). Laffey, Introduction, 28, trägt in den Text ein, dass Pharao mit Krankheiten geschlagen wird.

6 So z.B. Philo, De Abrahamo, 19; Dillmann, Genesis, 226.
bAr 16a bietet einen Katalog von Delikten, die mit נגעים bestraft werden: U.a. „Raub" (גזל) und „Unzucht" bzw. wörtlich die „Entblößung von Genitalien" (גלוי עריות). Vgl. dazu auch Millard, Genesis, 322ff.: „Genesis Rabba verortet die später dann in bAr 16a überlieferte Tradition in Gen 12,17" (323).

der Situation herbeiführen?[1] Während sich viele christliche und jüdische Leser/innen[2] keine Illusion darüber machen, dass Saraj nun zur „Frau des Pharao“[3], zur „Geliebten“, zur „Haremsfrau“, „Maitresse“ oder zum „Lustobjekt“[4] geworden ist, wie Schüler/innen formulieren, setzen sich einige andere z.T. vehement für die Interpretation ein, dass Saraj in dieser Hinsicht nichts geschehen ist,[5] weil Gott sie mit den Schlägen für Pharao und dessen Umgebung davor bewahrt hat.[6] So schon der Midrasch Tanchuma:

> „In eben jener Stunde stieg ein Engel aus dem Himmel herab, und er hatte einen Stock in seiner Hand. Als Pharao hineinkam, um ihre Kleider auszuziehen, schlug er ihn mit seiner Hand. Als Pharao hineinkam, um ihren Schuh zu öffnen, schlug er ihn. Und der Engel beriet sich mit Saraj über jeden einzelnen Schlag. Wenn sie sagte, dass er schlagen solle, schlug er, wenn sie sagte, dass er auf ihn achten solle, bis er wieder zu sich gekommen war, dann achtete der Engel auf ihn, wie gesagt ist: עַל־דְּבַר שָׂרַי – ‚entsprechend dem Wort Sarajs‘ (Gen 12,17). Was heißt das, ‚entsprechend dem Wort Sarajs‘? Das heißt: Wenn sie sagte, er solle schlagen, dann schlug er, und wenn nicht, dann schlug er nicht.“[7]

Während עַל־דְּבַר שָׂרַי meist so verstanden wird, dass ADONAJ Pharao „wegen Saraj“ schlägt, also um sie zu befreien oder das an ihr begangene Unrecht zu bestrafen[8], entfaltet die narrative Amplifikation (Jürgen Ebach)[9] im Midrasch diese sehr wörtlich ausgelegte Wendung („entsprechend dem Wort Sarajs“) zu einer Erzählung, die so in die biblische Geschichte einge-

---

1 Wenn Gott erst nach einem sexuellen Kontakt für Plagen gesorgt hat, scheint es ihm entweder um die Bestrafung Pharaos oder um die Wiederherstellung der Ehe zu gehen. Hat er rechtzeitig eingegriffen, dann ist auch Sarajs Ehre geschützt.

2 Vgl. Gunkel, Genesis, 1910, 173; Lutz, Isaac, 139f.; Miscall, Workings, 35; Coats, Genesis, 111; Polzin, Ancestress, 83.

3 Vgl. Hellbardt, Lüge, 17.

4 Vgl. auch Vogels, Abraham, 131.

5 Vgl. Proksch, Genesis, 102; oder auch der Kommentar zur RSV, bei Exum, Ancestress, 93: Saraj „was almost taken into Pharao's harem“.

6 Vgl. 1QApGen XX 17ff. ähnlich Gen 20; Ibn Esra, z.St.; Dillmann, Genesis, 228; Cassuto, Genesis II, 356; Zlotowitz, Bereishis I, 453; Keil, Genesis, 168.

7 TanchB III לך־לך 8, hebräischer Text nach Bar Ilan's Judaic Library. Vgl. dazu auch Millard, Genesis, 323, Anm. 61 mit weiteren Verweisen.

8 Vgl. Ramban, z.St. Nachmanides nennt zudem die זכות שניהם, also das Vorrecht oder die Vorrangstellung Avrams und Sarajs als ein Grund für ADONAJS Eingreifen. Vgl. auch Cassuto, Genesis II, 361.

9 Ebach, Schwester, 131, nennt die narrative Amplifikation als eine Möglichkeit, mit im Text beobachteten ‚Widersprüchen‘ umzugehen: „Man kann sie [...] *überspielen*, [...] *„durch literarkritische Reduktion auflösen oder* [...] *durch narrative Amplifikation aufheben.* Alle drei Lektüreweisen indizieren eine je besondere Haltung des Exegeten zum vorfindlichen Text.“

passt wird, dass sie viele Fragen beantwortet: Saraj bleibt nicht stumm,[1] sondern macht sich bemerkbar und veranlasst mit ihren Worten Schläge. Diese Schläge haben die Funktion, Pharao vom Geschlechtsverkehr mit Saraj abzuhalten und sind als Stockhiebe zu verstehen, durch die Gott unmissverständlich klar machen lässt, dass der ägyptische König Saraj nicht berühren darf. Im Anschluss an eine solche Interpretation hält es auch der jüdische Exeget Cassuto für unzweifelhaft, dass Gott die Plagen geschickt hat, *bevor* er sich Avrams Frau nähern konnte.[2] Andernfalls, so argumentiert er, wäre kaum verständlich, dass ein solcher Text in die Tora aufgenommen wurde. Doch so nahe liegend und geradezu zwingend die eine oder andere Interpretation dem jeweiligen Rezipienten oder der Rezipientin auch erscheinen mag – der Text bleibt doch offen für viele Deutungen.

Obgleich den Leser/inne/n deutlich ist, dass Gott mit den Schlägen den unguten Zustand in Bewegung gebracht hat, ist nicht sicher, was nun geschehen wird. Saraj und Avram befinden sich nach wie vor im Machtbereich Pharaos und sind ihm ausgeliefert. Deshalb betrachten einige Rezipient/inn/en nicht schon V.17, sondern erst die folgenden Verse der dritten Szene als die entscheidende Wendung im Geschehen.

18 a *Und Pharao rief nach Avram.*
b *Und er sagte:*
„Was hast du mir da angetan?
c *Warum hast du mir nicht mitgeteilt,*
[dass sie deine Frau ist?
19 a *Warum hast du gesagt:*
‚Meine Schwester ist sie‘?
Und [so] nahm ich sie mir zur Frau.
b *Und jetzt, siehe, [hier ist] deine Frau,*
[nimm [sie] und geh.“

1 Vgl. van Dijk-Hemmes, Sarai's Exile, 231. Im Bibelunterricht könnte man die im Text ausgelassenen Äußerungen erfinden, um Saraj eine Stimme zu geben. Vgl. auch das intertextuelle Projekt von Bail, Schweigen.

2 Vgl. Cassuto, Genesis II, 356ff. Vgl. auch Ibn Esra, zu Gen 12,19 und Jacob, Genesis, 474. Die Auslegung von Cassuto macht deutlich, dass sich die schwierige Frage nach Gottes Treue stellen kann, wenn er nicht rechtzeitig eingegriffen haben sollte.

Die meisten Interviewten hat bei der Lektüre dieser Verse interessiert, woher Pharao eigentlich erfährt, dass die Schläge in einem Zusammenhang mit Sarajs Anwesenheit in seinem Haus stehen[1] und Saraj Avrams Frau ist.[2] Auch hier lässt sich nur etwas hinzuerzählen: Vielleicht war Saraj als einzige nicht von der Plage betroffen, so dass Pharao sie ausgefragt hat.[3] Oder aber Pharao hat Zauberer, Weise[4] oder Priester[5] gefragt, was aus Kritik an solchen Orakel-Befragungen später getilgt wurde.[6] So unklar auch bleibt, wodurch Pharao zu seinen Einsichten gelangt, so deutlich ist doch, dass er die Zusammenhänge sehr gut durchschaut.[7] Wenig Mühe haben die Rezipient/inn/en, Pharao bestimmte Emotionen zuzuschreiben: Seine Rede wird als sehr emphatisch empfunden und zeigt für die meisten Leser/innen, dass er „höchst aufgebracht",[8] „wütend", „ärgerlich"[9] auf Avram und von ihm „enttäuscht"[10] ist. Eine Schülerin beschreibt Pharaos Gemütszustand als eine „Mischung aus Angst und Zorn". Diese Eindrücke erwecken Pharaos rhetorische[11] Fragen, von denen die erste (V.18b) als „Beschuldigungs"-[12] oder „Enttäuschungsformel"[13] die tiefe Überzeugung

1 Diese Frage stellen etwa von Rad, Genesis, 141; Van Seters, Abraham, 173, Kilian, Abrahamsüberlieferungen, 9; Koch, Formgeschichte, 151; Davidson, Genesis II, 25; Alexander, Compositional Variants, 146; Seebass, Genesis II/1, 24; Ronning, Naming, 7.

2 Vgl. Kilian, Abrahamsüberlieferungen, 9; Niditch, Underdogs, 60; Alexander, Compositional Variants, 146.

3 Vgl. Sforno z.St.; JosAnt I 164f.

4 Vgl. Gunkel, Genesis, 1902, 151, der davon ausgeht, dass Pharao ursprünglich „seine Weisen und Zauberer" gefragt hat, diese Notiz aber später als anstößig empfunden und getilgt wurde. Ähnlich Koch, Formgeschichte, 151.

5 Vgl. Skinner, Genesis, 250; JosAnt I 164f. (Josephus hält es zudem für möglich, dass die Wahrheit durch Opfer ans Tageslicht gebracht wurde).

6 Vgl. Gunkel, Genesis, 1902, 151. Eine andere narrative Amplifikation bietet 1QAp Gen XX 19ff. unter Aufnahme von Elementen aus Gen 20: Als Ärzte, Beschwörer und Weise dem König den Grund für die Plage nicht nennen können, fordert dieser von Avram, dass er für ihn bete. Daraufhin teilt Lot dem fremden Herrscher mit, Avram könne zwar nicht für ihn beten, die Plagen würden aber aufhören, wenn Saraj zurückgegeben werde.

7 Ramban, z.St., dagegen interpretiert, Pharao habe einen Zusammenhang zwischen den Krankheiten und Saraj lediglich vermutet und diesen Verdacht durch die folgenden Vorwürfe an Avram geprüft.

8 Proksch, Genesis, 102.

9 Vgl. Wenham, Genesis I, 289, Zlotowitz, Bereishis I, 454.

10 Vgl. Westermann, Genesis, 194.

11 Vgl. Seebass, Genesis II/1, 27.

12 Boecker, Redeformen, 26ff.; vgl. Berg, Sündenfall, 12f.

13 Vgl. R. Pesch nach Westermann, Genesis, 194. Zu diesem Begriff kritisch Berg, Sündenfall, 12f., Anm. 21.

durchscheinen lässt, dass der Ägypter das Opfer einer ungebührlichen Tat ist, während die zweite (V.18c) konkreter danach fragt, warum Avram ihm eine solch entscheidende Tatsache verschweigt, und die dritte (V.19a) darauf verweist, dass Avram die Unwahrheit über sein Verwandtschaftsverhältnis zu Saraj gesagt hat – mit der Folge, dass Pharao die angebliche Schwester „zur Frau" genommen hat. Die dritte Frage überrascht insofern, als zuvor lediglich der Plan berichtet wurde, dass sich *Saraj* als Avrams Schwester ausgeben sollte,[1] wogegen wir nichts davon wissen, dass *Avram* darüber eine Auskunft gegeben hat.[2] Entspricht dies aber der Wahrheit, dann könnte man mit Procksch den Schluss ziehen: „Abram ist also nach seinem Verhältnis zu Sarai gefragt worden, der Pharao ist ganz korrekt vorgegangen"[3] und hat Saraj ‚geheiratet', was durch den *terminus technicus* der Eheschließung, לקח לְאִשָּׁה, dargestellt wird. Wenn man der Ansicht ist, dass diese Wendung auch den Vollzug der Ehe einschließt,[4] was m.E. möglich, aber nicht zwingend ist, wäre die Frage nach dem Schicksal Sarajs im Haus Pharaos beantwortet.

Mit Avram identifiziert sich nach diesen Versen kaum mehr jemand. Dagegen haben viele Mitleid mit Pharao. Selbst ein jüdischer Ausleger wie Sforno[5] schlüpft in die Rolle Pharaos und redet gegen den Hebräer Avram, so dass eine Dialogizität entsteht, in der die Perspektive Avrams durch die Pharaos zerbrochen wird (kontrafaktisch-hierarchische Anordnung).[6] Auch Ramban und Zlotowitz ergreifen für den ägyptischen König Partei und rechnen ihm positiv an, dass er Saraj nicht als Konkubine genommen

---

1 Anders Jacob, Genesis, 348f.

2 Vgl. Seebass, Genesis II/1, 24.

3 Procksch, Genesis, 102.

4 Vgl. Smend, Erzählung, 38; Seebass, Genesis II/1, 28. Hingegen ist für 20,2f. deutlich, dass die Wendung ‚eine Frau nehmen', die Seebass an anderer Stelle (Art. לקח in: TWAT IV, 591) ebenfalls als *terminus technicus* für die Eheschließung bezeichnet (vgl. dagegen ders., Genesis II/1, 159), wegen 20,4 gerade *keinen* Vollzug der Ehe impliziert. So bleibt in Gen 12,10-20 also letztlich offen, ob ADONAJ wie in Gen 20 rechtzeitig eingegriffen hat.

5 Sforno, z.St.: „*Warum hast du es mir nicht mitgeteilt?* Denn selbst wenn du die Massen verdächtigt hast, hättest du nicht den König verdächtigen sollen, der für Gerechtigkeit im Land sorgt."

6 Zur kontrafaktisch-hierarchischen Anordnung der Perspektiven vgl. oben, 123.
Dass hier der Erzvater mit den Vorwürfen Pharaos stehen gelassen wird, hebt auch König, Genesis, 463, als eine Stärke des Textes hervor: „Daß sowohl jene Schwäche als auch deren Bestrafung vom Erzähler erwähnt wird, bildet einen Ruhmestitel der hebräischen Geschichtsschreibung. Nein, sie hat n i c h t ‚auf Goldgrund gemalt'."

hat, sondern in ernsthafter Weise zu seiner Frau machen wollte.[1] Wie überzeugend Pharaos Rede ist, zeigen Äußerungen wie die von Claus Westermann, der den Vorwurf[2] Pharaos als „berechtigt"[3] bezeichnet.

Statt Avram zu bestrafen[4] oder gar zu töten, um die Frau zurückzuerhalten, gibt Pharao ohne Umschweife Saraj ihrem Mann zurück - erst damit wendet sich das Geschehen endgültig[5]. Zudem ist er daran interessiert, dass beide sehr schnell gehen, was er durch die äußerst knappe Aufforderung bzw. durch den, wie viele empfinden, harschen Befehl[6] קַח וָלֵךְ zum Ausdruck bringt.

Die einen sind der Ansicht, es sei sehr anständig[7] von Pharao, dass er Avram mit Saraj (und allen Geschenken, wie wir gleich sehen werden,) ziehen lässt, weshalb er keineswegs den wüsten Ägyptern gleicht, von denen Avram noch zu Anfang geredet hat. Die anderen weisen darauf hin, dass Pharaos Großzügigkeit auch andere Gründe haben kann: Seit er die Schläge zu spüren bekam, hat der fremde Herrscher Respekt vor ADONAJ und vor Avram,[8] wenn nicht gar nackte Angst. Vielleicht halten die Plagen noch an, und Pharao ist der Überzeugung, dass sie erst enden werden, wenn Avram und Saraj fort sind. Eine Schülerin veranschlagt den Einfluss der traumatischen Erfahrung mit ADONAJS Schlägen auf Pharaos Rede so hoch, dass sie ihm unterstellt, er würde dies alles nur aus Furcht sagen und hätte Saraj sicherlich auch dann genommen, wenn er gewusst hätte, dass sie Avrams Frau ist.

Die Tatsache, dass Avram auf die Rede Pharaos nicht zu antworten scheint, eröffnet einen weiteren Raum für unterschiedliche Interpretationen. Zumeist wird Avrams „betretene[s]"[9] Schweigen als Schuldeingeständ-

---

1 Vgl. Ramban, z.St.; Radak, z.St. Dass Pharao dies nur heuchelt, meint Philo, De Abrahamo, 19.
2 Vgl. Weimar, Untersuchungen, 12.
3 Westermann, Genesis I/2, 194; vgl. Gunkel, Genesis, 1902, nach dem die Sage „das relative Recht Pharaos unbefangen" darstellt.
4 Damit hätte Berg, Sündenfall, 14, gerechnet.
5 Vgl. Coats, Genesis, 111.
6 Vgl. Gunkel, Genesis, 1902, 151: „Pharao wird grob." Ähnlich auch Fischer, Erzeltern, 133. Andere hingegen sehen hier eine „fürsorgliche Beauftragung und Verabschiedung, die unter Umständen mit Bedauern vorgenommen wird" (Jacob, Genesis, 353; vgl. auch Weimar, Untersuchungen, 13).
7 Vgl. Stoevesandt, Andacht, 189; Fischer, Gottesstreiterinnen, 27 („Der ägyptische Herrscher erweist sich als nobler, ja sogar gottesfürchtiger Mann").
8 Vgl. Westermann, Genesis I/2, 194; Hellbardt, Lüge, 22; Cassuto, Genesis II, 360. Dies empfand auch eine Reihe von Schüler/inne/n.
9 Zimmerli, Genesis, 97.

nis[1] gedeutet: Avram rechtfertigt sich deswegen nicht, weil er sich gar nicht rechtfertigen kann[2] und verurteilt durch sein Stummbleiben sich selbst.[3] So sieht manch einer Avram am Ende dastehen: als „Sünder und Lügner", als „treulose[r] Ehemann"[4] – Avram, „der blamierte Erzvater"[5]. Manche erklären Avrams Wortlosigkeit aus der Psychologie der Situation heraus: Der Zorn Pharaos zeigt dem Erzvater sehr deutlich, dass er nicht durch Antworten provozieren sollte[6]. Vielleicht hat er sogar Angst, eine Bestrafung zu erhalten.[7] Ein Schüler ist der Ansicht, dass Avram vor lauter Glück nichts zu sagen vermag, weil er nun wieder mit Saraj zusammen sein kann.

Nachdem Pharao Avram seine Saraj zurückgegeben und beide zum Gehen aufgefordert hat, wird nun im Schlussteil[8] der Erzählung berichtet, wie Pharao den Erzvater fortziehen lässt: *„Und er befahl für ihn Männer, (V.20a) und die führten ihn und seine Frau und alles, was er hatte, hinaus. (b)"* Dieses Hinausbegleiten wird überwiegend nicht als eine noble Geste Pharaos empfunden, sondern von vielen als Rauswurf oder sogar als „Abschiebung"[9] beschrieben. Viele haben den Eindruck, dass Pharao Avram „möglichst schnell loswerden" will, wobei die Funktion der „Männer" z.T. darin gesehen wird, dass sie darauf achten sollen, ob Avram und Saraj das Land auch wirklich verlassen.[10] Exegetisch lässt sich diese Interpretation

---

1 Vgl. Proksch, Genesis, 102, Van Seters, Abraham, 174; ähnlich Davidson, 25; Cassuto, Genesis II, 361 („his conscience tells him that he has sinned").

2 Speiser, Genesis, 91; vgl. Hellbardt, Lüge, 19.

3 Delitzsch, Genesis, z.St.; Wenham, Genesis I, 290.

4 Hellbardt, Lüge, 21.

5 Stoevesandt, Andacht, 189.

6 Zlotowitz, Bereishis I, 454. Ähnlich auch einige Schüler/innen.

7 Soggin, Genesis, 215. Eine Schülerin: Avram „kann froh sein, dass nicht mehr passiert ist."

8 Damit ergibt sich für Gen 12,10-20 jene konzentrische Gliederung, die Peter Weimar, Untersuchungen, 16, vorgeschlagen hat und die häufig rezipiert wurde (hier mit geringen Abweichungen):

A Exposition: 12,10 – Handlung Avrams
　　B 1. Szene: 12,11-13 – Rede Avrams an Saraj
　　　　C 2. Szene: 12,14-16 – Handlung der Ägypter und Pharaos
　　B' 3. Szene: 12,17-19 – Rede Pharaos an Avram
A' Schluss: 12,20 – Handlung Pharaos

Den breitesten Raum nehmen die Reden ein, die zudem dadurch besonders betont sind, dass sie zeitdeckend erzählt werden und insofern ein geringeres Erzähltempo als die gerafften Berichte der Handlungen aufweisen.

9 Seebass, Genesis II/1, 25. Siehe auch z.B. Hamilton, Genesis I, 386; König, Genesis, 462 mit Anm. 1.

10 Vgl. Hirsch, z.St.

durch jene Stellen stützen, an denen שלח pi. „vertreiben“ bedeutet (z.B. Gen 3,23; 26,27).

Seltener dagegen werden die „Männer“ als eine „militärische Bedeckung“[1] betrachtet, die Avram und Saraj „ehrenvoll“[2] hinausgeleiten sollen oder gar ein Zeichen der Fürsorge Pharaos sind, weil er den Erzeltern einen weiteren Aufenthalt in dem für sie zu gefährlichen Land ersparen möchte.[3] Um solche Interpretationen zu untermauern, wird darauf verwiesen, dass sich z.B. in 18,16; 19,29 (vgl. auch 26,29.31) für שלח pi. die Bedeutung „geleiten“ nahe legt.[4] Die Sorge um Avram und Saraj hat auch Ibn Esra im Blick, wenn er V.20 als zwei voneinander zu unterscheidende Handlungen interpretiert: Zunächst hat Pharao „in Bezug auf ihn“, nämlich Avram, den Männern „Anweisungen gegeben“ (וַיְצַו עָלָיו), dass sie sich insbesondere von Saraj fern halten sollten[5] – ähnlich wie es Avimelech in Gen 26,11 tun wird. Danach hat der ägyptische König beide freundlich hinausgeleiten lassen. Dass sich beide Leseweisen auch miteinander verbinden lassen, zeigt Westermann, indem er die Männer als eine „Eskorte“ beschreibt, die darauf zu achten hat, dass weder der einen noch der anderen Seite, also weder den Ägyptern noch dem Erzelternpaar, etwas geschieht.[6]

Erstaunlich finden dabei viele Leser/innen, dass Avram offenbar die Geschenke Pharaos mitnehmen darf.[7] Wenn Westermann dabei Avram als einen „Gedemütigte[n]“ fortgehen sieht, während Gunkel vermutet, dass der Erzähler in diesem Vers voller Freude über die gelungene List „übers ganze Gesicht schmunzelt“, dann demonstriert das einmal mehr die Interpretationsoffenheit des Textes. Hermeneutisch interessant ist, wie nicht nur am Ende der Erzählung die Ausleger/innen mit dieser Vieldeutigkeit umgehen: Sie betrachten immer wieder ihre Leseeindrücke und ihre Deutungen als die Aussageabsicht des Verfassers bzw. des Erzählers, die im Text ‚indirekt‘ oder ‚implizit‘ zum Ausdruck komme und zwängen so den wesensmäßig offenen Text in *eine* Lesemöglichkeit.

1 Von Rad, Genesis, 141; ähnlich Holzinger, Genesis, 139.
2 Jacob, Genesis, 354; vgl. auch Dilmann, Genesis, 228; Ibn Esra, z.St.
3 Vgl. Raschi, zu VV.19f.
4 Vgl. Keil, Genesis, 168; Weimar, Untersuchungen, 13.
5 Vgl. Ibn Esra, z.St.
6 Vgl. Westermann, Genesis I/2, 194.
7 Vgl. Gunkel, Genesis, 1902, 151: „Er [Pharao] wagt es auch nicht, ihm die Geschenke abzunehmen.“

b) Gen 12,10-20 im Kontext

Diese Offenheit der Erzählung in Gen 12,10-20 für sehr unterschiedliche Deutungen wurde bereits von Gerhard von Rad 1949 wahrgenommen:

> „Unsere Erzählung ist [...] in beispielhafter Weise dem Ausleger eine Lehre. Sie ist [...] ein extremes Beispiel dafür, wie wenig die Mehrzahl der Vätergeschichten dem Leser von sich aus eine maßgebende Deutung und Bewertung des jeweiligen Geschehens nahelegen."[1]

Deswegen verzichtet von Rad weitgehend darauf, *‚die'* Intention des Textes zu eruieren und formuliert seine Auslegungen oft als Hypothesen.[2] Doch wie für viele, so ist auch für von Rad diese Offenheit letztlich nicht befriedigend: „Woran hat sich dann der Ausleger zu halten?" Eine gewisse Orientierung, so die Antwort, gibt die Interpretation der Erzählung aus dem Kontext[3]:

> „Wenn der großen Verheißung 12,1-3 die programmatische Bedeutung zukommt, die wir in ihr sehen, dann stehen diese Worte ja auch über unserer Geschichte! Man mache es sich klar: Mit der Gefährdung der Ahnfrau war doch alles das in Frage gestellt, was Jahwe an Abraham zu erfüllen verheißen hatte. Aber Jahwe läßt sein Werk nicht schon am Anfang scheitern; er rettet es und trägt es hinüber über alles menschliche Versagen."[4]

Von Rad nutzt damit den Erzählzusammenhang, in dem Gen 12,10-20 steht, um Anhaltspunkte für eine Deutung der Geschichte zu gewinnen: So wird aus der Geschichte von der Gefahr für Saraj – unter der Prämisse, dass Adonaj seine Verheißung mit keiner anderen Frau erfüllen will –, die „Gefährdung der Ahnfrau". Bzw.: Wenn Adonaj in 12,17 Saraj mit aller Macht wieder befreit, dann lässt sich das als ein Hinweis darauf verstehen, dass er die bislang unfruchtbare Saraj nicht aus der Nachkommensverheißung ausklammern will. Sie ist die Erzmutter,[5] die zum Erzvater Avram gehört. Im Rückblick auf Gen 12,10-20 im Kontext der beginnenden Erzelternerzählung wollen einige Ausleger/innen Avrams Verhalten als

1 Von Rad, Genesis, 141. Vgl. dazu auch Miscall, Workings, 45.

2 Das machen Wendungen wie diese deutlich: „Es wird stimmen", dass der Verfasser dies und jenes zeigt, „und es ist möglich", dass etwas aus einem Vers „herausgehört werden darf" (von Rad, Genesis, 141).

3 Vgl. von Rad, Genesis, 141: „So ist die Erzählung zum anderen ein Beispiel dafür, wie die Sammler gelegentlich die Deutung einer Erzählung von dem übergreifenden Ganzen her geschehen lassen."

4 Von Rad, Genesis, 142.

5 Vgl. Butting, Gefährdung, 15: Saraj gehört als – durch Gott aus den unterdrückerischen Verhältnissen Befreite – „notwendig zu der von Gott eröffneten Geschichte dazu".

„menschliche[s] Versagen" bezeichnen. Nicht nur Gerhard von Rad, auch anderen Leser/inne/n sind im Rückblick, mit all den (möglichen) Konsequenzen seines Handelns vor Augen, Avram gegenüber noch einmal sehr viel kritischer eingestellt. Wird Gen 12,10-20 ein zweites Mal gelesen, so kann es sein, dass von einer Identifikation mit Avram bei der Erstlektüre kaum noch etwas übrig bleibt.[1] Hätte er überhaupt nach Ägypten ziehen dürfen, oder war nicht „schon das Verlassen Kanaans ein Akt des Unglaubens im Sinne der Erzählung? Vielleicht",[2] meint von Rad. So erscheint Gen 12,10-20 in mehrfacher Hinsicht als eine „Digression"[3] oder ein Exkurs, den sich Avram und der Erzähler erlauben. Innerhalb der geographischen Gliederung von Gen 12f. wird der Exkurscharakter von Gen 12,10-20 dadurch deutlich, dass Avram nach 12,20 in umgekehrter Reihenfolge die Stationen abschreitet, die ihn zuvor nach Ägypten geführt hatten:[4]

A Altar (12,7)
B Bethel und Ai (12,8)
C Negev (12,9)
D Ägypten (12,10-20)
C' Negev (13,1)
B' Bethel und Ai (13,3)
A' Altar (13,4)

Nach dem Ägyptenaufenthalt kehrt Avram zurück in das Land, in das zu gehen ihm ADONAJ in 12,1 aufgetragen hatte. Dadurch lässt sich Gen

1 Eine Interviewte geht nach dem sequenzweisen Lesen des Textes selbstständig eine *relecture* vor, bei der sie zu einer sehr kritischen Sicht gegenüber Avram gelangt.

2 Von Rad, Genesis, 142. Als Preisgabe des verheißenen Landes interpretiert 12,10 auch Schmidt, Israel, 141.
Eine dezidierte Deutung von Gen 12,10-20 als „ein Umweg, ein Irrweg, ein Fehler" bietet Butting, Gefährdung, 13, und macht das daran fest, dass der Erzähler Avram „Zug um Zug" umkehren lässt. Ähnlich auch Fischer, Gottesstreiterinnen, 28: „Ohne ein Wort JHWHs über das Verlassen *des* Landes einzuholen, zieht er fort. [...] Gen 12,10ff. bekommt so die zusätzliche Sinndimension des Verrats an den Verheißungen JHWHs."
Vgl. dagegen das Verständnis, das Philo, De Abrahamo, 18, für Avrams Wegzug aufbringt und das bereits 20,13 zu berücksichtigen scheint.

3 Crüsemann, Eigenständigkeit, 16; Fischer, Gottesstreiterinnen, 29.

4 Zur Rahmung durch 12,10b/V.20; 13,1 vgl. auch Westermann, Genesis I/2, 188.

12,10-20 im Kontext von Gen 12f. nicht nur als eine Gefährdung der Ahnfrau, sondern auch als eine Gefährdung des verheißenen Landes begreifen. Betrachtet man mit den Masoreten Gen 12 und Gen 13 als eine Einheit, so wird darüber hinaus ein Bogen sichtbar, der sich vom Anfang des einen Kapitels über die genannten Stationen hinweg zum Ende des anderen Kapitels spannt[1]: Fordert ADONAJ in 12,1 Avram auf, in das Land zu ziehen, das er ihn sehen (ראה hif.) lassen wird, so kehrt dieses Sehen (ראה q.) in 13,15 wieder, als Gott dem Avram das Land in seiner ganzen Ausdehnung zeigt:[2] „Denn das ganze Land, das du siehst - dir werde ich es geben, und deinen Nachkommen in alle Zeit." Diese Verheißung korrespondiert zudem mit 12,7 - auch darin, dass Avram an beiden Stellen mit dem Bau eines Altars antwortet.[3]

In diesen Bogen zwischen dem ersten Zug ins Land, der Digression nach Ägypten und dem erneuten, feierlichen Einziehen (13,18: בוא) und Wohnungnehmen im Land (13,18: ישב), bringt Gen 12,10-20 dadurch ein Spannungsmoment ein, dass Avram ‚sein' Land verlässt bzw. verlassen muss und damit diese Verheißungsgabe gefährdet scheint. Von Gen 13,14ff. aus betrachtet lässt sich 12,10-20 als eine *retardatio* vor dieser proleptischen Landnahme[4] begreifen.

Doch nicht nur das Land und die Nachkommenschaft stehen in Gen 12,10-20 auf dem Spiel. Nicht wenige Exeget/inn/en fragen darüber hinaus nach dem dritten Verheißungsgut, dem Segen. In 12,3 wird Avram prophezeit, in ihm würden alle Familien der Erde Anteil am Segen erhalten - aber war in der Gefährdungserzählung davon etwas zu spüren?[5] Hat Avram Pharao und den Ägyptern Segen gebracht oder nicht vielmehr das Gegenteil: eine schlimme Plage? Befragen viele schon hier die Gefährdungsgeschichte daraufhin, ob in ihr Segen geschieht und ob sich Avram

---

1 Zu diesem Kompositionsbogen vgl. auch Berge, Zeit, 111; Köckert, Vätergott, 250ff.; Zimmerli, Genesis, 30; Blum, Komposition, 186.

2 Vgl. Butting, Buchstaben, 124; Millard, Genesis, 320.

3 Damit ergibt sich für den Aufbau von Gen 12f.:
A Verheißung und Altarbau (12,7.9)
B Erzählung I: Avram und Saraj in Ägypten (12,10-20)
C Altarbau (13,4)
B' Erzählung II: Avram und Lot ziehen ins Land, Trennung (13,4-13)
A' Verheißung und Altarbau (13,15ff.)

4 Vgl. auch Gese, Studien, 37, der Gen 13 als „Eisodusprolepse" bzw. „Landgabeprolepse" bezeichnet.

5 Vgl. z.B. Proksch, Genesis, 101; Coats, Genesis, 110; Brueggemann, Genesis, 129; Nomoto, Entstehung, 23; Klopfenstein, Lüge, 333; Fischer, Gottesstreiterinnen, 28; Biddle, Ancestress, 599ff.; Vogels, Abraham, 133; Fewell/Gunn, Gender, 44.

seinem Segensauftrag gemäß verhält, so wird diese Frage noch drängender in Gen 26,1-11, wo Gottes Segenswunsch für die Völker unmittelbar vor der dritten Preisgabeerzählung noch einmal wiederholt wird.

Im weiteren Kontext des Pentateuch bzw. der Tora arbeiten besonders viele Ausleger/innen[1] die intertextuellen Bezüge heraus, die sich zu der Exodusgeschichte ziehen lassen:

(1) Sowohl Avram und Saraj als auch deren Nachfahren gehen aufgrund einer Hungersnot (12,10/43,1: רעב) bzw. deswegen, weil die Hungersnot *schwer* war (12,10/47,4: כי כבד הרעב בארץ), nach Ägypten.[2]

(2) Avram wie auch Josefs Brüder ziehen in das fremde Land, um dort als Fremdlinge zu bleiben (12,10/47,4: גור).[3]

(3) Avrams Angst, in Ägypten als unliebsamer Konkurrent erschlagen zu werden, während seine Frau am Leben gelassen wird (12,12: חיה pi.), scheint auf die Anweisung Pharaos vorauszuverweisen, nach der alle neugeborenen Jungen getötet, die Mädchen aber verschont werden sollen (Ex 1,16.22[4]: חיה q./pi.).[5]

(4) Nicht anders als Saraj wird auch der Hebräer Joseph als „schön von Aussehen" beschrieben (12,11/39,6: יפת־מראה), die eine erregt Aufsehen unter den Ägyptern und den Obersten Pharaos (12,15), der andere das Interesse der Frau des Potifar (39,7).

(5) Kehrt Avram nach seinem Aufenthalt in Ägypten u.a. reich an Silber und Gold zurück (13,2: כבד מאד בכסף ובזהב), so statten sich auch die Israeliten vor ihrem Auszug mit Gold- und Silberwaren aus (Ex 12,35: וישאלו כלי־כסף וכלי־זהב).[6]

(6) In Gen 12,10-20 wie in der Exodusgeschichte schickt ADONAJ Plagen, um Pharao dazu zu bewegen, die Hebräer wieder gehen zu lassen (12,17/Ex 11,1: נגע).[7]

(7) Wo in Gen 12,18f. Pharao Avram zu sich ruft (קרא) und ihn auffordert, seine Frau zu nehmen (לקח) und fortzugehen (הלך), da wird in der Exoduserzählung (Ex 12,31f.) berichtet, Pharao rufe (קרא) Mose und Aaron zu sich, um ihnen zu befehlen: „Macht euch auf, zieht heraus aus der Mitte meines Volkes – sowohl ihr als auch die Kinder Israels, und geht (הלך) hin und dient ADONAJ, wie ihr gesagt habt.

1 Vgl. schon BerR, zu 12,16-20; Ramban, z. 12,10; Cassuto, Genesis II, 335ff.; Jacob, Genesis, 356; Sarna, Genesis, 93; Koenen, Prolepsen, 467; Schmid, Erzväter, 64f.; Nomoto, Entstehung, 21; Weimar, Untersuchungen, 18f.; Ronning, Naming, 19; Crüsemann, Herr, 75; Blum, Komposition, 309.

2 Vgl. Midrasch nach Zlotowitz, Bereishis I, 442; Cassuto, Genesis II, 335; Vogels, Abraham, 127f.; Ramban, zu 12,10, zieht eine Verbindung zu 45,6.

3 Vgl. Cassuto, Genesis II, 335.

4 Vgl. Ramban, z. 12,10; Fischer, Gottesstreiterinnen, 28; van Dijk-Hemmes, Sarai's Exile, 228; Vogels, 129.

5 Vgl. Cassuto, Genesis II, 335; Alter, Genesis, 52.

6 Vgl. Cassuto, Genesis II, 335; Deurloo, Gefährdung, 19.

7 Vgl. Cassuto, Genesis II, 335; Butting, Gefährdung, 14; Seebass, Genesis II/1, 27; Fischer, Erzeltern, 368; dies., Gottesstreiterinnen, 29; van Dijk-Hemmes, Sarai's Exile, 228.231.

Auch eure Schafe und eure Rinder nehmt (לקח), und segnet auch mich."[1] Auch Avram war ja „mit allem, was er hatte" (Gen 12,20), also auch mit den von Pharao erhaltenen Schafen und Rindern (V.16) ausgezogen. Wie in Gen 12,20, wollen die Ägypter das hebräische Volk in Ex 12,33 fortschicken.[2]

(8) Wie Avram (13,1), so ziehen auch die Kinder Israels nach ihrem Aufenthalt in Ägypten zunächst in den Negev (Num 13,22). Auch sie gelangen bei ihrem Zug ins Land in die Gegend zwischen Bethel und Ai (13,3/Jos 8,9.12), wenn auch unter deutlich anderen Umständen als Avram.

Anhand dieser und anderer Verbindungen auf der Wort- und Motivebene können die Leser/innen beide Textbereiche, Gen 12,10-20 und die Exodusgeschichte, aufeinander beziehen und Ähnlichkeiten in der Ausgangssituation, im *plot* und im Handeln der Personen feststellen. Wird zuerst die Gefährdungserzählung in Gen 12 und dann die Exodusgeschichte gelesen, so konstituiert diese Erzelternerzählung ein bestimmtes Vorwissen, etwa im Hinblick auf Ägypten[3] oder die Handlungsmuster der auftretenden Personen. Geht man jedoch umgekehrt davon aus, dass bei der Lektüre von Gen 12,10-20 die Hauptlinien und viele Einzelgeschichten der Exoduserzählung bekannt sind, – was bei fast allen Rezipient/inn/en der Fall ist –, so lässt sich die Geschichte von Avrams und Sarajs vorübergehendem Aufenthalt in Ägypten als ein ‚kleiner Exodus' lesen, den die Erzeltern vorauserleben:[4]

> „Sarai verkörpert somit vorab das in der Sklaverei gefangene Volk Israel. Ihre Befreiung präfiguriert die Befreiung aus Ägypten!"[5]

Gemeinsam ist beiden Geschichten ein *plot*, in dem sich Gott als derjenige erweist, der mächtiger als Pharao ist, und der die Hebräer, die in dessen

---

1 Vgl. Cassuto, Genesis II, 335; Schmid, Erzväter, 64.

2 Vgl. Butting, Gefährdung, 14.

3 Z.B.: ‚Ägypten ist ein Land, in dem es Nahrung gibt, auch wenn in Kenaan Hungersnot herrscht.'

4 Vgl. Levin, Jahwist, 141; Gese, Studien, 35f.; de Hoop, Use, 367; Alter, Genesis, 52; Seebass, Genesis II/1, 26ff.; Miscall, Workings, 42ff. („Mini-Exodus"); vgl. insbesondere Vischer, Christuszeugnis, 157, der darauf verweist, „daß hier Abram die späteren Erlebnisse, die seine Nachkommenschaft in der ägyptischen Fremde haben wird, prophetisch (nicht allegorisch!) vorauserlebt". Vischer untermauert das mit einem Hinweis auf 15,13f.
Die Reaktionen einer Leserin, die sich bei der Rezeption von 12,10-20 die Erinnerungen an die Exoduserzählung bewusst macht, bietet Butting, Gefährdung, 13: „Der Begriff ‚Ägypten' weckt bei dem Hörer, der etwas vertraut ist mit der jüdischen Geschichte, eindeutige Assoziationen – ein Sklavenhaus! Dieser Hörer ist irritiert; gerade angekommen im Land der Verheißung, zieht Abraham hinab in das Land der Versklavung? Was kann das bedeuten?"

5 Fischer, Gottesstreiterinnen, 29. Vgl. van Dijk-Hemmes, Sarai's Exile, 233.

Machtbereich geraten sind, aus ihrer scheinbar ausweglosen Situation herauszuführen vermag. Wer die eine Erzählung liest und die andere schon kennt, hat bereits eine Ahnung, dass Gott sein Unternehmen nicht in einer Sackgasse enden lassen wird.

Neben diesen Korrespondenzen zwischen Gen 12,10-20 und dem Exoduserzählstrang fallen aber auch Unterschiede auf.[1] Eine wichtige Differenz besteht darin, dass Leser/innen bei der Lektüre von Gen 12 etwa zur Hälfte eine positive Einstellung gegenüber Pharao gewinnen, während Pharao in der eigentlichen Exodusgeschichte meist als negative Kontrastfigur zu den Kindern Israels empfunden wird. Treten diese beiden Leseerfahrungen miteinander ins Gespräch, so entsteht ein vielfältiges, gebrochenes, ja dialogisches Bild von Pharao als einem Menschen, der Hebräer bei sich festhält, der aber auch ein Opfer von Schlägen Gottes wird; einem Menschen, der die Verheißungen Gottes gefährdet, und mit dem die Leser/innen doch auch Mitleid haben, weil sie sich fragen, ob er sein Tun als falsch erkennen konnte, ob man ihm eine Schuld anlasten konnte und ob es gerecht war, ihn zu schlagen.

c) Auswertung: Der Weg der Leser/innen durch Gen 12,10-20

Fasst man eine größere Zahl von Einzellektüren einer Erzählung wie Gen 12,10-20 zusammen, so lässt sich das Verhalten der Rezipient/inn/en mit dem einer Gruppe von Wanderern vergleichen, die alle mit derselben Landkarte ausgestattet sind, sich ihren Weg aber jeweils selbst suchen müssen. Immer wieder stehen mehrere Pfade zur Auswahl, zwischen denen sich die Teilnehmer/innen zu entscheiden haben. Es gibt Hauptwege, die oft parallel geführt werden und über Verbindungspfade erreichbar sind, sowie Nebenwege. Meist verteilt sich der Strom der Wanderer nicht gleichmäßig, vielmehr werden manche Wege stark frequentiert, während andere, die ebenso erlaubt sind, deutlich weniger benutzt werden. Hin und wieder verbietet eine Auslegungsgemeinschaft den Durchgang, so etwa – mit Recht – bei allen Pfaden, die einen antijudaistischen oder antisemitischen Eindruck machen. An verschiedenen Stellen liegen am Weg Leerstellen, die man entweder links liegen lassen oder aber als Freiräume nutzen kann, um einen Spaziergang in die Gefilde der Phantasie zu machen, bevor man zum Weg zurückkehrt.

1 Vgl. dazu auch Hamilton, Genesis I, 386.

Bei der rezeptionsästhetischen Betrachtung der Geschichte von Avram und Saraj in Ägypten haben wir zwei Hauptwege ausmachen können, die sich anhand der jeweiligen Einstellung zu den Hauptpersonen verdeutlichen lassen. Auf der einen Straße, die zu Beginn noch von fast allen benutzt wird, findet man jene Leser/innen, die mit Avrams Verhalten einverstanden sind und sich mit dem Erzvater identifizieren können: Avram hatte wegen der schweren Hungersnot (P1) keine andere Wahl, als nach Ägypten zu ziehen (L1). Dort muss er damit rechnen, dass ihm die unmoralischen Ägypter seine attraktive Frau rauben und ihn erschlagen (P2) und bittet deshalb seine Frau, sich als seine Schwester auszugeben (L2). Deren Schweigen zeigt, dass sie einverstanden ist. Die Ägypter verhalten sich wie vorhergesagt, nur dass Saraj nicht von irgendeinem Ägypter, sondern von Pharao ins Haus geholt wird, wogegen Avram nichts mehr tun kann (P3). Pharaos Geschenke konnte Avram nicht ablehnen, weil er den ägyptischen König sonst misstrauisch gemacht hätte. Nach der Intervention ADONAJS macht Pharao das Unrecht rückgängig und lässt die Hebräer ehrenvoll aus dem Land geleiten (L3).

Auf dem zweiten Hauptpfad sind jene Rezipient/inn/en unterwegs, die Avram gegenüber eher kritisch eingestellt sind und sich stärker mit Saraj und/oder Pharao identifizieren. Sie weisen darauf hin, dass Avrams düsteres Szenario durch das spätere Verhalten der Ägypter nicht bestätigt wird, und halten die Schwester-Lüge für keine Lösung. Saraj wird von den handelnden Männern zum Objekt[1] gemacht: zunächst von ihrem Mann, der sie nicht einmal zu Wort kommen lässt, später von Pharao, der sie zu sich nimmt. Wenn der unwissende Pharao samt seinem Haus von ADONAJ geschlagen wird, dann stellt sich die Frage, ob er damit nicht zu unrecht bestraft wird. Für viele steht Pharao dadurch in einem positiven Licht, dass er Avram seine Frau zurückgibt und die beiden samt der Geschenke, die Avram beschämenderweise für seine Frau erhalten hat, gehen lässt. Den verständlichen Vorwürfen, die Pharao gegen Avram vorbringt, hat dieser nichts entgegenzusetzen, und so kann er noch froh sein, wenn er am Ende lediglich aus Ägypten hinausgeworfen wird.

Vom ersten Hauptpfad der Avram-Sympathisanten wechseln die meisten Rezipient/inn/en spätestens nach dem Empfang der Geschenke oder nach dem Eingreifen Gottes auf den anderen, breit ausgetretenen Weg der Avram-Kritiker. Dabei sind z.B. männliche Leser oft auf dem ersten Weg zu finden, während signifikant häufig jüngere Leser/innen und besonders

1 Vgl. z.B. Exum, Ancestress, 107.

Frauen früh auf den zweiten Weg wechseln. Die meisten zeitgenössischen Rezipient/inn/en sind am Anfang der Erzählung noch einverstanden mit Avrams Verhalten und werden dann Vers für Vers ihm gegenüber kritischer.

Auf dem Weg durch den Text kann man einigen Leerstellen begegnen. Dieser Begriff beschreibt das Phänomen, dass Leser/innen an einer bestimmten Textstelle etwas erwarten, was die Erzählung aber nicht bietet. Obgleich der Ausdruck „Leerstelle" eine gewisse Objekthaftigkeit vorgaukelt, sind Leerstellen doch etwas vom lesenden Subjekt Abhängiges: Nicht immer wird von verschiedenen Rezipient/inn/en dasselbe als ‚fehlend' wahrgenommen. Häufig stellen Leser/innen z.B. fest, dass der Erzähler die Figuren weder direkt charakterisiert, noch ihr Handeln bewertet, und dass er sich auch über das Denken und Fühlen der Protagonisten ausschweigt. Andere Leerstellen ergeben sich dadurch, dass Fragen an die *story* aufkommen: Wie hat Saraj auf die angsterfüllte Vision Avrams und auf seinen Vorschlag zur List reagiert? Wie haben sich die Erzeltern bei der Wegführung zu Pharao verhalten? Haben die Ägypter nach Sarajs Familienstand gefragt, als sie sie mitgenommen haben? Was hat sie bei Pharao erleben müssen? Mit welcher Absicht, auf welche Art und Weise und wie rechtzeitig hat ADONAJ Pharao „geschlagen" (12,17)? Woher hat Pharao erfahren, dass die Schläge etwas mit dem Kidnapping Sarajs zu tun haben? Hat die Plage zu dem Zeitpunkt aufgehört, als Pharao Saraj zurückgegeben hat?[1] Die Leser/innen haben die Möglichkeit, diese Leerstellen beinahe nach Belieben auszufüllen. Begrenzt ist diese Freiheit dadurch, dass die Rezipient/innen nach den allgemeinen Konventionen verpflichtet sind, nach ihrem Ausflug auf den durch den Text vorgezeichneten Weg zurückzukehren.

Nicht nur durch die Leerstellen, durch das Nicht-Gesagte, sondern auch im Hinblick auf das Gesagte ist Gen 12,10-20 wie jeder Erzähltext für viele Interpretationen offen.[2] Das gilt, zumal die Ausdeutung des Nicht-Gesagten und die Interpretation des Gesagten einander stets wechselseitig beeinflussen. So betreffen andere Fragen eher die Bewertung des Geschehens: Hätten die Ägypter vor den schmerzlichen Schlägen Saraj auch dann genommen, wenn sie gewusst hätten, dass sie verheiratet ist? Wird das Ehepaar ehrenvoll aus dem Land begleitet oder rausgeworfen? Diese und ande-

1 Vgl. von Rad, Genesis, 141. Coats, Genesis, 151 geht von der Wiederherstellung Pharaos aus.

2 Insbesondere nimmt der Text keine Bewertungen vor. Vgl. Vogels, Abraham, 128.

re Vieldeutigkeiten gehen auch dann nicht verloren, wenn man, wie von Rad, Gen 12,10-20 im Kontext der Kapitel 12f. zu interpretieren versucht oder die Erzählung in ihrem intertextuellen Verhältnis zur Exodusgeschichte betrachtet.

Der als nächstes zu betrachtende Text Gen 20 nutzt gerade diese Offenheit, indem er zentrale Fragen aufnimmt, die sich viele Leser/innen bei der Lektüre von Gen 12,10-20 stellen.

2. Kotext II: Gen 20

a) Avraham und Sara bei Avimelech in Grar (Gen 20)

Schon der erste Vers der – durch zwei masoretische Setumot klar abgegrenzten – Erzählung in Gen 20 lässt die meisten Exeget/inn/en eine Verbindung zu Gen 12 ziehen: „Und Avraham brach von dort[1] aus auf zum Südland. Und er ließ sich nieder zwischen Kadesch und Schur, und er weilte als Fremdling in Grar. (20,1)“ Der seit 17,5 einen neuen Namen[2] führende Erzvater macht sich wie in 12,9 auf, um in den Negev zu ziehen (20,1/12,9: נסע+נגב),[3] wobei er nicht, wie man hätte erwarten können,[4] nach Ägypten geht, sondern in Grar[5] als Fremdling weilt (20,1/12,10: גור).[6] Die Wanderung wird hier nicht begründet.[7] In Grar sieht man Avraham sich wie in Ägypten verhalten, was vergleichbare Konsequenzen nach sich zieht: „Und Avraham sagte von Sara, seiner Frau: ‚Meine Schwester ist sie‘. Und Avimelech, der König von Grar, schickte hin, und er nahm Sara. (20,2)“ Wer sich noch gut an die nunmehr acht Kapitel zurück liegende Geschichte Gen 12,10-20 erinnert, dem sind die in 20,2 geschilderten Handlungen derart bekannt, dass er die Leerstellen[8] dieses Verses nicht unbedingt sofort bemerkt: Warum gibt Avraham seine Frau als seine Schwes-

1 Von Mamre (18,1; vgl. z.B. Dillmann, Genesis, 279; Davidson, Genesis, 81; Keil, Genesis, 202; Soggin, Genesis, 292; Seebass, Genesis II/1, 159; Clines, Eve, 76) bzw. Hebron aus (Jacob, Genesis, 467)? Zudem wird erwogen, ob hier ein Rückbezug zu den Ereignissen in Sedom zu sehen ist, (vgl. etwa Raschi, z.St.) was zeigt, dass sich Leser/innen schon hier an Gen 18 erinnern.

2 Näheres zu Avrams Umbenennung bei Naumann, 112ff. (Lit.).

3 Vgl. auch Millard, Genesis, 329.

4 Vgl. Deurloo, Gefährdung, 23; Butting, Gefährdung, 17: Der „Erzähler leitet mit den geographischen Angaben die Assoziationen der Hörer geschickt auf sein Ziel hin. [...] [W]enn alle Ohren Ägypten erwarten, heißt es: ‚er gastete in Grar.‘“

5 Zu einer möglichen Lokalisierung von Grar vgl. Aharoni, Land, der Grar mit dem Tell Abu Hureira und das Tal von Grar mit dem Wadi esh-Shari‘ah identifiziert. Nach diesem Vorschlag liegt Beer-Scheva ca. 30km südöstlich von Grar. S. auch Lutz, Tradition, 123ff.

6 Entweder hat Avraham erst zwischen Kadesch und Schur gewohnt und ist dann nach Grar gezogen (Radak; Hoffmann, Hirsch, z.St.), oder er hat generell zwischen Kadesch und Schur gelebt und hat sich zeitweise in Grar aufgehalten (Sarna, Genesis, 141; Zlotowitz, Bereishis I, 720).

7 Die fehlende Motivation fiel schon Radak, z.St., auf. Vgl. Zlotowitz, Bereishis I, 719; Clines, Eve, 76.

8 Vgl. etwa Jacob, Genesis, 468. LXX hat die Leerstellen z.T. schon hier ausgefüllt.

ter aus?[1] Was veranlasst Avimelech dazu, die (ebenfalls umbenannte)[2] Sara zu sich zu holen?[3] Und welche Absicht verbirgt sich dahinter? Wenn man Leser/innen nach der Lektüre von Gen 12 und Gen 20 bittet, den Beginn dieser Geschichte nachzuerzählen, und sie fast ausnahmslos von Avrahams Angst vor den Fremden wegen seiner „hinreißend schönen"[4] Frau berichten oder sich nicht an den Leerstellen stören, dann zeigt dies, dass die Rezipient/inn/en automatisch und unmerklich Informationen aus Gen 12 in die entsprechenden Lücken von Gen 20 transportieren[5] bzw. wegen der Vertrautheit des Geschehens nicht nach Begründungen fragen.[6] Für diejenigen, die sich die mittlerweile über 90-jährige Sara nicht als anziehende Frau vorstellen können, hat diese abgekürzte Erzählweise den Vorteil, dass der Text auf der Ebene des Gesagten galant über die Frage hinweggeht, ob Sara noch als ‚schön' bezeichnet werden kann[7].

Einige Leser/innen nutzen ihre Freiheit in der Interpretation, indem sie die beiden Leerstellen nicht mit dem narrativen Material aus Gen 12, sondern aus ihrer eigenen Phantasie heraus füllen. So halten es einige Exegeten für denkbar, dass Avimelech die Erzmutter nicht deswegen zu sich nimmt, weil sie besonders begehrenswert wäre, sondern weil er sich durch

1 Vgl. Seebass, Genesis II/1, 164; Ronning, Naming, 9.
2 Zur Ableitung des Namens ‚Sara' vgl. Naumann, Ismael, 127f. (Lit.).
3 Vgl. Blum, Komposition, 407; Seebass, Genesis II/1, 164.
4 So ein Wiener Judaistik-Professor.
5 Vgl. Deurloo, Gefährdung, 23. S. auch Ronning, Naming, 9.13.
6 Dass zum Verständnis von 20,2 die Kenntnis von Gen 12,10-20 notwendig ist, wurde oft festgestellt, vgl. etwa Jacob, Genesis, 468; Millard, Genesis, 333; Van Seters, Abraham, 171; Westermann, Genesis I/2, 392; Wenham, Genesis II, 68. In der diachronen Exegese stellt man sich das Zustandekommen dieser „Lücken" so vor, dass hier etwas ‚ausgefallen' sei, vgl. Koch, Formgeschichte, 143 oder Westermann, Genesis I/2, 392.
Wenn Kilian, Abrahamsüberlieferungen, 190, der Auffassung ist, dass hier „nichts Wesentliches oder gar Notwendiges" fehlt, dann zeigt das, wie selbstverständlich Leser/innen ihre Kenntnisse aus Gen 12 auf Gen 20 übertragen.
Seebass, Genesis II/1, 164ff., hingegen geht von der Selbstständigkeit von Gen 20 gegenüber Gen 12 (aaO., 70) aus und rechnet daher nicht mit dem Hineintragen von Informationen aus Gen 12 in die Leerstellen von Gen 20,2, sondern sieht den Erzähler als „Provokateur. Die Exposition V 1f sucht das Kopfschütteln des Hörers" (aaO., 164).
7 bBM 87a schildert, Sara sei nach der Ankündigung eines eigenen Sohnes wieder jugendlich schön geworden, vgl. auch Ramban, z.St. Zur „Verjüngungsthese" vgl. auch die Lit. bei Ronning, Naming, 14.
Narrativ könnte man freilich argumentieren, dass Sara, wenn sie mit über 90 Jahren noch Mutter wird, auch noch im hohen Alter attraktiv sein kann (vgl. auch Jacob, Genesis, 468; Ronning, Naming, 9).

eine Heirat mit der geschätzten Familie Avrahams verbünden möchte.[1] Und wer Avraham nicht in einem negativen Licht sehen möchte, kann dazuerzählen, dass Avraham in Grar tatsächlich in einer Weise nach seiner Frau gefragt wurde, die ihm Angst machen musste[2] –, auch wenn Avraham später in seiner Verteidigungsrede davon nichts sagt. Ist es diesmal Avraham, der Sara als ein Geschwister ausgibt,[3] während in der vorhergehenden Erzählung zunächst umgekehrt Sara von ihrem Mann gebeten wurde, sich als seine Schwester zu bezeichnen, so entspricht das jedoch genau der Schilderung Pharaos in der früheren Gefährdungserzählung (12,19). Beide Male wird Avraham mit denselben Worten zitiert (אֲחֹתִי הִוא), wobei in 20,2 die Verkehrtheit der Verhältnisse zusätzlich durch einen Chiasmus unterstrichen wird: שָׂרָה אִשְׁתּוֹ אֲחֹתִי הִוא ... Avraham agiert in Grar wie seinerzeit in Ägypten. Einige Rezipient/inn/en irritiert diese Wiederholung.[4] Hat Avraham in 12,10-20 nicht feststellen müssen, dass sein Verhalten ein Fehler war? Hat er nichts dazugelernt?[5] Sehen die Erzeltern nicht die Gefahr, dass Sara auch in Grar in das Haus des Königs geholt wird? Wie kann Avraham seine Frau ein zweites Mal preisgeben,[6] wo er nach 17,15 weiß,[7] dass aus *ihr* Fürsten und Könige hervorgehen sollen und nach Gen 18 die Geburt ihres Kindes in greifbare Nähe gerückt ist[8]? Glauben sie, ADONAJ werde sich schon wieder für sie einsetzen?[9] Mit großen Schritten gehen diese ersten beiden Verse auf den ersten Höhepunkt zu: das Eingreifen Gottes und sein Gespräch mit der Hauptfigur dieser Erzählung – Avimelech. *„Und Gott kam zu Avimelech des Nachts im Traum. (V.3a) Und er sagte zu ihm:*

1 Vgl. Keil, Genesis, 203; Sarna, Genesis, 141; davon abhängig Seebass, Genesis II/1, 164; Ran nach Zlotowitz, Bereishis I, 722. Dagegen deutet Sacks, Genesis, 141, gerade Avimelech müsse in Liebe zu Sara entbrannt sein, wohingegen sie in Gen 12 nur aufgrund eines Gerüchtes von Pharao in sein Haus aufgenommen sei.

2 Vgl. bMak 9b; Raschi zu 20,11; Zlotowitz, Bereishis I, 722.731 mit weiteren Verweisen.

3 Raschi, z.St., schließt daraus, dass Avraham seine Frau nicht nach ihrem Einverständnis gefragt hat, weil sie nach den Ereignissen in Ägypten sicherlich nicht wieder eingewilligt hätte.

4 Vgl. etwa Wenham, Genesis II, 75; Exum, Ancestress, 99; Ronning, Naming, 18.

5 Vgl. Speiser, Genesis, 151, der darin einen Hinweis auf verschiedene Quellen in Gen 12,10-20 und Gen 20 sieht.

6 Vgl. Fewell/Gunn, Gender, 49.

7 Vgl. Butting, Gefährdung, 20.

8 Vgl. Fischer, Gottesstreiterinnen, 48.

9 Diese Fragen stellt Janzen, Genesis II, 68.

A *„Siehe, du stirbst wegen der Frau, die du genommen hast, (b)*

B *sie ist nämlich einem Mann vermählt." (c)*

C *Und Avimelech, er hatte sich ihr nicht genähert.*[1] *(4a)*

D *Und er sagte:*
„Adonaj! Willst du denn ein Volk erschlagen, auch wenn es gerecht ist? (b)
Hat nicht er selbst zu mir gesagt: ‚Meine Schwester ist sie?' (5a)
Und sie, auch sie selbst hat gesagt: ‚Mein Bruder ist er.' (b)

E *Mit frommem Herzen und mit reinen Händen habe ich das getan." (c)*

E' *Und Gott sprach im Traum zu ihm:*
„Auch ich selbst weiß, dass du dies mit frommem Herzen getan hast. (6a)

D' *Und ich selbst habe dich auch davor zurückgehalten, dich gegen mich zu versündigen. (b)*

C' *Deshalb habe ich dir nicht ermöglicht, sie zu berühren. (c)*

B' *Und jetzt: Gib die Frau des Mannes zurück. Denn er ist ein Prophet, (7a)*
und er wird für dich bitten – und lebe! (b)

A' *Und wenn du sie nicht zurückgibst, wisse, dass du sterben, ja sterben wirst (c) – du und alle, die mit dir sind." (d)*

Als bemerkenswert wird empfunden, dass Gott einem Nicht-Hebräer die Ehre erweist,[2] indem er ihn besucht und mit ihm auf einem hohen Niveau[3] disputiert - auch wenn er dies nicht als der exklusive Gott Israels יְהוָה, sondern als אֱלֹהִים tut. Seine Rede eröffnet Gott mit zwei[4] Mitteilungen, die Avimelech jeweils wie ein Schlag treffen müssen[5]. Erstens: Du stirbst (V.3b).[6] Und zweitens: Der Grund dafür liegt darin, dass die Frau, die du zu dir genommen hast, eine Ehefrau ist (V.3c). Damit wird den Rezipient/inn/en, anders als in Gen 12, in dieser Geschichte deutlich, woher der fremde König von dem Verheiratetsein der Ausländerin und dem

1 Inversion.
2 Vgl. etwa TanchB IV, וירא, 28; Seebass, Genesis II/1, 165.
3 Vgl. Seebass, Genesis II/1, 162.
4 Vgl. Zlotowitz, Bereishis I, 723.
5 Vgl. von Rad, Genesis, 105.
6 Das *futurum instans* (vgl. Gesenius, Grammatik, §116, 2d.p) bezeichnet hier eine Aktion, die unmittelbar folgt (gegen Jacob, Genesis, 469, der hier eine Warnung sieht und damit dem Geschehen ein Stück seiner Dramatik nimmt).

Zusammenhang mit seinem (drohenden) Schicksal erfährt.[1] Offen bleibt hier in spannungssteigernder Weise, woran Avimelech sterben wird und was die genaue Ursache dafür ist. Wird er oder *ist* er gar bereits von einer tödlichen Krankheit befallen? Lässt Gott ihn hinrichten? Ist Avimelechs Tod eine Folge, die sich in irgendeiner Weise daraus ergibt, dass er Sara in sein Haus genommen hat, oder ist er eine Bestrafung? Während Avimelech hieraus gelernt haben wird, dass das ‚Kidnapping' der angeblich unverheirateten Frau seinen Tod nach sich zieht, können die torakundigen Leser/innen hinter der Formulierung בְּעֻלַת בָּעַל das mit der Todesstrafe belegte Ehebruchsverbot in Dtn 22,22 durchschimmern sehen.[2] Z.T. deuten jüdische Ausleger die Wendung „wegen der Frau, die du genommen hast" dahingehend, dass Avimelech zusätzlich des Menschenraubes angeklagt ist[3] (vgl. Ex 20,13; 21,12). Die Erzählereinrede V.4a beantwortet uns für diese Geschichte eine weitere Frage, die in Gen 12 offen geblieben ist: In Gen 20 interveniert Gott eindeutig rechtzeitig, weil es noch zu keinem sexuellen Kontakt zwischen Avimelech und der Erzmutter gekommen ist. Vielleicht zeigt Gott dadurch, dass er aus den vorangegangenen Ereignissen gelernt hat.

Nun darf sich der angeklagte Avimelech verteidigen. Obwohl er ein ‚Heide' ist,[4] wählt der fremde König mit „Adonaj"[5] eine angemessene Anrede Gottes und präsentiert sich so gleich mit dem ersten Wort als ein ernst zu nehmender theologischer Gesprächspartner: Adonaj will doch wohl nicht ein ganzes „Volk"[6] (גּוֹי) erschlagen, „auch" wenn es „gerecht" ist (V.4b: גַּם־צַדִּיק)[7]? Spätestens bei den Reaktionen auf diesen Satz wird deutlich, dass sich die meisten Leser/innen mit Avimelech identifizieren, indem sie fragen: Ist das Todesurteil nicht ungerecht, weil Avimelech darin

1 Vgl. Van Seters, Abraham, 173.

2 Vgl. Dillmann, Genesis, 280; Jacob, Genesis, 469; Levin, Jahwist, 174; Davidson, Genesis, 81; Weimar, Untersuchungen, 59; Wenham, Genesis II, 70.

3 Malbim nach Zlotowitz, Bereishis I, 723.

4 Vgl. Holzinger, Genesis, 159.

5 Diese Anrede verwenden im Pentateuch sonst nur Israeliten, vgl. Gen 15,2.8; 18,8.27.30-32; 19,18; Ex 4,10.13; 5,22; 15,17; 34,9; Num 14,17; Dtn 3,24; 9,26.

6 Während man im nachbiblischen Hebräisch גוי mit „Heide" übersetzen würde, ist ein solcher Sprachgebrauch, wie ihn Blum, Komposition, 408f. (vgl. dazu schon Pseudo-Jonathan z.St.) erwägt, biblisch nicht zu belegen. Avimelech redet nicht von sich als einem Einzelnen, sondern von einem Kollektiv: dem Volk (vgl. Ibn Esra, z.St., mit einer Polemik gegen Saadiah; Millard, Genesis, 343 mit Anm. 154). Zum Vorschlag, גוי als Dittographie zu streichen, vgl. die kritische Beurteilung bei Blum, Komposition, 409, Anm. 13.

7 Zu diesem Verständnis des Satzes vgl. Raschi, z.St.

gerecht ist, dass er von Saras Verheiratetsein nichts wusste und sie zudem gar nicht angerührt hat?[1] Ungerecht auch, weil Gott mit dem Haupt des Volkes auch dieses selbst vernichten würde – und ebenso ungerecht, wie die Schläge gegen den unwissenden Pharao? Die schon in Gen 12 aufgekommene Frage nach der Gerechtigkeit Gottes gegenüber dem ‚heidnischen' König kehrt hier wieder. Viele Exegeten fühlen sich bei der Lektüre von 20,4a durch das Wissen um eine Kollektivhaftung[2] sowie durch das Stichwort צדיק zudem an Gen 18,23ff. erinnert,[3] und auch die Anrede „Adonaj" lässt an die Geschichte vom Eintreten Avrahams für Sedom und Amora denken (vgl. Gen 18,8.27.30-32). Wie Avraham in Gen 18 Gott dazu bringen wollte, nicht mit den Ungerechten auch Gerechte zu töten, so versucht Avimelech hier geltend zu machen, dass das Volk, das er mit ihm auslöschen würde, doch gerecht sei – entweder, weil ihn selbst keine Schuld trifft, oder, selbst wenn *er* etwas zu verantworten haben sollte, weil dafür doch nicht das ganze *Volk* haften kann. Avimelech wehrt sich gegen jene Kollektivbestrafung, die Avraham in Gen 18 noch abwenden wollte. Es ist, als wolle Avimelech Gott auf die Gerechtigkeit festnageln, die Avraham in Gen 18 gefordert hat, als spiele er auf Gen 18 an:[4] Dort war davon die Rede, dass von Avraham und seinen Nachkommen Segen ausgeht

1 In der rabbinischen Diskussion wird darauf hingewiesen, dass Avimelech nicht zuvor verwarnt wurde. Vgl. Millard, Genesis, 336f.

2 Vgl. von Rad, Genesis, 194.

3 Vgl. z.B. Delitzsch, Genesis, 314; Westermann, Genesis I/2, 394; Weimar, Millard, Genesis, 338; Davidson, Genesis, 81; Wenham, Genesis II, 71; Jacob, Genesis, 468; Janzen, Genesis II, 67; Blum, Komposition, 409; Deurloo, Gefährdung, 24; Butting, Gefährdung, 18. Siehe auch Weimar, Untersuchungen, der wie Kilian, Abrahamsüberlieferungen, 190ff. und Fischer, Erzeltern, 137ff. in Gen 20 zwei Schichten unterscheidet (dazu auch abwägend Millard, Genesis, 334f.; kritisch Blum, Komposition, 405f., Anm. 1). Weimar, Untersuchungen, 78, betrachtet die „jüngere Geschichte" in Gen 20 als „das negative Gegenstück zu der Szene 18,22b-33a, wo Abraham fürbittend für Sodom eintritt."
Raschi, z.St., dagegen legt mit BerR Avimelech eine Anspielung auf die Sintflut in den Mund: „Auch wenn es gerecht ist, willst du uns erschlagen? Ist das vielleicht dein Weg: die Völker ohne Grund zu erschlagen, hast du es so auch mit dem Geschlecht der Sintflut und mit dem Geschlecht der Zerstreuung getan? So werde ich sagen, dass du sie ohne Ursache erschlagen hast, so wie du davon sprichst, uns zu erschlagen!"

4 Vgl. Sacks, Genesis, 141. Sacks übersetzt V.4: „[...] wilt thou slay a righteous nation also?" – mit Blick auf Gen 18: „Apparently Abimelech is aware that God has destroyed Sodom and Gomorrha." (ebd.) Wird er, nachdem er das sündige Sedom und Amora zerstört hat, nun auch noch das unschuldige Volk Avimelechs töten?
Zur Frage der Gerechtigkeit Gottes gegenüber Heiden in Gen 18 und Gen 20 vgl. auch Blum, Komposition, 104f. in der Fortsetzung von Westermann, Genesis I/2; 394.

(18,18)[1] und dort hatte sich Avraham noch als Anwalt für ein ungerechtes Volk eingesetzt, doch hier ist Avraham selbst an den unguten Entwicklungen beteiligt, und dem gerechten Volk Avimelechs steht niemand bei! Ihm wird kein Verteidiger gestellt, und so muss er seine Sache selbst vertreten. Dass sie Avimelechs Argumentation überzeugend finden, zeigen besonders jene jüdischen Ausleger,[2] die keine Mühe haben, sich in den Nicht-Hebräer Avimelech hineinzuversetzen und seine Entrüstung nachzuempfinden.

Aber Avimelech ist mit seiner Verteidigungsrede noch längst nicht am Ende. So oft das sprachlich möglich ist, verweist der Verurteilte nun emphatisch auf die Personen, die ihn schließlich in der Sicherheit gewiegt haben, er nehme eine unverheiratete Frau zu sich: Hat nicht *er selbst* (Pers.pr. + 3.m.sg.Perf.) zu Avimelech gesagt, Sara sei seine Schwester? Und *sie* (Pers.pr.), auch *sie selbst* (Pers.pr. + 3.f.sg.Perf.) hat angegeben, Avraham sei ihr Bruder! Dass Avraham vorgegeben hat: אֲחֹתִי הִוא, können die Leser/innen aufgrund von V.2 bezeugen. Darüber hinaus macht Avimelech geltend, dass auch Sara Avimelech oder anderen[3] eine solche Auskunft gegeben habe,[4] was der Erzähler allerdings nicht verbürgt. Entspricht dies der Wahrheit, so wäre hier die in Gen 12 entstandene Frage, ob Sara (freiwillig?) kooperiert hat,[5] positiv geklärt.

Sein Plädoyer schließt der König Avimelech mit einer wohlformulierten Unschuldsbeteuerung ab. Wenn er für sich in Anspruch nimmt, mit lauterem, untadeligem Herzen (בְּתָם־לְבָבִי) und mit reinen, unschuldigen Händen (וּבְנִקְיֹן כַּפַּי) gehandelt zu haben, dann erkennen Tanach-erfahrene Rezipient/innen daran jene Perfektion (תם/תמים) wieder, die ansonsten nur Noach (6,9) oder, in der gleichen Formulierung wie in 20,5, David zugeschrieben wird (1Kön 9,4) und zu der Avraham von Gott aufgefordert wurde (17,1)[6] – ein hoher Anspruch! Nicht nur mit der ersten (vgl. Ps 101,2), sondern auch mit der zweiten geprägten Wendung (vgl. Ps 24,4; 26,6; 73,13) bedient sich Avimelech in unseren Augen der Sprache des Psalmbeters,[7] der seine Hände in Unschuld wäscht. Mit der Lauterkeit des Herzens, so interpretieren einige Ausleger, will Avimelech die Aufrichtig-

1 Vgl. Butting, Gefährdung, 18.
2 Vgl. aber auch Van Seters, Abraham, 173 („innocent king, vv. 3.7").
3 Während Avimelech von Avraham sagt: הוּא אָמַר־לִי, fehlt das לִי in der Aussage über Sara: וְהִיא־גַם־הוּא אָמְרָה.
4 Man könnte daraus lesen, dass Avimelech sie befragt hat (vgl. Radak, Ralbag, PesR bei Zlotowitz, Bereishis I, 724f.).
5 Vgl. Janzen, Genesis II, 68.
6 Vgl. Davidson, Genesis, 82; Sacks, Genesis, 141f.
7 Vgl. Deurloo, Gefährdung, 24.

keit seiner *Absichten* und mit der Unschuld seiner Hände auch seine Sündlosigkeit im *Tun* herausstellen,[1] da er von der Ehe zwischen Avraham und Sara nichts wissen konnte und er Sara nicht berührt hat.[2] Damit zeigt Avimelech, dass er die in Gottes Anklage enthaltene ethische Norm akzeptiert und sich ihr gegenüber als unschuldig zu erweisen versucht.

Auf diesen Redegang mit dem Schuldspruch[3] und Avimelechs rhetorisch geschickter Erwiderung folgt in der Verhandlung die Entgegnung Gottes, der den nichtisraelitischen König „als empfänglich für tiefere sittliche Erkenntnis und Frömmigkeit"[4] zu behandeln scheint. Gott rollt dabei Avimelechs Argumentation von hinter auf, so dass sich die in der Textübersicht dargestellte konzentrische Struktur ergibt. In dem noch immer währenden[5] Traum antwortet Gott, indem er zunächst den ersten Teil der letzten Aussage Avimelechs wiederholt und als glaubwürdig bezeichnet. Ja, auch er wisse, dass Avimelech dies mit aufrichtigem Herzen getan habe. Avimelech habe die Falschheit seines Vorhabens nicht erkannt, das sei wahr. Den zweiten Teil indes mag Gott ihm anscheinend nicht bestätigen:[6] Trotz Avimelechs untadeliger Intention sind seine Hände nicht unbedingt rein geblieben, d.h., seiner subjektiven Arglosigkeit[7] steht möglicherweise ein objektives Verschulden gegenüber[8] – etwa, weil sein Verhalten im Nachhinein als ein versuchter Ehebruch oder Menschenraub[9] gewertet werden muss. Und selbst wenn dies Avimelech nicht angelastet wird, weil er sich letztlich nicht gegenüber Gott versündigt, also nicht gegen Gottes Gesetze verstoßen hat, so kann er sich das nicht als sein eigenes Verdienst anrechnen, denn es war allein Gott, der Avimelech davon zurückgehalten hat. Das עַל־כֵּן („deshalb") in V.6c lässt sich auf V.6a zurück beziehen: ‚Deshalb, weil du mit aufrichtigem Herzen gehandelt hast, habe ich dich überhaupt daran gehindert, sie zu berühren und dadurch des Ehebruchs schuldig zu werden.' Auf die Verteidigung Avimelechs, Avraham und Sara

1 Vgl. Gunkel, Genesis, 1902, 195; Procksch, Genesis, 302; Sarna, Genesis, 142.
2 Vgl. Raschi, z.St.
3 Vgl. Westermann, Genesis I/2, 393 („Urteilsspruch eines Richters mit der dieses Urteil begründenden Beschuldigung").
4 Keil, Genesis, 203.
5 Zlotowitz, Bereishis I, 725 diskutiert kurz, ob ab V.6 ein neuer Traum geschildert wird.
6 Vgl. Raschi, z.St.; BerR, z.St.; Philo, Genesis, IV, 63.
7 Vgl. Zimmerli, Genesis, 97.
8 Vgl. z.B. von Rad, Genesis, 194.
9 Vgl. Radak und Malbim bei Zlotowitz, Bereishis I, 726f. Danach hat sich Avimelech schuldig gemacht, weil er Sara gegen ihren Willen in sein Haus genommen hat.

hätten sich schließlich als unverheiratet ausgegeben, so dass er sich keiner Schuld bewusst sein konnte (D), antwortet Gott sehr geschickt mit dem Hinweis auf eine andere Tatsache, die der ‚Heide' ebenfalls nicht bemerken konnte und die erst jetzt enthüllt wird: Dass Avimelech allein von Gott vor einem Übergriff bewahrt wurde[1] (D'). Gott ist nicht nur omniszient, sondern auch omnipotent.[2]

Wenn es in V.4a heißt, Avimelech habe sich Sara noch nicht genähert, dann schildert das also nicht Avimelechs Zurückhaltung, wie die Leser/innen dort noch interpretieren konnten, sondern bereits den Erfolg der Intervention Gottes. Dabei wird an keiner Stelle erläutert, auf welche Weise Gott den König daran gehindert hat, sich Sara zu nähern: durch eine Krankheit?[3] Durch Auslöschen der sexuellen Lust oder Impotenz?[4] Durch diesen Traum?[5] – fast bis zum Schluss der Erzählung erhalten die Rezipient/inn/en nicht einmal eine Andeutung, so dass die Spannung erhalten bleibt.

In seinen rhetorischen Fähigkeiten steht Gott dem Avimelech in nichts nach, was selbst in Details wie dem גַּם („auch") zum Ausdruck kommt, das Gott wie Avimelech zweimal gebraucht (VV.4b.5b/VV.6a.b), oder der Konstruktion mit Pers.pr. + finitem Verb (V.6a), mit der Gott den Formulierungen in VV.5a.b entspricht. Durch diese sprachlich wie inhaltlich anspruchsvolle Gottesrede kann man den Eindruck gewinnen, dass Avimelech als Gesprächspartner gewürdigt wird. Mit וְעַתָּה leitet Gott die abschließende Forderung[6], den Urteilsspruch[7], ein und kommt dabei auf seine Redeeröffnung zurück. Weil diese Frau in Wirklichkeit eine Ehefrau ist, soll Avimelech sie ihrem Mann zurückgeben. Tut er das nicht, obwohl

1 Vgl. Janzen, Genesis II, 69.
2 Vgl. Wenham, Genesis II, 71; gegen Westermann, Genesis I/2, 395.
3 Vgl. Sforno, z.St.; Dillmann, Genesis, 280; Keil, Genesis, 203. Diese Lesemöglichkeit blickt bereits auf das Ende der Erzählung.
4 Vgl. Raschi, z.St. („und ich gab dir keine Kraft dazu"); Radak nach Zlotowitz, Bereishis I, 726; Ramban zu VV.4.17.
5 Vgl. Davidson, Genesis, 82.
V.4a lässt zunächst sogar offen, ob Avimelech überhaupt versucht hat, Sara nahe zu kommen. Dass er dies getan hat, lässt sich erst aus V.6 erschließen.
6 Vgl. 12,19; s. auch Weimar, Untersuchungen, 61.
7 Vgl. z.B. Deurloo, Gefährdung, 23, gegen Jacob, Genesis, 469 und Seebass, Genesis II/1, 164, die der Ansicht sind, dass Gott lediglich auf die Lebensgefahr verweise, in der Avimelech stehe. M.E. zeigt aber die Anspielung auf die מוֹת יוּמָת-Formel sowie der noch deutlich zu machende Spannungsbogen von Gen 20, dass Avimelech das Todesurteil als schon gesprochen betrachtet und nun – mit Erfolg – um dessen Aussetzung ringt.

er nun über die juristischen Konsequenzen einer solchen Tat genauestens belehrt wurde,[1] so wird das Todesurteil rechtskräftig, dessen Formulierung מוֹת תָּמוּת die Toraleser/innen bereits an die מוֹת יוּמָת-Formeln späterer Gesetzestexte[2] erinnert. Hat Avimelech in seiner Verteidigungsrede beklagt, dass mit ihm ein ganzes Volk zu Unrecht vernichtet würde, so nimmt Gott das auf, indem er unnachgiebig und rigide die Todesdrohung auf alle ausweitet, die bei Avimelech sind. Doch auch wenn Avimelech Sara zurückgibt, ist er nicht gleich gerettet. Vielmehr muss auch dann erst ihr Ehemann Avraham - wie in Gen 18 - als „Prophet" und Fürsprecher für ihn bitten, damit er mit dem Leben davonkommt.[3] Gott vollstreckt bei der Rückgabe Saras zwar nicht das Todesurteil, macht aber Avimelechs Überleben von Avrahams Fürbitte abhängig.[4] Wiederum bleibt im Dunkeln, woran Avimelech sterben könnte, wenn sich Avraham nicht für ihn einsetzt.

Für Avimelech bleibt die Lage ernst, und es ist Eile geboten. So beruft er prompt eine öffentliche Versammlung ein[5]: *„Und Avimelech stand früh am Morgen auf und rief nach allen seinen Untergebenen. Und er verkündete all diese Worte vor ihren Ohren. Und die Männer fürchteten sich sehr." (V.8)* Viele Ausleger/innen lesen aus der Reaktion der Männer heraus, dass sie von Gottesfurcht ergriffen sind.[6] Obwohl lediglich von Furcht die Rede ist, lässt sich diese Interpretation nachvollziehen, denn was die Menschen schreckt, ist die Konsequenz, mit der Gott seine ethischen Maßstäbe geltend macht und durchsetzt – die Perspektive Gottes ist der Avimelechs un-

1 Zu der Notwendigkeit der Verwarnung in der jüdischen Tradition vgl. Zlotowitz, Bereishis I, 728 und Millard, Genesis, 336f.

2 Vgl. Ex 19,12; 21,12.15-17; 22,18; 31,14f.; Lev 20,2.9f.; 24,17f.; 27,29; Num 15,35; 35,17f.21.31; Ri 21,5; Ez 18,13.

3 In der jüdischen Tradition wird der Verweis darauf, dass Avraham ein Prophet ist, auch als Beruhigung verstanden: Avraham wird wissen, dass du, Avimelech, Sara nicht angerührt hast, vgl. Zlotowitz, Bereishis I, 727.

4 Diese bleibende Spannung nimmt Seebass, Genesis II/1, 162, heraus, wenn er V.7 als eine Erläuterung von V.3 als „bloß konditionale Drohung" deutet.

5 Vgl. von Rad, Genesis, 195 („Staatsrat"); ähnlich Sarna, Genesis, 143.

6 Vgl. z.B. Jacob, Genesis, 471; von Rad, Genesis, 195; Van Seters, Abraham, 175; Westermann, Genesis I/2, 396; Sacks, Genesis, 143; Scharbert, Genesis, 158; Deurloo, Gefährdung, 24; Levin, Jahwist, 174, sieht zusätzlich einen Anklang an Dtn 31: „Abimelech [...] ruft alle seine Knechte zusammen und verkündet ihnen ‚alle diese Worte'. Damit folgt er der Vorschrift für die öffentliche Verlesung des Gesetzes in Dtn 31,9-13. Die Knechte aber reagieren, wie in Dtn 31,12-13 vorgesehen. Sie fürchten (scl. Gott) sehr, das heißt im deuteronomischen Sinne: sie respektieren das Gesetz." Blum, Komposition, 408, sowie Soggin, Genesis, 295; Jacob, Genesis, 470, Wenham, Genesis II, 72 weisen auf die Parallele mit Jon 1,10 hin.

zweideutig übergeordnet[1]. Doch darüber hinaus kann man den Eindruck gewinnen, dass die Männer von Grar die blanke Angst um ihr eigenes Leben packt – haben sie doch in der Wiederholung des Traumes durch Avimelech zweimal gehört, dass ggf. auch sie vernichtet würden und dass sie nun von der Gunst des Propheten Avraham abhängig sind.[2] In 20,8 wird eben jene Angst dargestellt, die einige Rezipient/innen bereits Pharao in Gen 12 zugeschrieben hatten.[3]

Als nach dem Urteilsspruch mit Gott nicht weiter zu diskutieren ist, zitiert[4] Avimelech denjenigen herbei, den er als den Verursacher dieser Situation betrachtet. „*Und Avimelech rief nach Avraham. Und er sagte zu ihm: ‚Was hast du uns angetan? Und was habe ich gegen dich gesündigt, dass du über mich und mein Königreich eine große Sünde gebracht hast? Taten, die nicht getan werden [dürfen], hast du mir angetan.'" (V.9)* Diese rhetorischen Fragen, die beinahe mit denselben Worten wie die Beschuldigungsrede Pharaos beginnen und auf dieselbe Redeeinleitung folgen (12,18), verstärken bei vielen Leser/inne/n noch einmal das Mitgefühl für den König von Grar.

> „In short, this story paints quite a sympathetic portrait of Abimelek, to which this dialogue makes a central contribution. Abimelek's speeches are not simply harsh condemnation. Rather, they mix moral indignation with a sense of shock, and Abraham's lame replies tend to increase our sympathy for Abimelek."[5]

Hat sich Avimelech eben von Gott sagen lassen müssen, dass er beinahe gesündigt (20,6: חטא) hätte, so bringt er nun – in den Augen vieler Rezipient/inn/en ärgerlich[6], wie seinerzeit Pharao (12,18f.) – zum Ausdruck, dass durch Avrahams Verhalten eine große Sünde (חֲטָאָה גְדֹלָה) nach wie vor drohend über ihm und seinem ganzen Königreich liegt. Die Differenziertheit, in der Avimelech hier mit dem Begriff Sünde umgeht, lässt auf ein tiefes Verständnis der juristisch-theologischen Zusammenhänge schließen und entspricht der nicht einfachen Situation: Selbst wenn Avimelech hier gegenüber Avraham seine Sündlosigkeit geltend machen kann, so lastet doch ein objektiv gegebenes Schuldverhängnis auf dem Volk von Grar.

1 Insofern wird die Perspektive Gottes in seiner Rede kontrafaktisch-hierarchisch eingesetzt (vgl. die Modalisierungen von Textperspektiven bei Iser, s. oben, 123.
2 Vgl. Zlotowitz, Bereishis I, 729; TanchB IV, וירא, 26.
3 Der Midrasch beschreibt sehr anschaulich, dass die Leute von Grar erst kurz zuvor aus der Ferne den Rauch von Sedom und Amora gesehen haben. Vgl. Zlotowitz, Bereishis I, 729.
4 Vgl. Proksch, Genesis, 304.
5 Wenham, Genesis II, 72.
6 Vgl. z.B. Westermann, Genesis I/2, 397.

Und das wird auch nicht dadurch gemindert, dass Avraham, wie Avimelech feststellt, gegen allgemeine ethische Normen verstoßen hat – weil „man das nicht tut“[1]: seine Frau als seine Schwester auszugeben!

Mit der letzten, diesmal nicht nur rhetorischen Frage[2] stellt Avimelech den Erzvater zur Rede. *„Und Avimelech sagte zu Avraham: ‚Was hast du gesehen, dass du diese Sache getan hast?‘“ (V.10)* Was hat er bei den Einwohnern von Grar an „Sünde“ und „Bosheit“[3] gesehen, welche Hinweise auf Mord, Raub und Ehebruch[4] hat er gefunden, dass Avraham sich eine solche Lüge ausdenken zu müssen meinte? Welchen Vorteil und welche Folgen hat er vorausgesehen? Was hat er sich dabei gedacht?[5] Hat er das Typische[6] vorhergesehen, die stereotypen Vorurteile gegenüber fremden orientalischen Herrschern, wie sie viele Leser/innen zu Beginn der Lektüre von Gen 12 teilten? Hat er wiederum eine Gefahr für sein Leben gesehen, ohne die Gefahr mitzubedenken, die seine Lüge heraufbeschwört? Die Leser/innen können in V.9 ihre Fragen aus V.2 aufgenommen sehen.[7]

Hatte der Erzvater in Gen 12 keine Gelegenheit zu antworten, so wird diese Lücke hier gefüllt, indem Avraham die Chance erhält, sein Verhalten zu erklären.

11 a *Und Avraham sagte:*
b *„Weil ich [zu mir] sprach:*
c *‚Gewiss gibt es keine Gottesfurcht*
d *an diesem Ort,*
e *und sie werden mich wegen Sara erschlagen.‘*
12 a *Und es ist so, dass sie auch wirklich meine Schwester ist*[8],

1 Vgl. zu dieser Formulierung, mit der die Verletzung einer (sexuellen) Norm beklagt wird, Gen 34,7 und 2Sam 13,12. Siehe auch Crüsemann, Tora 95; Wenham, Genesis II, 72; Butting, Gefährdung, 19 („In die großen Schandtaten wird Abrahams Preisgabe der Sara damit eingereiht: Die Vergewaltigung der Dina [...], die Vergewaltigung der Tamar durch Amnon“.)

2 Vgl. Jacob, Genesis, 471; Seebass, Genesis II/1, 167; Radak bei Zlotowitz, Bereishis I, 730.

3 Vgl. Ramban zu 20,12.

4 Vgl. Malbim bei Zlotowitz, Bereishis I, 730.

5 Vgl. Gunkel, Genesis, 1902, 196.

6 Janzen, Genesis II, 69.

7 Vgl. Seebass, Genesis II/1, 167.

8 Starke Betonung dieser Aussage durch das וגם־אמנה, vgl. Kilian, Abrahamsüberlieferungen, 102.

		[die Tochter meines Vaters ist sie,
	b	*nur nicht die Tochter meiner Mutter.*
	c	*Und sie wurde mir zu Frau.*
13	a	*Und es geschah, als mich Gott/Götter umherwandern ließen*
		[aus dem Haus meines Vaters,
	b	*da sagte ich zu ihr:*
	c	*‚Das ist deine Gefälligkeit, die du mir tun sollst,*
	d	*an jedem Ort, zu dem wir kommen,*
	e	*sage von mir:*
		[Mein Bruder ist er.“

Aus V.11 erfahren die Leser/innen, dass sie richtig interpretiert haben, wenn sie die Leerstellen von V.2 mit dem gefüllt haben, was sie aus Gen 12 kennen: Auch Avraham rechnet im Gastland mit keiner Gottesfurcht, mit keiner „Achtung vor den elementarsten sittlichen Normen“[1]. V.11 ist wiederum so elliptisch formuliert, dass man nur mit der Kenntnis von Gen 12 ein kohärentes Verständnis herstellen kann.[2] Von vielen wird diese Antwort als schwach empfunden, weil Avrahams Vorstellung bereits falsifiziert ist – denn der König von Grar zeigt durchaus ein Verständnis für Begriffe von Sünde und Recht, ja „Gottesfurcht“[3]:

> „Als eine Lehre der Erzählung lässt sich zusammenfassen: Die Annahme, dass ‚*keine Gottesfurcht an diesem Ort ist*‘ (אֵין־יִרְאַת אֱלֹהִים בַּמָּקוֹם הַזֶּה, 20,11), muss als von Gen 20 widerlegt gelten. In diesem Land kann man von einer Gottesbeziehung der dort ansässigen Menschen ausgehen, und diese Gottesbeziehung begründet auch einen ethischen Minimalkonsens.“[4]

Ausgerechnet von einem jener Fremden, denen er kein ethisches Bewusstsein zugetraut hatte, muss sich Avraham dann sagen lassen, dass er selbst gegen moralische Regeln verstoßen hat.

---

1 Von Rad, Genesis, 195; vgl. Procksch, Genesis, 304; Sarna, Genesis, 143; Seebass, Genesis II/1, 167.

2 Vgl. Westermann, Genesis I/2, 398.

3 Vgl. Jacob, Genesis, 475 (im Original gesperrt); Coats, Genesis, 150; Clines, Eve, 67. Avrahams Vorurteile könnten auch dann schon als widerlegt erscheinen, wenn man die Furcht der Grariter (20,8) als Gottesfurcht versteht, vgl. oben 174 Anm. 1.

4 Millard, Genesis, 338.

Einige Exegeten sehen Avrahams Ehre dadurch zumindest teilweise gerettet, dass er sich als Saras Halbbruder bezeichnet[1] (V.12). Insofern wäre seine Aussage, er sei Saras Bruder, keine Lüge, sondern die Wahrheit[2] oder wenigstens eine „Halbwahrheit"[3]. Dabei wird zumeist vorausgesetzt, dass eine solche Ehe von Verwandten – anders, als später[4] – zu Avrahams Zeiten noch nicht verboten war. Doch auch dieser zweite Versuch Avrahams, sich zu rechtfertigen, überzeugt viele Rezipient/inn/en nicht.[5] Zumeist wird die Avraham-kritische Lektüre fortgeführt: Selbst wenn Avraham Saras Halbbruder gewesen sein soll, bleibt es ein schweres Versäumnis, dass der Erzvater die Ehe verschwiegen und damit einen falschen Eindruck erweckt hat[6]. Einige Leser/innen sind aber auch der Auffassung, dass in Gen 20 das Verhalten beider Männer entschuldigt werde.

Mit der dritten Aussageeinheit (V.13) antwortet Avraham möglicherweise auf die vorwurfsvolle Frage Avimelechs, was er denn dem Ahnvater getan habe und was dieser vorausgesehen zu haben meinte, dass er sich diese Täuschung ausgedacht hat. Dem entgegnet Avraham, er habe sich nicht erst in Grar als Saras Bruder ausgeben lassen, sondern diese Vorsichtsmaßnahme schon viel früher, nämlich beim Auszug aus seinem Heimatland, im Hinblick auf *jeden* Ort ergriffen, an den die beiden kommen würden[7] – die in V.2 repetierte Schwester-Lüge wird hier in V.13 zum Iterativ. In der Regel wird 20,13, vor allem wegen der Wendung בֵּית אָבִי, in Verbindung zu Gen 12,1ff. gesehen.[8] Die Wendung הִתְעוּ אֹתִי אֱלֹהִים, so deutet Jacob, „soll sich anhören, als wenn der Gottesruf ihn [sc. Avraham] in eine Zwangslage versetzt habe, indem er ihn nötigte, die sichere Heimat zu ver-

1 Sara wird oft mit Jiska (11,29), der Tochter von Avrahams früh verstorbenem Halb-Bruder Haran, identifiziert, so dass sie Avrahams Nichte wäre. Da auch Avrahams Neffe Lot als dessen „Bruder" bezeichnet werden kann (vgl. 13,8), wird es für möglich gehalten, dass Sara als Avrahams Schwester galt. Vgl. dazu mit weiteren Verweisen Zlotowitz, Bereishis I, 732 und Millard, Genesis, 341. Jacob, Genesis, 471, geht davon aus, dass Sara tatsächlich Avrahams Schwester war.

2 Vgl. etwa Jacob, Genesis, 472; Zlotowitz, Bereishis I, 731, Skinner, Genesis, 318. Exum, Ancestress, 109, erblickt hier eine „latent incest fantasy".

3 Vgl. Jacob, Genesis, 472; von Rad, Genesis, 194; Zimmerli, Genesis, 98. Oder lügt Avraham hier? Vgl. Clines, Eve, 76; Miscall, Workings, 14f.; Fischer, Erzeltern, 148.

4 Vgl. Lev 18,9.11; 10,17; Dtn 27,22.

5 Vgl. etwa Janzen, Genesis, 70.

6 Vgl. Ramban, z.St.; Jacob, Genesis, 475; Sacks, 143.

7 Vgl. Ramban zu 20,12.

8 Vgl. Millard, Genesis, 330; Proksch, Genesis, 305; Sarna, Genesis, 144; Westermann, Genesis I/2, 399f.

lassen und in einer unsicheren Fremde mit ihren Gefahren umherzuirren."[1] Doch was bedeutet der eigenartige Plural des Verbs תעה „umherirren lassen[2]/umherwandern lassen[3]" mit „Elohim" als Subjekt? Während die einen interpretieren, Avraham habe sich in seiner Heimat durch die „Götter"[4] bzw. „Götzen", denen die Menschen gedient haben, veranlasst gesehen, von dort wegzuziehen,[5] halten die anderen den Plural für nichts Ungewöhnliches[6] (vgl. Gen 35,7) und geben Elohim schlicht mit „Gott" wieder. Dennoch bleibt beachtenswert, dass der ‚Heide' Avimelech Gott korrekt mit „Adonaj" anredet, der Hebräer Avraham jedoch behauptet, „Elohim" hätten ihn umherirren lassen, wo die Leser/innen genau wissen, dass es niemand anders als ADONAJ war, der den Erzvater zum Aufbruch in ein neues Land veranlasst hat (12,1ff.).[7] Ist Avimelech hier der kundigere Theologe? Wie auch immer Avrahams Aussage zu verstehen ist, in jedem Fall wirkt diese Entschuldigung, wenn es denn eine sein soll, für viele matt[8].

Im Blick auf Avrahams Beziehung zu Sara ist interessant, wie er seine Bitte wiedergibt: Er bezeichnet die Lüge seiner Frau für ihn als חֶסֶד ihm gegenüber und scheint damit einen „Gefallen" zu meinen, den man seinem Nächsten, erst recht dem eigenen Ehemann, nicht versagen kann: einen Beweis der „Treue" und „Loyalität".[9] D.h., auch in Gen 20 ist eher dargestellt, dass Avraham seine Frau zu diesem Verhalten zu verpflichten sucht, als dass er gemeinsam mit ihr eine Lösung der als gefährlich vorgestellten Situation finden will.

1 Jacob, Genesis, 472.
2 Vgl. Onkelos; z.St.; Pseudo Jonathan, z.St.; Targum Neofiti, z.St. Vgl. auch Dillmann, Genesis, 281; Zimmerli, Genesis, 98.
3 Vgl. Ibn Esra, z.St., der die Bedeutung „umherirren" ablehnt. תעה bedeute „wandern, ohne zu wissen, wohin man geht".
4 Vgl. Deurloo, Gefährdung, 25; Alter, Genesis, 95.
5 Vgl. Onkelos, z.St.; Pseudo Jonathan, z.St.; pMeg 1,11,71d; Sforno, z.St., ähnlich Proksch, Genesis, 304; kritisch zu diesen Deutungen Jacob, Genesis, 472; siehe auch Millard 330 Anm. 94.
6 Vgl. Raschi, z.St.
7 Zum „absoluten Gegensatz" zwischen 20,13 und 12,1 vgl. auch Kilian, Abrahamsüberlieferungen, 192.
8 Vgl. Coats, Genesis, 150; Sacks, Genesis, 143; Wenham, Genesis II, 73 (Wenham hält diese Aussage Avrahams sogar für eine Lüge).
9 Von Rad, Genesis, 201; vgl. dazu auch Janzen, Genesis II, 75: „The ethics of *hesed* is the ethics of loyalty between family and clan members. [...] It is whatever is response one owes to one's kin in a given situation."

Im Folgenden erhält Avraham ähnliche Geschenke wie in 12,16: „*Und Avimelech nahm Schafe und Rinder und Knechte und Mägde, und er gab sie Avraham. Und er gab ihm zurück – Sara, seine Frau.*“ *(V.14)* Obwohl keinerlei Hinweise auf den Zweck dieser Gaben geliefert werden, hat die Phantasie der Leser/innen wenig Mühe, sich Avimelechs Beweggründe vorzustellen. Erstens schwebt über Avimelech immer noch das Damoklesschwert, und er bedarf der Fürbitte Avrahams. Deswegen tut er gut daran, nach jenen Vorhaltungen Avraham mit Großzügigkeiten[1] freundlich zu stimmen[2]. Zweitens lässt sich Avimelechs Verhalten als Bemühung um einen Ausgleich[3], um Wiedergutmachung[4], einigen Exegeten zu Folge sogar als Reue bzw. „Buße“[5] interpretieren. Erst jetzt, nach dem ausführlichen Gespräch mit Avraham und nach ersten Geschenken, gibt Avimelech der Aufforderung Gottes entsprechend Avraham seine Frau zurück (VV.7//14: שוב hif.)[6], womit die richtigen Verhältnisse wiederhergestellt sind und sich ein Teil der Spannung löst. Danach lädt er Avraham zum Bleiben ein. „*Und Avimelech sagte: ‚Siehe, mein Land liegt vor dir. Wo es gut ist in deinen Augen, lass dich nieder.‘ (V.15) Und zu Sara, da sagte er:*[7] *‚Siehe, ich gebe deinem Bruder tausend Silberstücke. Siehe, das sei dir eine Augendecke für alle, die mit dir sind, und mit allem, da bist du gerechtfertigt.‘“ (V.16)* Auch die Gewährung des Gastrechtes lässt sich als eine Mischung von Freundlichkeit und Eigeninteresse empfinden. Ob Avraham die „Einladung“[8], die als im deutlichen Gegensatz zu Pharaos Rauswurf 12,19 stehend wahrgenommen wird,[9] angenommen hat, wissen wir nicht[10]. Im nächsten Kapitel werde ich darauf zurückkommen.

---

1 Vgl. Zimmerli, Genesis, 98.

2 Vgl. Gunkel, Genesis, 1902, 196; Raschi, z.St.
Nicol, Studies, 133, begreift die Geschenke sogar als „payment for Abraham's intercession“.

3 Vgl. Levin, Jahwist, 174.

4 Vgl. Millard, Genesis, 328; Van Seters, Abraham, 175; Westermann, Genesis I/2, 400; Nicol, Studies, 133.

5 Jacob, Genesis, 475; vgl. Holzinger, Genesis, 160. Vgl. auch Zimmerli, Genesis, 98 („Sühne“).

6 Vgl. auch Kilian, Abrahamsüberlieferungen, 193.

7 Inversion.

8 Seebass, Genesis II/1, 160.

9 Vgl. z.B. Raschi, z.St., Gunkel, Genesis, 1902, 196; Procksch, Genesis, 305; Westermann, Genesis I/2, 401.

10 Vgl. Jacob, Genesis, 473.

Als das fortgesetzte Bemühen um Beschwichtigung[1] und um Kompensation[2] wird die märchenhaft[3] große Gabe an Silbergeld interpretiert, die nun für Sara gedacht ist. Nur wenige Ausleger/innen sind der Ansicht, dass mit den tausend Silberstücken der Wert der obigen Geschenke angegeben werden soll[4]. Die meisten gehen davon aus, dass Avimelech tatsächlich diese für Sara gedachte Summe Geldes ihrem „Bruder", wie er sagt, gegeben hat.[5] Diese merkwürdig anmutende Bezeichnung Avrahams als Saras „Bruder" wird sehr verschieden gedeutet: (1) Sie wird als Ironie[6] oder gar Sarkasmus[7] bezeichnet, nachdem nun die Wahrheit aufgedeckt ist. (2) Man ist der Meinung, Avimelech erkenne Avrahams Erklärung an, nach der die beiden (Halb-)Geschwister seien[8], (3) oder aber er beharre darauf, dass er Sara rechtmäßig aus ihres Bruders Hand empfangen habe.[9] (4) Von Rad ist der Ansicht, dass Avimelech mit dieser Formulierung ganz abgesehen von ihrem Wahrheitsgehalt eine Bloßstellung Avrahams vermeiden möchte.[10] Der gemeinsame Nenner dieser Deutungen besteht darin, dass Avimelech denjenigen beschenkt, der ihm als Saras „Bruder" vorgestellt wurde. Warum aber erhält nicht Sara selbst die Geldzahlung? Wäre das unschicklich gewesen?[11] Oder wurde sie in Bezug auf eigenen Besitz nicht für rechtsfähig gehalten?[12] Deutlich ist in jedem Fall, dass die Summe für Sara gedacht ist. Will man die „Augendecke" nicht als eine weitere Gabe, etwa einen königlichen Mantel[13] oder einen Schleier[14] zum Verbergen von Saras gefährlicher Schönheit begreifen, so lässt sich das Geldgeschenk als Augendecke im übertragenen Sinne verstehen – als eine Ausgleichszahlung, mit der Saras Ehre wiederhergestellt[15] und ein Deckmantel um diesen Vorfall gehüllt

1 Vgl. Ramban zu 20,16.
2 Vgl. Wenham, Genesis II, 74.
3 Vgl. auch Procksch, Genesis, 305.
4 Vgl. Ramban, z.St.; Keil, Genesis, 204.
5 Vgl. z.B. Gunkel, Genesis, 1902, 197; Raschbam, z.St.
6 Vgl. Alter, Genesis, 96.
7 Vgl. Soggin, Genesis, 294; Sarna, Genesis, 144; Skinner, Genesis, 319.
8 Vgl. Kilian, Abrahamsüberlieferungen, 193.
9 Vgl. Procksch, Genesis, 305.
10 Vgl. von Rad, Genesis, 196. Ähnlich Seebass, Genesis II/1, der diese Schenkung als einen „diplomatischen Schachzug" versteht, bei dem Avimelech „dem Bruder als dem Chef des Hauses" „Sara zusammen mit einer erneut fürstlichen Gabe [erstattet]".
11 Vgl. Alschich bei Zlotowitz, Bereishis I, 735.
12 Vgl. Gunkel, Genesis, 1902, 197.
13 Vgl. Sforno, z.St. („Augendecke" als bunter Mantel); vgl. auch TanchB IV, וירא, 27.
14 Vgl. Sarna, Genesis, 144 („Augendecke" als Schleier oder im übertragenen Sinne Bedeckung der Augen anderer Menschen zur Wiederherstellung von Saras Ehre).
15 Vgl. Coats, Genesis, 150.

werden soll.[1] Das hinter dieser Logik stehende Denksystem können wir uns heute nur noch grob erschließen. Ist man der Ansicht, dass Avimelech dies alles freiwillig und ohne dazu verpflichtet zu sein den Erzeltern gibt, oder dass Avraham dies alles gar nicht verdient hat,[2] so kann eine solche Lesereaktion gut an die Großzügigkeit anschließen, die viele in den Geschenken Pharaos (12,16) gesehen haben.

Was bedeutet aber וְאֵת כֹּל[3] וְנֹכָחַת? In den meisten deutschen Übersetzungen wird dieser Satz als Worte Avimelechs an Sara verstanden: ‚Und vor allen bist du gerechtfertigt'[4], wobei aus dem Partizip von יכח nif. auch die Bedeutung „beweisen" herauszuhören ist: ‚Deine Ehre ist vor allen bewiesen.'[5] Oder, wie der Targum Onkelos liest: ‚Und wegen allem, was ich gesagt habe, sei gewarnt', dass du dich nicht wieder als Avrahams Schwester ausgibst. Nach einer anderen Möglichkeit ist dieser Satz eine Erzählereinrede, in der es heißt, Sara ‚wurde durch all das[, was geschehen ist,] zurechtgewiesen'[6] bzw. sie selbst habe umgekehrt nach alledem, was ihr angetan wurde, ‚trotz all [der Beschwichtigungsgaben]' Avimelech weiterhin ‚Vorwürfe gemacht.'[7] Diese letzte Lesart beantwortet die Frage, ob Sara sowohl in Gen 12 als auch in Gen 20 zu allem geschwiegen hat, und eröffnet den Leser/inne/n eine Leerstelle, die sie mit dem füllen können, was Sara ihrer Vorstellung nach gegen Avimelech und vielleicht auch gegen Avraham und Pharao vorgebracht haben könnte.

Nun hat Avimelech zwar Sara ihrem Mann zurückgegeben und damit die Forderung Gottes erfüllt, deren Nichtbefolgen mit dem Tod bestraft worden wäre. Doch ist nach wie vor nicht über Avimelechs Leben entschieden. Diese Spannung löst sich erst bei der Lektüre der letzten beiden Verse der Erzählung: „*Und Avraham legte Fürbitte ein bei Gott. Und Gott heilte Avimelech, und seine Frau, und seine Mägde. Und sie zeugten/gebaren*

1 Vgl. auch Cassuto, Genesis II, 357f. zur Deutung der Geschenke als Beteuerung der Nichtheirat; ähnlich Weinfeld, Assyrian Background; kritisch dazu Millard, Genesis, 328. Zu anderen Interpretationen der Augendecke vgl. Jacob, Genesis, 473f.

2 Vgl. Westermann, Genesis I/2, 401.

3 Nach Ibn Esra, z.St., ist das Waw idiomatisch und braucht daher nicht in der Übersetzung dargestellt zu werden.

4 Ähnlich auch Raschi, z.St.; Keil, Genesis, 204 („ist dir Recht geworden").

5 Vgl. Zlotowitz, Bereishis I, 738.

6 Vgl. Ibn Esra, z.St. („ונוכחת sind die Worte Moses, wonach Sara nicht noch einmal von Abraham sagte: ‚Er ist mein Bruder'"); s. auch Radak, Sefer Haschoraschim nach Zlotowitz, Bereishis I, 739.

7 Als 3.f.sg. Perf. punktiert. Vgl. Ramban, z.St., mit Verweis auf die Semantik des Verbes in Mi 6,2; Ijob 13,15.23,7; R. Bachya bei Zlotowitz, Bereishis I, 739. Zu weiteren kreativen Lesarten vgl. Holzinger, Genesis, 160; König, Genesis, 538 mit Anm. 1.

[Kinder]. (V.17) Denn verschlossen, ja verschlossen hatte Adonaj jeden Mutterschoß im Haus Avimelechs wegen Sara, der Frau Avrahams." (V.18) In letzter Minute haben die Leser/innen Gelegenheit zu verstehen: Wenn Gott Avimelech von Sara fern gehalten hat, dann anscheinend nicht zuletzt durch eine Krankheit[1], die das Zeugen bzw. Gebären[2] von Kindern und damit ein Weiterleben des Volkes verhindert hat. Blieb in Gen 12 offen, womit und zu welchem Zweck der fremde Herrscher geschlagen wurde, so können sich die Leser/innen in Gen 20 erschließen, dass Gott den König mit einer Krankheit[3] geplagt hat.[4] Doch wie in 12,17, so wurde auch hier nicht nur der König getroffen, sondern auch „sein Haus": Diese kurze Angabe aus Gen 12 wird in Gen 20 dadurch auserzählt, dass Adonaj durch diese Krankheit oder darüber hinaus[5] (zur Sicherheit?) jeden Mutterschoß im Königshaus von Grar verschlossen hatte[6] – mit der Folge, dass Adonajs Schläge gegen Avimelech und seine Leute hier eher als notwendige Beschützung Saras denn als Bestrafung[7] der Grariter erscheinen. An der Stelle, an der es um Gottes direktes Eingreifen geht, erscheint wie in Gen 12 das Tetragramm. Die kritischen Fragen nach der Gerechtigkeit Gottes gegenüber dem fremden König wie nach der Treue Gottes gegenüber der gefährdeten Ahnfrau in Gen 12 finden Rezipient/inn/en in Gen 20 damit beantwortet.

Erst nach der Fürbitte Avrahams können wieder Kinder gezeugt und geboren werden[8], und Avimelech, so lässt sich ergänzen, kann weiter le-

1 Vgl. z.B. Smend, Erzählung, 38; Ronning, Naming, 19 („plagues").

2 Zum Verständnis von ילד als zeugen/gebären vgl. Keil, Genesis, 205; Kilian, Abrahamsüberlieferungen, 193; Holzinger, Genesis, 160f.

3 Proksch, Genesis, 306, denkt bei dieser Krankheit an „Impotenz"; Sarna, Genesis, 144 an „sexual dysfunction".

4 Deurloo, Gefährdung, 26, gibt die Schlussfolgerungen wieder: „Es gab also doch eine Art Plage wie in Ägypten! Sie waren also krank gewesen! Aber es handelte sich wohl um eine ganz besondere Krankheit – *pour le besoin de la cause:* um Impotenz und Unfruchtbarkeit."

5 Vgl. Wenham, Genesis II, 74.

6 In jüdischen Auslegungen werden oft beide Verse in der Weise interpretiert, dass Gott alle Leibesöffnungen verschlossen hatte. V.17 schildert demnach nicht, dass wieder Kinder „geboren wurden", sondern dass Avimelech und seine Frauen „erleichtert" wurden (וילדו), weil ihre „Leibesöffnungen" (רחם) wieder geöffnet wurden. Vgl. etwa Raschi, z.St.; BerR, z.St.; ablehnend aber Ramban, z.St.; Darstellung der ganzen Diskussion bei Zlotowitz, Bereishis I, 740ff.

7 Vgl. aber Nicol, Studies, 133, der die Plage als „punishment for his [sc. Avimelechs] apparent adultery" verstehen will.

8 V.17 verstehe ich mit Jacob, Genesis, 474, so, dass es den Menschen in Avimelechs Haus von jetzt an wieder möglich war, Kinder zu zeugen und (irgendwann) zu gebä-

ben. Damit ist der Spannungsbogen, der sich innerhalb von Gen 20 entfaltet, zu seinem Ende gekommen: einer glücklichen Lösung. Aber während אֱלֹהִים als derjenige, der mit dem ‚Heiden' Avimelech gesprochen hat, Avimelech und dessen Frauen[1] von der Unfruchtbarkeit heilt,[2] erinnert in V.18 das Verb עצר/‚verschließen' an Saras Klage über ihre Unfruchtbarkeit[3] (16,2: עצר).[4] Den Erzeltern ist jene reiche Nachkommenschaft, die Adonaj in 12,1-3 versprochen hat, immer noch nicht ermöglicht.[5] Benno Jacob sieht hinter diesem Sachverhalt eine großartige Pädagogik Gottes walten:

> „Zunächst liegt eine hohe Weisheit und die ganze Feinheit und Zartheit einer göttlichen Pädagogik darin, daß Abraham Fürbitte für den andern tun soll, obgleich doch er selber der Sünder und Alleinschuldige ist, während Avimelech von der Gottheit ja bereits losgesprochen ist, indem sie seine untadlige Gesinnung anerkannte (v.6) und er selber jede Genugtuung leistet. [...] Und damit, daß nunmehr alle Frauen im Hause Abimelechs gebären dürfen, ist der letzte Schritt zu dem geschehen, was im nächsten Kapitel folgt. Denn wie sollte Gott dem Abraham noch länger versagen, was er auf dessen Fürbitte andern gewährt hat, und wie konnte sich Abraham eines eigenen Sohnes von Sara würdiger zeigen als dadurch, daß er das Gleiche für andere erfleht hat?"[6]

Hat sich Jacob in Gen 12 noch mit Avraham identifiziert und ihn gegen alle Vorhaltungen zu verteidigen versucht, so sieht er ihn in Gen 20 als „Alleinschuldige[n]" und bezeichnet ihn sogar als „Sünder". Dagegen betrachtet er den untadeligen und um Kompensation bemühten Avimelech als durch Gott „losgesprochen", was die Loslösung von etwaiger Schuld und einen Freispruch zu beinhalten scheint. Nach Ansicht von Jacob wird Abraham durch die Wiederholung der Ereignisse in Gen 12 ein zweites Mal in diese Lage versetzt, um nun aus berufenem Munde zu hören, dass er mit seinem Verhalten „gesündigt" hat.[7] Nach dieser notwendigen Zurechtweisung fällt Abraham die Aufgabe zu, für denjenigen, den er geschädigt hat,[8] um eben das zu bitten, was ihm und Sara noch versagt ist: die Mög-

ren. Von daher erübrigt sich die Frage, ob in Gen 20 genügend Zeit vergangen ist (vgl. Zlotowitz, Bereishis I, 740f.), dass jetzt schon Kinder geboren werden können.

1 Gegen Ibn Esra, z.St., nach dessen Auffassung nur Avimelech geheilt wurde: „Und Gott heilte Avimelech. Und seine Frauen und seine Mägde – sie gebaren [Kinder]."

2 Gegen Seebass, Genesis II/1, 169f., der mit Verweis auf Hos 11,3f. und Ex 15,26 das Verb רפא als Hinweis auf eine „Krankheitsverschonung" (aaO., 170) verstehen will.

3 Vgl. z.B. Scharbert, Genesis, 159.

4 Vgl. Deurloo, Gefährdung, 26.

5 Vgl. Janzen, Genesis II, 71.

6 Jacob, Genesis, 476.

7 Jacob, Genesis, 475.

8 Vgl. Coats, Genesis, 151: „The righteous Abimelech must go to the hero of the story, even though the hero's righteousness is in question, and from him the righteous Abi-

lichkeit, Kinder zu bekommen. Das lässt manch einen Leser fragen, warum Sara immer noch „vom Gebären verschlossen“ ist, wie sie selbst in Gen 16,2 formulierte, wenn Avraham sogar die Unfruchtbarkeit des Haushaltes Avimelechs beseitigen konnte[1], und in den Augen Jacobs kann Gott nun gar nicht mehr anders, als diese Spannung mit der Geburt Jizchaks (21,1ff.) zu lösen. Insofern funktioniert Gen 20 in diesem Kontext als retardierendes Moment[2] vor der Erfüllung der Verheißung jenes Sohnes, der durch Gottes Intervention definitiv kein Kind Avimelechs, sondern ein Nachkomme Avrahams ist – „der Erbe, in dem die Linie weitergeht, die auf das Volk Israel hinführt“ und auf dem „das erzählerische und theologische Hauptgewicht“[3] liegt.

In mehrerlei Hinsicht lässt sich Gen 20 als eine „Lehr-“[4] und Lernerzählung betrachten. Nach der Deutung von Jacob hat Gott am Ende der Geschichte Avraham gelehrt, dass auch er zu einer Wiedergutmachung verpflichtet ist. Wenn er aber den Graritern wieder zu Nachkommen verhelfen muss, so interpretieren einige Ausleger, dann bringt er ihnen den Segen, der nach 12,2f. auch für die Völker gedacht ist und den Avraham ihnen durch sein fatalen Wiederholungsfehler zunächst vorenthalten hat.[5] Das Thema „Segen“, obwohl auf der Ebene des Gesagten in Gen 20 nicht sichtbar, sondern nur durch 12,2f. oder 18,18[6] erinnert, bleibt also in der Rezeption präsent.

---

melech must receive intercession for healing.“

1 Vgl. Wenham, Genesis II, 76: vgl. auch Deurloo, Way, 103, der 20,18 als „introduction to Sarah's pregnancy“ bezeichnet.

2 Vgl. auch Millard, Genesis, 331; Deurloo, Gefährdung, 23 (Gen 20 als Einleitung zur „Geburt des Sohnes); Naumann, Ismael, 173 („So führt der Machterweis Gottes, der Kinderlosigkeit herbeiführen, aber auch beheben kann, am Ende der einen Episode auf raffinierte Weise an das Thema von 21,1ff. heran“). Zu den drei Gefährdungserzählungen als jeweils retardierendes Moment vgl. Keel/Küchler, Texte, 130.

3 Naumann, Abrahams verlorener Sohn, 75.

4 Vgl. Millard, Genesis, 335.

5 Vgl. Biddle, Ancestress, 609. Für Wenham, Genesis II, 74f., zeigt Avrahams Eintreten für die Menschen von Grar wiederum, dass die Familien der Erde durch ihn Segen finden (12,3; 18,18) und für Weimar, Untersuchungen, 78, exemplifiziert die Erzählung, dass sich das Wohl und Wehe der Völker am „Verhalten Abrahams ihnen gegenüber entscheidet“. Nicht Segen, sondern „Fluch“ bringt Avraham in Gen 20, meint Nomoto, Entstehung 23; und in ähnlicher Weise lässt der Midrasch zu 20,10 bei Zlotowitz, Bereishis I, Avimelech den Avraham fragen: Warum hast du uns die Katastrophe gebracht, wo du sonst den Völkern Segen bringst?

6 Vgl. Butting, Gefährdung, 18.

Sicherlich hat auch der „unschuldig schuldige"[1] Nichtisraelit Avimelech viel gelernt, als er durch Gott unversehens in die Erörterung einer diffizilen Rechtslage verstrickt wurde. Schon innerhalb des Textes hat der König gezeigt, dass er, dem mindestens das Inzestverbot als grundlegende ethische Norm bekannt ist,[2] erstens das Verbot des Ehebruchs (und evtl. des Menschenraubs) spätestens nach der Androhung der Todesstrafe akzeptiert, dass er zweitens den Unterschied zwischen einer subjektiven Unschuld bzw. objektiven Sündlosigkeit in den Absichten und einem objektiven Schuldverhängnis der Taten lernt und drittens den bedingten Freispruch annimmt, bei dem das Überleben bzw. die Heilung von Avraham abhängig gemacht wird.

Nicht leicht zu beantworten ist die Frage, ob Sara etwas dazulernen konnte. Einige jüdische Auslegungen sehen einen solchen Fortschritt darin, dass Sara nicht noch einmal Avrahams Plan zugestimmt hätte und deswegen von ihrem Mann übergangen wurde. Und wenn man die Interpretation voraussetzt, nach der Sara trotz aller Beschwichtigungsversuche weiter mit den Männern gerechtet hat, dann hätte sie gelernt, ihre Stimme gegen das zu erheben, was sie erlitten hat.

Auch bei Gott kann man einen Lernfortschritt sehen. Er handelt in Gen 20 so, dass er auf viele Probleme und Fragen, die sich nach der Lektüre von Gen 12 ergeben, eingeht. Er greift rechtzeitig ein und erweist sich als gerecht, indem er Avimelech verwarnt und bestimmt, dass der fremde ‚Heide' und sein Haus letztlich wieder von der Krankheit befreit werden, die zu Saras Schutz notwendig war.

b) Auswertung: Gen 20 als Weiter-Erzählung von Gen 12,10-20

Schon bei der Lektüre der ersten beiden Verse von Gen 20 fühlen sich die Leser/innen an Gen 12,10-20 erinnert. In 20,1f. sind es nicht nur die wiederkehrenden Worte, sondern mehr noch die Leerstellen, die das aus Gen 12 gewonnene Wissen aktivieren. Doch nicht nur hier zeigt sich, dass die Leseerfahrungen mit Gen 12 die Rezeption von Gen 20 mit steuern.[3] So wird das gesamte Kapitel als ein Text wahrgenommen, der ähnliche, wenn nicht ‚die gleichen' Ereignisse wie die vorhergehende Gefährdungs-

1 Blum, Komposition, 409; vgl. von Rad, Genesis, 194.
2 Vgl. Millard, Genesis, 338.
3 Dies berücksichtigt auch der *reader-response*-Ansatz bei Clines, Eve, 69.

geschichte in der Weise darstellt, dass in Gen 12 empfundene Leerstellen hier ausgefüllt[1] und dort aufgekommene Fragen zumindest für diese Erzählung beantwortet werden: Vom Verheiratetsein der Fremden erfährt der König durch Gott, der den Machthaber gleichzeitig über den Zusammenhang zwischen seinem Schicksal und der weggeführten Ausländerin aufklärt und interveniert, bevor es zu einem sexuellen Kontakt mit der Ahnfrau kommen kann. Haben sich viele Leser/innen bei der Lektüre der ersten Erzählung gefragt, ob das harte Eingreifen Gottes gegenüber dem unwissenden König gerecht ist, so hat der Regent in der zweiten Geschichte selbst die Gelegenheit, Gott diese Frage zu stellen. Sie wird ihm sehr differenziert dadurch beantwortet, dass ihm zwar die Lauterkeit seiner Intentionen, nicht aber die Reinheit seines Verhaltens bestätigt wird, und er zwar bei Rückgabe der Ehefrau vom Tode verschont wird, sein Leben aber auch dann von der Fürbitte[2] Avrahams abhängt. Anders als in Gen 12 ist in Gen 20 klar, dass auch Sara sich als ein Geschwister ausgegeben hat.[3] Haben sich nicht wenige Rezipient/inn/en in Gen 12 vorgestellt, dass der Monarch nach den Schlägen Gottes von Angst ergriffen ist, so wird eine solche Furcht in Gen 20 den Menschen des Ortes zugeschrieben, die von Gottes Drohungen hören. Zwei weitere Leerstellen aus Gen 12 werden in Gen 20 auserzählt, indem Avraham auf die Vorwürfe des Königs antworten darf und sich die Leser/innen die Art der Plagen, mit denen Gott für Sara eintritt, als zeugungsunfähig bzw. unfruchtbar machende Krankheiten erschließen können. Daraus, dass dies aber erst zum Schluss deutlich wird, bezieht die Geschichte in Gen 20 ihren Spannungsbogen. Zunächst erfahren die Rezipient/inn/en lediglich, *dass* Avimelech durch Gott von Sara ferngehalten wurde, nicht aber, mit welchen Mitteln. Auch die Aussage, dass Avraham erst für das Leben Avimelechs bitten muss, bleibt vorerst rätselhaft. Nachdem Avimelechs Rettung das gesamte restliche Kapitel unsicher war, können die Leser/innen erst am Schluss zu verstehen versuchen, was Gott mit alledem bezwecken wollte: Sein Plan könnte es sein, Avimelechs und Avrahams Schicksal miteinander zu verknüpfen. Nach Avimelechs reicher Kompensation lässt Gott auf Avrahams Fürbitte die Heilung Avimelechs, dessen Frau und Mägden von der Unfruchtbarkeit sowie die lang ersehnte Schwangerschaft Saras folgen – so als müsse Avra-

1 Vgl. auch Exum, Ancestress, 110 Anm. 42; Ewald, Komposition, 228f., zitiert bei Ronning, Naming, 7, Anm. 26.
2 Zum Verb התפלל als Terminus für das fürbittende Eintreten vgl. Stähli, Art. פלל, in: ThWAT II, 427-432.
3 Dabei ist vorausgesetzt, dass wir Avimelechs Worten Glauben schenken dürfen.

ham dem Volk, das er durch sein Verhalten geschädigt hat, erst genau dasjenige ermöglichen, was er sich selbst sehnlichst wünscht. Diese Interpretation, die sich vor allem an Benno Jacob anschließt, setzt eine kritische Haltung gegenüber Avraham voraus, die bei fast allen Auslegern zu beobachten ist, die nicht sowohl Avraham als auch Avimelech in Gen 20 entschuldigt sehen. Anders als die Rezeption von Gen 12 beginnt in Gen 20 die Rezeption einer Großzahl der Ausleger/inne/n bereits mit einer kritischen Sicht Avrahams[1] und setzt sich mit einer positiven Wertung Avimelechs fort[2]. Avimelechs Schicksal wird als unverdient betrachtet, seine Vorwürfe gegenüber Avraham gelten als berechtigt, und sein Verhalten wird als äußerst großzügig empfunden. Bei seinem Gespräch mit Gott hat er sich als sehr verständig gezeigt. Dagegen wird zunächst bezweifelt, dass Avraham irgendetwas aus dem früheren Vorfall gelernt hat, denn er scheint dieselben Fehler zu wiederholen und nur schlechte Ausflüchte vorzubringen. Vielleicht lernt er am Schluss, dass er durch sein Verhalten Avimelech etwas zugefügt hat, worunter er selbst seit langem leidet. Einige Rezipient/inn/en sehen in Gen 20 aber auch den Versuch, Avraham zu entschuldigen, da er auf die Vorwürfe Avimelechs antwortet darf. Doch kaum jemand lässt sich durch diese Entgegnungen so sehr überzeugen, dass er Avrahams Verhalten gutheißt.

Im Mittelpunkt der Geschichte in Gen 20 stehen nicht Avraham und Sara, sondern Avimelech. Er ist jeweils Gesprächspartner in den beiden großen Dialogen (VV.3-7 und VV.9-16), die den Aufbau von Gen 20 dominieren und das Geltendmachen wie die Erörterung theologisch-ethischer Normen schildern. Hier werden viele Fragen der Leser/innen nach der Gerechtigkeit von Schuld und Strafe differenziert und theologisierend behandelt. Die sich um diese Diskurse legende Handlung setzt die in den Gesprächen gefundenen Normen um und erinnert oft an die *story* von Gen 12,10-20, auch wenn die Abfolge der Ereignisse, der *plot,* spannungssteigernd verändert ist.[3] Auf der Handlungsebene finden die Rezipient/inn/en manchmal Leerstellen aus Gen 12 auserzählt, manchmal entstehen auch neue Lücken, die sich nur durch das Textwissen aus der vorhergehenden Gefährdungserzählung schließen lassen. Wegen all dieser

---

1 Vgl. Fischer, Erzeltern, 171.

2 Vgl. Fischer, Erzeltern, 171; Blum, Komposition, 415; Brüggemann, Genesis, 178.

3 Dies wird seit Gunkel, Genesis, 1902, 195f. nachholender Erzählstil genannt, aber nicht immer wie bei Zimmerli, Genesis, 97, oder Gunkel, aaO., 195, als „raffiniert" gewürdigt.

Erinnerungen an Gen 12,10-20 wird Gen 20 als „Kommentar“[1] zu der früheren Geschichte, als „Midrasch“[2], als „recasting“[3], „revision“[4] oder als „Nach-“[5] bzw. „Weitererzählung“[6] bezeichnet.

Wird in Gen 20 also eine neue Geschichte erzählt, in der die Leser/innen bekannte Handlungsmuster wahrnehmen und in Gen 12 entstandene Fragen zumindest für diese Erzählungen beantwortet finden können,[7] so geht dadurch das narrative Potential der früheren Leerstellen in die Rezeption der Weiter-Erzählung ein, ohne dass die erste Geschichte angetastet würde. Es bleibt den Rezipient/inn/en überlassen, ob sie nur die Erfahrungen aus der Lektüre eines Textes auf ihrem weiteren Weg durch den Text mitnehmen, oder auch umgekehrt mit dem neu erworbenen Wissen Relektüren früherer Texte starten. In ein solches intertextuelles Gespräch treten jene Leser/innen ein, die ihre Leseergebnisse aus Gen 20 auf Gen 12 zurückübertragen, wie z.B. Benno Jacob: „Beide Erzählungen setzen sich voraus und stützen sich aufeinander“.[8] So wird ihm bei der Interpretation von Gen 20 deutlich, dass in beiden Erzählungen Gott zum Schutz der Stammmutter rechtzeitig interveniert[9] und in Gen 20 Adonaj dem Erzvater durch die beschämenden Vorwürfe des gottesfürchtigen und gerechten Avimelech sowie durch die geforderte Fürbitte zeigt, wie schon sein Verhalten in Gen 12 zu bewerten und zu bestrafen gewesen wäre.[10] Zudem wird die Plage gegen Pharao und sein Haus im Nachhinein überwiegend nicht als Strafe, sondern als Schutzmaßnahme zur Verhinderung des Ehebruchs gedeutet.[11] Statt in diesen Diskurs einzusteigen, was hier aus Platz-

1 Millard, Genesis, 344.
2 Levin, Jahwist, 173.
3 Van Seters, Avraham, 173.
4 Van Seters, Avraham, 183.
5 Westermann, Genesis I/2, 390.
6 Millard, Genesis, 335. Vgl. auch die literargeschichtliche These, nach welcher der Elohist ein „Umdichter“ der J-Stoffe war (Volz, Erzähler, 34).
7 Vgl. Exum, Ancestress, zu Gen 12: Hatte Sara „sexual relations with the pharao? We cannot be sure, for this version of the story does not satisfactorily resolve the issue. It must, therefore, be repeated.“
8 Jacob, Genesis, 475. Zur Erklärung eines Textes durch den anderen vgl. auch Raskow, Intertextuality, 68 und Kessler, Querverweise, 100ff., bes. 102, der argumentiert, dass ein Sammler wegen des wechselseitigen Sich-Ergänzens von Gen 20 und 12,10-20 diese Texte nicht notwendig als ‚Dubletten‘ verstanden haben muss.
9 Vgl. Jacob, Genesis, 474f.
10 Vgl. Jacob, Genesis, 476.
11 Vgl. Ronning, Naming, 8, mit Verweis auf Calvin. S. auch Westermann, Genesis I/2, 395, der freilich davon ausgeht, dass damit der Erzähler „einen Zug der alten Erzählung bewußt [verändert]“.

gründen nicht möglich ist, schauen wir nach vorn: Auf das ‚Nachspiel' von Gen 20 in 21,22-34, das vor der Lektüre des Jizchakkapitels als dritter Kotext von Gen 26 angesprochen werden soll.

3. Kotext III: Gen 21,22-34

a) Der Bund zwischen Avraham und Avimelech (Gen 21,22-34)

Zwischen der Gefährdungserzählung in Gen 20 und der nächsten Begegnung Avrahams mit Avimelech liegt nicht nur die Geburt Jizchaks (21,2), sondern auch das Fest (משתה) seiner Entwöhnung (21,8) sowie eine Geschichte (21,9ff.)[1], in welcher der erste Sohn Avrahams, Jischmael, wie wenig später Jizchak (Gen 22), in Todesgefahr gerät. Gott, der Avraham zunächst Beihilfe zur Vertreibung Hagars und Jischmaels in die Wüste Beer-Scheva (21,14): באר שבע) geleistet hat, aber Jischmael zu einem „Volk" (21,13), ja, zu einem „großen Volk" (21,18) machen will, errettet ihn und seine Mutter.[2] Er ist „mit dem Jungen" (21,20: וַיְהִי אֱלֹהִים אֶת־הַנַּעַר) und lässt ihn groß werden. Unmittelbar nach diesem offenen Abschnitt *(Petucha)* und zwischen diesen beiden aufregenden Erzählungen von den Gefährdungen der Söhne Avrahams[3] wird eine Episode erzählt, die bereits einen Vorgeschmack auf die Brunnenstreitigkeiten und auf den Friedensschluss in Gen 26 gibt. Wir wollen diesen Abschnitt vor allem als Fortsetzung der Avimelech-Geschichte in Gen 20 lesen:

„Und es geschah zu jener Zeit, da sagte[n] Avimelech und Pichol, der Oberste seines Heeres, zu Avraham: ‚Gott ist mit dir – in allem, was du tust.'" (V.22)

Die Leser/innen sind sehr unterschiedlicher Ansicht darüber, zu welcher „Zeit" und an welchem Ort Avimelech und Pichol, die hier wie aus dem Nichts auftauchen,[4] das Gespräch mit Avraham suchen. Wird mit der Wendung וַיְהִי בָּעֵת הַהִוא auf Gen 20 zurückgelenkt,[5] und befinden sich die genannten Personen noch in Grar[6], wo zu bleiben Avimelech die Erzeltern eingeladen hatte (20,15)? Dafür würde sprechen, dass von keinem Ortswechsel berichtet wurde. Oder ist Beer-Scheva der Schauplatz dieser Begegnung, da sich dort die Protagonisten ganz offensichtlich in der zweiten Hälfte dieser Erzählung aufhalten (vgl. 21,31f.)? Dann hätte Avraham das Angebot, in Avimelechs Land zu bleiben, abgelehnt.[7] Beer-Scheva lässt sich

---

1 Vgl. dazu Naumann, Ismael, 180ff.

2 „Der Gott Israels steht Hagar ebenso rettend bei wie anderen Müttern großer Männer in Israel" (Naumann, Abrahams verlorener Sohn, 78).

3 Zu den Parallelitäten zwischen Gen 21,1ff. und Gen 22,1ff. vgl. Naumann, Ismael 207ff. (Lit.) und ders., Abrahams verlorener Sohn, 87f.

4 Vgl. etwa Westermann, Genesis I/2, 425.

5 Vgl. Coats, Genesis, 155.

6 Vgl. z.B. Sarna, Genesis, 148.

7 Vgl. Zlotowitz, Bereishis I, 768.

allerdings erst *nach* der Lektüre von 21,22ff. als Schauplatz annehmen, da dieser Ortsname hier noch nicht erscheint. Spielen die folgenden Szenen vielleicht auf dem Fest anlässlich der Entwöhnung Jizchaks,[1] zu dem auch Avimelech und Pichol eingeladen sind,[2] oder wird hier eine Gleichzeitigkeit[3] zu 21,9ff. hergestellt? – ‚Zu jener Zeit, als Hagar und Jischmael in der Wüste umherirrten, sagten Avimelech und Pichol zu Avraham: ...‘

In jedem Fall sind es Avimelech und Pichol, die hier die Initiative ergreifen und auf Avraham zuzugehen scheinen. Avimelech wird hier im Unterschied zu 20,2 nicht als „König von Grar“ bezeichnet, woraus man schließen könnte, dass er Avraham auf gleicher Ebene begegnet[4]. Pichol[5] hingegen, eine neue Figur in der Genesis, wird als „Oberster“ der „Heerschar“ Avimelechs eingeführt, was erwarten lässt, dass dieses Treffen einen offiziellen Anlass hat und vielleicht sogar militärische[6] Belange berühren wird. אֱלֹהִים עִמְּךָ („Gott sei/ist mit dir“) – so könnte ein Gruß lauten, der an das Mitsein Gottes mit Jischmael (21,20) erinnert. Avimelech, der vielleicht der Wortführer ist, wünscht oder erkennt das Mitsein des Gottes, dem er in Gen 20 begegnet ist[7]. אֱלֹהִים עִמְּךָ בְּכֹל אֲשֶׁר־אַתָּה עֹשֶׂה („Gott ist/sei mit dir *in allem, was du tust*“) ist jedoch eine deutlich weiter gehende Aussage. Man kann darin einen guten Wunsch als *captatio benevolentiae*, aber auch eine tiefe theologische Erkenntnis sehen: Mit einem, dessen erster Sohn gerade gerettet wurde und der in einem derart hohen Alter noch einen zweiten Sohn bekommen hat, so dass nun beide zu einem großen Volk werden können, mit dem muss Gott sein.[8] Nun sieht aber Avimelech das Mitsein Gottes nicht nur in dem, was dem Erzvater von Gott *zuteil* wird, sondern gerade in dem, was Avraham *tut*. Zum einen könnte man diesen Satz, den manche Leser/innen fast schon als einen Segensspruch empfinden,[9] daher auf etwaige sichtbare Erfolge Avrahams etwa bei der Viehzucht oder beim Ackerbau beziehen, wovon freilich nichts erzählt wird. Zum anderen haben die Leser/innen die Möglichkeit, diesen Satz mit Gen 20 zu verbinden, jenem Text, der ihnen in frischer Erinnerung

1 Vgl. Jacob, Genesis, 486; Zlotowitz, Bereishis I, 768.
2 Vgl. Jacob, Genesis, 486.
3 Vgl. zu der Möglichkeit, mit dieser Wendung Gleichzeitigkeit zu suggerieren oben, 19.
4 Vgl. Sarna, Genesis, 148.
5 Zu möglichen Ableitungen dieses Namens vgl. unten, .
6 Seebass, Genesis II/1, 191.
7 Jacob, Genesis, 486, bezeichnet Avimelech sogar als „Gottgläubige[n]“.
8 Vgl. Raschi, z.St.
9 Vgl. Wenham, Genesis II, 95.

ist: In *allem*, so erkennt Avimelech, ist Gott mit dem Hebräer. Selbst wenn er sich derart tadelnswert wie in Gen 20 verhält, tritt Gott für Avraham und seine Frau ein und macht darüber hinaus noch das Wohlergehen des frommen ‚Heiden' Avimelech und seines ganzen Hauses abhängig vom Eintreten des Erzvaters für ihn. Erinnert man sich an dieser Stelle an Gen 20,[1] so erscheint es uns verständlich, dass sich der König von Grar gegen Avrahams Verhalten versichern und mit ihm in ein positives Verhältnis kommen will:[2]

„Und jetzt – schwöre (שבע nif.) mir hier bei Gott, dass du weder an mir, noch an meinem Spross oder meiner Nachfahrenschaft lügnerisch handelst. Nach der Gunst, die ich dir getan habe, sollst du an mir tun und an dem Land, in dem du als Fremdling weil(te)st (גור)." (V.23) Nach der überaus freundlichen Eröffnung kommt Avimelech nach dem וְעַתָּה sogleich zur Sache: Bei jenem Gott, dem Avimelech in Gen 20 begegnet ist, soll Avraham schwören, dass er nicht wieder lügt und nicht wieder trügerisch handelt,[3] wie er es etwa durch das Verschweigen seiner Ehe mit Sara getan hat. Da von diesem Verhalten Avrahams auch Avimelechs Familie und sogar sein gesamtes Volk potentiell betroffen war, ist es verständlich, dass Avimelech den Schwur auch auf seine Kinder bezogen wissen will. Hinzu kommt, dass Avraham über 100 Jahre alt und sein zweiter Sohn gerade geboren ist, der, wie wir Leser/innen wissen, wie sein Bruder zu einer reichen Nachkommenschaft werden soll: Nicht nur vor dem kriegserprobten Avraham (Gen 14), sondern auch vor dessen Nachfahren möchte Avimelech sich und seine Kinder schützen. Deshalb soll Avraham einen Schwur leisten, mit dem er auch seine Kinder bindet. Schließlich habe ja auch er, Avimelech, חֶסֶד („Gunst") erwiesen,[4] womit der König darauf anspielen könnte, dass Avraham entgegen seinen bösen Erwartungen (20,11) in Grar keine Gewalt angetan wurde, und er im Gegenteil reiche Gaben sowie eine unbefristete und unbeschränkte Aufenthaltsgenehmigung erhalten hat

1 Vgl. auch Jacob, Genesis, 486; von Rad, Genesis, 201.

2 Wenham, Genesis II, 95, paraphrasiert: "your success is so evident that I want to ensure that my successors continue to live in peace and harmony with your descendants."

3 Wie Ibn Esra, z.St., beobachtet, ist das die einzige Stelle, an der שקר nicht im Pi'el, sondern im Qal erscheint. Nach Harechasim Lebikah, bei Zlotowitz, Bereishis I, 770, bedeutet שקר pi. lügen und שקר q. trügerisch handeln, vgl. THAT II, 1012; ThWAT VII, 466f. Nach McCarthy, Covenants, 188, bedeutet שקר „precisely to break covenantal faith", vgl. ThWAT VII, 467.

4 חֶסֶד repräsentiert „a concept which is properly covenantal" (McCarthy, Covenants, 188).

(20,14-16)[1]. Das war Avimelechs חֶסֶד, dadurch hat er sich Avraham gegenüber loyal verhalten, als wäre er so zur Treue verpflichtet, wie es Avraham nach 20,13 von seiner Frau verlangt hat. Avimelech möchte חֶסֶד als etwas Reziprokes[2] begreifen: Hat er diese soziale Verlässlichkeit Avraham gegenüber schon erwiesen, so soll nun auch Avraham seinen Teil der חֶסֶד ableisten – nicht nur gegenüber Avimelech, sondern auch gegenüber dem Land, das so freundlich war, ihn als Fremdling (vgl. 20,1) aufzunehmen (vgl. 20,15/21,23: אֶרֶץ). Jenen Leser/innen, die bereits die Landnahme vor Augen haben, muss Avimelechs von „Sicherheitsinteressen“[3] geleitete Rede als sehr weitsichtig erscheinen: Er sieht nicht nur in Avraham,[4] sondern auch langfristig in dessen Nachkommen eine Gefahr für sich und seine Nachfahren, und versucht Avraham einen Nichtangriffspakt[5] abzuringen: eine Selbstverpflichtung, die eine konfliktfreie Koexistenz im Land ermöglicht.[6]

Wie reagiert darauf nun Avraham? *„Und Avraham sagte: ‚Ich, ich will schwören (שׁבע nif.)!‘“ (V.24)* Zunächst könnte man Avrahams wörtliche Rede אָנֹכִי אִשָּׁבֵעַ auch präsentisch-performativ verstehen:[7] ‚Ja, hiermit schwöre ich.‘ Das wäre kurz und bündig gesprochen, und man müsste sich dazu denken, was Avraham genau schwört. All das, was Avimelech sich erbeten hat? Es bliebe unklar. Die andere Möglichkeit besteht darin, diese Aussage, wie oben übersetzt, futurisch und damit als Willenserklärung bzw. als Ankündigung[8] zu verstehen. Dafür spricht, dass in VV.25ff. etwas erzählt wird, was sich als zum Vorgang des Schwures gehörend betrachten lässt und in V.31 mit der Erzählereinrede beendet wird, Avraham und Avimelech hätten einander geschworen. Es ist nicht unwahrscheinlich, dass Leser/innen אָנֹכִי אִשָּׁבֵעַ zunächst präsentisch verstehen und diese Interpretation bei der Lektüre des Folgenden dahingehend korrigieren, dass der Schwur erst noch folgt. Das Verständnis dieser beiden Worte als Ankündigung lässt sich mit einer Ausdeutung der doppelt dargestellten 1.P.sg.[9] ver-

1 Vgl. Kessler, Querverweise, 87; Wenham, Genesis II, 92; Janzen, Genesis II, 75; Blum, Komposition, 414.
2 Vgl. auch McCarthy, Covenants, 182.
3 Seebass, Genesis II/1, 192.
4 Vgl. von Rad, Genesis, 201; Janzen, Genesis II, 75.
5 Vgl. z.B. Sarna, Genesis, 149; Wenham, Genesis II, 95; Westermann, Genesis I/2, 426.
6 Ähnlich Haamek Hadavar bei Zlotowitz, Bereishis I, 771.
7 Vgl. z.B. Westermann, Genesis I/2, 422.
8 Vgl. Blum, Komposition, 411; Gunkel, Genesis, 1902, 206; Proksch, Genesis, 308.
9 In der rabbinischen Schriftauslegung ist es üblich, nach einem Grund für die doppelte Darstellung von Personen zu suchen. Das zweifache ‚Ich‘ an dieser Stelle interpretiert Or Hachaim, bei Zlotowitz, Bereishis I, 771, hier so, dass Avraham zwar für sich, aber nicht für seine Nachkommen schwören will.

binden: ‚Ich, ja ich will schon schwören. Aber wie sieht das mit dir aus?‘ Bis jetzt ist nur von einem einseitigen Schwur die Rede, doch das wird sich gleich ändern. Denn rasch geht Avraham zu einer anderen Angelegenheit über, die für ihn drängend ist:[1] *“Und Avraham wies Avimelech zurecht betreffs der Wasserbrunnen (באר), die die Knechte Avimelechs geraubt hatten.“ (V.25)* Durch die *w^eqatal*-Form am Anfang dieses Satzes scheint das Zurechtweisen unmittelbar auf das Schwurversprechen zu folgen:[2] ‚Und Avraham sagte: „Ich, ich werde schwören“, um gleich darauf aber Avimelech zur Rede zu stellen ...‘ Von einem Brunnenstreit mit Avimelechs Leuten hören wir zum ersten Mal, was wenig später auch Avimelech von sich sagen wird. Die Leser/innen sind auch nicht darüber orientiert, wo sich diese Wasserbrunnen befinden, bisher kennen wir nur den Brunnen Beer-Lachai-Roi (16,14) und einen nicht namentlich genannten Brunnen in der Wüste von Beer-Scheva (21,19). Weist Avraham mit denselben Worten wie der Erzähler auf den Brunnenstreit hin, was die Rezipient/inn/en nur als wahrscheinlich annehmen können, so wird die חֶסֶד *Avimelechs* doch deutlich relativiert durch den Raub der Wasserbrunnen durch eben seine Knechte. *‚Ich* will schon schwören. Aber zuvor müssen wir darüber reden, dass niemand anderes als *deine* Knechte, Avimelech, mir nicht gerade „Gunst“ erwiesen haben ...‘

Die Antwort: *„Und Avimelech sagte: ‚Ich weiß nicht[s davon]. Wer hat dies getan? Und auch du, du hast mir nichts davon mitgeteilt. Und auch ich, ich habe bis heute nichts davon gehört.‘“ (V.26)* Angesichts dieser Verteidigung teilt sich die Leserschaft in diejenigen, die Avimelechs Ahnungslosigkeit als glaubwürdig beurteilen und in diejenigen, die Avimelechs Entgegnung kritisch als „ausweichend“[3] empfinden. Wie in Gen 20, so nimmt Avimelech auch hier in Anspruch, nichts gewusst zu haben von dem, was man ihm anlastet.[4] Doch während er in Gen 20 die Vorhaltungen Gottes an Avraham weitergeben konnte, muss er hier nun selbst Rede und Antwort stehen. Allenfalls könnte man mit einigen Leser/inne/n aus seinen Worten den indirekten Vorwurf heraushören, Avraham habe bisher nichts

1 Der Übergang von V.24 zu V.25 wird zuweilen als „Gedankensprung“ (von Rad, Genesis, 201) empfunden. Die hier dargestellte Deutung geht eher davon aus, dass Avraham gute Gründe hatte, nicht sogleich zu schwören, sondern davor weitere Vereinbarungen zu treffen. Vgl. im Folgenden.

2 Seebass, Genesis II/1, 188, Anm. f, sieht durch das Waw-Perfekt eine Unterbrechung des Handlungsablaufes und ein adversatives Verhältnis des Verses zu V.24 ausgedrückt, was er durch Gleichzeitigkeit darzustellen versucht.

3 Von Rad, Genesis, 202; Westermann, Genesis I/2, 426.

4 Vgl. Wenham, Genesis II, 9.

von alledem gesagt, so dass Avimelech die Angelegenheit auch weder untersuchen noch regeln konnte.[1] Habe ich bis hierhin vorausgesetzt, dass die gesamte wörtliche Rede in V.26 Avimelech zuzurechnen ist, so verteilen einige jüdischen Exegeten[2] diese Worte auf Avimelech und Pichol: Danach wendet sich Avimelech mit den Worten „Und auch du, du hast mir nichts davon berichtet" an Pichol, der darauf erwidert: „Und auch ich, ich habe bis heute von dieser Sache nichts gehört". Die Leser/innen können nun ihre Haltung gegenüber Avimelechs Verteidigung auf Avraham projizieren, indem sie entweder interpretieren, dass der Erzvater die Distanzierung des Königs vom Brunnenraub akzeptiert,[3] oder aber ihn weiter zweifeln sehen.[4] In beiden Fällen kann man sagen, dass Avraham und Avimelech den Konflikt nicht weiter thematisieren. Weder versucht einer von beiden weiter zu klären, unter welchen Umständen es zu dem Raub gekommen ist,[5] noch wurde festgestellt, wer der rechtmäßige Eigentümer des Brunnens ist. Die Brunnenfrage ist noch nicht gelöst.

In dieser undeutlichen Situation wird Avraham aktiv. *„Und Avraham nahm Schafe[6] und Rinder, und er gab sie Avimelech. Und die beiden schlossen einen Bund:" (V.27)* Avraham schenkt Avimelech solche Tiere, wie er sie nach Gen 20,14 von ihm erhalten hat. Damit revanchiert er sich[7] und konstituiert ein Verhältnis, bei dem er nicht mehr einseitig in der Schuld Avimelechs steht[8] – die Voraussetzung für einen gleichberechtigten Bund. Der zweite Versteil וַיִּכְרְתוּ שְׁנֵיהֶם בְּרִית (V.27c) lässt sich ähnlich wie die Schwurankündigung zunächst als Vollzug einer Handlung lesen: Die Geschenke werden dadurch erklärt, dass die beiden damit eine Berit schließen, wodurch sie sich etwa in Beziehung beiderseitiger חֶסֶד miteinander verbinden.[9] Was in VV.28ff. folgt, wäre dann das Aushandeln einer für Avraham wichtigen Zusatzvereinbarung.[10] Versteht man aber diesen letzten Versteil, da in V.32 nochmals das Schließen eine Bundes berichtet wird, als

1 Vgl. Seebass, Genesis II/1, 193.
2 Vgl. z.B. Jacob, Genesis, 487; Zlotowitz, Bereishis I, 773 Anm. 1.
3 Vgl. Seebass, Genesis II/1, 193.
4 Vgl. Wenham, Genesis II, 95.
5 Vgl. Seebass, Genesis II/1, 193.
6 Eigentlich: Kleinvieh, d.h. Schafe und Ziegen.
7 Jacob, Genesis, 488.
8 Vgl. Akeidat Jizchak bei Zlotowitz, Bereishis I, 774.
9 Dazu Seebass, Genesis II/1, 193: „Daß also V 27 nicht unmittelbar den Gesprächsgang V 25f fortsetzt, zeigt erneut das große diplomatische Geschick Abrahams. Als erstes nimmt er die angebotene Berit wahr."
10 Vgl. Seebass, Genesis II/1, 194.

Überschrift für das Kommende, dann enthielte er eine spannende Ankündigung: Im Folgenden wird erzählt, dass und wie die beiden zu einer Berit kommen. Das ist in der Tora das erste Mal, dass Menschen miteinander einen „Bund" schließen – der Erzähler ist hier so kühn, den gottesfürchtigen Heiden Avimelech und den Erzvater Avraham, der seit Gen 15 und Gen 17 um die theologische Bedeutung eines Bundes weiß, hier etwas tun zu lassen, was bisher nur Gott vorbehalten war.[1] Folgt man der zweiten Lesart, nach der die beiden damit begonnen haben, eine Berit zu schließen, so kann man nun gespannt sein, wie das geschehen wird. Zumal Avraham zunächst etwas Sonderbares tut:

„Und Avraham stellte sieben (שבע) Schaflämmer beiseite." (V.28) In diesem Satz wird aus VV.23f. die Konsonantenfolge שבע (schwören/sieben) aufgenommen, die für den restlichen Text eine Leitfunktion haben wird. Mit dem Sammeln der sieben Schaflämmer entweder aus den schon gegebenen Tieren oder zusätzlich zu ihnen erregt Avraham die Aufmerksamkeit[2] der Erzählfiguren wie der Leser/innen. Die Frage der Leser/innen, was Avraham damit bezweckt, wird gleich im nächsten Vers in der wörtlichen Rede Avimelechs aufgenommen. Die Leser/innen werden „gleichsam in die Ahnungslosigkeit und Überraschung *Abimeleks*, die V.26 betont, hineingenommen",[3] bzw. umgekehrt formuliert: Avimelechs Äußerung des Erstaunens spiegelt die Reaktion der Leser/innen wider:

„Und Avimelech sagte zu Avraham: ‚Was [sollen] diese sieben (שבע) Schaflämmer hier, die du beiseite gestellt hast?' (V.29) Will Avraham sie zurücknehmen? Oder hinzufügen? *„Und er sagte: ‚Gewiss, sieben (שבע) Schaflämmer sollst du aus meiner Hand nehmen, damit mir [das] zum Zeugnis sei, dass ich diesen Brunnen (באר) gegraben habe.'" (V.30)* Auf Avimelechs Frage, warum Avraham diese Tiere ausgesondert hat, antwortet Avraham: ‚Weil du sie nehmen sollst, damit ich einen Beleg, einen Beweis habe, dass der Brunnen mir gehört.' Geschickt macht Avraham also aus dem einseitigen Schwur, den sich Avimelech vorgestellt hatte, eine zweiseitige Vereinbarung,[4] einen Vertrag. Wenn Avimelech dieses gesonderte Geschenk nicht ablehnt, gibt er vor aller Augen für Avraham ein „Zeugnis"[5] darüber, dass

1 Von einem Berit-Verhältnis zwischen Menschen war zuvor nur in 14,13 die Rede.
2 Vgl. Seebass, Genesis II/1, 19.
3 Blum, Komposition, 412.
4 Vgl. Seebass, Genesis II/1, 194.
5 In ähnlicher Weise wie hier die Schaflämmer dient in 31,52 ein Steinhaufen als „Zeuge" bzw. „Zeugnis". Vgl. zu diesen beiden Beispielen für ein „monument which serves as a reminder of the important event, the covenant" McCarthy, Covenants, 185-188.

der Erzvater den Brunnen gegraben hat und daher der rechtmäßige Eigentümer ist.[1] Da Avimelech dagegen anscheinend nichts einzuwenden hat und somit, anders als in Gen 20, hier Avraham das letzte Wort hat, kann der Erzähler die Szene langsam ausblenden und das Geschehen mit den Worten kommentieren:

„Deshalb rief man jenen Ort Beer-Scheva (באר־שבע), (V.31a) denn dort haben die beiden geschworen (שבע nif.). (b)" Jetzt haben *beide* geschworen, worauf zurückgeführt wird, dass der Ort, an dem sie das getan haben, Beer-Scheva heißt. Spätestens zu diesem Zeitpunkt befinden sich also Avraham und Avimelech plötzlich in Beer-Scheva. Dieser zumindest aus 21,14 bekannte Name wird in V.31 auf zweifache Weise erklärt: Zum einen kann man VV.30.31a lesen: „Und er sagte, die sieben (שבע) Schaflämmer sollst du aus meiner Hand nehmen, damit mir [das] zum Zeugnis sei, dass ich diesen Brunnen gegraben habe. Deshalb rief man jenen Ort באר־שבע: Siebenbrunnen." Zum anderen erklärt der Duktus von V.30 den Namen באר־שבע als „Schwurbrunnen", weil die beiden einander geschworen haben (שבע nif.). Durch V.30f. wie durch die gesamte Erzählfolge sind beide Erklärungen in dem changierenden Ortsnamen Sieben/Schwur-Brunnen verwoben, der für Avraham ein doppelter Verweis auf seine Vereinbarung mit Avimelech und damit ein doppelter Beleg für sein Eigentum an diesem – selbst nicht benannten – Brunnen ist. Mit dem zweiseitigen Schwur, so kann man schließen, haben nun beide Sicherheit: Avimelech ist vor einem trügerischen Verhalten Avrahams geschützt, Avraham vor Übergriffen, wie er sie in Gen 20 für möglich gehalten hätte, sowie vor Anfeindungen wegen seines Brunnens in Beer-Scheva. So resümiert nun der Erzähler: *„Und so schlossen die beiden in Beer-Scheva (באר־שבע) einen Bund (V.32a). Und Avimelech und der Oberste seines Heeres, Pichol, stand[en] auf (b), und sie kehrten zurück in das Land der Philister (c)."* Zunächst schlägt V.34a einen Bogen zu der Ankündigung eines Bundesschlusses in V.27c, so dass der dazwischenliegende Abschnitt durch die Lexeme כרת + ברית gerahmt wird, die in V.32a darüber hinaus mit dem Namen Sieben-Schwur-Brunnen verknüpft sind. V.32a ist entweder der Höhepunkt der Handlungsfolge in VV.28-31 und erzählt, dass nun, nachdem alle wichtigen Vereinbarungen getroffen wurden, der Bund geschlossen werden konnte. Oder dieser Teilvers ist ein „summary"[2], in dem den Leser/innen mitgeteilt wird, dass mit

1 Vgl. Westermann, Genesis I/2, 426f.; ähnlich Jacob, Genesis, 488, mit Blick auf V.31: „Aber eben die Gegengabe benutzt Abraham, um dem König sein Eingeständnis so unvergeßlich zu machen, als habe er es b e s c h w o r e n ."

2 Vgl. Zlotowitz, Bereishis I, 776.

all dem, was im Vorhergehenden dargestellt ist, ein Bund geschlossen wurde. Darauf wird in V.32b die Schlussszene eingeleitet. Avimelech und Pichol kehren ins „Land der Philister" zurück, woraus man schließen muss, dass Beer-Scheva außerhalb dieses Herrschaftsbereiches lag und die beiden Philister irgendwann als Gäste zu Avraham gekommen sind. Wir werden uns gleich noch näher mit den geographischen Angaben in diesem Kapitel beschäftigen. In V.33 sehen wir Avraham in Beer-Scheva zurückbleiben. *„Und er [sc. Avraham][1] pflanzte in Beer-Scheva (באר־שבע) eine Tamariske, und er rief dort den Namen ADONAJS, des ewigen Gottes an." (V.33)* Den Namen Gottes hatte Avraham bereits in 12,8 und 13,4 angerufen. Doch anders als dort baut er hier keinen Altar, sondern pflanzt einen Baum, wozu er das jetzt zugängliche Wasser benötigt. Diese auf die Zukunft ausgerichtete Handlung erweckt den Anschein, dass Avraham beabsichtigt, hier längere Zeit zu bleiben. Dazu passt, dass er ADONAJ mit einem Namen anruft, der Gottes zeitliche Unbegrenztheit zum Ausdruck bringt, womit sich in dieser kleinen Szene ein unermessliches Zeitfenster öffnet. Ausgeleitet wird diese, zur Beinahe-Opferung Jizchaks (Gen 22) hin offene Episode mit dem *summary: „Und Avraham weilte als Fremdling (גור) im Land der Philister viele Tage. (V.34)"* Damit schließt sich der Kreis: Nachdem die Avimelech-Avraham-Geschichte in 20,1 damit begonnen hatte, dass Avraham in Grar als Fremdling weilte, bleibt er am Ende der Erzählung noch eine ganze Weile nicht unbedingt in Grar, aber im Land der Philister.

Doch spätestens mit diesem Satz werden die geographischen Angaben in Gen 21,22ff. komplett verwirrend, wenn man versucht, allein anhand des Gesagten ein kohärentes Verständnis herzustellen: Da vor dem Beginn dieses Abschnitts in 21,22 kein Ortswechsel angezeigt wird, geht man zunächst davon aus, dass Avraham die Einladung (20,15) angenommen hat und in Grar oder in dem ihm angebotenen Land Avimelechs geblieben ist. Diese Hypothese wird auch durch den Hinweis Avimelechs auf das Land, in dem Avraham als Fremdling weile (21,23), gestärkt. Spätestens in V.31 stellt sich jedoch heraus, dass sich Avraham und die beiden Philister in Beer-Scheva befinden. Könnte man zu diesem Zeitpunkt noch schließen, dass Avraham sich nicht direkt in Grar, sondern in Beer-Scheva niedergelassen hat und dieser Ort noch zum Herrschaftsbereich der Philister gehört, so kollidiert diese Leseweise mit der Angabe in V.32, wonach Avimelech und Pichol in das „Land der Philister" zurückgekehrt sind. Korrigiert man daraufhin wiederum seine Interpretation dahingehend, dass Avraham

1 Vgl. LXX, Sam., Pesch., Vulg.

sich in dem außerhalb des Philisterlandes gelegenen Ort Beer-Scheva niedergelassen hat und bringt man das notdürftig mit V.23 und dem vorangegangenen Brunnenstreit in Einklang, indem man V.23 auf gelegentliche Aufenthalte Avrahams im Philisterland deutet und den Brunnenraub als einen Übergriff der Philister in einem fremden Gebiet betrachtet, so gerät auch diese Leseweise in V.34 wieder in eine Sackgasse, wonach Avraham, der in Beer-Scheva zurückgeblieben ist, noch längere Zeit im Philisterland gewohnt habe – es sei denn, man sieht in וַיָּגָר einen Ortswechsel[1], und Avraham hätte nach diesem Bundesschluss die Einladung aus 20,15 angenommen und wäre in das Hoheitsgebiet der Philister zurückgekehrt. Doch in jedem Fall ist es irritierend, dass sich Avraham und Avimelech in V.31 in Beer-Scheva aufhalten sollen, obwohl vorher nicht berichtet wurde, dass sie dorthin gelangt sind.[2]

Den Rezipient/inne/n bieten sich mehrere Möglichkeiten, mit dieser Irritation umzugehen, von denen ich einige anführen möchte: (1) Man löst mit Radak das Problem des vermissten Ortswechsels durch narrative Amplifikation, indem man dazuerzählt, Avraham und die beiden Philister seien im Anschluss an V.25 nach Beer-Scheva gegangen, um den strittigen Brunnen zu inspizieren. (2) Man interpretiert mit Benno Jacob 21,34 als Analepse, als Nachtrag dessen, was Avraham zwischen 20,15 und 21,22ff. getan hat: Avraham hat das Angebot von 20,15 angenommen und ist längere Zeit im Land der Philister geblieben und hat dort die Brunnen gegraben, von denen in 26,15 die Rede sein wird. Die Episode 21,22ff. spielt nach diesem Aufenthalt in Beer-Scheva.[3] (3) Man dispensiert die Frage nach den genauen Orten mit dem Hinweis darauf, dass entweder (a) es einem omnipotenten Erzähler und erst recht dem biblischen Erzähler durchaus möglich ist, Figuren unvermittelt an einen anderen Ort zu versetzen oder (b) die im Text empfundenen Widersprüche auf die Textgenese zurückgeführt und literarkritisch betrachtet werden.[4]

1 Vgl. Seebass, Genesis II/1, 194.
2 Zu diesen Problemen in der Rezeption vgl. etwa Seebass, Genesis II/1, 189ff. (Lit.)
3 Vgl. Jacob, Genesis, 490.
4 Westermann, Genesis I/2, 423f., formuliert den Forschungskonsens, wonach Gen 21 aus zwei Schichten bestehe: (A) VV.22-24.27.(31 oder) 32; (B) VV.25f.28-30.31 (oder 32f.), vgl. etwa auch von Rad, Genesis, 201f.; Kilian, Abrahamsüberlieferungen, 250ff.; Van Seters, Abraham, 188ff., kommt dabei zu dem Ergebnis, dass B an Gen 20 anschließt und A eine Fortschreibung von B darstellt.
Westermann, Genesis I/2, 423ff., betrachtet A (und B?) als abhängig von 26,26-31, während Blum, Komposition, 411ff., VV.25f.28-32 als von Gen 26 abhängig analysiert. Diese Ergänzungsschicht sei als Beer-Scheva-Bearbeitung (418) von der nachexili-

Trotz dieser Schwierigkeiten fast aller Rezipient/innen, in Bezug auf die geographischen Angaben in 21,22ff. zu einem kohärenten Verständnis zu kommen, lassen sich kohäsive Elemente wahrnehmen. Eine leitende Funktion hat dabei im gesamten Kapitel die Konsonantenfolge שבע, die sich auf dreifache Weise konkretisiert – als Verb („schwören“), Zahlwort („sieben“) und innerhalb des Namens „Beer-Scheva“. Dabei erscheint jedes dieser Lexeme dreimal: dreimal das Verb שבע nif. (VV.23.24.31), dreimal das Zahlwort שֶׁבַע (VV.28.29.30) und dreimal der Ortsname באר שבע (VV.31.32.33). Die Elemente „sieben“ und „schwören“ stehen also für sich und innerhalb des Namens „Sieben-Schwur-Brunnen“ von ihrem Vorkommen her gleichgewichtig nebeneinander. Folgt man weiter der Zahl „sieben“, so fällt auf, dass die Namen „Avraham“ und „Avimelech“ je siebenmal erscheinen.[1] So bildet sich die Konsonantenfolge שבע in vielfacher Hinsicht als Leitelement von Gen 21,22ff. heraus, was in der folgenden Auswertung reflektiert werden soll.

b) Auswertung: Gen 21,22ff. als Nachspiel zu Gen 20

Gen 21,22ff. lässt sich als eine Geschichte lesen, die mit der Konsonantenfolge שבע spielt. שבע bildet in diesem Text den roten Faden, wird zum Leitwort. Der Nichtisraelit Avimelech bringt diese Konsonantenfolge ins Gespräch, als er sich von Avraham wünscht, dass dieser jenem Lug und Trug abschwört, der den Philister in Gen 20 derart in Bedrängnis gebracht hat. Weil der verständige ‚Heide‘ in Gen 20 erfahren hat, welch eine Ehrfurcht gebietende ethische Instanz Elohim ist, und weil er weiß, dass dieser Gott dem Hebräer offenbar stets beisteht und ihn in all seinem Tun erfolgreich macht, erscheint es ihm als die bestmögliche Versicherung, wenn er den Erzvater bei Elohim schwören lässt (שבע nif.). Begreift Avimelech diesen Schwur als eine Selbstverpflichtung Avrahams auf die Treue oder Loyalität (חֶסֶד), die schließlich auch ihm als dem Fremdling in diesem Land zuteil geworden sei, so lässt sich Avraham zwar auf den Schwur ein, hält Avimelech aber gleich darauf vor, dass dessen Knechte sich keineswegs

schen (415) und mit Gen 20,1b-18 zusammengehörigen (417) Grundschicht VV.22-24.27.34 abzuheben.
Dagegen bestimmen Mowinckel, Erwägungen, 100f.; Zimmerli, 1. Mose 12-25, 107, Van Seters, Abraham, 188ff. Gen 26* als abhängig von Teilen von Gen 21,22ff.

1 Vgl. Sarna, Genesis, 148. Der Name Avraham erscheint in VV.22.25-29.34, Avimelech in VV.22.24.25(2x).27.29.32.

gemeinschaftsgemäß verhalten, sondern ihm einen Brunnen geraubt haben. Da dieser Konflikt diskursiv offenbar nicht zu lösen ist, leitet Avraham einen – nun beiderseitigen – Bundesschluss und Schwur ein, in dessen Verlauf Avimelech sieben (שבע) Schaflämmer entgegen zu nehmen scheint und damit bezeugt, dass Avraham der Eigentümer des namenlosen Brunnens ist. Der Ort, an dem die sieben Tiere übergeben und der Schwur geleistet wurde, heißt deshalb באר שבע – Sieben-Schwur-Brunnen.

Gen 21,22ff. führt insbesondere darin Gen 20 weiter, dass auch in diesem Postludium zu der Gefährdungsgeschichte der Nichtisraelit Avimelech eine herausragende Rolle beim Finden einer gemeinsamen Ethik spielt. Der fromme Heide erkennt Elohim als moralische Instanz an, auf seine Initiative hin geschieht in Gen 21 der erste Schwur in der Bibel: zwischen Avraham und ihm wird der erste Bund geschlossen, der nicht von Gott ausgeht. Ethik und Theologie liegen in der Figur Avimelechs und in dieser Erzählung unauflöslich ineinander.

Die Erinnerung an das Bündnis Avrahams mit Avimelech, an den gegenseitigen Schwur und an die Vereinbarung über die Nutzung eines Brunnens in Beer-Scheva sind wichtige Voraussetzungen für die Lektüre von Gen 26 als dem Kapitel, dem der Gesamtzusammenhang aus Gen 20.21,22ff. präludiert. Nicht nur die Themen Brunnengraben, Bund und Schwur werden in Gen 26 aufgenommen und weitergeführt, auch viele geographischen Angaben erscheinen wieder: Wie in Gen 20, so beginnt auch das Geschehen in Gen 26 mit dem Gang nach Grar und endet schließlich in Beer-Scheva (26,33). Die geographischen Gliederungen in Gen 21 und Gen 26 unterscheiden sich jedoch darin grundlegend, dass genau jene Angaben, die in Gen 21 unklar blieben, in Gen 26 mühelos nachvollziehbar werden: In Analogie zu dem Erkenntnisfortschritt der Lesenden von Gen 12,10-20 hin zu Gen 20 erzählt auch Gen 26 eine Geschichte, in der die Rezipient/inn/en Fragen, die bei der Lektüre von Gen 21,22ff. entstanden, beantwortet finden können.

4. Gen 26: Abgrenzung und Gliederung

Nach der Lektüre der Kotexte von Gen 26 widmen wir uns nun dem Jizchakkapitel selbst. Zur Abgrenzung und Gliederung von Gen 26 kann man sich zunächst an den Vorgaben des Masoretischen Textes (MT) orientieren. Danach beginnt mit Gen 26,1 ein neuer, geschlossener Abschnitt *(Setuma)*, der nach 26,33 endet und in der Darstellung der Biblia Hebraica zusätzlich durch einen Leerraum nach V.11 unterteilt wird – in die Erzählung von Jizchaks verheißungsgeleiteter Migration nach Grar mit den Schwierigkeiten, die sich dort aus Jizchaks Verleugnung seiner Ehefrau ergeben (VV.1-11), und in die Geschichte von Jizchaks Reichtum, seinen Brunnenstreitigkeiten, dem Zug nach Beer-Scheva sowie dem überraschenden Bündnis und Friedensschluss zwischen Avimelech und Jizchak (VV.12-33).

Viele Exeget/inn/en gliedern diese beiden Hauptteile in weitere Unterabschnitte. Dem werde ich soweit folgen, als ich mit der Mehrheit der Forscher/innen[1] den ersten Erzählteil in VV.1-6 und in VV.6-11 unterteile. Gen 26,6 schafft dabei einen Übergang.[2]

Die Verse 12-33 betrachte ich als eine narrative Einheit, deren Spannungsbogen (vom Wassermangel zum Wasser und vom Streit zum Frieden) die dichte Handlungs- und Ereignisfolge derart eng umgreift, dass sich eine weitere Unterteilung[3] nicht empfiehlt.[4] Die Verse 34-35 bilden einen

1 Häufig wird der erste Teil gegliedert in die Abschnitte VV.1-6 und VV.7-11 (z.B. Nicol, Studies, 51ff.; von Rad, Genesis, 235; Wenham, Genesis II, 184f.; Gunkel, Genesis, 1902, 264f., 1910, 300ff.; Skinner, Genesis 363ff.; Heilbron, Isaac, 42; Lutz, Isaac, 86ff.110), andere in VV.1-5 und VV.6-11 (z.B. Sarna, Genesis, 183ff.; Keil, Genesis, 228f.; Speiser, Genesis, 203; Heilbron, Isaac, 42). Die unterschiedliche Einteilung ist darauf zurückzuführen, dass V.6 im Grunde genommen für beide Abschnitte unentbehrlich ist. VV.1-11 als Ganzes betrachten Boecker, Genesis, 28, und Proksch, Genesis, 156, begreift VV.1-14 als eine Einheit.

2 Zum einen schließt V.6 den ersten Teil des Textes ab, zum anderen eröffnet dieser Vers den zweiten Teil und wird durch den folgenden Vers vorausgesetzt, da dieser weder das Subjekt Jizchak noch den Ort Grar nennt (vgl. auch Schmidt, Darstellung, 182).

3 Die meisten Forscher/innen gliedern: VV.12-16/17/17a (Jizchaks Reichtum); VV.17/17b/18-22 (Brunnenstreitigkeiten); VV.23-25/25a (Theophanie, auf dem Weg nach Beer-Scheva); VV.25b/26-33 (Avimelechs Bündnis mit Jizchak). Vgl. etwa an den angegebenen Orten Nicol, Sarna, Gunkel, Keil, Skinner, Heilbron, Lutz, von Rad (mit Trennung zwischen VV.12-14 und VV.15-17a, vgl. Boecker, Genesis, 28). Ramer bei Martin-Achard, Remarques, 31, gliedert: VV.1-22 (Jizchak in Grar) und VV.23-33 (Jizchak in Beerscheva); ähnlich Scharbert, Genesis, 185ff..

eigenen, von den Masoreten abgetrennten Abschnitt, der hier außer Acht bleiben kann.

Im Folgenden werde ich zunächst VV.1-6 (Kapitel 5) sowie VV.6-11 (6) lesen, um dann - nach einem Rückblick auf die Zusammenhänge zwischen den Preisgabegeschichten (7) - die Brunnenstreiterzählung VV.12-33 (8) auszulegen und schließlich Gen 26 in seinem näheren und weiteren Kontext zu betrachten (9). Danach werden die Ergebnisse dieser Arbeit ausgewertet (D).

4 Auch Proksch, Genesis, 156ff. und Speiser, Genesis, 203 nehmen keine weitere Unterteilung vor; Westermann, Genesis I/2, 519, bemerkt: „Der Teil V.12-17 gehört zusammen mit V.26-31".

5. Gen 26,1-6

a) Von Verheißungen geleitet - Jizchaks Gang nach Grar (Gen 26,1-6)

„Und es entstand eine Hungersnot im Land“ (26,1a) - mit diesem ersten Satz ist das Ausgangsproblem genannt, das den Hintergrund für das gesamte Kapitel bildet und für Jizchak und seine Familie eine existentielle Gefahr bedeutet (P1). Mit V.1 beginnt eine neue Episode, in deren Mitte die bereits bekannte Figur des Jizchak[1] stehen wird.

Es liegt nahe, בָּאָרֶץ zunächst als einen ungefähren Verweis auf die hungerbedrohte „area of Palestine“[2] zu verstehen. Die genauen geografischen Koordinaten der Dürrezone können nicht angegeben werden bzw. interessieren nicht.[3] Gleichwohl scheint es aber, dass es nicht *irgendeine* Landschaft ist, die Jizchak verlassen muss, wenn er der Hungersnot entfliehen will. Denn der determinierte Ausdruck בָּאָרֶץ weist zurück auf *das* Land, in das Jizchaks Vater Avraham gehen sollte (12,1.6), um darin zu wohnen (13,12.17); jenes Land, das ADONAJ Avrahams Samen (12,7/24,7; 13,15, 15,18; 17,8) und ihm selbst (13,15; 15,7; 17,8) geben will: „das Land Kenaan“ (vgl. 16,3; 23,2.19), wie der Targum Pseudo-Jonathan 26,1 wiedergibt.[4] Vor allem scheint es 26,1 um das Land zu gehen, das auch Jizchaks Vater Avraham wegen einer Hungersnot verlassen hat: Gen 26,1a stimmt wörtlich mit dem Beginn von 12,10-20 überein - וַיְהִי רָעָב בָּאָרֶץ - und so stehen den Leser/inne/n mit der Geschichte von Avrahams Flucht vor der schweren (zweimal כבד in 12,1) Hungersnot nach Ägypten Jizchaks Handlungsoptionen deutlich vor Augen: Jizchak könnte etwa nach Ägypten wandern (L1?)[5], wo ihm allerdings möglicherweise neue Gefahren drohen (P2, ...?). Der Rückbezug von 26,1 auf 12,10 generiert also eine Fülle von Erwartungen, die die Lektüre von Gen 26 mitbestimmen werden. Die Leser/innen können gespannt sein, wie Jizchak sich in der bekannten Situation verhalten wird.[6]

1 Vgl. Gen 17; Gen 21f.; Gen 24f.
2 Nicol, Studies, 38.
3 Vgl. Nicol, Studies, 38.
4 Vgl. auch Raschi, z.St. und Zlotowitz, Bereishis I, 1074.
Zu der notwendigen Unterscheidung zwischen den „patriarchal boundaries“ (vgl. 15,18ff.), dem Land Kenaan und dem nachmaligen Israel vgl. aber Kallai, Boundaries.
5 Zumal, wenn die Leser/innen darüber informiert sind, dass das fruchtbare, regenunabhängige Ägypten immer wieder Zufluchtsort von hungernden Menschen war; vgl. ANET, 229.259; ANEP Nr.3.

Für all diejenigen Leser/innen, die diesen engen Rückbezug auf 12,10 noch nicht bemerkt haben sollten, wird die neuerliche Hungersnot noch einmal explizit als ein sich wiederholendes Ereignis[1] markiert:[2] *„Und es entstand eine Hungersnot im Land (V.1a), abgesehen von der ersten[3] Hungersnot (b), die in den Tagen Avrahams entstanden war (c)"*. Solchermaßen an 12,10-20 erinnert, können die Leser/innen beide Texte miteinander ins Gespräch bringen und z.B. Avrahams Gefühle von damals auf Jizchaks jetzige Situation übertragen:[4]

„Within the context of Genesis, the reference to the earlier famine invites comparison to Abraham's actions in similar circumstances. Will Isaac, like his father, go down to

---

6 Der Vergleich mit anderen Erzählungen, in denen Menschen von einer Hungersnot betroffen sind, hat den Midrasch zu der Ansicht gebracht, Gott schicke Hungersnöte nur in den Zeiten großer Männer, die dem auch gewachsen sind.
Vgl. BerR 25,3/BerR 40,3/BerR 64,2 (Hungersnöte „sind nicht in den Tagen verkrüppelter [=schwacher] Menschensöhne gekommen, sondern in den Tagen starker Menschensöhne, weil die sie durchstehen konnten") und Zlotowitz, Bereishis I, 1075 Anm. Bemerkenswert ist, dass jeder der Erzväter einmal in seinem Leben mit einer Hungersnot konfrontiert war (26,1; 43,1; 47,4; vgl. z.B. Jacob, Genesis, 347; Sarna, Genesis, 93).
Narratologisch formuliert heißt das, die Hungersnot ist ein Mittel, mit dem eine Erzählfigur in eine Krisis geführt oder „geprüft" wird. Vgl. Sarna, Genesis, 183 (das Verbot, das Land zu verlassen, als „trial of faith"). Sarna überträgt damit die Tradition, dass die Hungersnot zu Avrahams Zeiten (Gen 12,1) eine seiner zehn Prüfungen war (vgl. z.B. Zlotowitz, Bereishis I, 442f.; 1075ff.) auf Gen 26.

1 Vgl. Sacks, Genesis, 211: „[...] the words *besides the first famine that was in the days of Abraham* suggest that the apparent repetition was done deliberately."

2 Als notwendige Verständnishilfe kann diese Beifügung kaum gemeint sein, denn schwerlich würden wir diese Hungersnot in Gen 26 mit der in Gen 12,10 verwechseln.
In literarhistorischer Perspektive wird VV.1b.c als sekundäre Verklammerung mit den Abrahamgeschichten bzw. 12,10-20 betrachtet: Gunkel, Genesis, 1910, 300; Procksch, Genesis, 157 („Daß Jahve von Ägypten spricht, woran Jizchak doch gar nicht denkt, ist wieder in Rücksicht auf 12, 10ff. J* geschehen."); Noth, Überlieferung, 30.115; Koch, Formgeschichte, 144, Schmitt, Gen 26, 145 Anm. 7; Weimar, Untersuchungen, 79; Kilian, Abrahamsüberlieferungen, 202; Skinner, Genesis, 364; Levin, Jahwist, 205, Schmidt, Darstellung, 171, Seebass, Genesis II, 280.

3 War die Hungersnot in den Tagen Avrahams tatsächlich die erste (seit der Schöpfung; vgl. PdRE nach Zlotowitz, Bereishis I, 1075)? Nach BerR 25,3/BerR 40,3/BerR 64,2 war die Hungersnot in Gen 26 die dritte von insgesamt zehn: Gen 3,17; 5,29; 12,10, 26,1; 45,6; Ruth 1,1; 2Sam 21,1; 1Kön 17,1; 2Kön 6,25; Am 8,11 (zu dieser Aufzählung vgl. Thoma/Lauer, Gleichnisse, 197 mit Anm. 2) – demnach müsste man 26,1 übersetzen: „abgesehen von der *früheren* Hungersnot".

4 Targum Pseudo-Jonathan parallelisiert die beiden Hungersnöte so weit, dass er das כבד aus 12,1 in 26,1 einträgt (z.St.): „Und es entstand eine schwere Hungersnot im Land." Vgl. Maher, Targum Pseudo-Jonathan, 91. Vgl. auch Sforno, z.St.

Egypt? Will he attempt to pass off his wife as his sister? Thus the very opening of his chapter raises the tension and suggests the anxieties that must have been aroused in Isaac's mind by the famine."[1]

„Damit werden wir sofort auf die Ähnlichkeit aber doch Verschiedenheit in den Erlebnissen Abrahams und Jizchaks vorbereitet", wobei die Verschiedenheit sprachatmosphärisch durch das מִלְּבַד[2] bzw. das darin enthaltene מִן ausgedrückt wird:[3] Jizchak reagiert in dieser Notsituation, indem er zwar ebenfalls flieht, aber vorläufig nicht nach Ägypten: *„Und Jizchak ging zu Avimelech, dem König der Philister, nach Grar" (V.1d).* Daraus, dass V.1d Jizchaks Ziel zunächst nicht als ein Ort, sondern als eine Person angibt,[4] kann man schließen, dass sich der Erzvater von Avimelech entweder Hilfe oder gar eine Lösung des Hunger-Problems (L1?) verspricht. So sehen die Midraschim und weiterhin jüdische Ausleger Jizchak mit einem konkreten Anliegen zu Avimelech kommen: etwa mit der Bitte um eine Ausreiseerlaubnis nach Ägypten (was voraussetzen würde, dass sich Jizchak in Avimelechs Einflusssphäre aufhält),[5] oder aber umgekehrt mit der dringenden Bitte nach Hilfe, um *nicht* nach Ägypten ziehen zu müssen.[6] In jedem Fall ist mit V.1d die Figurenkonstellation für die folgende Erzählung deutlich: Jizchak ist der Hilfesuchende, Avimelech der potentiell Unterstützung Gewährende.

---

1 Wenham, Genesis II, 189. Vgl. auch Davidson, Genesis II, 127: „By referring to the famine in Abraham's time the narrator is deliberately drawing our attention to the parallel with 12:10-20."; ähnlich Alter, Genesis, 131.
Ramban, z.St., interpretiert die Rekurrenz nicht auf der Rezeptionsebene, sondern innerhalb der Erzählwelt: „Vielleicht gab es keine Hungersnot in der Welt bis zu den Tagen Avrahams, und deshalb zählt die Schrift von ihr an. Worin besteht [sonst] die Notwendigkeit, an diese zu erinnern? Die in meinen Augen richtige [Interpretation ist diese]: Dies[e Erwähnung] soll mitteilen, dass man sich [damals] an die erste Hungersnot erinnert und über sie erzählt hat, dass ihretwegen Avraham nach Mizraim hinabgestiegen ist und Haschem ihm dort großen Reichtum zugefügt hat."
Nach Sforno, z.St., besagt der Rückverweis auf die (sc. schwere) Hungersnot zu Avrahams Zeiten, dass es zwischen den Tagen Avrahams und Gen 26 keine so schwere Hungersnot gegeben hat, dass die Einwohner das Land verlassen mussten.

2 Vgl. auch Janzen, Genesis II, 101: „[...] the preposition ‚besides' in 26,1 [...] does not mean simply ‚in addition to', as though involving mere repetition. The Hebrew preposition *millebad,* formed from the noun *badad,* ‚separation', can here be translated ‚separate from' or ‚distinct from'."

3 Jacob, Genesis, 547 (im Original gesperrt).

4 Vgl. Levin, Jahwist, 203; Fischer, Erzeltern, 183.

5 Vgl. Sforno, z.St.

6 Vgl. Ramban, z.St. Clines, Eve, 78f., liest aus V.1, dass Jizchak sich bereits in Grar aufhält, als er dort zu Avimelech geht, in dessen Land er geboren und aufgewachsen ist und den er sicherlich „from dinner-table conversation" (79) kennt.

Der Name dieses Königs ist, ebenso wie die Stadt Grar und die Philister, bereits aus Gen 20 und Gen 21 bekannt. Der Versteil „... zu Avimelech, dem König der Philister, nach Grar" kombiniert dabei Angaben aus jenen beiden Kapiteln:

גְּרָרָה	פְּלִשְׁתִּים	מֶלֶךְ־	אֲבִימֶלֶךְ	26,1d*
20,1.2	21,32.34	20,1	Gen 20f.	

Mit dem Namen „Avimelech" und mit dem Städtenamen „Grar" wird die zweite Preisgabegeschichte in Gen 20 und damit die Erinnerung an mögliche Schwierigkeiten im Gastland, aber auch an das Bleiberecht (20,15) aufgerufen. Gleichzeitig schafft der Erzähler durch den Namen „Avimelech" und durch die Nennung der „Philister" einen Bezug zu Gen 21,22-34, der Erzählung vom Brunnenstreit und dem anschließenden Bund zwischen Avraham und Avimelech (21,27), dessen Abmachungen auch für deren Nachkommen gelten sollten (V.23). Das lässt einerseits vermuten, dass Jizchak bei dem „Verbündeten"[1] und „alten Freund seines Vaters"[2] in der Gegend der Philister auf Brunnen hoffen kann, die sein Vater gegraben hat.[3] Andererseits ist damit aber auch das Problem angedeutet, dass sich um die Besitzverhältnisse solcher Brunnen-Konflikte entzünden, zumal in Zeiten von Dürre und Hungersnot. Grar könnte also wegen Avimelechs Gastfreundschaft und wegen der Avrahamsbrunnen eine Lösung (L1?) für das Ausgangsproblem der Hungersnot (P1), es könnte aber ebenso der Schauplatz für weitere Probleme (P2, ...?) sein, wenn man an die Angst vor dem Raub der attraktiven Ehefrau oder an die Brunnenstreitigkeiten denkt.

Die aus Gen 20 und Gen 21 zusammengefügten Angaben zu Avimelech in 26,1 heben sich von beiden Kapiteln etwas ab. Wird der Avimelech in Gen 20 noch als „König von Grar" (20,1) bezeichnet, so ist der Avimelech in Gen 26 der „König der Philister". Das eine Mal scheint vom Bürgermeister der Stadt Grar die Rede zu sein, das andere Mal vom Landesherrn der Philister, der in der Hauptstadt Grar residiert.[4] Handelt es sich insofern überhaupt um denselben Avimelech? Immerhin trennen die beiden

1 Jacob, Genesis, 547.

2 Vgl. Sacks, Genesis, 211. Allerdings schließt Sacks aus Jizchaks Verhalten, dieser wüsste nicht, dass Avimelech ein „vertrauenswürdiger" Freund seines Vaters ist.

3 Vgl. Sarna, Genesis, 183.

4 Vgl. zu diesem Unterschied in der Titulatur auch die Deutung von Benno Jacob, die unter, 11, Anm. 1, wiedergegeben wird.

Avimelechs nach der biblischen Chronologie 75 Jahre, und vielleicht erachteten es auch die Masoreten für unwahrscheinlich[1], dass immer noch derselbe Avimelech im Amt ist, weshalb sie dem zweiten Avimelech zur Unterscheidung ein zusätzliches Dagesch beigegeben haben (אֲבִימֶּלֶךְ).[2] Geht man aus diesen Gründen davon aus, dass die Avimelechs in Gen 21 und Gen 26 unterschiedliche Personen sind,[3] so wäre zu erwägen, ob der Avimelech in Gen 26 ein Sohn[4] dessen in Gen 21 ist und diesen dynastischen Namen geerbt hat.[5] Auf der anderen Seite steht dieses Dagesch aber nur in 26,1 und nicht bei den übrigen sechs Erwähnungen des Namens. Zudem wird Avimelech in 26,26 wie in 21,32 von dem „Obersten seines Heeres“ Pichol begleitet – das erweckt den Eindruck, hier träten dieselben Personen auf wie in Gen 21.[6]

Die grundsätzliche Frage, die hinter diesem Detail liegt, ist aber diese: Erwartet der Erzähler von seinen Leser/inne/n, dass sie die Genannten als historische Personen betrachten? Oder ist es nicht eher so, dass sie als literarische Figuren verstanden werden sollen, die – zumal in einer Erzählumgebung, in der ein 100-jähriger ein Kind zeugt und eine 90-jährige noch gebiert – jenseits dessen stehen, was nach unserem Wirklichkeitsverständnis plausibel erscheint?

Legt man einen Schwerpunkt auf ein literarisch-poetisches Verständnis dieser Erzählung, und geht man von der Identität der beiden Avimelechs aus,[7] so hat der in Gen 26,1d erscheinende Avimelech schon einige Erfahrungen mit der Avrahamsfamilie gemacht: Er könnte gewarnt sein, dass

1 Vgl. auch Sarna, Genesis, 183.

2 Nach Knauf, Dagesch, 23f., hat das „Dagesch agrammaticum“ hier die „etwa unserem ‚sic!‘ entsprechende Funktion eines nachdrücklichen Hinweises auf eine Form oder einen Sachverhalt“ (aaO., 24) und scheint entsprechend der Differenzierung zwischen dem „rex Philistorum“ (21,33 [MT 32]; 21,34; aber auch 26,18) und dem „rex Palestinorum“ (26,1) in der Vulgata in Gen 26,1 zu „indizieren: Abimelech II“ (ebd.).

3 Vgl. Jacob, Genesis, 547; Hamilton, Genesis II, 192; Sarna, Genesis, 183.

4 Vgl. Targum Onkelos, z.St.

5 Vgl. Ri 8ff.; 2Sam 11,21; Ps 34. Siehe auch Sarna, Genesis, 183. Ähnlich verhält es sich mit dem Eigennamen der ägyptischen Könige, „Pharao“. Vgl. auch Zlotowitz, Bereishis I, 449.722. Zudem kann man sich ‚Avimelech‘ auch deshalb gut als Erbname vorstellen, weil es sich dabei um einen sprechenden Namen handelt: ‚Vater des Königs‘; ‚(mein) Vater ist König‘. Sarna, Genesis, 14, weist darauf hin, dass *'abmlk* bzw. *'abimilki* auch in ugaritischen Texten und in der Amarna-Korrespondenz begegnet und ‚Abimelech‘ daher als ein „fairly common ancient West Semitic personal name“ betrachtet werden kann (vgl. auch Lutz, Isaac, 119, dort Lit.).

6 Vgl. Speiser, Genesis, 200f. Als Quellenkritiker schließt Speiser aus der Namensgleichheit allerdings: „[W]e [...] have a single incident which was differently reported in two independent sources.“ (203) Gen 26 sei dabei „closer to the factual core“ als Gen 20.

diese Leute aus Angst vor gewalttätigen Nebenbuhlern ihre Ehefrauen als ihre Schwestern ausgeben und so Gefahren heraufbeschwören. Er könnte sich an die Aufenthaltserlaubnis, die Vereinbarung über dessen Brunnen „Beer-Scheva" sowie an den generationenübergreifenden Friedenspakt erinnern.[1]

Mit welcher Motivation geht Jizchak nach Grar? Vielleicht wollte Jizchak nach Ägypten ziehen, und Grar lag auf dem Weg (vgl. Ex 13,17)[2], oder Jizchak hat geglaubt, dass mit dieser Hungersnot die von Gott angesagte *Gerut*, die Fremdlingschaft im fremden Land beginnt (15,13),[3] oder Grar bzw. der verbündete Avimelech war nicht die Zwischenstation auf dem Weg nach Ägypten, sondern Jizchaks Ziel.

Im Hinblick auf Jizchaks Gründe für seinen Zug nach Grar ist die – in Gen 26,1 ebenfalls offen gelassene – Frage interessant, von wo aus Jizchak nach Grar aufgebrochen ist. Den Angaben in 25,11 zu Folge könnte Jizchak aus Beer-Lachai-Roi kommen, was 16,14 zwischen Kadesch und Bered liegt. Anders als Kadesch lässt sich Bered und damit auch Beer-Lachai-Roi kaum lokalisieren. Einen Hinweis bietet aber 16,7, wonach man zu diesem Ort gelangt, wenn man sich (von Norden aus gesehen) auf dem Weg nach Schur macht. Beer-Lachai-Roi befindet sich also im Negev, möglicherweise westlich von Kadesch, so dass Jizchak von dort aus in das nördlich gelegene Grar gezogen sein könnte. Das wiederum macht es unwahrscheinlich, dass Jizchak über Grar nach Ägypten ziehen will, wenn es für diesen Umweg nicht einen deutlichen Grund gibt. Insofern liegt die Annahme nahe, dass Jizchak in Grar nicht Zwischenstation macht, sondern dort zu bleiben beabsichtigt.

Syntaktisch kommt das darin zum Ausdruck, dass גְּרָרָה das letzte Wort in V.1 ist: „Nach Grar" führt Jizchaks Weg.[4] Obwohl viele Leser/innen da-

---

7 Man kann davon ausgehen, dass die Leser/innen in vergleichbarer Weise die verschiedenen Pharaos zusammen sehen. Zur Identität Avimelechs in Gen 20 und Gen 26 vgl. auch Ronning, Naming, 20, der es für möglich hält, dass Avimelech wie die Erzeltern mit einem hohen Alter gesegnet wurde.

1 Vgl. Jacob, Genesis, 547; Radak, z.St.; Ramban (vgl. Chavel, Ramban, 326 Anm. 119) führt die Übersetzung von 26,28 („Es sei doch ein Eid zwischen uns, zwischen uns und zwischen dir ...") im Targum Onkelos an, wo es heißt: „Es sei jetzt ein Eid, der zwischen unseren Vätern war, zwischen uns und dir ..."

2 Vgl. z.B. Alter, Genesis, 132.
Gelegentlich (z.B. Sarna, Genesis, 183; Zlotowitz, Bereishis I, 1076) wird Ex 13,17 als Beleg dafür genommen, dass die kürzeste Route zwischen Kenaan und Ägypten durch das Philisterland führe. Das mag in der Tat der Fall sein, wenn man einem südwestlich von Beer-Lachai-Roi gelegenen Grar (vgl. Chizkuni nach Zlotowitz, Bereishis I, 1076) nach Ägypten zieht, nicht allerdings, wenn Grar nordwestlich von Beer-Lachai-Roi liegt. Dann bedeutet Grar einen Umweg, wenn Jizchak vom Negev herkommend nach Mizraim geht.

3 Vgl. Chizkuni, Alschich, Malbim nach Zlotowitz, Bereishis I, 1077.

4 Der Ortswechsel in 26,1 entspricht weitgehend 20,1, wonach sich auch Avraham im Negev, zwischen Kadesch und Schur, aufgehalten hatte, bevor er sich als Fremder

von ausgehen, dass Jizchak nach V.1d bereits in Grar angekommen ist,[1] muss das Verb הלך mit der Präposition אֶל und der Richtungsangabe mit ה-locale keineswegs schon das Eintreffen implizieren. Vielmehr kann הלך hier „aufbrechen“[2]/„losgehen“ bedeuten, wie der Vergleich mit 11,31 (vgl. 12,15) zeigt: Danach ziehen Terach und seine Familie aus Ur Kasdim aus (יצא), um in Richtung auf das Land Kenaan zu gehen (לָלֶכֶת אַרְצָה כְּנַעַן), bis sie in es hineingehen (בוא) und sich dort niederlassen (ישב) – erst damit sind sie in Kenaan angelangt. Analog dazu kann man Gen 26,1-6 so verstehen, dass Jizchak in V.1d mit dem Ziel Avimelech bzw. Grar losgeht und sich erst in V.6 dort niederlässt (ישב). Diese Interpretation hat den Vorzug, dass damit zusätzliche interessante Lesemöglichkeiten für die folgenden Verse offen bleiben.[3]

Die nun folgende Erscheinung und Rede Gottes (VV.3-5) findet dann zwischen Jizchaks Aufbruch (in Beer-Lachai-Roi) und seiner Ankunft in Grar statt. So sehen wir Jizchak auf dem Weg nach Grar, sich immer weiter dem Ort nähernd, wenn es heißt:

„Und es erschien ihm Adonaj.“ (V.2a) Die Masora magna weist darauf hin, das sich der HERR resp. Gott sechsmal in der Genesis „sehen lässt“. Dabei nimmt die Häufigkeit der Erscheinungen von Erzvater zu Erzvater ab: Adonaj erscheint dem Avraham dreimal (12,7[4]; 17,1; 18,1), dem Jizchak insgesamt zweimal, und zwar beide Male in Gen 26 (VV.2.24), und dem Jaakov erscheint Elohim nur noch einmal (35,9).[5] Hat Gott bei jeder der zurückliegenden Erscheinungen etwas Entscheidendes versprochen (das Land, den Bund oder die Nachkommenschaft), so lässt diese Einleitung wiederum gewichtige Verheißungen erwarten.

Doch zunächst beginnt Adonaj seine Rede an Jizchak mit einer Aufforderung: *„Gehe nicht nach Ägypten herab!“ (V.2b).* Im Hebräischen ist dieses Verbot durch die Frontstellung des אַל deutlicher als im Deutschen als In-

---

nach Grar begeben hat. Vgl. Berge, Zeit, 81.

1 Vgl. z.B. Thiel, Genesis 26, 254.

2 Vgl. Fischer, Erzeltern, 183.

3 Denkbar wäre auch, dass Jizchak bereits mit V.1 in Grar ankommt und Gott erscheint, bevor er sich endgültig niederlässt bzw. längere Zeit dort gewohnt hat (V.6).

4 Die Adonaj-Erscheinung in 12,7-8 ist konstitutiv für die Darstellung in Gen 26: Die Schilderungen der Erscheinung und Redeeinleitung in 12,7 und 26,2a.b sind fast identisch, in beiden Texten folgt eine Land- bzw. Länderzusage (12,7//26,4). Das Bauen des Altars und das Anrufen des Namens Adonajs (12,8) findet sich ganz so in 26,25 wieder. Auch das Aufschlagen der Zelte ist parallel (12,8//26,25), ebenso wie der Bericht des Aufbruchs (12,8//26,22).

5 Vgl. Jacob, Genesis, 547; Sarna, Genesis, 91f.

tervention gekennzeichnet. Der Vetitiv macht dabei klar, dass es sich um eine für *diese* Situation gültige Anweisung handelt, die in 46,3 etwa nicht mehr gilt und die insofern auch keine[1] Kritik an Avrahams Verhalten in 12,10 implizieren muss. Auf der Wortebene werden die Rezipient/inn/en durch die Wurzel ירד (12,10) und den Ausdruck מִצְרַיְמָה (12,10.11.14) wiederum an 12,10-20 erinnert. Deswegen kommt es für sie auch nicht völlig überraschend,[2] dass ADONAJ in V.2 mit Jizchaks Ausweichen nach Ägypten rechnet.

Was könnte aber der Grund dafür sein, dass ADONAJ Jizchaks Ausweichen nach Ägypten verhindern möchte? Auch hier sind die Leser/innen auf Spekulationen angewiesen: Als eine traditionelle jüdisch-rabbinische Stimme ist der Midrasch Bereschit Rabba (BerR) der Ansicht, dass es Jizchak als dem „fehllosen Ganzopfer" (עוֹלָה תְמִימָה), also gleichsam aus kultischen Gründen, verwehrt sein musste, das Land zu verlassen[3] – sei es, um seine künftige Frau kennen zu lernen (Gen 24), sei es, um an den Fleischtöpfen Ägyptens dem Hunger zu entgehen.[4] BerR blendet jedoch aus, dass es in Gen 24 nicht um die grundsätzliche Frage geht, ob Jizchak ins Ausland gehen darf, sondern darum, dass Jizchak nicht in das Land zurückgebracht werden soll, aus dem Avraham auf Gottes Geheiß hin ausgezogen ist. Carl Friedrich Keil, ein christlicher Ausleger des 19. Jh.s, bringt 26,2b mit 12,7 bzw. 24,7 in Verbindung: Weil Jizchak „der Same ist, dem das Land Canaan verheißen worden (12,7), soll er nicht aus demselbem ganz wegziehen."[5] Keils Erklärung ist dem Midrasch gegenüber näher am Text entwickelt, so vage sie auch bleiben muss: Jizchak soll sich trotz der Hungersnot zumindest in der Nähe des Landes Kenaan aufhalten, dessen Grenzen nirgends genau beschrieben werden.[6] Was aus Gottes Sicht gegen Ägypten spricht, bleibt offen. Deutlich ist aber, dass Gott Jizchak nicht in

---

1 Vgl. Fischer, Erzeltern, 177; Janzen, Genesis II, 99.

2 Vgl. Coats, Genesis I, 189.

3 BerR 64 zu 26,3; vgl. auch Raschi , z.St.; Zlotowitz, Bereishis I, 1078; TanchB VI, תולדות, 6.

4 BerR 64,3: „Weile als Fremdling in diesem Lande – nach Rabbi Hosaja [sprach der Ewige zu Jizchak]: Du bist ein fehlloses Opfer. Wie ein Opfer, wenn es über die Vorhänge hinaus nach draußen kommt, unbrauchbar wird, so wirst auch du, wenn du über das Land hinaus nach draußen gehst, unbrauchbar." Raschi bezieht dies auf V.2 und stellt damit ein im Deutschen nicht darstellbares Wortspiel mit den Wurzeln ירד (absteigen) und עלה (aufsteigen/opfern) her: „er sagte zu ihm: Steige nicht herab (Wz. ירד) nach Mizraim, weil du ein fehlloses Opfer (Wz. עלה) bist."

5 Keil, Genesis, 228.

6 Kallai, Boundaries, 71, rechnet das Gebiet der Philister zu dem „Alloted remaining land".

die Ferne gehen lassen will: Jizchak wird in der Nähe der Avrahamsbrunnen und bei den Philistern festgehalten.

Häufig fragen Leser/innen nicht nur nach ADONAJS *Motivation*, Jizchak die Flucht in das fruchtbare Ägypten zu verbieten, sondern auch nach einem möglichen *äußeren Anlass* für diese Weisung:

(1) Hatte Jizchak tatsächlich vor, nach Ägypten zu ziehen, was den omniscienten Gott rechtzeitig eingreifen ließ? Das schließen viele Leser/innen, wie etwa die Autoren der meisten Targumim und Midraschim aus V.2a.[1] (2) Hatte er sich gar schon auf den Weg gemacht, wie andere glauben?[2] (3) Oder wollte ADONAJ vorsorglich ausschließen, dass Jizchak auf die Hungersnot wie sein Vater reagiert und nach Mizraim geht?

So hält es Ramban für möglich, dass ADONAJ dem Jizchak noch vor dessen Aufbruch das Ausweichen nach Ägypten verboten und das Bleiben im Land befohlen hat.[3] Dies setzt voraus, dass die Epiphanie in V.2ff. eine Analepse ist: „Und ADONAJ war ihm [nämlich] erschienen und hatte gesagt: Gehe nicht herab nach Mizraim, wohne in dem Land, das ich dir sage ..." Als Jizchak dann aufgrund der Hungersnot in allen Ländern Kenaans umherzieht, – auf der Suche nach demjenigen Land, das ihm ADONAJ nennen würde, – gelangt er schließlich nach Grar und hört dort von ADONAJ die Anweisung: „Bleibe hier" (כאן תשב)[4].

Eine ähnliche Interpretation schlägt Hamilton vor, indem er V.1d als eine Überschrift für das Folgende begreift, als verkünde damit der Erzähler: ‚Im Folgenden werde ich euch schildern, wie Jizchak in den Zeiten einer Hungersnot zu Avimelech nach Grar zieht.' Die eigentliche Geschichte beginnt dann mit der Gotteserscheinung in V.2, die man sich – wie bei Ramban – an Jizchaks früheren Wohnort und vor seinem Auszug denken muss. Diese Lesemöglichkeit ließe sich dahingehend variieren, dass sich Jizchak aufgrund der Hungersnot auf den Weg nach Ägypten gemacht hat und erst unterwegs von ADONAJ aufgefordert wurde, nicht nach Mizraim zu gehen, sondern in der Nähe zu bleiben.

Im Anschluss an Ramban entwickelt Charles Chavel[5] die interessante und kreative Interpretation, wonach man sich zwischen V.2 und V.3 eine Ellipse denken muss: Nachdem Gott zu Jizchak gesagt hatte: „Wohne in dem Land, das ich dir sage, wenn du dort bist" (VV.2c.d), war Jizchak auf der Suche nach einem geeigneten Land umher ge-

1 Vgl. etwa Targum Pseudo-Jonathan, z.St., TanchB VI, תולדות, 6; Raschi, z.St.; Raschbam, z.St.; Zlotowitz, Bereishis I, 1077; Lutz, Isaac, 87; Matthews, Wells, 122; Sarna, Understanding, 102; Coats, Genesis I, 189: „Since in the first famine Abraham went to Egypt, and the exposition ties this story to the first famine, one may assume that Isaac would also go to Egypt."

2 Vgl. Keil, Genesis, 228 („Isaak will auch dorthin [sc. nach Äqypten] ziehen, erhält aber unterwegs in Gerar [...] die Weisung, daselbst zu bleiben"); Janzen, Genesis II, 99; Sarna, Genesis, 183; Sefer Ha-Yashar 28 (78) nach Maher, Targum, 91 Anm. 1.

3 Vgl. auch die Übersetzung von Speiser, Genesis, 198: „Yahwe had appeared to him and said ..."

4 Ramban, z.St.

5 Chavel, Ramban, 328 Anm. 125.

wandert. Als er schließlich nach Grar gelangte, sprach ADONAJ zu ihm: „Weile als Fremdling in diesem Land" (V.3a).[1]

Der Gedanke einer Ellipse zwischen V.2 und V.3 lässt sich auch mit der oben vorgeschlagenen Deutung verbinden, nach der sich Jizchak ab V.1d auf dem Weg nach Grar befindet: In V.1 macht sich Jizchak auf nach Grar, hört unterwegs von Gott, er solle jeweils dort im Lande bleiben, so es ihm gesagt wird (V.2), und geht weiter. Als Jizchak inzwischen philistäisches Territorium erreicht hat, fordert ADONAJ ihn auf, dort als Fremdling zu bleiben (V.3). Diese Lesemöglichkeit mag für viele Rezipient/inn/en näher liegend sein, weil hierbei die Reihenfolge der Ereignisse der Ordnung in der Narration entspricht. Gleichzeitig bietet sie viel Raum, sich Jizchaks Reise nach Grar vorzustellen.[2]

Mit der Flucht nach Ägypten ist für Jizchak eine gängige[3] Möglichkeit, sich vor einer Dürrenot zu retten, ausgeschlossen. „So wirkt diese Notiz am Eingang spannungssteigernd. Wie wird sich Isaak mit seinen Herden am Leben erhalten können? Darüber erhält der Leser im folgenden Auskunft."[4]

Asyndetisch wird die zweite Aufforderung angefügt, die ADONAJ an Jizchak richtet: *„Wohne* (שׁכן) *in dem Land (V.2c), das ich dir sage (V.2d)."* Zu beiden Versteilen werden mehrere Übersetzungsmöglichkeiten diskutiert. So fragt man sich zunächst, wie das Verb שׁכן wiederzugeben ist. Die Vorschläge reichen dabei von der ingressiven[5] Bedeutung „sich niederlassen"[6] über das mittelfristige „sich aufhalten, verweilen"[7] bis hin zum länger an-

---

1 Der Ramban-Übersetzer Chavel meint damit Rambans Interpretation darzustellen. Ramban jedoch geht in dieser Lesart davon aus, dass Gott sowohl V.2 als auch V.3 zu Jizchak vor dessen Auszug gesprochen hat und sich V.3 zudem nicht auf Grar, sondern auf Kenaan bezieht. Chavel entwickelt also eher, inspiriert durch Ramban, eine neue, intelligente Lesemöglichkeit (vgl. Chavel, Ramban, 328).

2 Diese Interpretation löst Gunkels Problem, wonach 2c.d, weil danach „Isaaq in seiner neuen Heimat noch nicht angekommen ist", mit (V.1b und) V.3a „unverträglich" sei (Genesis, 1902, 266).

3 Vgl. Gen 41,57; 42,5; 47,4 sowie verschiedene Darstellungen aus dem ao. Raum.

4 Von Rad, Genesis, 235.

5 Gunkel, Genesis, 1902, 265, übersetzt: „[...] bleibe in dem Lande, das ich dir nennen will: [...]." In der zehnten Auflage 1910, 300, verbindet Gunkel sehr schön einen ingressiven und einen durativen Aspekt: „[...] nimm in dem Land, das ich dir nennen will, Wohnung: [...]."

6 „Sich niederlassen": Vgl. Blum, Komposition, 299, „sich niederlassen/aufhalten": Vgl. Berge, Zeit, 80.

7 „Sich aufhalten/verweilen:" Vgl. Hulst, Art. שׁכן, in: THAT II, 904-909, bes. 906; Berge, Zeit, 80; „Bleiben": Vgl. Speiser, Genesis, 198; Westermann, Genesis I/2, 512.

dauernden „[to] live permanently“[1] bzw. „wohnen“[2]. Darüber hinaus werden in diesem Verb die Implikationen „zelten“[3], „weiden“[4] gesehen, im Midrasch sogar „pflanzen, säen und pfropfen“ oder „die Schechinah wohnen lassen“[5]. Die in der Genesis vorangegangenen Texte[6] legen nahe, unter שכן nicht nur ein Sich-Niederlassen, sondern vielmehr ein längerfristiges Ausharren (3,24) bzw. dauerhaftes Wohnen (9,27; 14,13; 16,12;[7] 25,18) zu verstehen, das man sich oft als ein nomadisches Leben in Zelten (9,27; 14,13; 16,12; 25,18) an einem bestimmten Ort (14,13) oder in einem größeren Gebiet (16,12; 25,18) vorzustellen hat: ‚Schlage dein Zelt auf und wohne in dem Land, das ich dir sage.‘

Von welchem Land dabei die Rede ist, hängt von der Übersetzung des אֲשֶׁר-Satzes ab. Dessen Konstruktion erinnert die meisten Exeget/inn/en deutlich an 12,1 (לֶךְ־לְךָ ... אֶל־הָאָרֶץ אֲשֶׁר אַרְאֶךָּ) und/oder an 22,2 (אֲשֶׁר אֹמַר אֵלֶיךָ).[8] Insofern 12,1 sein Ziel im Land Kenaan (13,12) hat, das Gott dem Avraham für ihn und seine Nachkommenschaft in 13,15 zeigt, und insofern mit 22,2 ein Ort im Land Moria (=Jerusalem?) gemeint ist, ist für viele Leser/innen auch in V.2d die Formulierung בָּאָרֶץ אֲשֶׁר אֹמַר אֵלֶיךָ mit Kenaan[9] konnotiert: ‚Wohne in dem Land, von dem ich (seit dem Auszug Avrahams aus Ur) spreche.‘ Während die *yiqtol*-Form אֹמַר nach diesem Verständnis auf die früheren Reden ADONAJS zurück verweist, kann man V.2d auch als Ankündigung einer zukünftigen Aussage interpretieren, die

---

1 „To live permanently“: Nicol, Studies, 122, bezieht die Aufforderung konkret auf Beer-Scheva in Kenaan.

2 „Wohnen“: Vgl. von Rad, Genesis, 233; Sacks, Genesis, 211; Soggin, Genesis, 347; Jacob, Genesis, 547; Plaut, Bereschit, 248.

3 „Zelten“: Sarna, Genesis, 183; Speiser, Genesis, 201; Wenham, Genesis II, 182.

4 „Weiden“: Sforno, z.St.

5 BerR 64,3.

6 Um zu einem Verständnis in Bezug auf diese Stelle zu gelangen, scheint es mir sinnvoll, von der recht offenen Definition von Hulst, Art. שכן, in: THAT II, hier 906, auszugehen, wonach שכן intransitiv „sich aufhalten, verweilen, wohnen“ bedeutet und „über Art und Zeitdauer des Aufenthalts [...] einfach der Kontext“ entscheidet. Da sich das semantische Verständnis in einem literarischen Text wesentlich über das bereits Gelesene aufbaut, sollte man in diesen Kontext auch die vorangegangenen Stellen einbeziehen, an denen das betreffende Lexem auftaucht.

7 Diese Stelle ist nicht zu übersetzen: „Und allen seinen Brüdern setzt er sich vors Gesicht“, sondern: „Im Angesicht aller seiner Brüder wird er wohnen“ (Naumann, Abrahams verlorener Sohn, 78, ähnlich ders., Ismael, 50ff.), vgl. auch 25,18.

8 Vgl. z.B. Ramban z.St.; Zlotowitz, Bereishis I, 1078; Gunkel, Genesis, 1902, 266; 1910, 301; Wenham, Genesis II, 189; Skinner, Genesis, 364; Janzen, Genesis II, 98; Fischer, Erzeltern, 178.

9 Vgl. Nicol, Studies, 122; Levin, Jahwist, 205.

entweder irgendwann später gegeben wird (‚Wohne in dem Land, das ich dir noch sagen werde') oder aber unmittelbar bevorsteht (‚Wohne in dem Land, das ich dir jetzt sage: ...').[1]

Als eine weitere Auslegung schlägt Ramban vor: „Steige nicht nach Ägypten herab und wohne alle deine Tage in dem Land, das ich dir von Mal zu Mal sagen werde: Auf das Geheiß ADONAJS sollst du aufbrechen, und auf das Geheiß ADONAJS sollst du dein Lager aufschlagen. Und jetzt halte dich in diesem Land auf, im Land der Philister."[2] Danach zeigt ADONAJ immer wieder aufs Neue, in welchem Land(strich)[3] Kenaans Jizchak jeweils wohnen soll.[4] Für den Moment soll Jizchak im Land der Philister bleiben, das Ramban mit dem Verweis auf Jos 13,1 als Teil Kenaans begreift. Zwischen diesen Lektüremöglichkeiten changiert dieser Teilvers.

„Weile als Fremdling in diesem Land", (V.3a) wird Jizchak weiter gesagt. Einige Übersetzer/innen geben das Verb גור schlicht mit „sich aufhalten"[5] wieder, für die meisten bedeutet es jedoch, als „Fremdling"[6] oder „Fremder"[7], als *„temporary immigrant"*[8] oder „Schutz"[9] Suchender bzw. „Schutzbürger" in einem Land zu verweilen.[10] Die Leser/innen, deren Wissen sich vor allem aus den bereits gelesenen Texten der Genesis speist, werden hier weniger an die Schutzbestimmungen aus Lev denken, sondern dieses Verb aus Gen 12, Gen 19 und Gen 20 semantisch füllen: גור heißt, vorüberge-

---

1 Bei dieser letztgenannten Leseweise, die von Berge (Zeit, 79), Ramban und Gunkel (Genesis, 1902, 265; 1910, 300) erwogen, von den beiden ersteren aber abgelehnt wird, bildet V.2cd und V.3a eine enge Einheit, die man in der deutschen Übertragung mit einem Doppelpunkt verbinden muss – „Wohne in dem Land, von dem ich dir sagen werde: Weile als Fremdling in diesem Land." Gegen diese Übersetzungsvariante argumentiert aber, meiner Ansicht nach völlig zu Recht, Berge, ebd.: „Das wäre [...] eine umständliche Ausdrucksweise im Vergleich zu dem einfacheren אשר אמר אליך לגור שם u. dgl. (vgl. Neh 9,23; II Chr 6,20)".

2 Ramban, z.St.

3 Für die Bedeutung von ארץ im Sinne von „Gebiet"/„Region" vgl. Gen 19,28; 22,2; Jos 11,3; 1Sam 9,4f.; Ps 42,7.

4 Dem schließt sich auch Jacob, Genesis, 547, an.

5 Vgl. Chavel, Ramban, 327; Sforno, z.St.; Skinner, Genesis, 363.

6 Von Rad, Genesis, 233; Boecker, Genesis, 25; Westermann, Genesis I/2, 512.

7 Berge, Zeit, 79; Sarna, Genesis, 183.

8 Wenham, Genesis II, 189.

9 Gunkel, Genesis 1902 und 1910, z.St.

10 Vgl. zur Semantik dieses Verbs auch Bultmann, Fremde, 18, wonach גור für sich „nur den Aufenthalt [bezeichnet,] ohne die volksbezogene Unterschiedenheit zu implizieren und auch ohne auf einen bestimmten Zeitaspekt festgelegt zu sein [...] Es ist hierin [...] austauschbar mit dem Wort ישב." In Gen 12,10 drücke sich allerdings der „Aspekt nationaler Fremdheit" aus.

hend in einem fremden Land zu sein (12,10; 19,19; 20,1), in das man z.B. wegen einer Hungersnot geflüchtet ist (12,10), und גור schließt auch die Angst ein, dort den Einheimischen recht- und schutzlos ausgeliefert zu sein (12,10ff.; 19,9).[1] Deswegen fällt es den Rezipient/inn/en nicht schwer, Jizchak die Emotionen Sorge oder gar Angst zuzuschreiben, selbst wenn er sich hoffnungsvoll an die Vereinbarungen zwischen seinem Vater und Avimelech erinnert. Mit dem Verb גור wird ein weiteres Element aus 12,10 aufgenommen, das zugleich eine Differenz zwischen Gen 12 und Gen 20 herstellt.

Hat ADONAJ in VV.2.3a drei *Aufforderungen* an Jizchak gerichtet, so lässt er in VV.3b-f vier *Zusagen* folgen, die als *w^e^yiqtol-* und als *w^e^qatal-*Form eng an die Anweisungen angeschlossen werden: ‚Ziehe *du* nicht nach Ägypten hinab, sondern wohne in dem Land, das ich dir jeweils sage, und weile als Fremdling in Grar, *so werde* ich *mit dir sein und dich segnen (V.3b)*‘ – damit sind die ersten beiden Versprechen genannt.

Dass der Zusicherung des Mitseins וְאֶהְיֶה עִמְּךָ[2] zunächst einmal eine wichtige psychologische Funktion zugeschrieben werden kann, zeigt der Vergleich mit ähnlichen Stellen: Dieselben Worte wird ADONAJ in 28,15 an Jaakov richten, bevor er nach dem Streit mit Esaw in die Ferne ziehen muss, in 31,3 erhält er sie als Beistandszusage für die Rückkehr, und in Ex 3,12 sind sie als Stärkung für Mose gedacht, als er die Kinder Israels aus Ägypten herausführen soll. „וְאֶהְיֶה עִמְּךָ“, resümiert Benno Jacob, „sagt Gott nur zu jemandem, der einen Gang antreten soll; er soll wissen, daß er dabei von Gott begleitet und geschützt wird [...], wenn der Gang auch schwierig und gefahrvoll sein mag. Dies ist also die Vorbereitung auf Isaaks Erlebnisse im Philisterland“[3] – auch ein Schutzversprechen für Jizchaks Status als Fremder.[4]

Doch m.E. erschöpft sich die Bedeutung dieser Zusage nicht darin, dass Jizchak innerlich gestärkt wird, da andere Situationen in den Väterge-

1 Vgl. Sarna, Genesis, 183 („*g-w-r* [...] means to have the status of an alien, one devoid of legal rights and wholly dependent on the goodwill of the local community“); ferner Levin, Jahwist, 203.

2 Diese Formulierung begegnet hier zum ersten Mal in der Bibel. Eine ähnliche Zusage ist in 21,20 verbunden mit Jischmael.

3 Jacob, Genesis, 548, berücksichtigt bei dieser Interpretation noch weitere, in der *Masora gedola* genannte Stellen, an denen עִמְּךָ ohne אֶהְיֶה erscheint. Zur Beistandszusage אֶהְיֶה עִמְּךָ vgl. auch Dtn 21,23; Jos 1,5; 3,7; Ri 6,16; 2Sam 7,9; 1Chr 17,8.

4 Sarna, Genesis, 183: „It is to Isaac's alien status that the promise of protection, ‚I will be with you,‘ adresses itself.“

schichten deutlich werden lassen, wie sich der Beistand ADONAJS[1] darüber hinaus in Materiellem, im Gedeihen und im Erfolghaben konkretisieren kann. So wird das Mitsein Gottes mit Jischmael (21,20)[2] in seinem Heranwachsen (גדל) sichtbar, in 21,22 und 26,28 wird jenes Mitsein mit dem Erzvater auch für Außenstehende in einer nicht genannten Weise deutlich, (das Beistandsversprechen in V.3b schlägt also Bögen zu den beiden Brunnenstreitgeschichten in Gen 21 bzw. in Gen 26,11ff.). Jaakov erkennt in 31,5 und 35,3 im Rückblick, dass ADONAJ auf seinem Weg mit ihm gewesen ist; und in 39,2f. wird Josefs Erfolg (צלח hif.) zunächst vom Erzähler als eine Folge des Mitseins ADONAJS bezeichnet und darauf durch Pharao als solche wahrgenommen. Das Mitsein Gottes meint von daher „ein stetiges Handeln [...], das ein Mensch während eines ganzen Zeitraums im Davonkommen, im Überleben und Glück erfährt und das andere an ihm als Wachsen, Gedeihen und Gelingen wahrnehmen."[3] Für Sforno impliziert das Mitsein Gottes in dieser Situation etwa, dass Jizchak trotz der Dürrenot Weideland finden wird[4], so dass ADONAJ als ein Gott erscheint, der sich umfassend um die Menschen kümmert.

Ähnlich konkret interpretieren einige Leser/innen das Versprechen: „... *und ich will dich segnen*". Besonders jüdische Ausleger sehen darin die Zusage, Jizchak werde selbst in der Zeit der Hungersnot wachsen[5] oder mit Reichtum,[6] d.h. mit überfließendem Getreide,[7] Vieh oder Geld gesegnet[8]. Der Segen, so weiß man nach der Lektüre von Gen 1 bis Gen 25, ist eine Lebenskraft, die es nicht mit einer Generation von Tieren und Menschen genug sein ließ, sondern die Geschöpfe dazu befähigt, sich selbstständig weiterzuvermehren (1,22; 1,28; 9,1). Gesegnet ist, wer viele Nachkommen (17,16; 17,20; 22,17; 24,60) oder einen großen Namen (12,2) haben wird, wer ein hohes Alter erreicht (24,1) und „groß" (גדל), d.h. reich wird (24,35). Der Segen ist, wie es Dietrich Bonhoeffer ausdrückt, mit der „Ge-

1 Vgl. Gen 26,24; 28,15; 31,1; außerhalb der Vätergeschichten z.B. Ex 3,21.
2 An dieser Stelle steht nicht – wie in den bisher aufgeführten Beispielen – die Präposition עִם, sondern אֵת. Im Hinblick auf das Mitsein Gottes ist kein Bedeutungsunterschied zwischen beiden Präpositionen festzustellen (vgl. Vetter, Mitsein, 9.14.25.28).
3 Vetter, Mitsein, 8. Vetter geht noch weiter und rückt die Mitseins-Formel sehr nahe an den Segen (z.B. 8; 9) und bezeichnet die Versprechen des Mitseins und des Segens in 26,3b sogar als „inhaltlich [...] gleichbedeutend" (6). Demgegenüber kommt es mir darauf an, die jeweils unterschiedlichen Akzente der beiden Zusagen herauszuarbeiten.
4 Sforno, z.St.
5 Vgl. Sarna, 183.
6 Vgl. Chavel, Sforno, 134 Anm. 3.
7 Vgl. Haamek Hadavar bei Zlotowitz, Bereishis I, 1079.
8 Vgl. Sforno, z.St.

schöpflichkeit“ und „Erdhaftigkeit“ verknüpft,[1] und „schließt alle irdischen Güter in sich“,[2] er ist eine „dinghafte Größe“, die „sinnlich erfahrbar“[3] ist. Im Segen begleitet Gott sein Schöpfungswerk, indem er seinen Geschöpfen die Lebensgüter schenkt, die sie zu ihrer Erhaltung bedürfen. Dogmatisch gesprochen, gehört das Segnen zur Lehre der *providentia*, der Fürsorge des seine Schöpfung erhaltenden Gottes.[4] Im Bereich der alttestamentlichen Exegese und Theologie hat dies 1968 Claus Westermann[5] herausgearbeitet, der innerhalb der soteriologischen Rede vom Handeln Gottes unterschied zwischen dem partikularen und kontingenten rettenden, erlösenden und befreienden Handeln Gottes, das geglaubt und durch Berichte gelobt wird, und dem universalen, kontinuierlichen Segenshandeln als einem schöpferischen und erhaltenden Wirken, das sich im „rein zuständliche[n] Heilsein, Gesundsein, Intaktsein“,[6] in Fruchtbarkeit, Wachsen und Gedeihen zeigt, das man schamlos genießen darf, dankbar empfangen und beschreibend loben kann.[7] Mag die darin enthaltene scharfe Trennung zwischen „Geschichte“ und Natur auch nicht unproblematisch sein,[8] so ist es dennoch Westermanns Verdienst, den „Bereich der Natur“ und die unscheinbaren Ereignisse des Alltags- und Familienlebens „zum gleichberechtigten Gegenstandsbereich einer Theologie des Alten Testaments“[9] gemacht und eine neue Aufmerksamkeit auf die „Präsenz Gottes in seinem lebenserhaltenden und -fördernden Segenswirken“[10] gelenkt zu haben.

Beziehen wir vor allem die Segensaussagen in Gen 1-25 auf Gen 26,3b, so lässt sich also erwarten, dass Jizchak möglicherweise durch ein hohes Alter, durch reichen Viehbesitz und – trotz der Hungersnot – die dafür notwendigen Lebensgüter Nahrung und Wasser und durch eine große Nachkommenschaft gesegnet wird. Was Segen bewirkt, steht insbesondere

1 Bonhoeffer, Schöpfung, 64.
2 Bonhoeffer, Widerstand, 406.
3 Frettlöh, Gottes Segen, 166.
4 Vgl. Frettlöh, Gottes Segen, 40. Bonhoeffer kann den Segen als einen „Zwischenbegriff zwischen Gott und Glück“ bezeichnen, als einen „Kraftstrom“, unter dem das Leben „gesund, fest, zukunftsfroh, tätig [ist], eben weil es aus der Quelle des Lebens, der Kraft, der Freude, der Tat heraus gelebt wird.“
5 Westermann, Claus, Der Segen in der Bibel und im Handeln der Kirche, München 1968; vgl. auch Frettlöh, Gottes Segen, 27-42.
6 Westermann, Segen, 10f.
7 Vgl. Westermann, Segen 20; siehe auch Frettlöh, Gottes Segen, 29.
8 Zur Kritik vgl. Frettlöh, Gottes Segen, 35.
9 Frettlöh, Gottes Segen, 31.
10 Frettlöh, Gottes Segen, 31.

jenen aufmerksamen Leser/inne/n vor Augen, die sich bei אֲבָרֲכֶךָּ (26,3b) an die identische Form und deren Kontext in 12,2 erinnern, wo es heißt: „Und ich werde dich zu einem großen Volk machen, und ich werde dich segnen, und ich will groß machen deinen Namen, und sei ein Segen!“ Segen ist hier unauflöslich mit dem Großwerden der eigenen Sippe und Ruhm verknüpft, wie es die Verschränkung der Verbwurzeln in 12,2 deutlich macht: גדל־ברך־גדל־ברך.

Waren Gottes Segenszusagen bisher mit Mehrungsversprechen verknüpft,[1] so verbindet Adonaj die Segensankündigung in 26,2 (wie später in 28,4) mit einer Länderzusage: *„Ja, dir und deiner Nachkommenschaft (V.3c) werde ich all diese[2] Länder geben (V.3d).“* Viele übersetzen das כִּי mit „denn“ und betrachten diesen Versteil als eine logische Fortsetzung von V.3a oder, – insofern V.3ab als sekundär betrachtet wird –, von V.2cd[3]. Meiner Ansicht nach knüpft V.3cd jedoch an beide Versteile gleichzeitig an:[4]

1 Vgl. Gen 12,1; 17,16.20; 18,18; 22,17; 24,60. Siehe auch Berge, Zeit, 83.

2 Auffällig ist hier das האל an Stelle des üblichen האלה (vgl. Sam). Raschi stellt lapidar fest: „האל wie האלה.“ Der Midrasch liest aus der unvollständigen Form האל, dass der Erzvater zunächst nur einen Teil der Länder und erst in den Tagen des Messias den Rest erhält (vgl Zlotowitz, Bereishis I, 1079).

3 Das Verhältnis von V.2c.d zu 3a wird in der diachron ausgerichteten Forschung unterschiedlich gesehen:
Dass die beiden Aufforderungen in Spannung zu einander stehen, der Meinung sind: Gunkel, Genesis, 1902, 266; 1910, 301; Procksch, Genesis, 157; Skinner, Genesis, 364; Levin, Jahwist, 205; Köckert, Vätergott, 269; Schmitt, Gen 26, 145 Anm. 7; Schmidt, Darstellung, 170; Weimar, Redaktionsgeschichte, 89ff.; Fischer, Erzeltern, 178; Westermann, Genesis I/2, 516; anscheinend auch Eissfeldt, Hexateuch-Synopse, 45*; vermutlich auch Soggin, Genesis, 351.
Mit Procksch, Genesis, 157, hält Berge, Zeit, 82 von VV.2c.d.3a nur das im Folgenden Eingeklammerte (und in LXX nicht Enthaltene) für sekundär:
שכן בארץ [אשר אמר אליך גור בארץ] הזאת.
Keinen Widerspruch zwischen der Aufforderung, generell im Land zu bleiben und jetzt als Ger in Grar zu weilen, sehen (neben den jüdischen Auslegern): Speiser, Genesis, 201; Blum, Komposition, 299 (גור bezieht sich auf den vorübergehenden Aufenthalt im Philisterland, שכן auf das Land Kenaan, das Adonaj ihm nennen wird); Nicol, Studies, 122 (גור bezieht sich auf den vorübergehenden Aufenthalt als Einwanderer in Grar, שכן auf den dauerhaften Aufenthalt im Land von Beer-Scheva); Wenham, Genesis II, 189 schließt sich dem an.
Sowohl V.2 als auch V.3ab hält für sekundär: Kilian, Abrahamsüberlieferungen, 203.

4 Anders Seebass, Genesis II, 280: „Das *ki*, von V 3b dient nicht der Begründung, sondern führt ein Zitat ein und betont damit die Kontinuität zu Abraham.“ Seebass möchte also lesen: ‚... denn [auch zu Avraham habe ich gesagt]: Dir und deiner Nachkommenschaft gebe ich all diese Länder.‘ M.E. beginnt ein solches Selbstzitat jedoch mit V.4.

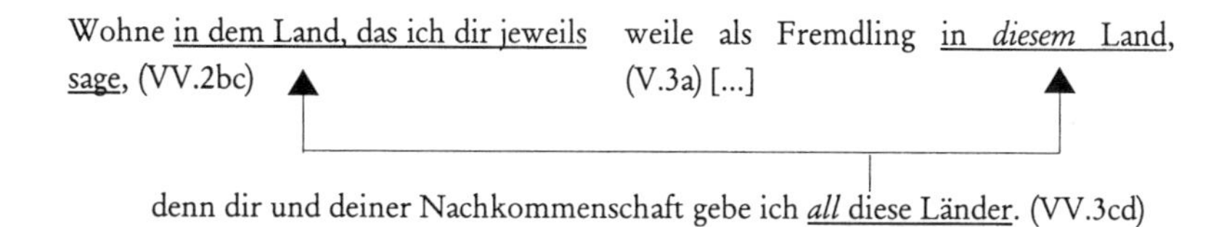

Sowohl die Länder, die ADONAJ Jizchak von Mal zu Mal benennt, als auch das Land, in dem er sich jetzt aufhalten soll – sie alle sind in den versprochenen Ländern inbegriffen. Würde Jizchak wie zuvor seinem Vater[1] nur „das Land" bzw. „dieses Land" zugesagt, dann könnte dies im Kontext von 26,3 auch auf das Philisterland allein bezogen werden,[2] das er mittlerweile erreicht haben dürfte. Welche Landstriche zu „all diese[n] Ländern" gehören, bleibt offen, denn eine Aufzählung der genauen Gebiete wie in 15,18ff. findet sich hier nicht. Es ist wahrscheinlich, dass zu „all diesen" versprochenen Ländern zumindest jenes Land, das Gott dem Avraham nach V.2 noch nennen wird (Kenaan?), und „dieses Land" (V.3), nämlich das der Philister,[3] gehört, wobei das Philisterland möglicherweise zu Kenaan gerechnet wird (10,19).[4]

Die „Gesamtheit dieser Länder" und zunächst nicht die Nachkommenschaft ist hier also der Hauptgegenstand des Versprechens. Da Jizchak zu diesem Zeitpunkt bereits zwei Söhne hat, ist – anders als lange Zeit für Avraham und Sara – die Voraussetzung für eine große Nachkommenschaft gegeben, so dass die Zusage von Kindern weniger dringend erscheint. Unsicher bleibt für den Hungerflüchtling Jizchak, der seine Heimat verlassen hat und in einem fremden Land Zuflucht sucht, hingegen noch der Besitz

Westermann, Genesis I/2, 517, ist der Meinung, „das folgende כִּי aber würde besser an den letzten Satz von V.2 schließen als die die Weisung V.2a begründende Verheißung." Westermann scheint sich vorzustellen, dass der Gestalter des vorliegenden Textes V.3b deswegen nicht an 2b anfügen wollte, weil er im Sinn hatte, V.3bα durch das folgende zu erweitern und V.3a nach V.5 deutlich zu spät kommen würde.

1 Vgl. 12,7; 13,15.17; 15,17f.; 17,8; 24,7 (zit. 12,7).

2 So ist der Plural „all diese Länder" „durch Gerar als den vorgegebenen Schauplatz veranlaßt" (Levin, Jahwist, 205). Siehe auch Boecker, Genesis, 36; ähnlich Jacob, Genesis, 548, wonach Jizchak, als er dies hört, sich „nicht im eigentlichen Kanaan befindet" und deswegen mit „jene" Länder „nach dort hingewiesen" wird.

3 Vgl. Gunkel, Genesis, 1902, 265.
Durch die Leseweise, dass Jizchak in V.2 aufgefordert wird, auf Dauer im Lande Kenaan zu wohnen, und nach V.3 als Fremdling im Land der Philister bleiben soll, wird der Plural „all diese Länder" leicht erklärlich. Vgl. Blum, Komposition, 299; Nicol, Studies, 122 (VV.2c.d bezieht sich auf Beer-Scheva) und Wenham, Genesis II, 189.

4 Die Wendung כל ארצות erscheint sonst nur in 1Chr 13,1 und 2Chr 11,23.

der Länder, den ADONAJ verheißt. ADONAJ erhebt Jizchaks Blick aus der Enge der momentanen Notsituation heraus und deutet ihm den weiten Horizont seines Versprechens, das durch die emphatische Voranstellung des לְךָ[1] in erster Linie auf Jizchak selbst zugespitzt wird: ‚Dir, dessen Vater ich schon versprochen habe: „Deinem Samen gebe ich dieses Land“ (12,7) und der du nun selbst zu diesem Samen gehörst – dir und wiederum deiner Nachkommenschaft sage ich nun nicht nur dieses Land, sondern all diese Länder zu.‘

Einige Ausleger sind der Ansicht, dass zwischen den Teilversen, die das Land bzw. die Länder zum Thema haben, V.3b den Zusammenhang störe und daher deplatziert sei. V.3c schließe besser direkt an V.2d oder an V.3a an:

2	c	*Wohne in dem Land,*
	d	*das ich dir sage,*
3	a	*weile als Fremdling in diesem Land,*
	b	*– und ich werde mit dir sein und dich segnen! –*
	c	*denn dir und deinem Samen werde ich all diese Länder geben, ...*

Jenen Leser/inne/n aber, die sich Jizchaks gemischte Gefühle angesichts seines Asylaufenthalts in Grar vorstellen, kann die Beistands- und Segenszusage in V.3b als gerade rechtzeitig erscheinen: ADONAJ weiß um Jizchaks Sorgen und versucht ihnen sogleich entgegenzuwirken.

Verschaffen wir uns von hier aus nochmal einen Überblick über VV.2.3a-d: Auf das Verbot, nicht nach Ägypten hinab zu gehen (V.2a), folgen die Aufforderungen, in dem Land zu wohnen, das ADONAJ dem Jizchak (jeweils bzw. sogleich) nennen wird (VV.2b.c), und in diesem Land als Fremdling zu weilen (V.3a). An V.3a schließt sich sogleich die Beistands- und Segenszusage (V.3b) an, bevor eine Begründung dafür genannt wird, dass Jizchak nicht nach Ägypten gehen, sondern in diesem Bereich bleiben soll. Auf der einen Seite kann man sagen, dass ADONAJ seinen Beistand, den Segen und das Länderversprechen vom weiteren Aufenthalt im Land abhängig macht. Auf der anderen Seite ist es so, dass das Asyl in Grar den Beistand ADONAJS für Jizchak sowie den besonderen Segen in der Zeit der Hungersnot erst erforderlich macht, wobei die Länderzusage eine Motivation nennt, aus der heraus ADONAJ das Bleiben befiehlt. Damit bildet

1 Vgl. Wenham, Genesis II, 189.

das von ADONAJ untersagte Hinabsteigen nach Ägypten die grundsätzliche Opposition zu allem Folgenden:

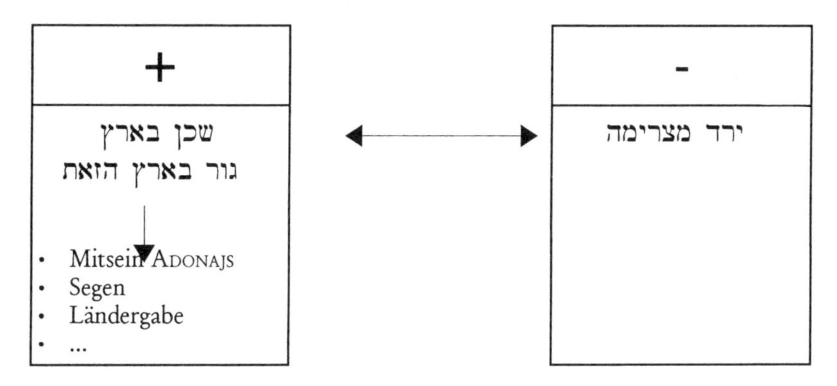

Nicht nur das Mitsein ADONAJS, sein Segen und die Gabe der Länder an Jizchak wie an seine Nachkommen sind mit dem Wohnen im Land und dem Asyl im Philisterland verknüpft, sondern auch das folgende Versprechen:

3 d *... und so werde ich den Schwur (er)stehen lassen,*
3 e *den ich Avraham, deinem Vater, geschworen habe:*
4 a *„Und ich werde deine Nachkommenschaft mehren*
[wie die Sterne des Himmels,
b *und ich werde deiner Nachkommenschaft geben*
c *all diese Länder*
d *und es werden sich in deiner Nachkommenschaft segnen*
e *all die Völker des Landes“ –*
5 a *deshalb, weil Avraham auf meine Stimme gehört hat ...*

Dieser Teil der Adonaj-Rede an Jizchak besteht aus einem Einleitungssatz (VV.3d.e) und einem formellen Selbstzitat (VV.4a-e), durch das eine weitere Kommunikationsebene eröffnet wird.[1] Für die Leser/innen wird durch

1 V.4 wurde nur selten als formelles Selbstzitat interpretiert: Einen Doppelpunkt nach V.3 setzt m.W. nur Seebass, Genesis II, 276.280. Vgl. auch die Deutung von Zlotowitz, Bereishis I, 1080, wonach diese Stelle so zu lesen ist, als ob „verses 3 and 4 were connected by the word לאמר, *saying* or *namely*. The sense then is ‚... *that I swore to Abraham your father* by saying to him *I will increase your offspring*, etc.“

die Aufnahme der finiten Verbform נִשְׁבַּעְתִּי (26,3f//22,16b), durch die zweimalige Nennung der Wurzel שׁבע sowie durch Anspielungen (26,4b.c//22,17d.e) und wörtliche Wiederholungen (26,4a*//22,17b*; 26,4d.e.5a//22,18a-c) deutlich erkennbar, dass sich dieser Abschnitt auf die Botenrede in Gen 22,16-18 zurückbezieht. Auf diese Weise werden die Rezipient/inn/en angeregt, sich die repetierenden und die variierenden Elemente in Gen 26,3d-5a vor Augen zu führen.

In welchem Verhältnis Adonajs Schwur-Reden in Gen 22 und in Gen 26 zueinander stehen, hängt vom Verständnis des Verbums קום hif. ab. Bei der Vielzahl vorgeschlagener Übertragungen kann man grob zwischen drei Deutungen unterscheiden: (1) Adonaj erhält hier den an Avraham gegebenen Schwur aufrecht, er lässt ihn *be*stehen (Kontinuität[1]);[2] (2) Adonaj richtet diesen Schwur in Gen 26 erst auf, er lässt ihn hier neu *er*stehen (Aspekt des Neuen),[3] und (3) Adonaj erfüllt dadurch hier den Schwur, den er Avraham seinerzeit gegeben hat (Aspekt der Verwirklichung).[4] Jeder Interpretationsvorschlag sieht dabei etwas Richtiges, denn in der Tat scheint mir hier קום hif. sowohl „stehen lassen" als auch „erstehen lassen" zu bedeuten: Der Artikel in הַשְּׁבֻעָה und der אֲשֶׁר-Satz drücken – zusammen mit den wörtlichen Wiederholungen und Ähnlichkeiten – aus,

1 Vgl. Nicol, Studies, 37. Boase, Life, 333, resümiert nach einem Durchgang durch die Jizchak-Texte in Gen: „The continuity of the promise is decisive for the understanding of the role and function of Isaac in Genesis."

2 Den Schwur „aufrechterhalten" übersetzt die Revidierte Elberfelder Bibel; „den Schwur/Eid halten": Gute Nachricht Bibel 1997; Jacob, Genesis, 547; Plaut, Bereschit, 248; Die Bibel in heutigem Deutsch 1982 („Ich stehe zu dem, was ich deinem Vater Abraham geschworen habe"); Soggin, Genesis, 347 („dem Eid [...] die Treue bewahren").
Den „Schwur/Eid bestätigen": Schlachter; Luther 1984; Westermann, Genesis I/2, 512f.; Wenham, Genesis II, 182; Westermann, Genesis I/2, 513.

3 Vgl. Zlotowitz, Bereishis I, 1079f. („establish the oath"); von Rad, Genesis, 233 („[...] den Schwur [...] in Kraft treten lassen"); ähnlich Boecker, Genesis, 25. Zlotowitz, Bereishis I, 1080, argumentiert mit Ramban, hier müsse von der Errichtung eines Schwures mit Jizchak die Rede sein, weil erstens die Aussage, Gott erhält den Bund aufrecht, sonst überflüssig wäre (denn Gott bereut nicht, 1Sam 15,29) und zweitens nur hier exklusiv Jizchak jener Schwur gegeben wird, auf den Stellen wie Ex 32,13 und Dtn 34,3 rekurrieren.

4 Vgl. die Übersetzung „den Eid/Schwur erfüllen": Einheitsübersetzung; Züricher Bibel; Alter, Genesis, 132; Koch, Formgeschichte, 148; Sacks, Genesis, 211 („I will perform"); Davidson, Genesis II, 125; Speiser, Genesis, 198; Janzen, Genesis II, 100 („God seeks through Isaac to fulfill the oath to Abraham"); vgl. auch die Auslegung bei Jacob, Genesis, 548, Eissfeldt, Hexateuch-Synopse, 46* („den Schwur verwirklichen"). Diese Übersetzungen geben das קום hif. damit recht frei, wenn auch inhaltlich angemessen wieder.

dass eine Kontinuität zwischen den Schwüren in Gen 22 und in Gen 26 besteht (1), während die Abweichungen zwischen 26,4a-5a und 22,16c-18c deutlich machen, dass dieser Schwur mit *neuen* Akzenten errichtet wird (2). Dabei besteht das Wesen eines solchen Schwures darin, dass er einst gegeben und später eingelöst, d.h. „erfüllt“ werden kann (3), wodurch er als Schwur bestehen bleibt und als dem entsprechendes Verhalten nun errichtet wird. In ADONAJS Handeln gehen diese drei Aspekte ineinander: Er lässt in Gen 26 gegenüber Jizchak und damit auch gegenüber Avraham den Schwur bestehen, den er mit beinahe denselben Worten Avraham in Gen 22 geschworen hatte. Dadurch richtet er diesen in bedeutungsvollen Details veränderten Schwur mit Jizchak und mit Avraham neu auf – er erfüllt in Jizchak und damit in Avraham, bzw. in Avraham und daher in Jizchak, was er Avraham versprochen hatte.

Auffällig ist, dass in 26,3d das Verb וַהֲקִמֹתִי nicht, wie in Gen 6,18; 9.11; 17,7.19, mit אֶת־בְּרִיתִי, sondern mit אֶת־הַשְּׁבֻעָה verbunden wird, was sehr selten ist[1]. Zum einen klingt dadurch das – mit den Bundeszusagen an Noah (Gen 6, Gen 9) sowie an Avraham (15,18) und seine Söhne (Gen 17)[2] verknüpfte – Substantiv בְּרִית mit und aktiviert die genannten Kotexte: Gen 26, so wird deutlich, steht nicht nur mit dem Schwur in Gen 22, sondern auch mit den bisherigen Bundesschlüssen in einer Reihe. Zum anderen wird durch diese Variation in besonderer Weise die Aufmerksamkeit auf das Wort שבועה (Schwur) gelenkt, das im Finale der Erzählung (26,33) als Brunnenname eine entscheidende Rolle spielen wird.

Konzentrieren wir uns aber zunächst auf den Vergleich zwischen Gen 26,3d-5a und Gen 22,16-18:

Gen 26,3d-5a	Gen 22, 16-18
und so werde ich den Schwur (er)stehen lassen, (V.3d)	
den ich Avraham, deinem Vater, geschworen habe: (3e)	*bei mir habe ich geschworen, spricht Adonaj: (16b)*

1 Vgl. Num 30,14; Jer 11,5.

2 In dem mit Avraham geschlossenen Bund (Gen 17) sind beide Söhne – Jizchak *und* Jischmael – inbegriffen. Vgl. dazu Naumann, Ismael, 143ff. und passim; ders., Abrahams verlorener Sohn, 82ff.

Gen 26,3d-5a	Gen 22, 16-18
	Weil du diese Sache getan hast (16c) und du deinen einzigen Sohn nicht geschont hast, (16d) – fürwahr: segnen, ja segnen werde ich dich, (17a)
„Und ich werde deinen Samen vervielfachen wie die Sterne des Himmels, (4a)	*und viel vervielfachen werde ich deinen Samen wie die Sterne des Himmels, (17b)*
	und wie der Sand, der am Ufer des Meeres ist, (17c)
und ich werde deinem Samen geben (4b) all diese Länder, (4c)	*und in Besitz nehmen wird dein Same (17d)* *das Tor deiner Feinde, (17e)*
und es werden sich in deinem Samen segnen (4d) alle Völker des Landes“, (4e)	*und es werden sich in deinem Samen segnen (18a) alle Völker des Landes, (18b)*
deshalb, weil Avraham auf meine Stimme gehört hat. (5a)	*deshalb, weil du auf meine Stimme gehört hast. (18c)*

Nach der Redeeinleitung in 26,3d.e beginnt Adonaj aus Gen 22 zu zitieren, so dass 26,4a-e einen doppelten Adressaten voraussetzt: Einerseits wird hier eine Rede wieder aufgenommen, die sich im ursprünglichen Kontext an Avraham richtet, andererseits wird eben dieser Schwur *nun* Jizchak gegeben. Zu Beginn des Selbstzitates lässt Adonaj die Begründung für den Schwur in 22,16c.d aus und vermeidet es so, den Schwur an Jizchak als eine Folge von Avrahams Verhalten in Gen 22 erscheinen zu lassen. Auch die Segenszusage כִּי־בָרֵךְ אֲבָרֶכְךָ (17a) überspringt Adonaj – Jizchak hat sie bereits in einer kürzeren Fassung erhalten (26,3b). Das Auslassen dieser *figura etymologica* führt dazu, dass die folgende, an 15,5 und 16,10[1] erinnernde Mehrungszusage (26,4a) – anders als in 22,17b – mit einer einfachen *w^{e}-qatal*-Form dargestellt wird.[2] Zudem wird das Mehrungsversprechen um das Sand-am-Meer-Motiv (22,17c) abgekürzt, was sich in die allgemeine

1 Diese Mehrungszusage ist an Jischmael gerichtet, vgl. Naumann, Abrahams verlorener Sohn, 76. Avraham und seine beiden Söhne Jischmael und Jizchaks erhalten damit die Zusage הַרְבָּה אַרְבֶּה je einmal. Ein weitere Beleg ist 3,16, worin Chawa der ambivalente ‚Segen‘ der Lebens- und Leidensmehrung durch die Schwangerschaft zugesprochen wird.

2 Vgl. Kilian, Abrahamsüberlieferungen, 205.

Tendenz fügt, dass Mehrungszusagen bei Jizchak im Vergleich zu den anderen Erzvätern seltener begegnen und weniger ausgeführt werden.[1]

Hatte Adonaj in Gen 22,17 Avraham noch das Inbesitznehmen der feindlichen Tore in Aussicht gestellt, wie es ähnlich auch Rivka prophezeit wurde (24,60), so mildert er diese Ausssage nun ab: Den Nachkommen Avrahams, so möchte Adonaj dies jetzt verstanden wissen, wird er alle diese Länder „geben“ (נתן), und insofern sich 26,4b.c an Jizchak richtet, wird dieser auf ein weniger kriegerisches Verhältnis zu den Bewohnern der Länder vorbereitet.[2]

Irritieren mag die Aussage, Adonaj habe Avraham geschworen: „Und ich werde deinem Samen alle diese Länder geben“ (VV.4b.c), denn diese Formulierung findet sich weder in Gen 22, noch an einer anderen Stelle. Insofern die Rezipient/inn/en Gott wie dem Erzähler ein hohes Maß an Zuverlässigkeit zutrauen,[3] setzen sie eine absichtliche Abweichung von den vorhergehenden Reden voraus und suchen überwiegend nach einer Textstelle, an der Gott dem Erzvater Avraham mehrere Länder/Landstriche oder ein besonders ausgedehntes Land verspricht. Die meisten Leser/innen[4] erinnern sich dabei an den sehr ähnlich formulierten Vers in 15,18 und an die sich daran anschließende ausführliche Aufzählung der Völker, deren Gebiete Avrahams Nachkommen versprochen werden (VV.19-21).

Stellt man 15,18 und 26,4b.c einander gegenüber,

אֶת־הָאָרֶץ הַזֹּאת	נָתַתִּי	לְזַרְעֲךָ	15,18*
אֵת כָּל־הָאֲרָצֹת הָאֵל	לְזַרְעֲךָ	וְנָתַתִּי	26,4b.c

so fällt auf: Beide Male wird das Land bzw. werden die Länder zunächst nicht dem Erzvater, sondern seinem Samen versprochen, wobei 26,4b.c impliziert, dass Jizchak bereits zu der Nachkommenschaft gehört, die in 15,18 genannt ist.[5] Abweichungen sind darin erkennbar, dass die ersten beiden Elemente (לְזַרְעֲךָ und [וְ]נָתַתִּי[6]) hier ver-

1 Auffällig ist vor allem, dass Jischmael in größerem Maße mit Mehrungszusagen bedacht wird als sein Bruder: Vgl. Gen 17,20; 21,8.

2 Wenham, Genesis II, 190, erklärt die Ersetzung durch die friedlichere Formulierung: – „perhaps a less bellicose formulation to suit the more pacific Isaac.“

3 Vgl. oben, 49.

4 Vgl. z.B. Coats, Genesis I, 189.

5 Daher steht V.4b auch nicht in Spannung zu V.3c.

6 Der Wechsel der Tempusformen bewirkt keine grundlegende Veränderung der Aussagen: in 15,18 wird durch das Perfekt der konstatierende Aspekt („ich gebe hiermit deiner Nachkommenschaft ...), in 26,4 der konsekutiv-futurische Sinn herausgestellt (und so werde ich deiner Nachkommenschaft geben ...).

tauscht sind, so dass sich das Verb in die Reihe der mit *w^eyiqtol*-Formen beginnenden Teilverse (ab V.4a) einfügt. Zudem wird das Objekt „dieses Land“ in Gen 26 durch das כל־ sowie durch den Plural gesteigert.

Neben der ähnlichen Formulierung in 15,18* und 26,4b.c lässt aber vor allem die in 15,19-21 folgende Völkerliste viele Rezipient/inn/en[1] eine Verbindung ziehen, als seien mit „all diesen Ländern“ jene in Gen 15 genannten Landstriche gemeint. Andere Leser/innen bringen 26,4b.c mit 13,15ff. in Zusammenhang, wobei die in beiden Stellen suggerierte Weitläufigkeit des Landes der Vergleichspunkt zu sein scheint.[2] Weil 26,4 nicht nur den an Avraham ergangenen Schwur zitiert, sondern diesen gleichzeitig mit Jizchak errichtet, kann neben 50,24 vor allem das Buch Deuteronomium stereotyp von dem Land sprechen, das „den Vätern zugeschworen“ wurde.[3]

Während bis hierhin die Mehrung und der Samen (V.4a) sowie die Gabe der Länder (V.4b) im Vordergrund standen, thematisiert ADONAJ in dem die Verheißung abschließenden Satz noch einmal den Segen. *„Und es werden sich in/mit deinem Samen segnen (V.4d): alle Völker des Landes (4e).“* Durch die Schlussstellung hat diese Ankündigung ein besonderes Gewicht. Insofern die Versprechen der Mehrung und der Ländergabe in die Perfekt-consecutiv-Form der Segensankündigung münden, nennt VV.4d.e den Horizont bzw. eine Zielperspektive der Verheißungen. Die Gojim eben *jener* Länder, die Avraham, Jizchak und den Nachkommen versprochen sind, so lautet ADONAJS spannungsvolle Ankündigung vor dem Sich-Niederlassen im Land der Philister, werden sich in/mit Avrahams und Jizchaks Nachkommenschaft segnen. Berücksichtigt man auch hier, dass Gen 26,4a-e die Passage 22,17a-18b zitiert, so wird deutlich, wie das zum vierten Mal erscheinende Leitwort זֶרַע auf Jizchak zielt. Einerseits geht es auch um seine Nachkommenschaft, andererseits *ist* er selbst ja bereits ein Teil des in Gen 22,18a angekündigten Samens. In dem Wort זַרְעֲךָ verweisen sowohl

1 Vgl. etwa Coats, Genesis I, 189, der V.3d sogar als expliziten Hinweis auf 15,18-21 versteht; siehe auch Keil, Genesis, 228; Sarna, Genesis, 183; Zlotowitz, Bereishis I, 1081.

2 Zlotowitz, Bereishis I, 1080f., interpretiert V.4 als eine Sammlung der Versprechen, die Avraham z.B. in 12,7; 13,6.9; 15,7.18 und 24,7 gegeben wurden.

3 Vgl. Ex 13,5.11; 32,13; 33,1; Num 12,23; 32,11; Dtn 1,8.35; 6.10.18.23; 7,13; 8,1; 9,5; 10,11; 11,9.21; 13,18; 19,8; 26,3.15; 28,11; 29,12; 30,20; 31,7.20f.23; 34,4; Jos 1,6; 21,43; Ri 2,1; Jer 11,5; 32,22.
Besonders interessant im Hinblick auf Gen 26,4 ist dabei Ex 32,13, wo nicht nur auf „dieses ganze Land“, sondern auch auf die Mehrung (רבה, vgl. auch Dtn 13,18) „wie die Sterne des Himmels“ als Schwur an die drei Erzväter rekurriert wird.
Allein in Jer 11,5 erscheint dabei die Wendung הקים את־השבועה.

das Suffix ךָ־ als auch das Substantiv זרע auf Jizchak, so dass man die Gottesrede folgendermaßen paraphrasieren kann: ‚Verlasse nicht das Land nach Ägypten, sondern bleibe im Land, Jizchak, und weile jetzt bei den Philistern als Fremdling, weil ich dir und deiner Nachkommenschaft all diese Länder geben werde. Darin werde ich den Schwur erfüllen, d.h. erstehen und stehen lassen, den ich deinem Vater Avraham geschworen habe. Auch ihm habe ich schon eine große Nachkommenschaft versprochen, zu der du, Jizchak, mitsamt deinen Kindern bereits gehörst. Ich werde auch dich wie die Sterne des Himmels mehren und ich werde dir bzw. deinen Nachkommen all diese Länder geben, und zwar so, dass in dir alle Völker des Landes einen Anteil am Segen erhalten.‘

In welcher Weise können aber die Völker am Segen Avrahams und Jizchaks teilhaben? Diese Frage bezieht sich vor allem auf die Interpretation der Präposition בְּ und des Verbes ברך hitp. in V.4d und lenkt die Aufmerksamkeit auf ähnliche Stellen in den Erzelterngeschichten:[1]

12,3	18,18	22,18	26,4	28,14
וְנִבְרְכוּ	וְנִבְרְכוּ	וְהִתְבָּרֲכוּ	וְהִתְבָּרֲכוּ	וְנִבְרְכוּ
בְךָ	בוֹ	בְזַרְעֲךָ	בְזַרְעֲךָ	בְךָ
(→Avraham)	(→Avraham?[2])	(→Jizchak u.a.[3])	(→Jizchak u.a.[4])	(→Jaakov)
כֹּל מִשְׁפְּחֹת הָאֲדָמָה	כֹּל גּוֹיֵי הָאָרֶץ	כֹּל גּוֹיֵי הָאָרֶץ	כֹּל גּוֹיֵי הָאָרֶץ	כָּל מִשְׁפְּחֹת הָאֲדָמָה וּבְזַרְעֶךָ

All diese Segensaussagen enthalten ein Verb, das von ברך abgeleitet ist (nif. oder hitp.) und das mit den „Familien der Erde“ bzw. den „Völkern des Landes“ als grammatischem Subjekt verknüpft ist. Beteiligt an diesem Segensgeschehen sind die drei Erzväter Avraham, Jizchak und Jaakov sowie die Nachkommenschaft Avrahams und Jizchaks: In, mit oder durch Avraham und dessen Samen werden sich die Gojim segnen. Steht im Zentrum

1 Vgl. auch Jer 4,2.

2 Hier ist nicht ganz klar, ob sich das Suff. 3.m.sg. auf Avraham oder auf das „große und mächtige Volk“ bezieht, zu dem ADONAJ Avraham machen will.

3 Zum זרע Avrahams gehören neben Jizchak auch Jischmael und die Nachkommen der Avrahamssöhne.

4 Vgl. die vorhergehende Anm.

dieser Übersicht die eine Form der Segenswendung (mit ברך hitp., זֶרַע und כֹּל גּוֹיֵי הָאָרֶץ) in Gen 22,18 und ihr Zitat in 26,4, so bilden die Wendungen in der anderen Form (mit ברך nif. und כֹּל מִשְׁפְּחֹת הָאֲדָמָה) die äußere Klammer (12,3; 28,14), wobei ADONAJ in 18,18 mit einer Abwandlung (כֹּל גּוֹיֵי הָאָרֶץ statt כֹּל מִשְׁפְּחֹת הָאֲדָמָה) seine Aussage aus 12,3 zitiert. In Gen 18 erinnert sich Gott an seinen Wunsch, dass alle Völker der Erde in Avraham Segen finden und zieht daraus die Konsequenz, dass er Avraham sein Vorhaben mit Sedom und Amora nicht vorenthalten darf, sondern ihm die Chance geben muss, für dieses Volk einzutreten. Dadurch, dass die in 22,18 nochmals aufgenommene Ankündigung des Segens für die Völker in Gen 26 an Jizchak und in 28,14 (hier um וּבְזַרְעֶךָ „vervollständigt“) an Jaakov weitergegeben wird, entsteht eine lückenlose Traditionskette von Erzvater zu Erzvater.

Eine konstitutive Rolle für das Verständnis dieser Stellen spielen die Segensaussagen, die in das große und großartige Eingangsportal zu den Erzelternerzählungen 12,1-3 eingebettet sind und in Gen 26,4 ihren Widerhall finden. Wenn ich diesen Abschnitt im Folgenden betrachte, dann verfolgt dieser Exkurs das Ziel, vor dem Hintergrund von 12,3 eine Interpretation der Segensankündigung 26,4d.e zu erschließen.

Exkurs II: Avrahams Segen für die Familien der Erde (Gen 12,1-3)

1	a	*Und ADONAJ sagte zu Avram:*
	b	*Geh, du, aus deinem Land und aus deiner Verwandtschaft [und aus dem Haus deines Vaters*
	c	*in ein Land, das ich dir zeigen werde,*
2	a	*und ich werde dich zu einem großen Volk machen,*
	b	*und ich werde dich segnen,*
	c	*und ich werde deinen Namen groß machen,*
	d	*und werde ein Segen!*
3	a	*Und so werde ich segnen, die dich segnen,*
	b	*und wer dich verwünscht, den werde ich verfluchen,*
	c	*so dass in dir/mit dir/durch dich gesegnet werden*
	d	*alle Familien der Erde.*

Die ADONAJ-Rede in Gen 12,1-3 besteht aus einer Aufforderung, die mit dem Imperativ לך beginnt (V.1b); einer Reihe von Ankündigungen mit *w^eyiqtol*-Formen (VV.2a-3a), die durch einen zweiten Imperativ (והיה ברכה; V.2d) unterbrochen wird, und aus einer Segensaussage (V.3c.d), die im Sprechakt der Prophezeiung mit einem – futurisch-konsekutiv zu verstehenden – *w^eqatal* angebunden wird.

Nach der Redeeinleitung und der Anweisung zum Auszug (V.1) dreht sich in V.2 alles um Avraham, der direkt angesprochen wird (dreimal Suff. 2.m.sg.; einmal Imperativ). ADONAJ will ihn zu einem großen Volk machen (V.2a) und ihn dadurch und darüber hinaus segnen (V.2b). Er ist entschlossen (ה-coh.), Avrahams Namen groß zu machen (גדל pi.).

Dann erfolgt ein Einschnitt: „Werde ein Segen", fordert ADONAJ den Erzvater auf. Dies lässt sich zunächst als ein *Zuspruch* verstehen: So wie ADONAJ in der Lage ist, mit dem Verb היה die Dinge der Welt ins Dasein zu rufen (Gen 1),[1] kann er Avraham zum Segen machen. Eine Ankündigung, die dem Erzvater in dieser Situation Mut machen soll. Avraham wird den Segen verkörpern, – ob durch Größe, Reichtum, Erfolg, gelingende menschliche Beziehungen, – das sich konkret auszumalen bleibt den Leser/inne/n überlassen. In jedem Fall wird Avraham als ein beispielhaft Gesegneter"[2] erkennbar sein, ein ‚Segensparadigma'. Vielleicht wird Abraham auch dadurch ein Segen werden, dass andere entweder ihn oder einander *in* ihm, *mit* ihm bzw. *durch* ihn oder durch die *Nennung seines Namens* segnen.

Zugleich impliziert der Imperativ aber einen *Anspruch*, den ADONAJ an Avraham stellt. „Die göttliche Initiative", so arbeitet Magdalene Frettlöh heraus, „geht voran, aber sie will nicht exklusiv wirken, sondern schafft sich MitarbeiterInnen. Ohne daß Jhwh ihn segnet, kann Abraham nicht zum Segen werden. Doch als Gesegneter ist es ihm *geboten*, ein Segen zu sein" und sich „nicht selbst [zu] genügen, sondern ihn *für andere* [zu] verkörpern."[3] „Gott will offenbar nicht ohne Beteiligung der Menschen zu seinem Ziel kommen"[4]. Wenn ADONAJ auch Avraham auffordert,[5] ein Segen zu werden, dann heißt das, dass er den Segen nicht für sich behalten,

1 Vgl. Jacob, Genesis, 336: V.2d „ist gleichsam ein Befehl an die Geschichte, ein Schöpfungswort."

2 Vgl. Blum, Komposition, 353 mit Blick auf 12,3.

3 Frettlöh, Gottes Segen, 260. Hervorhebungen im Original.

4 Frettlöh, Gottes Segen, 255.

5 Gegen Blum, Komposition, der mit einem Verweis auf Radak den Imperativ „inhaltlich nicht als Aufforderung, Befehl" verstehen will.

sondern in seiner Person sichtbar werden lassen soll, und man kann daraus den Schluss ziehen, dass Avraham ein Mitarbeiter des Segens werden soll. So paraphrasiert Raschi V.2d, indem er die Auslegung von BerR aufnimmt:

> „Und werde ein Segen – die Segnungen sind in deine Hand gegeben. Bis jetzt waren sie in meiner Hand, ich habe Adam und Noah und dich gesegnet. Aber von nun an sollst du segnen, wen du willst."[1]

V.2d wäre sicherlich falsch verstanden, wenn man diesen Teilvers auf einen Anspruch an Avraham reduziert und nicht zunächst als Zuspruch versteht.[2] ADONAJ lässt durch den Segensimperativ aber deutlich werden, dass Avraham dadurch auch die Rolle des Segensmittlers zugeschrieben wird. Ganz bewusst, so scheint es, haben hier die Masoreten, die והיה leicht als Perfekt consecutivum (וְהָיָה) hätten lesen können,[3] Gott einen Imperativ in den Mund gelegt. Offen bleibt jedoch, mit welchem Verhalten Avraham diesem Auftrag entsprechen kann.[4]

Sucht man in der Hebräischen Bibel nach Hinweisen darauf, was „ein Segen sein/werden" (היה בְּרָכָה) bedeuten kann, so gelangt man zu Jes 19,24f. und zu Sach 8,13: Jes 19,24f. schildert die Vision, dass Israel – in kühner Weise als ein Drittes gegenüber ADONAJS Volk Ägypten und dem Werk seiner Hände Aschur bezeichnet[5] –, ein Segen (בְּרָכָה) inmitten des Landes wird (יִהְיֶה) und als Erbbesitz ADONAJS zusammen mit den anderen beiden Völkern gesegnet sein wird. Israel erscheint hier als die theologische Mitte der Erde: Von Israel geht ein Segen aus, der so umfassend ist, dass sogar Völker wie Ägypten und Aschur darin mit aufgenommen werden können.[6] Spielt in Jes 19,24f. das Anteilgewinnen der Völker an Israel eine

---

1 Raschi, z.St.; vgl. BerR z.St.

2 So zu beobachten bei Wolff, Kerygma, 82.

3 Diese Lesart schlägt Gunkel, Genesis, 1910, 164, vor; vgl. dagegen Wolff, Kerygma, 79f. Anm. 28.

4 Vgl. zu dieser Interpretation auch Berge, Zeit, 23f.: „Das Nomen בְּרָכָה bezeichnet in diesem Satz erstens Abraham als mit reichen Segensgaben überschüttet. Auf diese Weise faßt V.2b [= nach unserer Zählung V.2d] den vorhergehenden V.2a [= VV.2a.b] zusammen. Zweitens liegt aller Wahrscheinlichkeit nach in dem Wort בְּרָכָה noch ein Bedeutungselement, das sich auf das Verhältnis zwischen Abraham und anderen Menschen bezieht, entweder so, daß Abraham als Subjekt der von anderen ausgesprochenen בָּרוּךְ-Formel – eventuell als Beispiel in Segensworten – genannt wird, oder Abraham wird als Segensquelle für andere bezeichnet, es können auch beide Bedeutungselemente gleichzeitig vorkommen."

5 Vgl. Wolff, Kerygma, 96.

6 Jes 19,24f.: „An jenem Tag wird Israel ein Drittes sein für Ägypten und für Aschur – ein Segen inmitten des Landes, das ADONAJ Zevaot gesegnet haben wird mit den Wor-

wichtige Rolle, so konzentriert sich die Zusage in Sach 8,13 auf das Haus Juda und das Haus Israel selbst, das unter den Völkern ein Fluch geworden ist (הֱיִיתֶם קְלָלָה) und das sich nun nicht mehr zu fürchten braucht, sondern gestärkt fühlen kann: Denn Gott wird seine Leute retten, so dass sie wieder ein Segen werden (וִהְיִיתֶם בְּרָכָה). Sieht man beide Stellen zusammen, dann wird deutlich, dass zunächst nur Israel ein Segen werden kann, was ihm als ein Zustand des Heil-Seins versprochen wird. Darüber hinaus können aber auch Völker wie Ägypten und Aschur in diesen Segen einwandern, so dass Israel *für* solche Gojim ein Segen wird.

In VV.3a.b geht es dann um das Verhalten der anderen Menschen zu ihm und ADONAJS Reaktionen darauf. Diejenigen, die Avraham segnen, werden auch von ADONAJ gesegnet, während sich derjenige, der Avraham so leicht nimmt und gering schätzt, dass er ihn verwünscht, den Fluch Gottes zuzieht. Gerade in der Regelmäßigkeit des kunstvollen Chiasmus (Impf.-Part.-Part.-Impf.) fällt der Gegensatz zwischen Singular und Plural auf:[1] Es ist Gottes Prophezeiung oder Hoffnung, dass die Segnenden und daher Gesegneten viele, die Verwünschenden und deshalb Verfluchten aber nur einzelne sein werden.[2] Denn am Ende sollen die „Familien der Erde“ an jenem Segen teilhaben, der Avraham geschenkt wird und den er personifiziert (VV.3c.d). So klar und „wirkungsvoll“[3] die Ankündigung des Segens und des Fluches in VV.3a.b geformt ist, so deutlich ist die Aussage: Der Segen ist für die Familien der Erde nach 12,3 nur dadurch zu haben, dass sie in ein segensreiches Verhältnis zu Avraham kommen. Gilt der Segen zunächst nur einem einzigen Menschen, wird er gerade durch die Segens-Beziehung zu diesem Menschen zum Segen für „alle“ – in der Partikularität des Avrahamsegens eröffnet ADONAJ den Raum für einen universalen Segen.[4]

In welcher Weise erhalten die Familien der Erde nun Anteil am Avrahamsegen, wie ist die Aussage וְנִבְרְכוּ בְךָ כֹּל מִשְׁפְּחֹת הָאֲדָמָה (VV.3c.d) zu verstehen? Interpretiert man wie Erhard Blum[5] das Verb im ברך nif. wie

ten: Gesegnet mein Volk Ägypten und das Werk meiner Hände, Aschur, und mein Erbteil, Israel.“ Vgl. dazu auch Frettlöh, Gottes Segen, 246f.

1 Vgl. im Kontrast dazu die ausbalancierte Form in Gen 27,29 und Num 24,9 (s. auch Schmidt, Israel, 137f.). Einen Vergleich zwischen den Stellen bietet Wenham, Genesis I, 276f.

2 Vgl. Berge, Zeit, 48; Frettlöh, Gottes Segen, 253; Wehmeier, Blessing, 5.

3 Jacob, Genesis, 337.

4 Frettlöh, Gottes Segen, 248ff. arbeitet dieses Konzept der „Universalität *in* der Partikularität“ heraus.

5 Blum, Komposition, 352f.

ein Hitpa'el, ohne einen Unterschied zu sehen, und begrenzt die Bedeutung gleichzeitig auf das Sich-Segnen mit einer Segensformel, die den Namen des beispielhaft Gesegneten nennt (um wie er gesegnet zu werden; vgl. Gen 48,20),[1] so ist die Segensankündigung m.E. nicht differenziert genug erfasst. Denn: Wenn Gott an dieser Stelle auch ein Hitpa'el[2] hätte verwenden können, scheint er – neben der reflexiven Bedeutung des Nif'al – auch oder gerade die passivisch-rezeptive Aktionsart („gesegnet werden")[3] bzw. die mediale Bedeutung („sich Segen verschaffen")[4] zum Ausdruck bringen zu wollen: Die Familien der Erde werden von ADONAJ (VV.3a.b) und, soweit Avraham eine aktive Segensrolle zugeschrieben wird (V.3d), auch durch ihn gesegnet.[5] Und auch die reflexive Übersetzung des Nif'al (wie das reziproke Nif'al: „einander segnen") sagt, so Westermann, „in Wirklichkeit nicht weniger als die passive oder rezeptive. [...] Wo man sich mit dem Namen Abrahams segnet, da wird tatsächlich Segen verliehen und Segen empfangen [...], da strömt der Segen Abrahams über"[6]. Avraham ist nicht nur ein Segensparadigma, sondern gleichzeitig die Quelle des Segens für die Familien der Erde.

Eine glückliche Übersetzung schlägt Magdalene Frettlöh mit dem Nif. tolerativum vor, in dem sich die hier besprochenen Bedeutungsmöglichkeiten widerspiegeln: *„Und es werden sich [...] segnen lassen alle Familien der Erde."*[7]

Nicht weniger folgenreich für die Weise, in der die Völker am Abrahamsegen teilhaben sollen, ist die Interpretation des בְּךָ. Das בְּ lässt sich hier in erster Linie als eine Präposition verstehen, die „Nähe und Gemeinschaft" zum Ausdruck bringt: „mit dir zusammen", „in Lebensbeziehung mit dir"[8] oder sogar inklusiv: „in dir" werden sich die Familien der Erde Segen wünschen. Gleichzeitig schwingt aber auch die instrumentale Bedeu-

1 Diese Interpretation findet sich bei Raschi zu Gen 26,4 (auch bei Zlotowitz, Bereishis I, 1081): „Man spricht zu seinem Sohn: es sei deine Nachkommenschaft wie die Nachkommenschaft Jizchaks, und so ist es überall in der Schrift, und das ist der Ursprung für alle [Stellen] (48,20): in/mit dir wird Jisrael segnen, indem es spricht: es mache dich usw. [sc. Gott wie Epharim und Manasse]." Vgl. auch Frettlöh, Gottes Segen, 244.

2 Vgl. Gen 22,18; 26,4; Dtn 29,18; Ps 72,17; Jes 65,16; Jer 4,2.

3 Vgl. LXX; Onkelos, Vulgata.

4 Vgl. Berge, Zeit, 49; Wenham, Genesis I, 277 („find blessing"); Wolff, Kerygma, 80 Anm. 31; Wehmeier, Blessing, 6f.

5 Zu der Deutung als *passivum divinum* vgl. Luther, WA 43, 246, 33-37.

6 Westermann, Genesis I/2, 73.

7 Vgl. Frettlöh, Gottes Segen, 255.

8 Frettlöh, Gottes Segen,, 236.

tungsmöglichkeit mit: „Durch dich"[1], nämlich dadurch, dass du ein Segen bist und von mir wie von den meisten Menschen gesegnet wirst, gewinnen auch die Familien der Erde einen Anteil am Segen. So lässt sich in Anlehnung an Wenham[2] zusammenfassen:

(1) Avraham ist gesegnet (Segensparadigma)

↓

(2) Mit Avrahams Name wird gesegnet/Avraham segnet (Segensquelle)

↓

(3) Die Avraham segnen, werden gesegnet

↓

(4) alle Familien der Erde lassen sich segnen/werden gesegnet.

‚... ich werde dich segnen, [...] und sei ein Segen! Und ich werde segnen, die dich segnen, und die dich verwünschen, werde ich verfluchen, so dass sich in/mit dir und durch dich alle Familien der Erde segnen lassen' – dieses Verständnis von Gen 12,2f. lässt deutlich werden, dass Gott die Aktivität der Völker wie die Mitwirkung Avrahams erwartet. VV.3c.d ist unter diesem Blickwinkel mehr als eine nachgeschobene „Explikation" (Blum)[3] des Vorhergehenden, sondern gibt (mit dem Perf. cons.) die Perspektive wieder, in der Gott sein Segenshandeln sieht: In Avraham können die Familien der Erde Anteil an dessen Segen gewinnen. Es ist und bleibt dabei jedoch der fortdauernde *Avraham*segen, in den die Völker hineinkommen. Gegenüber den Gefahren, die in Gerhard von Rads starker Betonung der heilsgeschichtlichen Rolle Avrahams als „eines Segensmittlers für ‚alle Geschlechter der Erde'"[4] liegen, ist festzuhalten: Avraham ist in Gen 12,1-3

1 Vgl. Ego, Abraham, 27.

2 Vgl. Wenham, Genesis I, 278.

3 Vgl. Schmidt, Israel, 138 in Abgrenzung von Wolff: V.3b (bei uns: V.3c) beginnt mit einem explizierenden Perfekt und erläutert lediglich V.3a (bei uns: VV.3a.b). Deswegen dürfe man das Nif. auch nicht passivisch übersetzen, sondern müsse dieses Verb medial wiedergeben: „und so können in dir (= in dem [sic] sie dich segnen) [...] alle Sippen der Erde für sich Segen erwerben".
Dagegen halte ich es für problematisch, eine im Hebräischen für mehrere Deutungen offene Textstelle derart auf eine Interpretation hin zu verengen.

4 Von Rad, Genesis, 133. Gottes „Heilsplan" für die Völker zu verwirklichen, betrachten ebenfalls als Abrahams Aufgabe: Schreiner, Segen; Wolff, Kerygma; Westermann, Genesis I, 172 betrachtet V.3c.d als wenn nicht formalen, so doch sachlichen Höhe-

nicht lediglich eine Durchgangsstation auf dem Weg des Segens zu den Völkern.[1] Der Segen wird nicht universal entschränkt, sondern erhält als Segen für die Familien der Erde seinen Ort *im* partikularen Segen Avrahams. Deshalb lässt sich keinesfalls sagen, dass ADONAJ nur um des Segens für die Völker willen mit Avraham einen Neuanfang setzt.[2] Denn zum Segensmittler wird Avraham gerade dadurch, dass er von den Familien der Erde als der beispielhaft, bleibend Gesegnete erkannt und gewürdigt wird. Im nachparadiesischen, durch die Ambivalenz von Fluch und Segen gekennzeichneten Leben können die Völker etwas vom attraktiven Avrahamsegen gewinnen, wenn sie in Avraham bzw. Israel den „zureichende[n] Grund und untrügliche[n] Prüfstein"[3] für Segen zu sehen lernen. Dann sind die Völker „mitgesegnet" mit Avraham bzw. „Israel".[4]

Nach der Lektüre von Gen 12,1-3 stellen sich für den Fortgang der Erzelterngeschichten Fragen: Worin wird sich das Gesegnetsein Avrahams durch ADONAJ konkretisieren? Wird Gott sein Versprechen halten können, dass Avraham zu einem gesegnet großen Volk wird, obwohl er und seine Frau alt sind und Sara unfruchtbar ist? Wird sich über die Fruchtbarkeit hinaus der Segen in Reichtum und Erfolg zeigen? – Wie wir wissen, wird Avraham zwei Söhne bekommen, die Stammväter von großen Völkern werden, und am Ende seines Lebens wird er durch ein hohes Alter und Reichtum gesegnet sein (24,1.35). Doch wird Avraham darüber hinaus auch ein Segen für andere werden? – „Texte wie Gen 18,17-19; 22,18; 30,27; 39,5; Jes 19,24f.; Jer 4,2 und Sach 8,13 dokumentieren das theologische Bemühen, die Segensexistenz Israels *für andere* sowie das ‚in dir' in Gen 12,3b in jeder neuen Gegenwart zu konkretisieren"[5] – und nicht nur diese Texte, sondern auch Gen 26: Nach dem Tod Avrahams wird in Gen 26 Jizchak als derjenige geschildert, dem Segen versprochen wird und dessen Beziehungen zu Vertretern der Völker unter dem Aspekt des Segens betrachtet werden.

Und auf der anderen Seite ist zu fragen, ob es aus den Völkern Menschen geben wird, die Avraham segnen, so dass ADONAJ seine Ankündi-

---

punkt von 12,1-3.

1 Vgl. Berge, Zeit, 51 als Ergebnis seiner Analyse von 12,1-3: „In den Versen 2-3 können wir keinen Höhepunkt erkennen, der in erster Linie auf den Segen anderer Menschen zielt."

2 Vgl. Frettlöh, Gottes Segen, 239.

3 Jacob, Genesis, 337.

4 Frettlöh, Gottes Segen, 232

5 Frettlöh, Gottes Segen, 260.

gung wahr machen kann, viele zu segnen und nur die wenigen Verflucher zu verwünschen, so dass alle Familien der Erde sich segnen wünschen und gesegnet werden. Die Bedingungen dafür sind nicht eben günstig, wenn diese Familien wie z.B. die Kenaanäer (12,7) das Land bewohnen, in dem Avraham zu einem großen Volk anwachsen soll, und Jizchak in Gen 26 „all diese Länder" versprochen werden, in denen etwa die Philister leben. Es wird aber trotz dieser schwierigen Umstände kommen, dass der Priester Malkizädäq in 14,19 den Avraham und dass der ‚Theologe aus den Völkern' Avimelech nach einem dramatischen Ringen um Land- und Brunnenrechte in Gen 26,29 den Jizchak segnet und mit ihm שָׁלוֹם macht. *(Ende des Exkurses)*

Wie Gen 12,1-2, so endet auch die für Jizchak wiederholte Verheißung in 26,4 mit dem Ausblick auf die Teilhabe der Familien bzw. „Völker des Landes" am Segen. Die Formulierung hier enthält gegenüber Gen 12 zwei Variationen: Dadurch, dass das Verb im Hitpa'el statt im Nif'al steht, wird die Aktivität der Völker stärker hervorgehoben.[1] Anstelle des בְּךָ in 12,3 steht in dem Zitat aus 22,18 בְּזַרְעֲךָ, was Luther als eine Präzisierung gegenüber 12,3 versteht, weil Avraham ja gewusst haben muss, dass sich diese so weit reichende Ankündigung nicht allein auf ihn beziehen kann.[2] In/mit der Nachkommenschaft Avrahams und Jizchaks bzw. durch sie sollen sich alle Völker des Landes (vgl. Gen 18,18) Segen wünschen bzw. sich segnen. Auf den Kontext von Gen 26 bezogen könnte das bedeuten:

> „All the nations of the earth will bless themselves by wishing to enjoy a comparable success with their crops as will be enjoyed by your descendants, Israel."[3]

Lässt sich der Ausdruck כֹּל מִשְׁפְּחֹת הָאֲדָמָה in 12,3 auf die Verfluchungen in der Urgeschichte beziehen, bei denen die ganze *Erde* in Mitleidenschaft gezogen war (אדמה; 3,17; 4,11), so verweist כֹּל גּוֹיֵי הָאָרֶץ darauf, dass es die Völker des Jizchak versprochenen *Landes* sind, die sich „in Lebensge-

1 Anders Wehmeier, Blessing, bes. 10-13: Den in den frühen jahwistischen Texten Gen 12,3 und 18,18 durch das Nif. (aaO., 10: „to find blessing") liegenden Universalismus haben die Deuteronomisten in 22,18 und 26,4 in einen Partikularismus verwandelt, der sich im Hitp. ausdrücke (ebd.: „to evoke blessing upon oneself"): Die Nationen *wünschten* lediglich, so wolle der späte Redaktor deutlich machen, gesegnet zu sein wie Israel, sind aber „not actually included in the intended scope of Yahweh's history with the people" (11). Diesem Dekadenzschema, bei dem schließlich (13) das Neue Testament die Restitution des ursprünglichen Universalismus schafft, vermag ich nicht zu folgen.

2 Vgl. Luther, WA 42, 447, 21-29, dazu Frettlöh, Gottes Segen, 71.

3 So Haamek Davar nach Zlotowitz, Bereishis I, 1081.

meinschaft mit ihm" oder durch seine Mittlerschaft segnen sollen – eine große Hoffnung. Jizchak ‚erbt' zusammen mit der ganzen Verheißung auch die vorher an Avraham ergangene Ankündigung eines Segens für die Völker, den Segens-*Zuspruch* (וַאֲבָרְכֶךָּ; 12,2//26,3) wie die in 12,3 bzw. 22,18//26,4 enthaltene *Perspektive*, in eine segensreiche Nähe und Gemeinschaft zu den Völkern zu kommen.

Wird dies in Gen 26 gelingen? Werden die Völker, hier: die Philister, erkennen, dass Jizchak von Gott gesegnet ist? Werden sie diesen Segen auch für sich wünschen und Jizchak segnen? Mit diesen Fragen setzen die Leser/innen ihre Lektüre nach V.4 fort.

In V.5a folgt nun eine Begründung: „... *deshalb, weil Avraham auf meine Stimme gehört hat*". Für sehr wichtig halte ich es zu sehen, dass sich dieser Nebensatz in V.5a sowohl (1) auf V.3d als auch (2) auf V.4e zurückbezieht, so dass ADONAJ hier einerseits erläutert, er habe dies *Avraham* seinerzeit darum geschworen, weil *der* auf seine Stimme gehört hat,[1] und Gott andererseits *Jizchak* all dies (neu) schwört, weil sein Vater auf Gottes Stimme gehört hat, wie ganz überwiegend interpretiert wird. Beide Lesemöglichkeiten – V.5a als Begründung für den Schwur an Avraham *und* für den an Jizchak – können deshalb gleichzeitig ihre Berechtigung haben, weil Gott hier durch den Rückbezug auf Gen 22,16-18 und durch die Adressierung an Jizchak auf zwei Ebenen spricht.

Die erste Lesemöglichkeit (1) wird vor allem durch die Tatsache deutlich, dass V.5a *mutatis mutandis* aus 22,18 mit zitiert wird, wo dieser Satz bereits ebendiese Funktion hatte. Erhält nach der anderen Interpretation (2) *Jizchak* die Verheißung aufgrund des Verhaltens seines Vaters in Gen 22,[2] so kann das zudem in besonderer Weise die Kontinuität der Ver-

1 Nach Abarbanel (nach Zlotowitz, Bereishis I, 1082) begründet V.5a die an *Avraham* gegebenen Versprechen: „these blessings [...] were already *decreed in Abraham's days* [...] *as a result of Abraham's having listened*" (Hervorhebung im Original). Vgl. auch Schmid, Gestalt 39: „Abraham ist der Empfänger der eidlichen Zusage der Mehrung, der Gabe aller dieser Länder an seinen Samen und des Segens für alle Völker durch seinen Samen, ‚weil Abraham auf meine Stimme gehört hat'".

2 Im Allgemeinen wird V.5a als Begründung für den Schwur an *Jizchak* betrachtet (vgl. Berge, Zeit, 304: Jacob, Genesis, 548; Fokkelmann, Narrative Art, 114; von Rad, Genesis, 235f.; Westermann, Genesis I, 517; Keil, Genesis, 228; Sacks, Genesis, 211; Boecker, Genesis, 35; Ego, Abraham, 31; Fokkelman, Narrative Art, 114; Butting, Gefährdung, 21; Fretheim, Blessing, 286; Boase, Life, 320.326; nicht ganz deutlich bei Blum, Komposition, 362).
Wenham, Genesis II, 190, erkennt zwar den Zitatcharakter von 26,4, zieht daraus aber nicht den Schluss, dass V.5a möglicherweise die Verheißung an Avraham und nicht die an Jizchak begründet, und wundert sich: „It is striking that despite the clear quota-

sprechen betonen: Wenn Gott dies alles der zweiten Generation wegen der ersten zusagt, wird er deswegen auch die dritte Generation segnen.[1] Dieses Wissen gibt Jizchak und allen kommenden Generationen Sicherheit, die Fundierung der Verheißungen in dem Verhalten Avrahams bedeutet insofern eine Garantie.[2]

Eine ähnliche Funktion schreibt Zlotowitz der Begründung in V.5a innerhalb der Gottesrede zu. ADONAJ möchte Jizchak mit V.5a verdeutlichen, dass die Verheißung nicht nur Jizchak vom Zug nach Ägypten abhalten soll, sondern in einem größeren Zusammenhang steht: ‚Das alles verspreche ich dir nicht nur, weil ich dich daran hindern möchte, nach Ägypten zu gehen – nein, dies sage ich dir wegen des Verdienstes[3] Avrahams zu.'

Der Gedanke, dass Menschen von der זכות אבות, dem Verdienst, bzw., wie eher zu übersetzen ist, von dem Vorrecht[4] oder der Vorrangstellung der Ahnen profitieren können, findet sich in der Mischna und mehrfach im Talmud: So können sich nach mAvot 2,2 diejenigen, die sich mit einer Gemeinde beschäftigen, des Beistandes und der Unterstützung sicher sein, die durch die זכות אבותם gegeben ist – ein „Grundstock" und „Hilfskapital, auf welchem und mit welchem sich die Gegenwart erbaut."[5] Davon, ob man זכות אבות hat, hängt ab, ob man sich auch an den Sitzungstagen des Gerichtshofes Blut abnehmen lassen darf (bSchab 129b). זכות אבות können einen Menschen so retten, wie die Familien von 200 Männern aus der Familie Rachabs um ihrer זכות willen gerettet würden (pBer 8b), זכות אבות können vor Strafe schützen (bBer 27b), wobei sie einem allerdings dann nicht beistehen, wenn man aus Israel ins Ausland fortzieht (bBB 91a). Und wenn nach bSchab 55a das endzeitliche Zeichen in der Vision Ezechiels (Ez 9,4) ein Taw ist, so bedeutet das, auf die Stirn eines Frevlers geschrieben (R. Schmuel): תמה, zu Ende ist die זכות אבות, und auf der Stirn eines Gerechten (R.Jochanan): תחון, Gnade verschafft die זכות אבות.

In pSanh 27d ist die זכות אבות auf die Erzväter bezogen: Von ihnen wird gesagt, dass sie den Lohn (sc. für die Erfüllung) der Gebote, den שכר מצות, nicht eingefordert haben, und dass ihre זכות für ihre „Söhne nach ihnen" bestehen geblieben ist. Doch wie lange blieb diese זכות bestehen?[6] Die זכות אבות blieb nach R. Acha nicht nur bis Joahas, bis Hosea, bis Elia oder bis Hiskia bestehen, wie andere mit Verweis auf bestimm-

---

tion of Gen 22:16-18 here, the merit Isaac inherits is not his own obedience on that occasion but his father's. His own willingness to be sacrified ist not mentioned, only his father's readiness to offer him."
Offen bleibt die Art des Begründungszusammenhanges bei Kessler, Querverweise, 104 („Begründung für die Übertragung der Verheißung von Abraham auf Isaak").

1 Vgl. Hamilton, Genesis II, 194.
2 Vgl. Sarna, Genesis, 184; Nicol, Studies, 37.123f.
3 Vgl. Sarna, Genesis, 184; Zlotowitz, Bereishis I, 1082.
4 In überzeugender Weise hat Avemarie, Bund, 183ff., gezeigt, dass das Substantiv זכות nicht in der Bedeutung ‚Verdienst' aufgeht, sondern primär das „Vorrecht", den „Vorzug", bzw., wie man m.E. auch wiedergeben könnte, die ‚Vorrangstellung' meint, wobei dieser Vorrang durchaus durch ein Verdienst erworben sein kann.
5 Hirsch, Sprüche, 23.
6 Dieselbe Frage stellt bSchab 55a.

te Bibelstellen behaupten, sondern wird in alle Zeit bestehen, weil es in Dtn 4,31 heißt, dass Gott ein erbarmender Gott ist und seinen Bund mit „deinen Vätern" nicht vergisst. Die ברית ist ein Leitwort dieser Talmudstelle, die in dieser Aussage kulminiert: Selbst wenn die זכות אבות wie Berge weicht, und selbst wenn die זכות אימהות wie die Hügel fällt, dann gilt immer noch: „Und meine Treue – von dir wird sie nicht weichen, und der Bund meines Friedens – er wird nicht fallen, spricht dein Erbarmer, ADONAJ." (Jes 54,10) Wie in bRH 11a steht hier die זכות der Erzväter gleichberechtigt neben derjenigen der Erzmütter.

Dieses talmudische Konzept einer זכות אבות steht in einer Linie mit Gen 26,5 und gehört zur jüdischen Auslegungsgeschichte dieses Verses: Avrahams Verdienst, die Verwahrungen gehalten zu haben, garantiert Jizchak und allen seinen Nachkommen die Vorrangstellung, dass Gott seine Verheißungen bewahrt und seinen Schwur bzw. seinen Bund hält. Und nicht nur das: Der Talmud geht über 26,5 dadurch noch hinaus, dass selbst dann, wenn die Vorrechte der Erzmütter und Erzväter fallen sollten (was im Grunde unmöglich ist), ADONAJ sich an seinen Bund erinnern wird.

In der Forschungsgeschichte wurde die doppelte Einordnungsmöglichkeit von V.5a als Begründung für die Avraham- *und* für die Jizchak-Verheißung deswegen nicht gesehen, weil fast nie der Zitatcharakter von Gen 26,3-5 berücksichtigt wurde. Dies hat dazu geführt, dass V.5a beinahe durchgehend einseitig als Begründung für die jetzt gegenüber Jizchak ausgesprochene Verheißung interpretiert wurde. Meiner Kenntnis nach nimmt lediglich Zlotowitz wahr, dass man nach V.3e gleichsam ein לֵאמֹר lesen und in der Übersetzung nach V.3e einen Doppelpunkt setzen muss.

Zlotowitz gelangt zu seiner Interpretation, weil er nach dem Sinn der Repetitionen in VV.3.4 fragt: „The middle of this verse, if interpreted as an additional blessing to Isaac, appears to repeat verse 3. Therefore it seems proper, as reflected in the translation, to interpret verse 4, not as an additional blessing to Isaac but as clarifying what promise was made to Abraham on various occasions."[1] V.4 enthält insofern keine bloße Wiederholung, als V.3 an Jizchak gesprochen ist, während V.4 die Verheißungen nennt, die Avraham gegeben wurden.

Nach diesem Versteil setzt in V.5b.c mit einer *wayyiqtol*-Form ein neuer Satz ein: *„Und er wahrte meine Verwahrung – meine Gebote, meine Satzungen und meine Weisungen."* Der Narrativ lässt die rhetorisch-pragmatische Funktion dieser Einheit zunächst offen. Vielleicht will Gott damit Jizchak indirekt fragen: ‚*Avraham* hat meine Verwahrung ... gehalten. Willst du es ihm nicht gleich tun?' Wahrscheinlich aber setzt der Narrativ V.5a fort: ‚Die Versprechungen habe ich deshalb gemacht, weil Avraham auf meine Stimme gehört hat – und der hat meine Verwahrung ... gehalten'; bzw.: ‚Die Verheißungen habe ich deswegen zugesagt, weil Avraham auf meine Stimme gehört und meine Verwahrung ... gehalten hat.'

---

1 Zlotowitz, Bereishis I, 1080.

Dadurch, dass die Masoreten mit einem *Zaqef qaton* einen Einschnitt nach משמרתי markiert haben, legen sie nahe, מִשְׁמַרְתִּי als Oberbegriff zum Folgenden[1] zu verstehen: מִצְוֺתַי חֻקּוֹתַי וְתוֹרֹתָי. Da keiner dieser Begriffe bisher in der Genesis begegnet ist, fragen sich die Leser/innen: Worauf beziehen sich diese Termini? Wie konnte Avraham die Gebote, Satzungen und Weisungen halten, wenn von ihnen noch gar keine Rede war? Wann soll Avraham nach der Meinung des Erzählers dies alles gehalten haben?[2]

Als zwei Leser, die ihre Interpretation eng am Text zu entwickeln versuchen, machen sich Ramban und Benno Jacob auf die Suche nach Verbwurzeln, die in diesen Begriffen enthalten sind. Danach lässt sich V.5b als ein Bericht darüber lesen, dass sich Avraham an die Verwahrung ADONAJS gehalten (שמר מִשְׁמַרְתִּי) hat, indem er den Bund bewahrt (Gen 17,9.10: אֶת־בְּרִית שמר) und so den Bundesschluss durch Gott beantwortet hat. In Gen 18,19 wird das Bewahren des Weges ADONAJS (שמר דֶּרֶךְ) mit „Recht und Gerechtigkeit tun" gefüllt.[3]

Auf Gen 18,19 stößt man auch, wenn man für eine Deutung des Begriffes מצוה nach der Wurzel צוה[4] Ausschau hält: ADONAJ hat Avraham „erkannt", so heißt es dort, „damit er unterweise seine Söhne und sein Haus nach ihm (צוה pi.), so dass sie den Weg ADONAJS bewahren, Recht und Gerechtigkeit zu tun, damit ADONAJ über Avraham bringe, was er über ihn geredet hat." Avraham wird die Rolle des Tora-Lehrers[5] zugewiesen, der Jischmael, Jizchak und später die Keturasöhne in den מצוות unterrichten soll[6] – mit dem Ziel, dass alle in seinem ökumenischen „Lehrhaus"[7] unterwiesenen Nachkommen den Weg ADONAJS bewahren.[8] Nur wenn die Nachfahren Avrahams den Bund bewahren, indem sie die Gebote beach-

---

1 Vgl. Ibn Esra, z.St.; Hamilton, Genesis II, 194; Keil, Genesis, 228. In der jüdischen Auslegung sieht man durch מִשְׁמַרְתִּי z.B. jene rabbinischen Gesetze bezeichnet, die vor dem Übertreten der Tora schützen sollen, vgl. Zlotowitz, Bereishis I, 1082 (Jeb 21a).

2 Vgl. Janzen, Genesis II, 100: „Where in chs. 12-25 did that editor see Abraham doing all this?"

3 Jacob, Genesis, 548 nennt mit 17,9f. und 18,19 nur kurz die beiden relevanten Stellen mit der Wurzel שמר. Ramban hingegen legt שמר מִשְׁמַרְתִּי als „an Gott glauben" aus (z.St.). Zu Avraham als Tora-Lernendem vgl. auch TanchB VI, תולדות, 1.

4 Vgl. in der Genesis: 2,16; 3,11.17; 6,22; 7,5.16; 12,10; 18,19; 21,4.

5 Vgl. Ego, Abraham, 38 („Gesetzeslehrer"); Naumann, Ismael, 268 („Lehrer [...] der Wege Gottes").

6 Vgl. Naumann, Ismael, 269f.

7 Naumann, Ismael, 270, der hier von einem „abrahamischen Lehrhaus" spricht.

8 Diese Dimension erschließt sich, wenn man בניו nicht ungenau als „Kinder" übersetzt, sondern darunter tatsächliche Avrahams „Söhne" begreift. Vgl. Naumann, Ismael, 266ff.

ten, so lässt sich daraus schließen, dann können sie zu einem großen und mächtigen Volk werden, das für die Völker des Landes Segen bedeutet. Deshalb soll Avraham seine Familie lehren wie später Mose[1] ganz Israel.[2]

Zwei weitere מצוות kann man in dem ersten „Speisegebot" in 2,16 bzw. 3,11 oder in der Beschneidungstora sehen (21,4), die Gott dem Avraham aufgetragen hat (Gen 17): Auch die ברית מילה vollzieht Avraham unmittelbar und wandelt darin תמים vor dem Angesicht Gottes.[3]

Auf eine andere Weise füllen einige jüdische Ausleger den Begriff מצוה, indem sie die Befehle Gottes an Avraham sammeln. Als מצוות versteht Ramban jene Sätze, in denen ADONAJ im Sprechakt צוה/anweisen Entscheidendes an Avraham richtet, wie in „Geh, du aus deinem Land ..." (12,1)[4]; „Höre auf ihre [sc. Saras] Stimme [und vertreibe diese Magd] ..." (21,12);[5] sowie „Nimm doch den Sohn ... (22,2)[6]. Von Anfang an hat Avraham auf die Stimme ADONAJS gehört und die jeweilige מצוה, „den göttlichen Befehl direkt und unmittelbar in vertrauensvollem Gehorsam"[7] ausgeführt. Als weitere Imperative, in denen eine מצוה zum Ausdruck kommt, wäre hinzuzufügen: „Werde ein Segen!" (12,2) und, mit Sacks: „Wandle vor mir und sei untadelig (תמים)!" (17,1)[8]

Da sich zu den Begriffen חוקות und תורות keine derartigen sprachlichen Verbindungen ziehen lassen, müssen die Leser/innen hier eigenständig nach einer inhaltlichen Füllung suchen. So versteht es Ramban als חוקות, nach 18,19 die Kinder in Recht und Gerechtigkeit zu unterweisen, und sieht in den תורות die Noachidischen Gebote, womit er das rabbinische Konzept einer vorsinaitischen, für alle Menschen geltenden Weisung

1 Vgl. Schmid, Gestalt, 40: „Wie Esra als ein zweiter Mose gezeichnet wird [...], so erscheint Abraham als ein Mose vor Mose."

2 In jüdischen Schriften wie TestBenj 10 und CD 3,2-4 wird die Weitergabe der Tora auf die Israellinie in Jizchak und Jaakov konzentriert. Nach Jub 20,1ff. dagegen versammelt Avraham vor seinem Tod seine gesamten Nachkommen, um ihnen die Essenz der Tora weiterzugeben. „Man könnte diesen Text die Charta einer die jüdisch-arabische Abrahamökumene umfassenden Religion Abrahams nennen. Hier ist am konsequentesten ausgearbeitet, daß Mehrungsverheißung, Fruchtbarkeitssegen und die Beschneidung als Zeichen des Abrahambundes (Gen 17) mit Ismael auch dem nicht-israelitischen ‚Samen Abrahams' gilt." (Naumann, Ismael, 273)

3 Eine Formulierung von Thomas Naumann, Siegen.

4 Vgl. Ramban, z.St.; Ibn Esra, z.St.; Sacks, Genesis, 211.

5 Vgl. Ramban, z.St.

6 Vgl. Ramban, z.St.; Ibn Esra, z.St.; Sacks, Genesis, 211; vgl. Schmid, Gestalt, 39.

7 So Ego, Abraham, zu Gen 12,1-4. Zu 22,1-3 vgl. ebd., 28. Ego zeigt damit, dass der Gehorsam Avrahams schon „für die Komposition des jahwistischen Erzählwerkes [...] höchst bedeutsam" ist.

8 Weitere Imperative richtet Gott an Avraham in 13,14.17; 15,5.9.

aufnimmt.[1] Auf diese Weise versucht Nachmanides, in der Linie des *Pschat*-Konzeptes ohne die Eintragung später gegebener Weisungen in V.5b.c auszukommen.

Andere Exegeten konzentrieren sich weniger auf die Frage, worauf sich die Begriffe in V.5 beziehen könnten, sondern versuchen herauszustellen, was sie auch abgesehen davon zum Ausdruck bringen. Für Wenham und Keil z.B. unterstreicht die Fülle der Gesetzestermini „the extent and thoroughness of Abraham's obedience"[2], seinen „ausnahmslosen Gehorsam"[3], und für Benno Jacob besagt V.5, dass Avraham „auf den verschiedensten Gebieten seines Lebens ähnlich den späteren Ordnungen des Gesetzes nach den speziellen Weisungen Gottes, wie sie ihm erteilt wurden oder er sie selbst erschließen mochte, eingerichtet hat."[4] V.5a berichtet demnach von einer ‚natürlichen' Gesetzeserkenntnis.

Wenn die Interpretation, Avraham habe „bereits das *ganze* Gesetz gehalten,"[5] für Jacob zu weit führt, dann grenzt er sich damit von der in Mischna und Talmud gängigen Meinung ab, „dass Avraham, unser Vater, die ganze Tora vollständig gehalten hat, obwohl sie noch nicht gegeben war, wie gesagt ist: ‚Deswegen, weil Avraham gehört hat ...'" (mQid 4,14)[6]. Avraham hat also nicht nur einzelne Befehle befolgt oder die Noachidischen Gebote gehalten, sondern die schriftliche, und nach bJoma 28b auch die mündliche Tora eingehalten, denn in Gen 26,5 erscheine „Tora" im Plural: „Eine schriftliche Tora und eine mündliche Tora."[7] Daran anschließend kann Raschi die מצוות auf die allgemein einsichtigen Verbote (wie

1 Radak dagegen bezieht die חוקות auf die Noachidischen Gebote.
2 Wenham, Genesis II, 190, ähnlich Keil, Genesis, 228.
3 Keil, Genesis, 228, ähnlich Sarna, Genesis, 183. Noch stärker wird Avrahams Treue gegenüber Gottes Unterweisung in jener rabbinischen Auslegung betont, nach der Avraham bereits im Alter von drei Jahren Gott erkannt hat (bNed 32a; TanchB XI, ויגש, 12; weitere Belege und abweichende Interpretationen bei Rottzoll, Kommentar, 355 Anm. 9 und bei Zlotowitz, Bereishis I, 1082). In dieser Auslegung nimmt man den Zahlenwert des Wortes עקב (172) und zieht ihn von Avrahams Gesamtlebensalter (175) ab: ‚עקב/172 [Jahre sind es her], dass Avraham erstmals auf die Stimme Gottes gehört und ihn dadurch erkannt hat ...'
4 Jacob, Genesis, 548.
5 Jacob, Genesis, 548 (Hervorhebung von mir).
6 mQid 4,14 = bQid 82a; pQid 66b = 4,12; vgl. auch syrBarApk 57,2, CD 3,2-4.
7 Vgl. auch TanchB XI, ויגש, 12 (Avraham „hat sogar die Einzelheiten der Tora bewahrt und seinen Söhnen gelehrt, denn es heißt: Ja, ich habe ihn erkannt, ..."; vgl. bJoma 28b); ferner SyrBarApk 57,1f.; LevR 2 zu 1,2; Midr Ps 112, §1; Philo, De Abrahamo, 1 (vgl. Rottzoll, Kommentar, 354 Anm. 3). Nach bJoma 28b (vgl. Ibn Esra, z.St.) hat Avraham mit dem Verbot der Vermischung von Speisen eine Vorschrift der mündlichen Tora befolgt.

Raub und Blutvergießen) beziehen und die חוקות auf die autoritativ gesetzten Verbote[1] (wie Schweinefleisch oder Schatnes), die תורות auf die schriftliche und die mündliche Sinai-Lehre deuten. Avraham hat die ganze Tora studiert und freiwillig[2] befolgt.

Erhalten hat er sie nach Ramban durch den רוח הקודש, durch göttliche Inspiration. Nach einer anderen Auslegung hat Avraham die Weisungen durch natürliche Toraerkenntnis kennen gelernt: Seine beiden Nieren „lassen Tora hervorquellen", er hat „die Tora aus sich selbst heraus gelernt."[3] Dem Folgeproblem, wie mit Verstößen[4] umzugehen ist, die man in den Erzelterngeschichten finden kann, begegnet Ramban mit dem Hinweis, dass die ganze Tora erst im Land beachtet werden musste (Ramban zu Lev 18,25).

Mit V.5 beschließt ADONAJ die Verheißung und deren Begründung. Jizchak erhält ein Echo von Versprechungen, die zuvor an Avraham ergangen sind (vgl. Gen 12,1-3; 13,15f.; 15,5.18-21?; 17,8; 18,18; 22,15-18; 24,7) und in den nächsten Kapiteln an Jaakov übergehen werden (Gen 27; 28,3f.13ff.), so dass 26,3-5 die lückenlose Weitergabe der Zusagen sichert. Das darin viermal erscheinende Lexem זרע macht Jizchak dabei deutlich: ‚Du bist dieser Same, von dem in Gen 22 die Rede war, auf dich kommt es jetzt an. Wiederhole nicht, was dein Vater getan hat, als er nach Ägypten hinabgezogen ist. Dann werde ich an dir wiederholen, was ich ihm zugesagt habe. Denn nicht Ägypten ist das Land, in dem du dich als Fremder aufhalten oder für längere Zeit wohnen sollst, sondern auf Kenaan und auf das Philisterland bist du verwiesen: diese Länder werde ich dir und deiner Nachkommenschaft in dem Maße geben, in dem sich deine Nachkommenschaft wie die Sterne des Himmels vermehrt, und die Völker dieses Landes sind es, die sich dabei deinen Segen wünschen sollen. Dies alles ist dir dadurch garantiert, dass Avraham auf meine Stimme und meine Weisungen gehört hat.‘

In der christlichen historisch-kritischen Exegese seit Wellhausen wird die Toratreue Avrahams als Begründung für die Verheißung zumeist da-

1 Raschi sieht darin die nicht mit den Mitteln der Logik einsichtigen Gesetze, während umgekehrt Ibn Esra, z.St., die חקות als die auf Logik basierenden Ordnungen begreift.

2 Vgl. Ramban, der sich dabei auf bQid 31a bezieht.

3 Tan 22a, ויגש, zu Gen 46,28 (zit. Ps 16,7).

4 Ramban, z.St.: Jaakov errichtete einen Gedenkstein (Gen 28,18), obwohl das laut Dtn 16,22 verboten ist, und heiratete zwei Schwestern (in Lev 18,18 verboten); Amram heiratete seine Tante (Ex 6,20), und Mose errichtete sogar zwölf Gedenksteine (24,4).

durch eliminiert, dass 26,3-5 als ein, z.B. deuteronomistischer oder priesterschriftlicher, Zusatz[1] betrachtet wurde, der in V.5 eine „spätere (gesetzliche) Frömmigkeit“ zeigt, wie Gunkel formuliert.[2] Dahinter verbirgt sich ein Dekadenzschema, nach dem Abraham im Sinne der paulinischen Auslegung noch ohne die Tora gerechtfertigt war und erst nachträglich mit ihr verbunden wurde. Anhand dieser und ähnlicher Beispiele aus der Quellenkritik Wellhausens, Eichrodts und von Rads arbeitet der jüdische Wissenschaftler Jon D. Levenson einen fundamentalen Widerspruch dieser christ-

1 Für einen deuteronomistischen Zusatz halten 26,3*-5: Procksch, Genesis, 157; Janzen, Genesis II, 100; Boecker, Genesis, 35 („im Geiste der sog. deuteronomistischen Bewegung formuliert“); Westermann, Genesis I/2, 518 (nachdtn.); Ego, Abraham, 31f. Frühere Forscher haben diesen „Einschub“ dem Elohisten oder R^{JE} zugerechnet: Vgl. Volz/Rudolph, Elohist, 60; Smend, Erzählung, 41 Anm. 1; Eissfeldt, Hexateuch-Synopse, 261* (V.5 dtr.); Blum, Komposition, 301 („D-Bearbeitungsschicht“); Lohfink, Landverheißung, 18.
Andere sehen diese Verse in der Nähe der priesterlichen Literatur: Berge, Zeit, 93, betrachtet 26,3d-5 als Zusatz aus einem Verfasserkreis, „der mit dem Dtn einschließlich seiner späteren (dtr.) Schichten vertraut war, aber auch Verbindungslinien zur P-Literatur und wahrscheinlich ebenfalls zu anderer später Literatur aufweist.“ Ähnlich macht Wenham, Genesis II, 190 darauf aufmerksam, diese Wendungen seien „frequent phrases in priestly texts less typical of been ascribed to deuteronomistic editing because it strings together terms, but this is more a feature of rhetorical style than authorship.“ Vgl. auch Skinner, Genesis, 364. Schmidt, Darstellung, 169, hält diese Passage für „jünger als die Priesterschrift“ (Anm. 12).
Kilian, Abrahamsüberlieferungen, 205f. geht wegen des Plurals „all diese Länder“ (vgl. 1Chr 13,2; 2Chr 11,23) und den Ähnlichkeiten zwischen Gen 26,3b-5 („deuteronomisches Gut“) und 22,15-18 im Zusammenhang mit dem Namen „Moria“ (vgl. 2Chr 3,1) davon aus, dass der Redaktor, der für all diese Stellen verantwortlich ist, „irgendeine Beziehung zum chronistischen Geschichtswerk“ hat (vgl. dazu aber Ego, Abraham, 34f., Anm. 39).
Lediglich als „Zusatz“/“Einschub“ etc. bezeichnen diesen Teil: von Rad, Genesis, 235 (VV.3c-5); Weimar, Untersuchungen, 79ff.; Levin, Jahwist, 206, Fischer, Erzeltern, 178f.182f., Koch, Formgeschichte, 152, Schmitt, Gen 26, 145 Anm. 7; Wolff, Kerygma, 89 (VV.4-5); Thiel, Genesis 26, 257; Boase, Life, 326..
Interessanterweise nennt der jüdische Exeget Plaut, Bereschit, 248, zu 26,3-5 keine diachronen Interpretationen, obwohl er sonst die Einordnung der Preisgabeerzählungen nach der klassischen Quellentheorie referiert. So verweist Plaut an dieser Stelle, wo sich jüdische Auslegungstradition und historisch-kritische Exegese auszuschließen scheinen, zu V.5 lediglich auf die rabbinische Deutung, wonach „Awraham die Gesetze der späteren Halacha bereits beachtete.“
Weitere Angaben und Lit. bei Schmid, Gestalt, 23f. und Kessler, Querverweise, 105 Anm. 1.
Als integralen Bestandteil von Gen 26 betrachtet diesen Teil Van Seters, Abraham, 182.

2 Gunkel, Genesis, 1902, 265: „Ein Späterer hat die Verheissung Gottes an Isaaq, ihn segnen zu wollen, eine Verheissung, die sich nach dem ursprünglichen Zusammen-

lichen Forschungsrichtung heraus: Die historische Kritik, so seine Analyse, versteht sich so sehr als ein neutrales und objektives Werkzeug, dass sie sich ihre christlichen, d.h. vor allem: protestantischen Prämissen nicht bewusst macht, die sich etwa in einer solchen Rückprojektion paulinischer Theologie zeigen. Levenson wirft den christlichen Bibelwissenschaftlern vor, dass sie letztlich nur ihre eigenen Glaubenssätze fundieren, reformulieren und wiederholen, während sie gleichzeitig das nachbiblische Judentum oder auch die mittelalterlichen jüdischen Bibelkommentare ignorieren.[1] „Higher Criticism", so das harte Schlagwort von Solomon Schechter, an das Levenson anschließen kann, sei daher „Higher Anti-Semitism."[2]

Wenn auch zu diskutieren wäre, inwieweit Levensons provokante und pauschale Kritik – angesichts der vielen gegenwärtigen Bemühungen um eine nicht-antijudaistische Exegese – auf die gegenwärtige christliche Bibelwissenschaft noch zutrifft, so bleibt Levensons Hinweis auf die weithin fehlende hermeneutische Selbstreflexion und auf die christliche Ignoranz gegenüber jüdischer Schriftauslegung doch eine beachtenswerte Mahnung.[3] Denn in der Tat muss man sich fragen lassen, ob etwa die Beurteilung von Gen 26,5 im Kontext von VV.3-5 als einem späteren, dem Sinn der Avrahamstexte widersprechenden Zusatz nicht zu einer theologisch problematischen Auslegung führt, bei der Avraham und Jizchak von der Sinai-Tora völlig getrennt werden. So fragt der christliche Bibelausleger Gerald Janzen:

> „In Galatians Paul makes much of the pre-Sinai, pre-law faith of Abraham. Should we then dissociate Isaac from Sinai by neutralizing 26:5 through the recognition of its editorial character? Or should we take this verse as indicating that in the very journey of faith set out in chs. 12-25 we are to trace the inner spirit of response to God that, similarly, later moves Israel to observe Sinai's laws? Do the various specific steps on Abraham's life implicitly embody the same sort of day-by-day, situation-by-situation response to God that the various specific laws later call for? Is the editorial insertion so finely and smoothly stitched into the older epic narrative as to warn us that, though we may appropriate theological distinction between Abraham and Moses, we may drive no theological wedge between them? (Paul himself prefaces his treatment of

---

hang nur auf den Segen im Ackerbau und im Brunnenfinden bezogen hat, nicht vorübergehen lassen, ohne den viel köstlicheren Segen, den er aus den Abrahamgeschichten 15_5 22_{16}ff. 12_3 kannte, einzuschalten." Berücksichtigt man jedoch, dass die Grundsituation von einer Hungersnot geprägt ist, dann wird man nicht nur die Verheißung der Länder, der Nachkommenschaft und des Segens, sondern gerade auch den „Segen im Ackerbau und Brunnenfinden" als einen köstlichen Segen bezeichnen wollen..

1 Vgl. Levenson, Preface, XIII-XV nach Grohmann, Aneignung, 101.

2 So der Titel bei Schechter, Higher Criticism – Higher Antisemitism.

3 So sieht es auch Grohmann, Aneignung, 105. Vgl. auch die Problemanzeige von Berlin, Use, 173ff.

Abraham in Rom. 3.31 with a „God forbid!" in which he rejects the notion of overthrowing the law and affirms rather its fulfillment.)"[1]

Spätestens die Anfügung in Klammern macht in diesem Zitat deutlich, was Janzen mit diesen rhetorischen Fragen andeutet: Wenn es Paulus in Röm 3,31 nicht um die Abschaffung, sondern um die Erfüllung der Tora geht, dann sollten auch wir (christliche Theolog/inn/en) Jizchak nicht durch die Ausscheidung von 26,5 als einem sekundären Zusatz vom Sinai abtrennen, sondern vielmehr erwägen, ob dieser Vers nicht dieselbe antwortende Haltung beschreibt, mit der Israel später die Sinai-Gesetze halten wird, und ob dieser so sorgsam eingepasste Versteil uns – bei allen Differenzierungen zwischen Avraham und Mose – nicht davor warnen muss, hier einen theologischen Graben aufzureißen. Janzen leugnet damit nicht, dass V.5 zusammen mit VV.3*-5 im Nachhinein in den bestehenden Zusammenhang eingefügt wurde, will jedoch die Theologie des vorliegenden Textes zur Sprache kommen lassen: Dadurch, dass er von Anfang an auf die Stimme ADONAJS gehört und dessen Anweisungen entsprochen hat, zeigte Avraham dieselbe antwortende Haltung, die von den späteren Sinai-Geboten gefordert wurde. In diesem Sinne hat Avraham dem durch ADONAJ geschlossenen Bund entsprochen[2] und Tora gehalten. Diese synchrone Auslegung, die an die Deutungen Rambans und Benno Jacobs anknüpfen kann, bewahrt uns christliche Interpret/inn/en davor, einen Text zu deuten, der uns nicht vorgegeben ist, sondern den wir selbst gemacht haben und dessen Gestalt schon wesentlich von unseren theologischen Voreinstellungen geprägt ist.

Nachdem Gott seine Rede beendet hat, berichtet der Erzähler: *Und Jizchak ließ sich in Grar nieder*, bzw.: *Und Jizchak wohnte in Grar (V.6)* – je nach dem, ob man ישב ingressiv oder durativ versteht. Lässt sich Jizchak erst mit V.6 in Grar nieder, so dehnt die wörtliche Rede in V.2-5 die Lesezeit und erweckt damit den Eindruck, zwischen Jizchaks Losgehen (V.1) und seiner Ankunft bzw. seinem Sich-Niederlassen in Grar sei eine gewisse Zeit vergangen. Das Ankommen wird dadurch zu Gunsten der Vorbereitung und Stärkung Jizchaks, zu Gunsten der Verheißungen hinausgezögert. Wurde in V.1 geschildert, dass sich Jizchak auf den Weg „nach Grar" macht, so schafft V.6 den Anschluss an die weiteren Ereignisse in Grar. Die dadurch umrahmten Verse 2-5 enthalten dann – entsprechend der

1 Janzen, Genesis II, 100.
2 Vgl. Janzen, Genesis II, 100.

Technik der Wiederaufnahme[1] –, eine Ereignis-Digression[2]: Während sich Jizchak auf dem Weg nach Grar befindet, erscheint ihm, irgendwo zwischen Jizchaks früherem Wohnort und Grar, ADONAJ ... Liest man V.1 hingegen so, dass Jizchak bereits am Ende dieses Verses in Grar ankommt, dann erhält Jizchak die Anweisungen und Verheißungen bereits dort, und V.6 konstatiert, dass Jizchak eine längere Zeit in Grar wohnt.

In jedem Fall jedoch geht Jizchak nicht nach Ägypten, sondern scheint sich auf einen Asyl-Aufenthalt in Grar einzurichten. Merkwürdig ist nur, dass dieses Sich-Niederlassen bzw. Wohnen nicht als Entsprechung zu ADONAJS Anweisung berichtet wird, dort als Fremder zu bleiben (גור) oder im Land zu zelten (שכן), die Wörter aus dem Auftrag werden nicht wiederholt,[3] wie es sonst bei Avraham[4] der Fall war. Durch diese semantische Inkongruenz bleibt unklar, mit welchem Status und wie lange Jizchak in Grar zu bleiben beabsichtigt. Lässt er sich dort wirklich als Ger nieder oder richtet er sich auf einen dauerhaften Aufenthalt ein? Wird er überhaupt noch einmal nach Kenaan zurückkehren? Wobei wir nicht genau wissen, ob das Philisterland zu dem Lande Kenaan gerechnet wird.[5]

Auch andere Fragen lässt V.6 offen. So erfahren wir nicht, ob Jizchak mit seiner Ankunft in Grar der Hungersnot entkommen ist (L1?). Sind einige Leser/innen der Ansicht, dass Grar mit seinen Brunnen und seinen „storage facilities“[6] nicht von der Hungersnot betroffen ist, so glauben die meisten Rezipient/innen, dass auch bei den Philistern Dürre herrschte und insofern Jizchaks Ausgangsproblem (P1) noch nicht gleich gelöst ist.

Wie es dem hungrigen Jizchak in Grar ergehen wird, welche Möglichkeiten, seine Situation zu verbessern (L1, ...?), aber auch: welche Schwierigkeiten (P1? P2, ...?) er als Hungerflüchtling im Philisterland haben wird, das erfahren die Leser/innen nur durch die Lektüre des folgenden Ab-

---

1 Vgl. Kratz, Komposition, 272 Anm. 55.
Zur narrativen Technik der Wiederaufnahme vgl. oben 17ff. Als Wiederaufnahme im literargeschichtlichen Sinne interpretiert V. 6 Fischer, Erzeltern, 176ff.; dies., Gottesstreiterinnen, 84.

2 Zur Ereignis-Digression vgl. oben 20ff.

3 Vgl. Schmidt, Darstellung, 82.

4 Vgl. dagegen Gen 12,1.4; 22,2.3.

5 Dass das Philisterland zu Kenaan gehört, meinen: Zlotowitz, Bereishis I, 720.1075.1079; Sforno z.St. Dass sich Jizchak nicht mehr im Lande befindet, interpretieren: Jacob, Genesis, 548; Raschi (siehe zu 26,12).

6 Sarna, Genesis, 183. Wenn in 1Chr 4,39 mit LXX Grar statt MT Gedor zu lesen ist (so Aharoni, Land, 27), könnte Grar eine bekannte Gegend zum Weiden sein.

schnitts. Mit V.6 wird unsere Aufmerksamkeit zurück auf die Hauptfigur Jizchak gelenkt und ein Übergang zu VV.7-11 geschaffen.[1]

b) Auswertung: Gen 26,1-6 als Eröffnung des Jizchakkapitels

Die Rezeption von Gen 26 wird von den ersten Worten an dadurch mitbestimmt, dass sich Leser/innen durch wieder erscheinende Verbwurzeln, Worte, Formulierungen an vorangegangene Texte erinnern und ihr Textwissen wie ihre Erwartungen in die Lektüre einbringen. So bringt die Rekurrenz auf 12,10 die Möglichkeit ins Spiel, dass Jizchak wegen der Hungersnot wie sein Vater nach Ägypten herabsteigt, was ADONAJ allerdings verbietet. Mit dem Namen des philistäischen Königs Avimelech, zu dem Jizchak geht, werden als zwei weitere Erzählungen Gen 20 und Gen 21 aufgerufen. Die – sich mit der Hauptfigur Jizchak identifizierenden – Leser/innen verknüpfen ambivalente Erinnerungen und Erwartungen mit der literarischen Figur des Avimelech: Einerseits ist er jemand, der eine Ehefrau des Erzvaters als dessen vermeintliche Schwester zu sich nimmt, andererseits jemand, der nach der Klärung des Missverständnisses den Erzeltern ein Wohnrecht in seinem Land einräumt (Gen 20); einerseits ist er jemand, der als Antagonist im Streit um Brunnen erscheint, andererseits jemand, mit dem sich ein Bund schließen lässt (Gen 21,22-34).

Gleichzeitig finden Rezipient/inn/en eine Reihe von Leerstellen, die ihre interpretative Phantasie stimulieren: Mit welcher Absicht zieht Jizchak nach Grar? Macht er sich eigenmächtig oder aufgrund einer göttlichen Anweisung auf den Weg? Warum möchte ADONAJ verhindern, dass Jizchak nach Ägypten zieht? Hat ADONAJ in irgendeiner Weise Jizchaks Absicht erkennen können, nach Ägypten zu gehen, oder hat er den Weg ins Ausland vorsorglich verboten? – Und ähnliche Fragen mehr. Als einer der möglichen Leseweisen haben wir 26,1ff. so verstanden, dass Jizchak laut V.1 aus einer selbstständigen Entscheidung heraus nach Grar losgegangen ist, weil er sich dort eine Hilfe in der Zeit der Hungersnot versprochen hat. Auf dem Weg dorthin wird er dann von ADONAJ aufgefordert, generell in jenem Land zu bleiben, das Avraham und dessen Nachkommen versprochen ist. Als er schließlich das Philisterland erreicht, weist ihn Gott an, dort als Fremdling zu bleiben und sichert ihm seinen Beistand und trotz der Hungersnot Segen zu, was die Leser/innen erwarten lässt, dass

1 Coats, Genesis, 190.

Jizchak, nachdem er sich in Grar niedergelassen hat (V.6), dort mindestens versorgt sein wird und weiter wachsen kann.

Noch vor seiner Ankunft erhält Jizchak aber die Ankündigung, dass ihm ADONAJ „all diese Länder", also mindestens Kenaan und das Land der Philister, geben wird, und dass er darin den Avraham gegebenen Schwur aufrecht erhält, mit Jizchak errichtet und erfüllt, den er im Folgenden nennt. Ich habe gezeigt, dass ADONAJ den Inhalt dieses Schwures als ein formelles Selbstzitat aus Gen 22,15-18 aufführt und die Leser/innen dabei einige aufschlussreiche Änderungen wahrnehmen können. Die wichtigsten beiden seien rasch genannt: (1) ADONAJ stellt Jizchak hier ein weniger kriegerisches Verhältnis zu den Nachbarn im Lande ins Aussicht (26,4bc: „ich werde deinem Samen geben all diese Länder" statt 22,17: „in Besitz nehmen wird dein Same das Tor seiner Feinde"); (2) die Mehrungsmotive treten zurück (Motiv „Sand am Meer" ausgelassen). Gemeinsam ist diesen Verheißungen in Gen 26 und in Gen 22, dass sie, wie 12,1-3, im Segen für die Völker kulminieren. Wird Avraham in 12,2 gesagt, „sei ein Segen!", so erbt auch Jizchak diesen Zuspruch, beispielhaft gesegnet zu sein, sowie den in diesem Imperativ enthaltenen Anspruch, als Segensträger und Segensquelle auch auf andere Segen auszustrahlen.

Wenn ADONAJ die Verheißungen in VV.3ff. mit Avrahams Toragehorsam begründet, so habe ich herausgearbeitet, dann werden damit – wegen des Zitatcharakters von V.4 – einerseits die aktuellen Versprechen an Jizchak und andererseits die damaligen Verheißungen an Avraham fundiert (wie in 22,18). Diese doppelte Möglichkeit der Einordnung wurde bislang übersehen. Liest die christliche historisch-kritische Forschung den gesamten Zusammenhang VV.3*-5 als Zusatz eines Redaktors, der hier den Gehorsam Avrahams mit seinen eigenen Worten darstellt und dadurch dem Text fremde und unpassende Gesetzestermini einträgt, so machen die jüdischen Ausleger und mit ihnen in jüngerer Zeit auch einige christliche Exeget/inn/en die Theologie des gegebenen Textes geltend: Avraham kann nicht nur als der aus Glauben Gerechtfertigte betrachtet werden, sondern hat dieselbe, auf ADONAJS Anweisungen antwortende Haltung gezeigt, die später durch die Sinaitora gefordert wurde. Avraham ist somit ein beispielhafter Täter der Tora, den ADONAJ mit Blick auf den Segen für die Völker (18,18) auserkoren hat, auch seine Söhne Jizchak und Jischmael in Recht und Gerechtigkeit zu unterweisen (18,19).

Nach der Lektüre von 26,1-6 sind die Rezipient/inn/en in der Lage, sich ein recht genaues Bild von Jizchaks Lage und damit von der Ausgangssituation dieser Erzählung zu machen: Weil er nicht nach Ägypten fliehen darf, ist Jizchak nun darauf angewiesen, in Grar zu überleben. Im Rücken hat er dabei die Versprechen Adonajs des Mitseins und des Segens, vor sich hat er die Perspektive, der in Recht und Gerechtigkeit unterwiesene Nachkomme Avrahams zu sein, der zu einem segensreichem Verhältnis mit den Völkern jenes Landes bzw. jener Länder kommt, die ihm und seinen Nachkommen versprochen sind. Damit ist die faktische Enge, aber auch die weite Perspektive beschrieben, in die ihn Adonaj stellt. Erst wenn man V.4 als ein formelles Selbstzitat versteht, wird sichtbar, inwiefern Jizchak einmal direkt und einmal als der Same Avrahams angesprochen ist, und welche Erwartungen dieser Vers daher weckt. Blendet man die Verheißungen als eine spätere Einfügung aus, wird nicht mehr deutlich: „It is these promises that secretly determine the relationship between Isaac and Abimelek, so they are set out right at the beginning."[1] Die Verheißungen sind ein wesentlicher Teil der Eröffnung von Gen 26 in VV.1-6, weil die Leser/innen in ihnen spätere Konfliktkonstellationen (Land für Jizchak/Segen für die Völker) und auch Lösungen (Völker nicht mehr als „Feinde") angedeutet finden können.

1 Wenham, Genesis II, 18.8.

6. Gen 26,6-11

a) Jizchak und Rivka bei Avimelech in Grar (Gen 26,6-11)

Nach der Analyse der Rezeption von Gen 12,10-20 und Gen 20, bei der sich die erste Gefährdungsgeschichte als wichtige Verstehensbedingung für die zweite erwiesen hat, können wir davon ausgehen, dass in vergleichbarer Weise die in Gen 12 und in Gen 20 gewonnenen Leseerfahrungen in die Lektüre der dritten Gefährdungserzählung in Gen 26,6-11 eingehen.

Zunächst scheint Jizchak bei den Philistern ohne Probleme aufgenommen zu werden: *„Und Jizchak ließ sich in Grar nieder"* bzw. *„wohnte"* dort einige Zeit (V.6). Übersetzt man das Verb ישב nach seiner ingressiv-sedativen Bedeutung, so könnte man eher geneigt sein, sich das Folgende unmittelbar nach Jizchaks Eintreffen in Grar vorzustellen. Eine Übersetzung mit einem mansiven Verb suggeriert hingegen, dass eine gewisse Zeit verstreicht, bevor sich die Einwohner von Grar an Jizchak wenden: *„Und die Männer des Ortes fragten nach*[1] *seiner Frau" (7a),* heißt es zu Beginn jenes Verses, der in einer kurzen Szene das Problem bringende Ereignis erzählt. Wurde in Gen 12,10-20 und in Gen 20 nie dargestellt, dass irgendjemand nach der Erzmutter fragt, so interessieren sich hier tatsächlich die Einwohner des Ortes für Rivka. Dadurch, dass dieser Satz vollkommen offen lässt, in welcher Weise und mit welchen Absichten sich die Leute nach Rivka erkundigen, finden die Leser/innen den Freiraum, um argwöhnische Fragen zu stellen: Meint der Ausdruck אַנְשֵׁי הַמָּקוֹם ausdrücklich die „Männer"[2], deren Aufmerksamkeit Rivka erregt? Wurde Jizchak gleich nach seiner Ankunft von männlicher Neugier überfallen? Transportiert das Verb שאל gar unterschwellig die Bedeutung „nach etwas begehren[3]/verlangen"?

Oder sind es nur die ‚Leute im Dorf', die den hungrigen Neuankömmling nach seinem Familienstand fragen? Denn auf der anderen Seite lässt sich V.7a auch so lesen, dass man den Einwohnern von Grar nichts Übles

1 Malbim nach Zlotowitz, Bereishis I, 1085, interpretiert, die Einwohner hätten nicht nach Rivka, sondern auf unzüchtige Weise sie selbst angesprochen, so dass sich Jizchak eingeschaltet hat, um sie als seine Schwester auszugeben. Wie hier übersetzen die meisten Ausleger/innen, vgl. z.B. Ibn Esra, z.St.
Rivka wurde, wie Sara in Gen 20 nicht nach ihrem Einverständnis gefragt.

2 Vgl. Wenham, Genesis II, 190; Gunkel, Genesis, 1902, 266.

3 Vgl. Fischer, Erzeltern, 184; Coats, Genesis, 190, spricht von der „hosts' lust for his wife's beauty."

unterstellt.[1] Jizchak könnte bereits eine ganze Weile in Grar gewohnt (V.6) haben, wobei er nie recht deutlich gemacht hat, wer die Frau an seiner Seite ist, bis ihn die Menschen schließlich danach gefragt haben. Oder aber die Grariter haben sich ganz harmlos nach dem Wohlergehen der Gattin erkundigt?[2] In welcher Weise Rezipient/inn/en das Fragen nach Jizchaks Frau verstehen, hängt nicht zuletzt von davon ab, ob aus der Lektüre von Gen 12 und Gen 20 eine negative Einstellung zu den Fremden gewonnen wird, da diese immer wieder eine schöne Erzmutter ‚kidnappen', oder ob ein positives Bild von den zunächst unwissenden Königen entstanden ist, die sich am Ende immer sehr anständig verhalten haben und sich niemals einer verheirateten Frau bemächtigt hätten. Wenn die Leser/innen bei den Einwohnern von Grar keine bösen Absichten sehen und sich in dieser Geschichte der König – anders als in Gen 20 und ähnlich wie in Gen 12 –, zunächst überhaupt nicht für die neue Fremde zu interessieren scheint,[3] dann können die Rezipient/inn/en das auf die Erfahrungen zurückführen, die die Grariter bereits mit den (Schwieger-) Eltern dieses Hebräerpaares gemacht haben.[4]

Wie auch immer man das Interesse der Menschen in Grar deuten mag – dem Fremdling Jizchak macht das Fragen der Einwohner Angst:

7 b *Und er sagte:*

„Meine Schwester ist sie",

c *denn er fürchtete sich zu sagen:*

„Meine Frau", --

d *damit mich die Männer des Ortes*

[nicht wegen Rivka erschlagen,"

e *weil sie schön von Aussehen war.*

oder:

1 Vgl. Berge, Zeit, 100: „Der Ausdruck אנשי מקום bezeichnet nämlich nicht immer Personen, die im Begriff sind, sexuelle Vergehen zu verüben [...]. Es existiert auch kein Beleg dafür, dass שאל ל ‚nachzufragen um zu begehren, nach etwas trachten' heißt".

2 Zu dieser Lesemöglichkeit vgl. Berge, Zeit, 100.

3 Vgl. Ramban, zu 26,1; Gunkel, Genesis, 1902, 266.
Ramban, z.St., beobachtet, dass die Erzeltern nicht nach ihren Kindern gefragt wurden – wohl weil Jaakov und Esaw leicht für die Söhne einer anderen Frau gehalten werden konnten. Ähnlich Wenham, Genesis II, 190; Ronning, Naming, 20.

4 Zum Lernprozess Avimelechs vgl. Janzen, Genesis II, 101. Ramban, zu 26,1, erklärt die Zurückhaltung des Königs mit dem Bund zwischen ihm und Avraham (21,22ff.).

d „... *damit mich die Männer des Ortes*
[nicht wegen Rivka erschlagen,
e *weil sie schön von Aussehen ist.*"

Eine Gruppe von Leser/inne/n vermag ein gewisses Verständnis für Jizchaks Antwort aufzubringen.[1] Schließlich befindet er sich als Ger (V.3) in einer großen „Rechtsunsicherheit"[2] und meint, wie Avraham in 20,11, offenbar nicht davon ausgehen zu können, dass es Gottesfurcht in Grar gebe.[3] Zudem, so verteidigt der Midrasch das voraussehbar verhängnisvolle Verhalten des Erzvaters, hat Jizchak nicht von sich aus behauptet, Rivka sei seine Schwester, sondern erst so geantwortet, nachdem er von den Männern nach ihr gefragt wurde.[4] Jizchaks „feeling of security is undermined when the local menfolk begin to show an interest in his beautiful wife."[5] Und ist die Tatsache, dass Avimelech die Erzeltern später (26,11) durch eine Todesdrohung schützen muss, nicht eine implizite Bestätigung von Jizchaks Befürchtungen?[6] Das Mitfühlen mit Jizchak wird vor allem ermöglicht durch den Erzählerkommentar in VV.7c-e, der einen Einblick in Jizchaks Innenwelt gewährt und sein Verhalten mit „Furcht" erklärt. In den Gefährdungsgeschichten ist das nicht nur das erste Mal, dass dieses Interpretament auf einen Erzvater bezogen wird, sondern auch das erste Mal, dass einem der Hebräer/innen überhaupt explizit eine Emotion zugeschrieben wird. Der „lebendige[...] Übergang"[7] in die direkte bzw. vom Erzähler nachempfundene Rede gibt den Aussagen einen subjektiven Charakter und lässt die willigen Leser/innen sanft in die Innensicht Jizchaks hinübergleiten. Blickt dieser voller Angst auf die Gefahr, erschlagen bzw. ermordet zu werden, so sieht er für sich jenes Schicksal voraus, das auch

1 Vgl. neben den nachfolgend genannten Auslegern auch Fischer, Erzeltern, 184.
2 Von Rad, Genesis, 236.
3 Zlotowitz, Bereishis I, 1086, geht sogar so weit, dass er die von Avraham in 20,11 geäußerte Vorstellung, es gäbe an dem Ort keine Gottesfurcht, als eine Tatsache interpretiert, um die auch Jizchak wusste, so dass er in Grar „keine Gottesfurcht" erwarten „konnte".
4 Vgl. Butting, Gefährdung, 21; Midrasch Hagadol bei Zlotowitz, Bereishis I, 1085.
5 Sarna, Genesis, 184.
6 Vgl. Hirsch, z.St.; Zlotowitz, Bereishis I, 1089; Lutz, Isaac, 136; Sarna, Genesis, 184; Fischer, Erzeltern, 188.
7 Procksch, Genesis, 157. Westermann, Genesis I/2, 518, dagegen betrachtet diesen Übergang als unorganisch (vgl. auch Weimar, Untersuchungen, 95). Etwas Ähnliches muss bereits der Targum Pseudo Jonathan, z.St., empfunden haben, der hier eine Brücke schafft: „[...] weil er in seinem Herzen dachte: [...]."

Avraham in 12,12 und 20,11 gefürchtet hatte. Unklar ist in V.7, ob der Versteil V.7e durch die Stimme Jizchaks (vgl. 12,11) oder die des Erzählers vermittelt wird.[1]

Eine deutlich größere Gruppe von Rezipient/inn/en beurteilt Jizchaks Vorurteil gegenüber den Menschen in Grar und sein darauf folgendes Verhalten aber eher kritisch:[2]

> „Dem Leser der Erzählung stellt sich natürlich die Frage: War die Furcht Isaaks wirklich berechtigt? Sind derartig chaotische Verhältnisse in Gerar vorstellbar, wie Isaak sie offenbar vermutet? Der Fortgang der Erzählung zeigt dann, daß das ganz und gar nicht der Fall war. [...] Sie [sc. die Erzählung] zeigt einen überängstlichen Isaak, der zudem noch die Bewohner von Grar in unberechtigter Weise verdächtigt."[3]

Es überwiegt die Einstellung, Jizchaks Verhalten sei „no model behaviour", ein „mistake" und zeige den Hebräer an einem moralischen Tiefpunkt:[4] „Isaac was prepared to sacrifice his wifes honour for his own safety"![5] Die Tatsache, dass sie die trügerischen Worte אֲחֹתִי הִוא in 26,7 bereits zum vierten Mal hören (vgl. 12,9; 20,2.5), lässt ungeduldige Leser/innen fragen, ob Jizchak denn nichts aus den Erfahrungen seiner Eltern gelernt hat.[6] Denn die Rezipient/inn/en sehen bereits die fatalen Konsequenzen voraus, die sich aus dieser Aussage ergeben können. Wird sich nun auch alles Weitere wiederholen: Die Entführung Saras, die Intervention Gottes, ...? Von der Hungersnot, die der Grund für Jizchaks Wanderung nach Grar war, ist keine Rede mehr. Daraus könnte man schließen, dass Jizchak in Grar die notwendige Versorgung für sich und seine Familie gefunden hat.[7] Das Ausgangsproblem (P1) wird ab V.7 zunächst von den neuen Schwierigkeiten überdeckt: Von Jizchaks Angst vor den Männern des Ortes (P2) und von der Erwartung der Leser/innen, dass Jizchaks Lüge nicht folgenlos bleiben wird (P3?).

Doch vorerst ereignet sich nichts Dramatisches. Die aus Gen 12 und Gen 20 erzeugten Erwartungen erfüllen sich nicht. Anders als in den vor-

---

1 Während Rivka in 24,6 noch „von sehr schönem Aussehen" war, wird sie jetzt nur noch als „von schönem Aussehen" beschrieben. Weil sie inzwischen zwei Kinder geboren hat, vermutet Chizkuni (Zlotowitz, Bereishis I, 1086).

2 Vgl. neben den im Folgenden genannten Ausleger/inne/n Davidson, Genesis II, 128 („Isaac's excuse for his double dealing is as lame as Abraham's").

3 Boecker, Genesis, 32. Ausgelassen ist im obigen Zitat der Satz „Aber derartige Fragen gehen letztlich wohl an der Intention der Erzählung vorbei."

4 Vgl. Soggin, Genesis, 350.

5 Wenham, Genesis II, 195.

6 Vgl. Janzen, Genesis II, 101.

7 Anders Haamek Hadavar bei Zlotowitz, Bereishis I, 1085.

hergehenden beiden Geschichten zeigen sich weder die Männer des Dorfes noch Avimelech weiter an Rivka oder Jizchak interessiert. Möglich, dass der König[1] und seine Untertanen aus Gen 20 gelernt haben und nun den Hebräer und seine angebliche Schwester beobachten. Wenn sich hier niemand der Erzmutter nähert, dann ändert sich gegenüber Gen 12 und Gen 20 nicht nur der *plot*, sondern auch die weitere *story*.

Die nächste, durch וַיְהִי eingeleitete Szene (V.8) erzählt jenes Ereignis, das die Krisis bringt: „*Und es geschah, als ihm dort die Tage lang wurden, (8a) da blickte Avimelech, der König der Philister, (b) durch das Fenster. (c)*" Der Teilvers 8a (וַיְהִי כִּי אָרְכוּ־לוֹ שָׁם הַיָּמִים) mit der häufigen Zusammenstellung der Lexeme ארך (meist im Hif.) + יום[2] impliziert zum einen, dass viel Zeit vergangen ist, ohne dass irgendetwas passiert[3]. Die seltene Fassung mit ארך im *Qal* + יום + לְ scheint aber zudem auszudrücken, dass sich die Tage für jemanden in die Länge gezogen haben (vgl. Ez 12,22f.), mit anderen Worten, dass es jemandem langweilig geworden ist. Doch wer ist das logische Subjekt von V.8a – Jizchak oder Avimelech? Für Jizchak spricht, dass nach V.7 kein Subjektwechsel sichtbar ist und das שָׁם nicht notwendig wäre, wenn es in diesem Satz um Avimelech ginge. Ist Jizchak „dort", d.h. in Grar (V.6) bzw. im Ort (VV.7a.d) die Zeit lang geworden, dann könnte er im Verhehlen seiner wahren Beziehung zu Rivka unvorsichtig geworden sein, weil er sich durch das anscheinende Desinteresse der Einwohner in Sicherheit wähnte[4]. Für Avimelech als logisches Subjekt von V.8a hingegen spricht, dass mit וַיְהִי ein neuer Abschnitt beginnt, bei dem das vorhergehende Subjekt eine untergeordnete Rolle spielt, so dass man das לוֹ als kataphorischen Verweis auf „Avimelech" verstehen kann. Dann hätte man einen gelangweilten Monarchen vor Augen, der sich seine Zeit mit dem Blick zu den Nachbarn vertreibt. Darüber hinaus sind sich die Leser/innen nicht sicher, ob Avimelech aus seinem eigenen Fenster hinaus-[5] oder ob er in ein fremdes hineinschaut. Das macht einen Unterschied, denn im ersten

---

1 Vgl. Janzen, Genesis II, 101.

2 Zumeist erscheint die Kombination dieser Lexeme ארך *hif.* und יום mit der Bedeutung „die Tage (an einem Ort) verlängern" vgl. z.B. Ex 20,12; Dtn 4,26.40; 5,16.33; 6,2; 11,9; 17,20; 22,7; 25,15; 30,18; 32,47; Jos 24,31; Ri 2,7; 1Kön 3,14; Jes 53,10; Prov 28,16; Koh 8,12 (wie in Gen 26,8 mit ל), Koh 8,13.

3 Vgl. Fischer, Erzeltern, 184; Boecker, Genesis, 33.

4 Vgl. Raschi, z.St., Jacob, Genesis, 550; Seebass, Réflexions, 228; Lutz, Isaac, 134.

5 Vgl. Skinner, Genesis, 364; Procksch, Genesis, 157; Lutz, Isaac, 135. Das Verb שקף bedeutet oft „herabblicken" (z.B. Gen 18,16; 19,18), und scheint „hinausblicken" (2Sam 24,20) insbesondere dann zu meinen, wenn es im Zusammenhang mit חלון erscheint (vgl. Ri 5,28; 2Sam 6,16; 2Kön 9,30; 1Chr 15,29).

Fall machen die Rezipient/inn/en eher den nachlässigen Erzeltern als Avimelech einen Vorwurf, wenn er sogleich die Chance hat, (zufällig[1] oder auch nicht) Jizchak und Rivka im Freien[2], im offenen Zelt oder auf dem Dach des Nachbarhauses[3] zu erblicken. Späht Avimelech dagegen durch ein fremdes Fenster ins Nachbarhaus[4], so kann man ihn als einen Voyeur empfinden.[5] Einzelne Leser trauen ihm sogar zu, dass er durch die sorgfältig geschlossenen Läden starrt.[6] Gunkel meint, dass Avimelech sowohl durch das eigene als auch das auf der anderen Seite einer engen Gasse gelegene fremde Fenster blickt,[7] wenn es heißt: *„Und er sah, und siehe!, Jizchak scherzte (8d) mit Rivka, seiner Frau (e).“* Die Worte וַיַּרְא וְהִנֵּה verlangsamen[8] das Geschehen und führen einen Perspektivenwechsel herbei, indem sie Avimelechs Überraschung abbilden[9]. Nach der Nullfokalisierung bzw. der Übersicht mit kurzen Einblicken in Jizchaks Inneres (VV.6-8c) schauen wir nun – möglicherweise ebenfalls wie Voyeure durch eine Art ‚Schlüsselloch‘ –, auf die beiden Erzeltern. Die ‚Kamera‘ zeigt mit einem Zoomeffekt, was Avimelech entdeckt: Jizchak ist gerade dabei (Pt.), mit Rivka zu „scherzen“, sie machen etwas, was mit lachen[10] und spielen[11] zu tun hat und zumindest soviel mit Erotik[12] zu tun hat, dass Avimelech den Schluss zieht: Rivka ist nicht Jizchaks Schwester, sondern אִשְׁתּוֹ (V.8e: „seine Frau“). Dabei bleibt es der Phantasie der Leser/innen überlassen, ob man

---

1 Vgl. Jacob, Genesis II, 549.
2 Vgl. Procksch, Genesis, 157; Lutz, Isaac, 135.
3 Vgl. Boecker, Genesis, 33, mit Verweis auf 2Sam 11,2 (schon Gunkel, Genesis, 1902, 266).
4 Vgl. Boecker, Genesis, 33.
5 Vgl. Mann, Joseph, 122 („ein heimlicher Späher und Lauscher“); Fischer, Erzeltern, 184 („[...] nach längerer Zeit begeht der fremde Herrscher eine unvorstellbare Indiskretion, indem er zum Fenster des Ehepaares hineinschaut und Zärtlichkeiten der beiden beobachtet“); Ronning, Naming, 20.
6 Zur Übersetzung „starren“ vgl. die jüdischen Exegeten bei Zlotowitz, Bereishis I, 1087.
7 Eine weitere Lesart: Avimelech blickte herab auf das am Tage geschlossene Fenster und schloss, dass hier etwas verborgen wurde, was nur ein Ehepaar verbergen muss (Nachalat Jizchak bei Zlotowitz, Bereishis I, 1087), oder er wurde misstrauisch und stellte dann Jizchak mit seinem Verdacht zur Rede.
8 Vgl. Fischer, Erzeltern, 184.
9 Vgl. Gunkel, Genesis, 1902, Lutz, Isaac, 135; 266; Fischer, Erzeltern, 184; Boecker, Genesis, 33.
10 Vgl. 17,17; 18,12f.15 und Naumann, Ismael, 177ff.
11 Vgl. Alter, Genesis, 133. Siehe auch 21,9 und dazu Naumann, Ismael, 186ff.
12 Zu צחק im sexuellen Sinne vgl. Gen 39,14.17.

dabei an ein Kosen[1] denkt, oder ob man צחק als einen verschleiernden Begriff für sexuelle Intimität versteht[2]. Durch das Sprachspiel יִצְחָק מְצַחֵק werden jene Texte in Erinnerung gerufen, in denen Jizchak mit „Lachen" konnotiert ist (17,17; 18,12f.15; 21,6.9). Das Lachen begleitet Jizchak schon seit der Ankündigung seiner Geburt, insofern scheint er hier etwas ‚Jizchakisches' zu tun, etwas, was seiner Identität entspricht. Hat er sich bisher in seiner Beziehung zu Rivka verstellt, so ist er in dem Moment, in dem ihn Avimelech erblickt, er selbst.[3] Und durch das Wortspiel יִצְחָק מְצַחֵק scherzt nicht nur Jizchak mit Rivka, sondern auch der Erzähler mit den Leser/inne/n.

Wer immer noch einem Erzvater glaubt, dass Fremde keine ethischen Normen kennen, der müsste jetzt fürchten, dass Avimelech genau das tut, was Avraham in 12,12 und 20,11 sowie Jizchak in V.7 vor Augen hatten: dass er den Hebräer wegen seiner begehrenswerten Ehefrau tötet. Doch wir ahnen schon, dass dies wiederum nicht geschieht. In V.9 folgt stattdessen als letzte Szene in VV.6-11 ein Redegang, der durch seine zeitdeckende Wiedergabe das Erzähltempo gegenüber VV.6-8 verlangsamt und schon dadurch ein gewisses Gewicht erhält. Zu Beginn beansprucht Avimelech zu reden (VV.9b.c), und er behält auch nach Jizchaks Antwort (VV.9e.f) das letzte Wort (VV.10f.).

Es überrascht nicht, dass Avimelech nun Jizchak zu sich ruft. *„Und Avimelech rief nach Jizchak." (V.9a)* Er verhält sich damit exakt wie Pharao in 12,19 und er selbst in 20,9, wo die gleiche Redeeinleitung gebraucht wurde: [...] לְ [...] וַיִּקְרָא. Damit ist zu erwarten, dass auch Jizchak von Avimelech zur Rede gestellt wird.

9 b *Und er sagte:*

„Sieh nur![4] *Deine Frau ist sie.*

c *Und wie konntest Du sagen:*

‚Meine Schwester ist sie'?"

---

1 Vgl. Proksch, Genesis, 157.

2 Vgl. Raschi, z.St.; Boecker, Genesis, 33. Wenham, Genesis, II, 190. Unentschieden Jacob, Genesis, 550, weil את nicht *nota accusativi* sein könne und daher nicht auf die „letzte[...] Intimität" deute, während אשתו dafür spreche.

3 Vgl. Janzen, Genesis II, 101.

4 אך übersetzen mit „sicher" Jacob, Genesis, 550; mit „aber" Procksch, Genesis, 157.

In V.9b können die Leser/innen Avimelechs Aufregung über seine Entdeckung erspüren. Avimelech geht wie 20,2 nicht davon aus, dass Jizchak und Rivka eine inzestuöse Beziehung als Geschwister haben und konfrontiert den Erzvater mit der Wahrheit: ‚Ihr seid ja verheiratet! Und wie verträgt sich das mit dem Tatbestand,‘[1] fragt er weiter, ‚dass Du gesagt hast: „Sie ist meine Schwester?"‘ Wenn Avimelech hier Jizchak wörtlich zitiert (vgl. V.7b), dann muss er entweder dabei gewesen sein, als Jizchak den Leuten des Ortes diese Lüge präsentiert hat, oder aber man hat es ihm zugetragen, so wie in Gen 12,14f. die Fama von der schönen Hebräerin ihre Kreise bis zum König gezogen hat. Avimelech macht hier deutlich, dass Jizchaks unwahre Behauptung nicht seine Privatsache, sondern von öffentlichem Interesse ist. Warum sich das so verhält, wissen die Leser/innen, denen die möglichen Konsequenzen mit den Schlägen ADONAJS gegen Pharao (12,17) und mit den Todesdrohungen Gottes gegenüber Avimelech und seinem Volk in Gen 20,3.7 vor Augen stehen. Wie in Gen 20, so versucht auch hier der Erzvater auf die Beschuldigung zu antworten: *„Weil ich [mir] sagte, sonst würde ich ihretwegen sterben." (VV.9e.f)* Dieser Satz wirkt syntaktisch unvollständig, wenn man ihn wie hier mit zwei Nebensätzen übersetzt. Vergleicht man VV.9e.f mit Avrahams Rechtfertigungsversuch in 20,11 und mit der Erklärung seines Verhaltens in 26,7c.d, so erscheint diese Aussage sehr kurz. Gegenüber 26,7.c.d fällt bei dieser verbalen Repetition auf, dass an die Stelle der vorgestellten Mörder (V.7d: „die Männer des Ortes") in V.9f. eine unpersönliche Formulierung tritt, so als traue sich Jizchak nicht, Avimelech diese böse Unterstellung ins Gesicht zu sagen. Dazu passt, dass er auch niemandem mehr die Absicht zuschreibt, ihn zu erschlagen, sondern von seiner Angst berichtet, עָלֶיהָ, d.h. Rivkas wegen zu sterben - auch der mögliche Grund für den Mord (in 20,11 noch: „um meiner Frau willen", in 26,7: „wegen Rivka, weil sie schön von Aussehen ist") könnte nicht knapper als in diesem einen Wort ausgedrückt werden. Durch all dies wirkt Jizchak kleinlaut. Aufgrund ihrer Kenntnisse aus den vorhergehenden Gefährdungsgeschichten und aus V.7 können die Leser/innen dem Gedankengang Jizchaks folgen, während Avimelech dies nur dank Avrahams Erklärung in 20,11 verstehen kann. Ohne das Wissen aus Gen 12 bzw. Gen 20 wäre diese Aussage, wie schon V.7,[2] kryptisch kurz.[3]

1 Vgl. Jacob, Genesis, 550.
2 Vgl. Berge, Zeit, 100; Wenham, Genesis II, 190.
3 Vgl. Jacob, Genesis, 550.

Nach dieser dünnen Antwort ergreift wieder Avimelech das Wort. Jetzt geht es nicht mehr um den Aufweis des Sachverhalts, sondern um die Bewertung von Jizchaks Verhalten angesichts der Folgen, die sich daraus hätten ergeben können: *„Und Avimelech sagte: (V.10a) ‚Was hast Du uns da angetan? (b) Beinahe hätte einer aus dem Volk mit deiner Frau geschlafen, (c) so dass du Schuld über uns gebracht hättest. (d)'“* Der emphatische Verweis auf Jizchaks ungebührliches Verhalten in V.10b erinnert sowohl an 12,18 als auch an 20,9f.:

12,18	לי	עשית	זאת	מה־
20,9	לנו	עשית		מה־
20,10		עשית	[...]	מה־
26,10	לנו	עשית	זאת	מה־

Interessant ist dabei vor allem, wem gegenüber der Erzvater in den Augen des jeweiligen Königs treulos gehandelt hat (linke Spalte). Begreift Pharao nur sich selbst als Opfer, so hat Avimelech in Gen 20 gelernt, dass sich das Fehlverhalten des Hebräers (2.P.sg.: וְהֵבֵאתָ) letztlich gegen das gesamte Volk wendet, weil Gott die dadurch verursachte Sünde eines Einzelnen an der Gemeinschaft ahndet.[1] Darüber hinaus weiß der Philisterkönig aus eigener Erfahrung nicht nur, dass Ehebruch verboten ist, sondern auch, dass dieses Vergehen selbst bei einer unwissentlichen Tat eine kollektive Bestrafung nach sich zieht.

Doch während Avimelech mittlerweile vielleicht vorsichtig geworden ist,[2] hätte seiner Ansicht nach „nicht viel“ gefehlt, und „jemand aus dem Volk“ hätte mit Jizchaks Frau geschlafen[3], während er sich ja vorsichtig zurückgehalten hat.[4] Einige Leserinnen in einer Seminarsitzung zu Gen 26 äußerten dabei den Verdacht, dass Avimelech mit V.10 ein Ablenkungsmanöver versucht, indem er seine eigene Begierde auf eine andere Person projiziert. Was diese Rezipientinnen gleichsam hinter Avimelechs Rede durchschimmern sehen, lesen die meisten jüdischen Kommentatoren sogar im Text: Nicht „einer aus dem Volk“, so wollen sie übersetzen, sondern „der

1 Erst recht, wenn es sich dabei um den König handelt, vgl. Sforno, z.St.
2 Vgl. auch Clines, Eve, 80.
3 Zu שכב im sexuellen Sinne vgl, 19,32.35 mit עם und 19,33f., wie hier, mit את.
4 Vgl. die Paraphrase und Ramban, zu V.1.

erste des Volkes", also Avimelech selbst hätte beinahe einen sexuellen Kontakt mit Jizchaks vermeintlicher Schwester gehabt.[1] Das aber hätte „Schuld" über die Leute von Grar gebracht, die der König als אָשָׁם bezeichnet. Dieser auch in kultischen Angelegenheiten verwendete Begriff verweist dort, wo er nicht „Sühngabe, Entschädigung, Ersatzleistung"[2] meint, häufig auf unabsichtlich oder im Verborgenen begangene Taten[3] (vgl. Lev 4f. passim) und passt somit exakt auf den vorliegenden Beinahe-Fall. So zeigt Avimelech auch hier, dass er juristisch bestens informiert ist.

V.11 schließt diese Erzähleinheit mit einer Verfügung Avimelechs ab. *„Und Avimelech befahl (V.11a) dem ganzen Volk, indem er sagte: (b) ‚Wer diesen Mann oder seine Frau anrührt, der soll getötet, ja getötet werden. (c)'"* Das Verb צוה lässt sich zunächst auf zweifache Weise verstehen. Erinnert man sich an 12,20 (26,11//12,20: וַיְצַו), so kann man erwarten, dass Avimelech im Folgenden seinen Leuten einen Befehl erteilen wird, und muss vielleicht sogar befürchten, dass der Philisterkönig wie damals Pharao die Hebräer aus dem Land hinauskomplimentieren wird, was wegen der Hungersnot katastrophal wäre. Andererseits ist den Leser/innen die Wurzel צוה aus 26,5 mit einer religiös-ethischen Bedeutung („eine Mizwa/ein Gebot machen") frisch im Gedächtnis. Dies bereitet darauf vor, dass Avimelech in der Tat ein formelles Gebot verkünden wird, wie es nicht anders der König Josia tut (26,11//2Kön 23,21: וַיְצַו [...] אֶת־כָּל־הָעָם לֵאמֹר)[4]. Die Vorschrift für sein ganzes Volk formuliert Avimelech in V.11c mit wohl gewählten Worten: Wie die Leser/innen in 12,17 und in 20,6 erfahren haben, kann unter dem Verb נגע sowohl die physische Beschädigung („schlagen") als auch die sexuelle Annäherung („berühren") verstanden werden[5] – beides wird gegenüber „diesem Mann" und gegenüber derjenigen, die sich als „seine Frau" herausgestellt hat, verboten. Und zwar bei Todesstrafe: So wird am Ende Jizchak nicht nur nicht getötet, sondern mit einer Todes-

---

1 Vgl. Onkelos, Pseudo Jonathan, z.St. („der König, der der einzigartige im Volk ist"), und Raschi, z.St., dem darin viele Kommentatoren folgen (z.B. Sforno). Kritisch dazu aber Jacob, Genesis, 550.
Diese Lesart würde Gen 12,10-20 und Gen 20 aufnehmen und gut an die Deutung anschließen, dass er die Erzeltern voyeuristisch beobachtet hat. Avimelechs Entrüstung wäre dann eine Ableitung eines eigenen Wunsches.

2 Kellermann, Art. אָשָׁם, in: ThWAT I, 463-472, hier 465.

3 Vgl. auch Sarna, Genesis, 183.

4 וַיְצַו mit folgender Mizwa auch in Dtn 27,1.11; 31,10.25.
Diese Bekanntmachung vor dem ganzen Volk in 26,11 lässt sich als ein Echo jener Szene in Gen 20 verstehen, in der Avimelech seinen Untertanen den Inhalt seines Traumes mitteilt.

5 Vgl. Sarna, Genesis, 185; Van Seters, Abraham, 181.

drohung geschützt. Avimelech nimmt aus Jizchaks kurzer Entgegnung (V.9f) das Verb מות auf, um dem Erzvater zu sagen, dass nicht *er* den Tod fürchten muss, sondern *derjenige* getötet wird, die ihn oder seine Frau antastet. Ebenso war schon in Gen 20,3, und in einer ähnlichen Formulierung wie in 26,11 (מוֹת תָּמוּת) auch in 20,7 (מוֹת יוּמָת) zu lernen, dass in dieser Situation eher jemand aus dem Volk bzw. der König als der Erzvater in Gefahr gerät. Avimelech bewahrt mit seinem Edikt nicht nur Jizchak vor den Menschen in Grar, sondern gerade auch sein Volk vor Jizchak bzw. den Folgen dessen Handelns. Für die einen Leser/innen demonstriert Avimelech durch diese Schutzmaßnahme den niedrigen moralischen Standard der Philister, bei denen keine Frau sicher ist, und bestätigt damit Jizchaks anfängliche Bedenken. Die anderen sind jedoch der Ansicht, dass man dieses Gesetz nicht als böse Unterstellung gegenüber dem Volk werten muss, sondern auch als eine verständliche Vorsichtsmaßnahme angesichts der abzuwendenden Gefahr begreifen kann. Denn für viele erweist Avimelechs Verhalten gerade, dass Jizchaks Furcht unbegründet ist[1], und manch einer empfindet die Philister gar als „sympathische Leute"[2]. Erstaunlich ist in jedem Fall, welche Wendung Avimelech für die angedrohte Sanktion bemüht: מוֹת יוּמָת – das ist der „Stil des Gesetzes",[3] genauer: des apodiktischen Rechts. So spricht sonst nur ADONAJ (vgl. 2,17), wenn er z.B. die Strafe für Menschenraub (Ex 21,16) oder für Ehebruch (Lev 20,10) festlegt. Damit wird die Pointe dieses Abschnitts Gen 26,6-11 gleichzeitig zum bisherigen Höhepunkt im halachischen Lernprozess der Pharao- und Avimelech-Figuren: Das Verhalten des Heiden Avimelech setzt nicht nur elementare ethische Normen, wie das Verbot von Ehebruch, Inzest und Mord voraus – der ‚Nicht-Israelit' zeigt sich sogar in der Lage, eine Mizwa anzuordnen und tut dies in einer Formulierung, die sonst nur für göttliche Gebote gebraucht wird. Darin wird deutlich, wie weit die ethischen Maßstäbe eines Nichtisraeliten mit israelitischem Recht konvergieren können. Und mehr noch: Dieses göttliche Recht wird nicht durch den Hebräer verkörpert, sondern gerade durch den ‚Heiden'.

Einige Ausleger bewerten das in VV.6-11 geschilderte Verhalten Avimelechs, indem sie es mit dem des Erzvaters vergleichen. Nicht selten wird dabei die Gottesrede aus dem ersten Erzählabschnitt VV.1-6 in der Weise einbezogen, dass Jizchaks und auch Avrahams Verhalten (in 12,10-20;

1 Vgl. Wenham, Genesis II, 191.
2 Boecker, Genesis, 34.
3 Jacob, Genesis, 550.

Gen 20) an den Worten ADONAJS gemessen werden: In Avrahams bzw. Jizchaks Nachkommenschaft sollen כֹּל גּוֹיֵי הָאָרֶץ, „alle Völker des Landes“ (V.4) Anteil am Segen gewinnen - doch wo in 12,10-20 oder in Gen 20 wird das deutlich, bzw. woran hätten Pharao oder Avimelech und sein Volk (20,4: גּוֹי) dies erkennen können? Avraham wird in 26,6 als Täter der Tora beschrieben - doch passt das zu seinem Handeln in den Gefährdungsgeschichten?

> „Meint Gen 26,4, dass Abraham in den Erzählungen Gen 12,10ff. und 20 ein vorbildlicher Gerechter war, dessen Torabewahrung anderen Völkern zum Segen wurde? Die Sachlage scheint im Fall der Preisgabe der Ahnfrau genau entgegengesetzt: Dem Ahnvater wird von dem fremden Herrscher der Toragehorsam aufgenötigt. Er ist gerade nicht Erfüller der Tora, weil er sich am Beinahe-Ehebruch schuldig macht; erst der fremde Herrscher versetzt ihn in den Zustand der ungefährdeten Erfüllung der Tora zurück. Dadurch allerdings und auch durch die Fürbitte Abrahams wird explizit in Gen 20, implizit wohl auch in Gen 12,10ff., das Wohl des Hauses des fremden Herrschers wiederhergestellt, was pars pro toto als Segen interpretierbar ist.“[1]

Und auch für Gen 26 gilt: Nicht der Erzvater, sondern der „Nichtjude ist im Duktus der drei Erzählungen das ethische Vorbild, das in den beschriebenen Texten Israel als Leser des Textes vorgehalten wird.“[2] Wie Matthias Millard herausarbeitet, wird damit eine strukturelle Parallele zu dem rabbinischen Konzept der Noachidischen Gebote deutlich:

> „Das Fremdenrecht ist im Kern zugleich das elementare Recht für Israel. Der fromme Heide kann deshalb gerade in diesem Rechtsbereich Vorbild für Israeliten werden.“[3]

Fragt man danach, ob ein Erzvater in einer der drei Geschichten den Fremden Segen bringt, so ergibt sich ein ähnliches Bild wie bei den Interpretationen. Ließ sich in Gen 20 wenigstens die Fürbitte Avrahams für Avimelech „pars pro toto“ als Segensvermittlung interpretieren[4], so scheint Jizchak durch die Gefährdung Avimelechs wieder weit davon entfernt zu sein, göttlichen Segen zu bringen.[5] Die Frage des Segens bleibt in 26,6-11 offen, bevor sie im dritten Abschnitt des Kapitels noch einmal aufgegriffen wird.

---

1 Millard, Genesis, 350.
2 Millard, Genesis, 351.
3 Millard, Genesis, 351.
Diese Deutung wird von jüdischer Seite freilich nicht immer geteilt. So interpretiert Zlotowitz, Bereishis I, 1089, etwa das königliche Edikt als einen Beweis für die Unmoral der Grariter (vgl. oben) und zitiert Malbims Auslegung, nach der dieses Gebot nicht die Fürsorge Avimelechs, sondern die Providenz Gottes zeige, dank derer Jizchak in Grar nichts geschehen sei.
4 Vgl. Millard, Genesis, 350.
5 Vgl. Wenham, Genesis II, 191; Nicol, Story-patterning, 221; Klopfenstein, Lüge, 338.

b) Auswertung: Jizchaks Wiederholungen und Avimelechs Lernprozess in 26,6-11

Die überwiegende Zahl der Leser/innen kommt bei der Lektüre dieser dritten Gefährdungsgeschichte in Gen 26,7-11 zu einer positiven Bewertung der Avimelech-Figur und zu einer kritischen Sicht Jizchaks. Zwar sind zu Beginn dieses Abschnitts noch viele Rezipient/innen der Ansicht, dass „die Männer des Ortes" (V.7) Jizchak mit bedrohlichen Hintergedanken nach dessen Frau fragen, so dass die Angst des Erzvaters berechtigt und seine unwahre Behauptung, Rivka sei seine Schwester, verständlich scheint. Doch rechnen andere damit, dass die „Einwohner des Ortes" (V.7) sich ohne böse Absichten nach Rivka erkundigen, so dass Jizchak überängstlich und sein Verhalten fahrlässig erscheint, wenn man die Kenntnisse aus Gen 12 und Gen 20 einbezieht. Gerade die Wiederholungen aus jenen beiden Kapiteln lassen den Schluss ziehen, dass Jizchak aus dem Verhalten Avrahams, das von den meisten Leser/innen negativ bewertet wurde, nichts gelernt hat.[1] Wenn jemand in den Augen der Rezipient/innen dazugelernt hat, dann Avimelech und möglicherweise die Menschen in Grar: Denn anders als in den vorangegangenen Erzählungen macht niemand den Versuch, die schöne Rivka zu rauben, so dass in Gen 26 gegenüber Gen 12,10-20 und Gen 20 eine neue *story* entsteht. Wie oft beobachtet wurde, wird auf diese Weise das sexuelle Vergehen gegen die Erzmutter in den drei Preisgabeerzählungen immer weiter abgeschwächt: Aus dem möglicherweise begangenen Ehebruch in Gen 12 wird die gerade noch abgewendete Tat in Gen 20 und die nur noch vorgestellte Gefährdung in Gen 26.

Eine positive Bewertung Avimelechs und seiner Untertanen wird auch dadurch befördert, dass selbst zu dem Zeitpunkt, als Jizchak und Rivka *in flagranti* ertappt werden, dem Erzvater nichts von dem geschieht, was er eingangs befürchtet hatte. Nicht Avimelech, sondern Jizchak muss sich in vergleichbarer Weise wie Avraham in Gen 12 und Gen 20 zur Rede stellen und Vorwürfe gefallen lassen. Konnte man schon zuvor Avimelechs klug abwartendes Verhalten als ein Ergebnis seiner früheren Erfahrungen werten, so werden auch die Aufregung des Königs über die möglichen Konsequenzen von Jizchaks Verhalten und seine juristischen Kenntnisse, z.B. im Hinblick auf die Kollektivbestrafung, denjenigen Leser/inne/n erklärlich,

---

1 Vgl. Janzen, Genesis II, 101: „Again, he emulates his father. [...] Isaac has learned nothing positive from his father's two experiences, but Abimelech seems to have done so. He stayed away from Rebekah."

die ihre Erinnerungen aus Gen 20 auf Avimelech projizieren und ihn in einem Lernprozess sehen. Gerade in den rechtlichen Fragen kennt sich der fremde Herrscher in Gen 26 mittlerweile sehr gut aus. Er lässt nicht nur ein Bewusstsein für die ethischen Normen Israels wie das Verbot von Inzest, Ehebruch und Mord erkennen, sondern weiß sogar, wie man entsprechend dem gottgegebenen israelitischen Recht eine Mizwa formuliert. Empfinden viele Ausleger/innen die Erzväter in den Gefährdungsgeschichten nicht gerade als Täter der Tora, so wird Avimelech hier zu einem Sprachrohr für ein Stück Tora.

7. Die drei Preisgabegeschichten – übergreifende Zusammenhänge

Vergleicht man Gen 26,6-11 mit Gen 12,10-20 und Gen 20, so könnte man in dieser dritten Gefährdungserzählung einige Erzählmotive vermissen, die in den vorhergehenden Texten ein wichtiger Bestandteil der *story* waren: Die Hungersnot (12,10) sowie der Ortswechsel (12,10/20,1) kommen deswegen nicht in 26,7-11 vor, weil beides in VV.1-6 bereits dargestellt wurde. Dadurch erscheint 26,1-11 wie eine Gefährdungserzählung, die der Erzähler durch eine ausgedehnte Gottesrede (VV.2-5) bereichert hat. Der Verlauf der Geschichte weicht darin gegenüber 12,10-20 und Gen 20 ab, dass Gott nicht eingreifen muss, weil die Ahnfrau nicht in Gefahr gerät bzw. Avimelech alles Notwendige unternimmt, um die Erzeltern wirksam zu schützen. Zudem fällt auf, dass Rivka, wie Sara in Gen 12, weder die Gelegenheit erhält, etwas zu sagen, noch angesprochen wird.

Manche Erzählelemente, die man nach der Lektüre der vorhergehenden Texte möglicherweise auch in 26,6-11 erwartet hätte, werden im dritten Teil von Gen 26, in VV.12ff. eine Rolle spielen. Hat Jizchak etwa in VV.6-11 keine Geschenke erhalten, so wird er in VV.12ff. durch Ackerbau und Viehzucht reich werden. Endete 12,10-20 mit dem Verlassen des Landes und Gen 20 mit einer Einladung zum Bleiben, so entscheidet sich in Gen 26 ebenfalls erst nach VV.11, dass Jizchak den Ort verlassen muss. Und schließlich vermissen einige Leser/innen, dass Jizchak, wie in 26,4 angekündigt, mit diesem Volk in ein segensreiches Verhältnis kommt. Auch dies: der Begriff des Segens, wird in VV.12ff. weitergeführt und erhält auf dem narrativen und theologischen Höhepunkt von Gen 26 eine zentrale Bedeutung.

Damit wird deutlich, dass 26,7-11 gegenüber 12,10-20 und Gen 20 eine neue *story* präsentiert und gleichzeitig derart stark die Erinnerung an die vorhergehende Gefährdungsgeschichten aktiviert, dass viele Ähnlichkeiten und Abweichungen beobachtet werden. Das ergibt sich schon dadurch, dass die Personage jeweils zum Teil wechselt und zum Teil gleich bleibt, womit die Geschichten sowohl voneinander abgegrenzt als auch miteinander verklammert werden. Die Geschichte in Gen 20 bildet in dieser Struktur gleichsam das Scharnier, weil hier sowohl Avraham und Sara aus Gen 12 als auch Avimelech wie in Gen 26 auftreten:

Gen 12	*Gen 20*	*Gen 26*
Pharao	Avimelech, König von Grar	Avimelech, König der Philister
Avram und Saraj	Avraham und Sara	Jizchak und Rivka

Gleichwohl sind noch in den Übereinstimmungen die Unterschiede sichtbar: Avram und Saraj aus Gen 12 heißen in Gen 20 Avraham und Sara, Avimelech ist in Gen 26 nicht nur König von Grar (vgl. Gen 20), sondern auch König der Philister. Auch die zweimal auftretenden Personen sind also nicht mehr vollkommen identisch, sondern haben sich verändert.

Obwohl in Gen 26 ein anderer Erzvater erscheint, werden in Gen 26,7-11 aber mit dieser Figur die meisten ‚Wiederholungen' verbunden, so dass um so deutlicher Veränderungen im Verhalten des wieder erscheinenden fremden Königs Avimelech gesehen und als ein ethischer Lernprozess begriffen werden können. Anders als 12,10-20 und Gen 20 präsentiert VV.7-11 nicht eine abgegrenzte Erzähleinheit,[1] sondern eine Szenenfolge, die aus dem Gesamtzusammenhang von Gen 26 nicht herausgelöst werden kann. Insofern lassen sich die drei Gefährdungsgeschichten nicht ohne 26,1-6 und VV.12ff. betrachten. Das gilt, zumal 12,10-20 und Gen 20 eine wichtige Funktion in ihrem Kontext zugeschrieben werden konnte – als *retardatio* vor dem feierlichen Einzug ins *Land* (Gen 13) bzw. vor der Geburt Jizchaks als Avrahams *Same* (Gen 21). Sind damit zwei entscheidende theologische Begriffe aus Gen 12,1ff. und anderen Verheißungen aufgenommen, so wird 26,12ff. als eine *Segens*geschichte zu lesen sein, womit der dritte Gegenstand göttlicher Zusagen thematisiert wird. Ein weiterer übergreifender Zusammenhang lässt sich darin sehen, dass 12,10-20 gewisse Momente der Exodusgeschichte vorwegnimmt, während Gen 20 im Zusammenhang mit der Sesshaftwerdung im Land steht[2] und Gen 26 bereits Probleme abbildet, die sich dadurch ergeben, dass die Hebräer gemeinsam mit anderen Völkern im Land leben.[3]

Bei der Betrachtung der drei Gefährdungsgeschichten haben wir gesehen, dass die Leser/innen anhand bestimmter wiederkehrender Worte Verbindungen von einer Erzählung zur anderen herstellen können. Von die-

1 Vgl. Millard, Genesis, 344.
2 Vgl. auch Deurloo, Gefährdung, 20.
3 Einen anderen Zusammenhang sieht Polzin, Ancestress 94f., der in den verschiedenen Wegen, auf die Gott seinen Willen und seine Absichten offenbart einen Zusammenhang sieht: In Gen 12 greift Gott in der für die Tora typischen Weise ein, in Gen 20 erscheint er wie in den prophetischen Erzählungen im Traum, und in Gen 26 entdeckt Avimelech nach dem Konzept der weisheitlichen Schriften selbst die Wahrheit.

sen Repetitionen möchte ich hier vier Begriffe ansprechen, die sich als Leitworte interpretieren lassen und z.T. nur in Gen 12 und Gen 20, z.T. aber auch in allen drei Erzählungen erscheinen:

(1) Saras Schicksal verknüpft sich sowohl in Gen 12 als auch in Gen 20 mit dem Lexem לקח. In beiden Geschichten wird sie in das Haus des fremden Herrschers „geholt" (12,15/20,2), wobei Pharao in seiner Rechtfertigungsrede sogar davon spricht, dass er sie „zur Frau" (12,19) „genommen" habe (לקח), was an eine Heirat denken lässt. Dieser Anklang an ein eheliches Verhältnis begegnet in Gen 20 deshalb nicht, weil Gott hier rechtzeitig eingeschritten ist und Avimelech wegen der „Frau", die er „genommen" hat, die Todesstrafe angedroht hat (20,3). Gott verurteilt die Entführung der Frau. In Gen 12 verbindet sich aber nicht nur das ‚Kidnappen' der Ahnfrau, sondern auch ihre Rückgabe mit dem Lexem לקח. So fordert der geschlagene Pharao Avram auf: „Nimm" deine Frau „und geh!" und sorgt so für das Rückgängigmachen dessen, was er auf schmerzliche Weise als einen fatalen Fehler erkannt hat. In 20,14 wird die Umkehrung des Menschenraubs dagegen mit dem Verb שוב berichtet. Hier sind es Geschenke, die Avimelech „nimmt", um sie als Wiedergutmachung Avraham zu geben. Sara kommt in diesen Handlungen nur als Objekt vor.

(2) Zwischen der Wegführung der Ahnfrau und ihrer Rückgabe steht in beiden Erzählungen das, was עַל־דְּבַר Sara geschieht: Entweder die Intervention Gottes „wegen" der Erzmutter, oder der Schlag gegen den fremden König „auf" ihr „Wort hin" oder „wegen" ihres „Wortes", nämlich weil sie sich als Schwester Avrahams ausgegeben hat (12,17/20,18): Meist wird עַל־דְּבַר als eine Präposition verstanden, die in das Zentrum beider Texte hineinführt, insofern als Gott „wegen" Sara auf den Plan tritt und sie befreit. Wir haben aber gesehen, dass der Midrasch sich ausmalt, Gott bzw. ein Prügelengel habe Pharao jeweils auf ihr Bitten hin geschlagen, und als eine dritte Möglichkeit lässt sich עַל־דְּבַר so verstehen, dass die Plagen in 12,17 bzw. die Unfruchtbarkeit in Gen 20 wegen des Wortes Saras, also weil sie gesagt hatte, sie sei Avrahams Schwester, gekommen sind. Durch diese letzten beden Interpretationen würde Sara zum handelnden Subjekt. Steht עַל־דְּבַר in Gen 12,10-20 in jenem Satz, der die Peripetie einleitet (V.17: עַל־דְּבַר שָׂרַי אֵשֶׁת אַבְרָם), so erscheint die identische Formulierung – mutatis mutandis – in Gen 20 in der Schlusspointe: Die Fürbitte Avrahams für Avimelech und sein Haus war nötig, weil Gott alle Mutterschöße verschlossen hatte – עַל־דְּבַר שָׂרָה אֵשֶׁת אַבְרָהָם – d.h., Saras wegen, die

nicht die Frau Avimelechs, sondern die Frau Avrahams ist, hat Gott die Plage über die Grariter geschickt. Daraus, dass die Wendung עַל־דְּבַר hier das erste Mal in der Tora vorkommt und insgesamt sehr selten ist[1], ergibt sich eine enge Verknüpfung mit den Gefährdungserzählungen und ein hoher Wiedererkennungswert.

Wenn sowohl לקח als auch עַל־דְּבַר in Gen 26 nicht vorkommen, so weist das darauf hin, dass Rivka in jener Geschichte von niemandem ins Haus „geholt" wurde und Gott ihretwegen nicht eingreifen musste.

(3) Das Leitwort הרג/erschlagen dagegen erscheint in allen drei Erzählungen und drückt jeweils aus, wovor Avraham Angst hat: Er fürchtet, wie 20,11 expliziert, dass es keine Gottesfurcht und damit auch keine Ethik an dem Ort seines Asyls gibt und man ihn deswegen „erschlagen" könnte, um seine attraktive Frau zu stehlen. Haben die Leser/innen in Gen 12 erlebt, dass sich Avrahams Befürchtungen nicht bewahrheiten, so können sie aus 20,4 den Schluss ziehen, dass nicht Avraham, sondern der fremde König in der Gefahr steht, mitsamt seinem Volk erschlagen zu werden. Insofern kann die sich bei Avraham (20,11) und bei Jizchak (26,7) wiederholende Angst vor dem Ermordetwerden als unbegründet erscheinen. Enge Berührungen hat dieser rote Faden, der sich um das Lexem הרג/erschlagen bildet, mit dem Leitwort ירא/fürchten. Die Furcht Avrahams ist zunächst nur ein Interpretament, das bei der Lektüre von Gen 12 erscheint. Im Text wird es erst in 26,7 zur Erklärung von Jizchaks Verhalten benutzt. In Gen 20 sind es die Leute in Grar, deren Furcht dargestellt wird (20,8), auch wenn ihnen von Avraham keine Gottesfurcht zugetraut wird. Nicht Avraham muss Angst haben, sondern sie.

(4) In ähnlicher Weise wie הרג/erschlagen bezeichnet die Wurzel נגע etwas, was in den drei Erzählungen verschiedenen Personen droht bzw. sogar geschieht: In 12,17 ‚macht' ADONAJ gegenüber Pharao ‚נגע', d.h, er plagt und schlägt ihn heftig, damit Sara frei kommt. In 20,6 lässt Gott durchblicken, dass er ein נגע Avimelechs gegenüber Sara, ein „Berühren" verhindert hat, und die Leser/innen fragen sich, ob er das wiederum durch „Schläge", vielleicht Krankheiten getan hat. Sie können aber sicher sein, dass Avimelech mit Sara nicht intim werden konnte, während in Gen 12 unklar geblieben ist, ob Pharao die Erzmutter berühren konnte. Am klügsten verhält sich Avimelech in 26,11, indem

1 Vgl. zudem Gen 43,18; Ex 8,8; Num 17,14; 25,18; 31,16; 2Sam 18,5; Ps 79,9; Dtn 22,24; 23,5; 2Sam 13,22; 2Chr 10,13.

er jedem, der Sara oder Avraham nahe zu kommen, d.h. zu „berühren" oder zu „(er)schlagen" versucht, die Todesstrafe androht. Hier zeigt sich der fremde Herrscher weit davon entfernt, dem Hebräer oder seiner Ehefrau etwas anzutun. In dem dritten, im Folgenden betrachteten Teil von Gen 26, VV.12-33 wird er darauf noch einmal ausdrücklich hinweisen (V.29).

8. Gen 26,12-33

a) Vom Streit zum Schwur (Gen 26,12-33)

Einige Zeit (26,8) hält sich Jizchak nun schon in Grar auf, wohin er vor der Hungersnot (V.1) geflüchtet ist. Nachdem Avimelech ihn und seine Frau unter einen besonderen Schutz gestellt hat (V.11) und schon früher den Erzvater zum Siedeln in seinem Land eingeladen hat (20,15),[1] scheint es, dass Jizchak mit seiner Familie sorglos[2] für längere Zeit in der Philisterstadt bleiben und sogar Ackerbau betreiben kann[3]: *„Und Jizchak säte aus in jenem Land (V.12a). Und er fand in jenem Jahr hundertfältig*[4] *(b). Und* ADONAJ *segnete ihn (c).“* Die Ortsangabe בָּאָרֶץ הַהִוא verweist die Leser/innen zurück auf die Gottesrede in VV.2-4, wo das Leitwort אֶרֶץ eine zentrale Rolle spielte: Jetzt in V.12 sät Jizchak in eben jenem Land aus, in dem er als Fremdling bleiben sollte (V.2f.) - dem Land, das ihm und seiner Nachkommenschaft zusammen mit allen anderen Ländern in Kenaan gegeben würde (VV.3f.) und dessen Bewohner dennoch Anteil am Segen gewinnen sollen (V.4). Hatte ADONAJ mit seiner Rede in VV.3-5 Jizchak für einen Moment Anteil an seiner unermesslich weiten Perspektive auf die bevölkerten Länder und die Versprechungen für die Zukunft gegeben, so konzentrierte sich die Handlung in V.6-11 auf die Philister als eines dieser Völker. Jenes Land der Philister, so kann man nun V.12 lesen, gehört zu diesen Ländern, die mit einem spannungsvollen Landgabe- und Segensversprechen beladen sind. Jizchaks Aufenthalt im Philisterland wird zum ‚Testfall‘ für die Versprechen aus VV.3f.

An diesem Ort, dem Schauplatz für VV.12ff., wird der Erzvater „in jenem Jahr“ gesegnet und „findet“ Hundertfaches: möglicherweise in dem Jahr, in dem er nach Grar gelangt ist (VV.1-6) bzw. in dem sich die Beinahe-Gefährdung Rivkas zugetragen hat (VV.6-11)[5] oder in „jenem Jahr“,

---

1 Vgl, Van Seters, Abraham, 188.
2 Vgl. Schmid, Gestalt, 41.
3 Vgl. auch Sforno, z.St. Die Frage, ob Jizchak hier als ein allmählich sesshaft werdender Nomade vorgestellt wird, oder ob er nur ausnahmsweise Ackerbau betreibt (vgl. Westermann, Genesis I/2, 519; Sarna, Genesis, 185 und Jacob, Genesis, 556, der interpretiert, nur „in jenem Land“ und „in jenem Jahr“ habe Jizchak Ackerbau getrieben), ist zwar kulturgeschichtlich interessant, für den *plot* der Erzählung aber weniger entscheidend. Vgl. dazu auch Schmid, Gestalt, 43ff. mit weiterer Lit.
4 LXX liest שערים als „Gerste“.
5 Vgl. Proksch, Genesis, 159.

in dem die Menschen unter einer Hungersnot gelitten haben,[1] und in jenem Land, in dem (zumindest andernorts) eine Hungersnot „vorausgegangen war oder noch herrschte"[2]. Wer dieser – in jüdischen Auslegungen verbreiteten[3] – Leseweise folgt, wonach die Demonstrativpronomen in V.12 auf das Gebiet und die Zeit der Hungersnot verweisen, und wer zudem noch liest, dass Jizchak das Hundertfache dessen erntet, was zu erwarten gewesen wäre,[4] und nicht dessen, was er gesät hat,[5] wird den hundertfachen Ertrag als etwas geradezu wundersam Außergewöhnliches empfinden.[6] In diesem Fall würde Jizchak ein märchenhaft großer Erntesegen zuteil. Wer dagegen den hundertfachen Ertrag des Gesäten als etwas durchaus Mögliches betrachtet[7] und der Ansicht ist, dass die Hungersnot entweder nicht Grar betrifft oder inzwischen überwunden ist, der interpretiert Jizchaks Ergebnis als einen menschenmöglichen, innerweltlich vorstellbaren Erfolg.

In jedem Fall ist hier das Verb מצא eigentümlich, das statt des fürs Ernten üblichen קצר („schneiden") steht.[8] Jizchak wird hier geschenkhaft etwas zuteil, was er entweder erhofft hat, oder was gar nicht zu erhoffen war. Und so folgt denn auch unmittelbar nach dem Bericht vom Ernteerfolg der Verweis auf Gottes Handeln: ADONAJ segnet Jizchak und löst damit ein, was er in V.3 versprochen hatte.[9] Die Rezipient/inn/en haben dabei mehrere Möglichkeiten, das gute Ergebnis des Ackerbaus mit dem Segen zu verknüpfen: Erstens lässt sich eine Identität zwischen der reichen

1 Dieselbe Wendung erscheint auch in 47,17f. im Zusammenhang mit einer Hungersnot (V.13).

2 Jacob, Genesis, 550. Vgl. auch Raschi, z.St.; von Rad, Genesis, 236; Sarna, Genesis, 185; Schmid, Gestalt, 43, Clines, Eve, 82. Dazu der Midrasch: Wenn Jizchak schon unter solch widrigen Bedingungen so reich geerntet hat, stelle man sich vor, welche Ernte er unter günstigen Bedingungen eingefahren hätte (bei Zlotowitz, Bereishis I, 1090). Auch Thiel, Genesis 26, 259 weist darauf hin, dass „die ganze Situation von 1a an unter dem Vorzeichen der Hungersnot steht".

3 Aus der Tatsache, dass man anscheinend abgeschätzt hat, wieviel Jizchak geerntet hat, schließen jüdische Auslegungen, dass man das für die Abgabe des Zehnten wie Avraham (14,20) getan hat. Vgl. BerR 64,4; Raschi, z.St.; Ramban zu V.5; dazu auch Millard, Genesis, 238.

4 Vgl. Onkelos, z.St.; Pseudo-Jonathan, z.St.; Raschi, z.St.; Zlotowitz, Bereishis I, 1090.

5 Vgl. Ibn Esra, z.St., Zlotowitz, Bereishis I, 1090; Sarna, Genesis, 185, anscheinend auch Jacob, Genesis, 550.

6 Vgl. Thiel, Genesis 26, 259 oder Gunkel, Genesis, 1910, 302, der das hundertfältige Finden als eine „ungeheure Übertreibung" bezeichnet.

7 Vgl. Dalman, Arbeit, 244.

8 Diesen Hinweis verdanke ich Hans-Winfried Jüngling, Frankfurt.

9 Vgl. z.B. Vgl. Sforno, z.St.; Jacob, Genesis, 550; Keil, Genesis, 229, Wenham, Genesis II, 191; Thiel, Genesis 26, 254.

Ernte und dem Segen Gottes annehmen. ADONAJ hat Jizchak durch diesen Erfolg gesegnet, das hundertfache Finden *ist* Segen.[1] Zweitens kann man ein kausales Verhältnis herstellen und die hundertfache Ernte als eine *Folge* des Segens für Jizchak begreifen:[2] „In dem Reichtum ist der Segen Jahwes wirksam".[3] Das kann bedeuten, dass drittens der Ernteerfolg eine *Konkretisierung* des seit 25,11[4] auf Jizchak ruhenden Segens ist: Dieser Segen konkretisiert[5] oder zeigt[6] sich im Reichtum, was darauf hindeuten könnte, dass Jizchak nicht nur im Ackerbau, sondern auch in seinem sonstigen Leben als reicher Mann erkannt wurde.[7] Durch die enge Verbindung mit dem Segen wird das Verb מצא, das in Gen 26 noch öfter begegnen wird, segenstheologisch ‚aufgeladen'.[8] Der Segen ADONAJS drückt sich darin aus, dass ein Mensch findet, was er zum Leben braucht. Und schaut man vom Ende dieses Verses auf seinen Anfang zurück, dann erscheint schon das Säen durch Jizchak als eine segensreiche Möglichkeit, insofern זרע hif./q. seit Gen 1,11f.29 das selbsttätige Sich-Weiter-Vermehren als Konsequenz des Schöpfungssegens bezeichnet. Zudem rufen diese Konsonanten den זֶרַע aus VV.3f. wieder in Erinnerung: den Avraham einst versprochenen Samen, zu dem Jizchak gehört und der auch nach ihm weiter wachsen wird. Damit sind in V.12 die zwei Verheißungsthemen Land und Segen wieder aufgenommen, und an die Nachkommenschaft, die für Jizchak bereits in seinen Söhnen präsent ist, wird durch die Konsonanten זרע angespielt. Bei diesen Interpretationen ist zu berücksichtigen, dass zu keinem Zeitpunkt mitgeteilt wird, ob Jizchak oder die Philister ADONAJ als Segensquelle er-

1 So sah es eine Studentin in einem der Interviews (Besen).
2 Vgl. Nicol, Studies, 55 („The narrator credits Isaac's success to Yahwe's blessing him"), ähnlich aaO., 81 und öfter; Boecker, Genesis, 36.
3 Westermann, Genesis I/2, 519; Schmid, Gestalt (ADONAJS Segen „bedingt die Größe und den Reichtum Isaaks").
4 Vgl. Naumann, Ismael, 288: Wurde vor 25,11 „mit Isaak selbst – anders als mit Ismael – noch keine Beistands-, Segensaussage oder Väterverheißung verbunden", so wird dies nun sozusagen nachgeholt. „Erst nach Abrahams Tod rückt Isaak folgerichtig in die Position" Abrahams ein. „Diese Sukzession des Segens will die Segensaussage für Isaak unmittelbar nach Abrahams Tod deutlich machen." Mit Naumann, ebd., gehe ich davon aus, dass der Segen nicht exklusiv auf Jizchak übergegangen ist, Gott den Segen für Jischmael also nicht aufhebt (vgl. auch aaO., 300ff.).
5 Vgl. Blum, Komposition, 303.
6 Vgl. Wenham, Genesis II, 191; Davidson, Genesis II, 129.
7 Sforno, z.St., etwa bemerkt ausdrücklich, dass Jizchak auch über die gute Ernte hinaus mit Reichtum gesegnet war.
8 Vgl. Lutz, Isaac, 158f. zu V.19: „The verb מָצָא suggests that the discovery of the well was a blessing of Yahweh."

kannt haben.[1] Insbesondere das Thema Segen ist bis jetzt nur auf der Diskursebene Erzähler-Leser/innen präsent. Innerhalb der Erzählwelt scheint aber wahrnehmbar zu sein, dass Jizchak immer „größer" wird:

„Und der Mann wurde groß (V.13a). Und er fuhr fort, fortwährend größer zu werden (b), bis dass er sehr groß war (c). Und er erwarb eine Kleinviehherde und eine Großviehherde (V.14a), und viel Gesinde[2] (b)." Nachdem in 12,2 und in 24,35 bereits zu lernen war, dass das Gesegnetwerden eines Erzvaters bzw. seines Volkes durch ADONAJ und das Großwerden ineinander verschränkt sind, sehen wir nun den gesegneten Jizchak immer „größer" werden. Das dreifache Stichwort ‚groß' erscheint als „Interpretament des Segens".[3] Diese Größe wird von den Rezipient/inn/en als Reichtum[4] verstanden, der sich etwa in großem Besitz[5] mit einer großen Herde äußert,[6] oder in einer großen Familie[7] mit vielen Kindern,[8] in „Erfolg"[9], Ansehen[10] und „Macht"[11] oder in zunehmender Ausbreitung[12]. Dieses „materielle Ergebnis des Segens wird", wie schon in Gen 24,35, „mit einer typischen Reichtumsliste vor Augen geführt"[13], durch die Jizchak nach Avraham in eine Reihe mit anderen Reichen der Bibel wie Jaakov[14], David[15], Hiskija[16] oder Hiob[17] gestellt wird. Dadurch, dass der Erwerb all des Viehs und der Leute mit denselben Worten wie in 12,16 geschildert wird (וַיְהִי־לוֹ) und die Liste Ähnliches umfasst wie 12,16 und 20,14, haben die Rezipient/inn/en Gelegenheit, sich an die unterschiedliche Kontexte des

1 Vgl. Nicol, Studies, 55.
2 Vgl. z.B. Ramban, z.St.; Jacob, Genesis, 551. Raschi, z.St., übersetzt עבודה mit: „Unternehmungen"; Ibn Esra, z.St., mit „Haushalt".
3 Wolff, Kerygma, 264.
4 Vgl. 1Sam 25,2; 2Sam 19,33; 2Kön 4,8. Siehe auch Interview „Rad".
5 Vgl. Radak bei Zlotowitz, Bereishis I, 1091.
6 Vgl. Nicol, Studies, 65.
7 Vgl. Interview „Besen".
8 Vgl. Interview „Rad".
9 Interview „Ringelblume".
10 Die Masora verweist auf zwei weitere drei Stellen mit der Verbform וְגָדֵל hin, u.a. auf 1Sam 2,26, wo geschildert wird, das der Junge Samuel größer wird „an Alter und Gunst bei Adonaj und bei den Menschen".
11 Vgl. Davidson, Genesis II, 129; Plaut, Bereschit, 249.
12 Vgl. Interview „Kaktus".
13 Levin, Jahwist, 201.
14 Vgl. die ähnliche Aufzählung in 30,43.
15 In 2Sam 5,10 findet sich eine ähnliche Konstruktion mit הלך und גדל.
16 Auch Hiskija hatte einen „Viehbesitz an Klein- und Großvieh in Menge" (2Chr 32,29).
17 Der Ausdruck עֲבֻדָּה erscheint ein weiteres Mal nur in Ijob 1,3.

jeweiligen Reichtums zu erinnern: Erschienen die Gaben in Gen 12 den meisten Leser/inne/n als ‚Brautpreis‘ und in Gen 20 als ‚Wiedergutmachung‘ des versehentlichen Raubes der Erzmutter, so kommt Jizchak in Gen 26 noch später im *plot* der Preisgabegeschichten zu seinem Reichtum, nämlich erst nach der Beinahe-Gefährdung – als Segen und Beginn neuer Verwicklungen.

Jizchaks Reichsein wird aber nicht einfach konstatiert. Vielmehr wird mit der Abfolge der Verben גדל-הלך-הלך-גדל-גדל eine allmähliche Steigerung[1] inszeniert:[2] Man kann gleichsam zusehen, wie Jizchak immer größer und reicher wird – bis dahin, dass er sehr groß ist. Einigen erscheint der Reichtum wie der Joschafats[3] bereits übergroß[4], und manche erinnern sich daran, dass auch die Habe Avrahams und Lots so groß war, dass es das Land nicht ertragen konnte (Gen 13,2.6) und es zum Streit zwischen den Hirten kam (13,7).[5]

So weit ist es in Gen 26 noch nicht. Doch schon heißt es: *„Und es beneideten ihn Philister (V.14c).“* Jizchaks gesegneter Reichtum bewirkt, ja provoziert[6] bei einer Gruppe von Philistern (kein Artikel!) Neid oder „Missgunst“[7], wenn nicht gar Hass[8]. Dabei zeigen viele Leser/innen, dass sie sich zumindest teilweise in die Philister einfühlen können: Jizchak wird von den Ortsansässigen als „Konkurrenz“[9] oder wegen knapper Weideflächen als „Bedrohung“[10] empfunden. Die Philister fürchten sich vielleicht „vor seiner Macht“[11], seiner Position und dem Respekt, den sein Reichtum mit sich bringt,[12] und fühlen sich verdrängt. Möglicherweise sind Jizchak und die Philister wie zuvor schon Avraham und Lot (Gen 13) oder im weiteren Verlauf der Erzelternerzählungen Esaw und Jaakov (36,7) zu reich, um in

---

1 Vgl. Proksch, Genesis, 159; Keil, Genesis, 229.
2 Für Jacob, Genesis, 556, ist die „Zusammenstellung der überreichlichen Fülle im Segen [...] Sprache der Poesie und der prophetischen Verheißung.“
3 Vgl. den Verweis der Masora auf 2Chron 17,12: Joschafat wurde groß bis zum Übermaß.
4 Vgl. Fischer, Erzeltern, 215; ähnlich Albertz, Isaak, 294.
5 Vgl. z.B. Proksch, Genesis, 159; Jacob, Genesis, 551; Janzen, Genesis II, 101.
6 Wenham, Genesis II, 195.
7 Vgl. Jacob, Genesis, 551; Interview „Rad“.
8 Vgl. Zlotowitz, Bereishis I, 1092.
9 Interview „Ringelblume“.
10 Vgl. auch Sforno zu V.16; Van Seters, Abraham, 187; Matthews, Pastoralists, 216; Lutz, Isaac, 155; Clines, Eve, 83.
11 Keil, Genesis, 229. Vgl. auch McCarthy, Covenants, 183.
12 Vgl. Ramban, z.St., der hier mutmaßt, Jizchak könnte reicher als Avimelech geworden sein.

einem Gebiet beieinander zu wohnen. Damit wird der auf Jizchak liegende Segen ambivalent. So positiv er für den Erzvater auch ist, ruft er doch gleichzeitig negative Gefühle bei manchen Philistern hervor, so dass ADONAJS Versprechen des Segens für die Völker in Gefahr gerät - eine paradoxe[1] oder tragische[2] Situation, zumal die Emotion „Neid" deutlich macht, dass sich das Volk dieses Landes einen Anteil an dem Segensreichtum wünscht. Damit hat die Verwirklichung von Gottes Versprechen (V.3), die Sichtbarmachung des Segens (25,11) gerade nicht zu jenem Segensverhältnis geführt, das in Gen 12,1-4 in Aussicht gestellt und in 26,4 noch einmal angesprochen wurde - vom Segen wird daher bis beinahe zum Ende der Erzählung keine Rede mehr sein. Vielmehr entfaltet sich das in der Verheißung an die Erzväter enthaltene Konfliktpotential, wenn in den folgenden Versen das Verhalten der Grariter von ihrer Missgunst gegenüber Jizchak geleitet scheint.

„Und all die Brunnen, die die Knechte seines Vaters gegraben hatten (V.15a) - in den Tagen seines Vaters Avraham (b), die hatten Philister verstopft[3] *(c), und haben sie mit Erde angefüllt (d)."* Auf den ersten Blick scheint es (Lesemöglichkeit 1), als hätten Philister die alten Brunnen in Folge dieses Neides verstopft[4] und wollten mit dieser Maßnahme gegen die ungeliebten Gäste versuchen, die Hebräer von der lebensnotwendigen Wasserversorgung abzuschneiden und damit zu vertreiben. Einige Rezipient/inn/en erinnert das an die Streitigkeiten der Erzväter mit den Hirten Lots (13,7)[5] bzw. mit den Knechten Avimelechs (21,25) um den Lebensraum bzw. die Wasserbrunnen.

Auf den zweiten Blick kommt aber noch eine andere Lektüremöglichkeit (2) in Betracht, nach der die Brunnen schon sehr viel früher und lange vor der Ankunft Jizchaks in Grar zugeschüttet wurden. Die im Deutschen nicht gut darstellbare Inversion in V.15 stoppt etwas den Lesefluss und

---

1 Vgl. Sarna, Genesis, 185: „Yet his God-given prosperity paradoxically becomes a cause of distress for it provokes the envy of the local people and leads to Isaac's expulsion from Gerar."

2 Vgl. Nicol, Studies, 30: „Tragic for Isaac in that he has been expelled from the land from which he had derived great wealth, and for the Philistines in that they have expelled the man of blessing from their midst." Jizchak „has lost his place in the land where Yahwe has blessed him (v 12) and made him powerful (v 16)."

3 Das Verb סתם begegnet nur hier im Pi. und soll in den Augen von Jacob, Genesis, 551, im Sinne einer „vielfältigen und beflissenen Arbeit [...] die Unvernunft dieses rohen Vandalismus ausdrücken."

4 Diese Reihenfolge der Geschehnisse nehmen z.B. an: Vgl. Sforno, z.St.; Sarna, Genesis, 185; Jacob, Genesis, 551, Interviews „Besen" und „Mauer".

5 Vgl. etwa Fischer, Erzeltern, 222.

könnte darauf deuten, dass hier auf ein Ereignis der Vorvergangenheit zurückgeblickt wird.[1] Dann stünde das Verstopfen der Brunnen nicht im Zusammenhang mit der negativen Einstellung der Philister gegenüber Jizchak, sondern wäre, wie V.18 berichtet, bereits „nach dem Tode Avrahams" geschehen. Über die Gründe lässt sich nur spekulieren: Aus 2Kön 3,19.25 und 2Chr 32,3f. wissen wir, dass man Wasserquellen gelegentlich als Maßnahme gegen einen (herannahenden) Feind „verstopft" (סתם)[2] hat, und Hirsch traut den Philistern zu, dass sie die Brunnen nach dem Tod Avrahams mit Erde angefüllt haben, um dessen Kinder daran zu hindern, vom Land Besitz zu nehmen.[3] Diese zweite Lesemöglichkeit hat den Vorteil, dass sie nicht mit V.18 kollidieren wird, wonach die Brunnen „nach dem Tod Avrahams" zugeschüttet wurden. Es ist aber auch denkbar und lässt sich so in einigen Interviews nachvollziehen, dass Leser/innen bei der Lektüre von V.15 zunächst an ein neues Ereignis denken (1) und diese Interpretation in V.18 dahingehend revidieren, dass V.15 eine Analepse (2) darstellt.[4]

In V.15 ist beachtenswert, dass *alle* Brunnen, die Avraham einmal gegraben hat, verfüllt wurden: sowohl etwaige Brunnen in Grar und der Umgegend als auch in Beer-Scheva. Daraus ist zum einen zu schließen, dass Avraham nicht nur in Beer-Scheva, wie wir wissen (Gen 21), sondern auch

1 Zur Übersetzung in der Vorvergangenheit vgl. z.B. Heinisch, Genesis, 288; Soggin, Genesis, 348; Sacks, Genesis, 214.

2 Es wäre zu erwägen, ob סתם das leichter rückgängig zu machende Verstopfen einer Quelle z.B. mit Holz bezeichnet, so wie auch Otzen, Art. סתם, in: ThWAT V, 963-967, Zit. 964, in Neh 4,1 סתם als Zumauern versteht, wohingegen מלא עפר das vollständige Anfüllen mit Erde meint. Dann würden 2Kön 3,19.25 und 2Chr 32,3f. von dem provisorischen Verschließen einer Wasserquelle aus Angst vor dem Feind berichten, während die Zusammenstellung von סתם *und* מלא עפר in Gen 26,15.18 im Sinne der Erzähldramatik darauf hinweist, dass die angefüllten Brunnen im Prinzip neu gegraben werden mussten: Die Philister hatten die Brunnen verstopft, indem sie sie vollständig mit Erde verfüllten.

3 Vgl. Hirsch, z.St., siehe auch Zlotowitz, Bereishis I, 1093 im Anschluss an Raschbam. Matthews, Wells, 123, hält es für möglich, „that they were trying to discourage other migratory groups from entering the area."

4 In der literargeschichtlichen Zugangsweise werden VV.15.18 als Ergänzungen betrachtet, die zwischen Gen 26 und den Avrahamtexten ausgleichen sollen. Vgl. etwa Rendtorff, Problem, 32ff.; Lutz, Isaac, 154 (Lit.); Blum, Komposition, 301f. mit Anm. 4 (Lit.); Schmid, Gestalt, 45; Thiel, Genesis 26, 258.
Westermann, Genesis I/2, 520, sieht in VV.15.18 eine „alte Brunnennotiz", mit der nun derart geschickt „von V.12-17 zu den Brunnenstreit-Nachrichten V.19-25" übergeleitet wird, dass man „nicht merkt, daß V.19-25 ursprünglich nicht mit V.12-17 und V.26-31 zusammengehören."

an anderen Orten im Einflussbereich der Philister Brunnen gegraben hat, auch wenn davon bisher nichts berichtet wurde.[1] Doch diese Brunnen stehen Jizchak nicht mehr zur Verfügung – entweder (entsprechend Lesemöglichkeit 2), weil er sie schon bei seiner Ankunft nicht mehr angetroffen hatte oder (Lesemöglichkeit 1), weil sie jetzt in einem feindlichen Akt zugeschüttet wurden. Im Falle 2 ist Jizchak von den Brunnen der Grariter abhängig, was wegen ihrer Missgunst zu einem Problem werden dürfte, und im Falle 1 entsteht damit nun nach der Hungersnot (P1) sein zweites großes Problem (P2).[2] Denn da die neidvollen Philister ihn wohl kaum dazu einladen werden, ihre Brunnen mitzubenutzen, kann Jizchak nun seine große Familie und all sein Vieh nicht mehr mit Wasser versorgen. Das lebensnotwendige Wasser ist mit Erde bedeckt, und die Leser/innen fragen sich wiederum, wie nun die Verheißungen an den Erzvater in Erfüllung gehen sollen.

Die Krise wird noch einmal deutlicher, als Avimelech Jizchak zum Gehen auffordert. *„Und Avimelech sagte zu Jizchak (V.16a): ‚Geh von uns weg (b). Denn du bist sehr viel stärker als wir geworden (c).“* Spätestens damit ist der Konflikt mit den Philistern (P3) deutlich ausgebrochen. Diesmal spricht Avimelech nicht, wie in 21,22, mit dem Erzvater, um mit ihm einen Vertrag zu schließen, sondern um ihn zum Verlassen des Ortes zu bewegen. Eine Vereinbarung über einen Brunnen, wie sie in Gen 21 zwischen den beiden geschlossen wurde, scheint außerhalb jeder Möglichkeit zu liegen, und auch ein segensreiches Verhältnis zwischen den Philistern und dem Erzvater rückt weiter und weiter in die Ferne. Für Avimelechs Empfinden ist Jizchak zu „mächtig“[3] geworden – ebenso, wie wir es später von den Kindern Israels lesen werden (Ex 1,7.9[עצום ממנו].20)[4]. Und so zieht Avimelech denn auch dieselbe Konsequenz wie Pharao: לֵךְ – geh! (Ex 10,28, vgl. Gen 12,19).[5]

1 Das Wort באר kam bisher nur in 14,10 (Asphaltgrube); 16,14 (Beer-Lachai-Roi) und in Gen 21,19.24, wobei allein in 21,25 von einem Avrahambrunnen die Rede ist. Insofern verweist der אשר-Satz auf eine Leerstelle, und die Leser/innen werden aufgefordert, Gen 21,22ff. als iterativisch zu interpretieren: so wie dort berichtet, hat Avraham mehrere Brunnen gegraben.

2 Jizchaks Furcht vor Nebenbuhlern (V.26,7) wird als *subjektives* Problem hier nicht mitaufgeführt.

3 Dillmann, Genesis, 324.

4 An Ex 1 fühlen sich viele Exeget/innen erinnert. Vgl. z.B. Proksch, Genesis, 160; Jacob, Genesis, 551; Boecker, Genesis, 37.

5 Entweder ist dies ein feindlicher Akt, oder die Aufforderung zum Gehen geschieht, wie einige deuten, aus Sorge um die Gäste angesichts der Anfeindungen der Einwohner. Vgl. Sarna, Genesis, 185.

Nach einer anderen Übersetzung von (c) tritt der Konflikt noch stärker hervor: Viele jüdische Exegeten geben das מִן nicht mit einem Komparativ, sondern mit der Präposition „von“ wieder: כִּי־עָצַמְתָּ־מִמֶּנּוּ מְאֹד – „weil du von uns so mächtig geworden bist“,[1] als hätten sich Jizchak und seine Leute auf Kosten der Ansässigen bereichert.[2] Und das, empört sich z.B. der Midrasch, obwohl Jizchak hier selbst gesät und geerntet[3] und in dieser Geschichte seinen Reichtum gerade nicht von den Gastgebern erhalten hat! So sehen manche in diesen Versen das Schicksal angefeindeter und vertriebener Juden präfiguriert[4] und finden in diesem Text einen Raum für die Erfahrungen der Zerstreuung:

> „The whole history of the Jewish people is marked by expulsions from their homeland, from one exile to another[,] from one town to another, from village to village, from one quarter of a city to another, and this can also be paralleled in the history of the Patriarchs. In our sidra we have, therefore, the first expulsion.“[5]

Doch gibt es auch im Judentum Leser/innen, die Avimelechs Rede nicht als eine Ausweisung, sondern eher als einen guten Rat angesichts der neidvollen Bevölkerung sehen und sich in Avimelechs Lage hinein versetzen. Leibowitz etwa, der, wie eben zitiert, 26,16 als סימן, als Vorausdeutung auf die Vertreibung von Juden interpretierte, führt andererseits eine Auslegung an, in der Haamek Hadavar Avimelech eine lange Rechtfertigungsrede in den Mund legt: Jizchaks übergroßer Reichtum sei den vermögenden Graritern ein Dorn im Auge, das müsse er verstehen. Deshalb sehe sich Avimelech gezwungen, den mit Avraham auf alle Zeiten geschlossenen Vertrag zu verletzen und ihn zu bitten, Grar zu verlassen.[6] Und auch zwei

---

Die zweite Lektüremöglichkeit berührt sich mit der Interpretation von Jacob, Genesis, 558, wonach sich die innenpolitische Lage zwischen Gen 20f. und Gen 26 geändert habe: Daran, dass Avimelech in Gen 21 noch in der Einzahl, in Gen 26 aber in der Mehrzahl spreche und zudem „König der Philister“ genannt werde, sei erkennbar, dass Avimelech vom absoluten Monarchen zu einem konstitutionell-demokratischen Herrscher geworden ist. Nun hatte das Volk der Philister „mitzureden, und Abimelech mußte wohl oder übel auf die durch den Wohlstand und Einfluß des ‚Fremden‘ erregte Volksstimmung Rücksicht nehmen. [...] Der König versucht sich möglichst loyal zu zu verhalten. Er verweist Isaak nicht des Landes, was ein Bruch des mit Abraham geschlossenen Bundes gewesen wäre. Er sagt nur: gehe fort von uns, d. h. von Gerar, und Isaak verlässt zunächst nicht das ‚Land der Philister‘, sondern zieht sich nur bis an die Grenze von Gerar (v.17) zurück.“

1 Vgl. Gen 2,2.
2 Vgl. GenR 64,4.
3 Vgl. Zlotowitz, Bereishis I, 1094, mit Verweis auf Akeidat Jizchak und Radak.
4 Vgl. auch Ramban, z.St.
5 Leibowitz, Studies, 261.
6 Vgl. Haamek Hadavar bei Leibowitz, Studies, 262.

interviewte Studenten[1] versuchen, Avimelech eher zu verstehen als zu verurteilen. Einige Leserinnen erinnern sich in dem Zusammenhang an Gen 13, wo die friedliche Trennung als eine gute Möglichkeit erschien, den durch übergroßen Reichtum hervorgerufenen Konflikt zu lösen.[2] Die Trennung ist in VV.16f. dadurch auch untergründig präsent, dass das partitive מִן (3x) hier leitend ist: Der mit Reichtum gesegnete Jizchak soll von den Philistern weggehen, weil er von den Philistern aus betrachtet (oder von ihnen) zu mächtig geworden ist. Und in der Tat weicht er „von dort".

„Und Jizchak ging von dort weg (V.17a). Und er lagerte im Tal von Grar (b), und er blieb dort (c)." Von vielen Rezipient/inn/en wird wahrgenommen, dass Jizchak anscheinend ohne großes Aufsehen, ohne Protest,[3] ja ohne überhaupt zu antworten, „mit all seinem Vieh und Familie und was alles dazu gehört"[4], fortgeht. Jizchak vermeidet eine Konfrontation[5], anders als in 13,7 und 21,25 gibt es hier keinen offenen Streit (רִיב), und Jizchak stellt Avimelech nicht zur Rede. Das Verb שלח pi. fehlt hier, denn eine ‚Begleitung' wie in 12,20 ist nicht nötig, um sich Jizchaks zu entledigen. Manche empfinden es als „verwunderlich"[6] und bemerkenswert ist, dass Isaak selbst jeglichen Streit meidet und statt dessen immer wieder seinen Gegenspielern „nachgibt"[7] und folgern daraus für die Charakterisierung Jizchaks, dass er „kein streitsüchtiger Mensch zu sein"[8] scheint. Eine Studentin beobachtet, dass nicht schon das Zuschütten der Brunnen, sondern erst die Begegnung mit dem König den Erzvater aus Grar vertreiben konnte.[9] Vielleicht hat Jizchak in Avimelech unüberwindbare negative Gefühle gespürt.

Wenn die Hebräer sich im „Tal von Grar" niederlassen, dann wird dadurch suggeriert, dass Jizchak in der Nähe von Grar und damit in der

1 Pfeife paraphrasiert Avimelechs Worte: „Also, wir können nicht miteinander, wir müssen fürchten, du wirst über uns herrschen. Wir werden untertan sein [...]. Also 'ne gütliche Trennung". Ähnlich auch Rad und Oswald, Erzeltern, 84.

2 Vgl. Janzen, Genesis II, 102; Matthews, Wells, 124; Interview „Pfeife".

3 Vgl. Sarna, Genesis, 186.

4 Vgl. Sarna, Genesis, 186.

5 Vgl. Interview „Kaktus".
Matthews, Wells, 124, vermutet, dass Jizchak deswegen so rasch aus Grar fortgegangen ist, weil er wusste, dass er im Tal von Grar Brunnen aus den Zeiten seines Vaters wieder aufgraben kann.

6 Vgl. Interviews „Mauer" und „Sim".

7 Boecker, Genesis, 37.

8 Vgl. Interview „Kaktus".

9 Interview „Besen".

Nähe von Avimelech und seinen Leuten bleibt.[1] Man kann daher vermuten, dass dieses Tal noch zum Einflussbereich Avimelechs gehört. Ist Jizchak insofern schon weit genug von der Hauptstadt entfernt, um es nicht zu neuen Konflikten kommen zu lassen? Und warum ist Jizchak nicht noch weiter gezogen? Vielleicht erschien ihm das Tal als aussichtsreich, um dort Wasserbrunnen zu finden.[2] Denn nun ist endgültig deutlich, dass sich Jizchak eine neue Wasserversorgung schaffen muss. Seine Lage hat sich dadurch noch zugespitzt, dass der Hebräer mit dem Wegzug auch den Ackerbau als Nahrungsgrundlage verloren hat. Wenn er nun auf Wanderschaft gehen muss, könnte das seinen „Ruin“ bedeuten.[3]

„Und Jizchak grub die Wasserbrunnen wieder auf, die man in den Tagen[4] seines Vaters Avraham gegraben hatte (V.18a), und die Philister verstopft hatten[5] (b) nach dem Tod Avrahams (c). Und er nannte ihre Namen nach den Namen, mit denen sie sein Vater benannt hatte (d): ...“ Mit dem Doppelpunkt hinter V.18 habe ich angedeutet, dass ich diese Einheit als Ausblick auf die folgenden Grabungen (VV.19-22) verstehe – gewissermaßen als Überschrift.

Üblicherweise wird V.18 jedoch als *summary* interpretiert, das in starker Raffung von einer iterativen Handlung erzählt: Jizchak hat die Brunnen, die von den Philistern zugeschüttet wurden, wieder aufgegraben.[6] Im Zusammenhang zwischen V.18 und V.15 entstehen bei dieser Lesart weitere Fragen, die wiederum von der in V.15 gewonnenen Deutung abhängen: Interpretiert man V.15 als Analepse, d.h., als Rückblick auf ein früheres Ereignis (Lesemöglichkeit 2), dann scheint es wahrscheinlich, dass die in V.18 wieder aufgegrabenen Brunnen identisch mit Brunnen aus V.15 sind[7]. Diese Lesart unterstützen die zahlreichen Übereinstimmungen zwischen V.15 und V.18 (פְּלִשְׁתִּים, סתם, בִּימֵי אַבְרָהָם אָבִיו, בְּאֵרֹת, חפר)[8]. In diesem Fall hätte also V.15 mitgeteilt, dass irgendwann vor Jizchaks Aufenthalt in Grar die Avrahambrunnen mit Erde angefüllt wurden, und V.18 würde

1 Anders Raschi, z.St., der Jizchak weit von der Stadt entfernt lagern sieht.

2 Vgl. Zlotowitz, Bereishis I, 1095, der darüber hinaus mutmaßt, Jizchak hätte möglicherweise dort bleiben wollen, wo Gott ihm aufgetragen hat, als Fremdling zu wohnen.

3 Vgl. Westermann, Genesis I/2, 519.

4 Sam, LXX und Vulg lesen entsprechend V.15 עבדי statt בימי .

5 Zum Narrativ für die Fortsetzung einer Aussage über die Vorvergangenheit vgl. Gesenius, Grammatik, §106f und Jacob, Genesis, 552.

6 Vgl. z.B. Nicol, Studies, 82.

7 Vgl. Raschi, z.St.

8 Vgl. Ramban, zu V.17; Sarna, Genesis, 186.

nun ergänzen, dass dies „nach dem Tod Avrahams“ geschehen ist. Liest man hingegen V.15 als ein – auf den Neid der Philister (V.14) folgendes – neues Ereignis (Lesemöglichkeit 1), so scheint V.18 wegen der Angabe, diese Brunnen seien bereits „nach dem Tod Avrahams“ verfüllt worden, auf andere Brunnen als V.15 zu verweisen. Auf eine Verschiedenheit der Brunnen in V.15 von denen in V.18 könnte hinweisen, dass die Brunnen in V.15 „verstopft“ und „mit Erde angefüllt“ hat, während die in V.18 nur „verstopft“ wurden und möglicherweise in Grar liegen.

Damit ergibt sich für die Leser/innen dieser Entscheidungsbaum:[1]

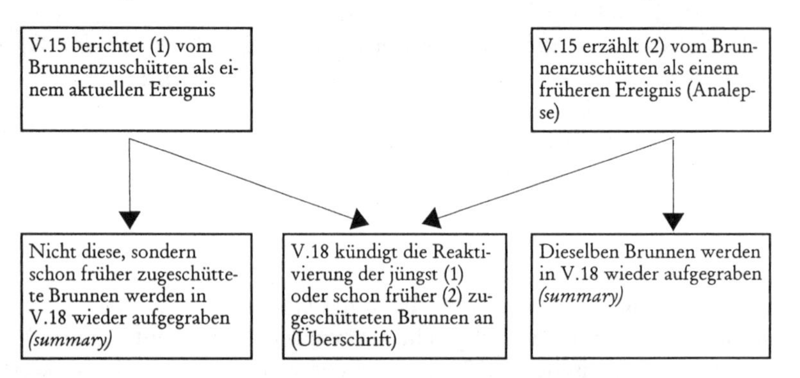

Die verbreitete Lektüreweise, nach der V.18 keine Ankündigung, sondern ein *summary* ist, wirft jedoch einige Fragen auf: Warum berichtet dieser Vers nicht, ob die gegrabenen Brunnen Wasser führten, wie es in VV.19f.[2] jedesmal getan wird? Wenn Jizchak kein Wasser gefunden hätte, dann wäre das eine wichtige Nachricht gewesen, zumal das erklären würde, dass im weiteren Verlauf noch andere Brunnen gesucht werden. Hätte Jizchak hingegen Wasser gefunden, so wäre zu fragen, warum, anders als VV.19ff., erstens die Hirten Grars ihm diese Brunnen nicht wie zuvor streitig machen,[3] zweitens keiner der Brunnen mit Namen genannt wird, und drittens Jizchak trotz seines Wasserfundes weitere Brunnen gräbt. Diese Probleme ließen sich entweder durch narrative Amplifikation lösen: Jizchak hat kein Wasser gefunden, deshalb stritten die Hirten Grars auch nicht um

1 In der literarhistorischen Wissenschaft stellt sich freilich die Frage nach der Einordnung von VV.15.18 deshalb nicht, weil die beiden Verse als sekundär betrachtet werden, vgl. z.B. Heinisch, Genesis, 288.

2 In V.21f. können die Leser/innen selbstständig erschließen, dass Wasser gefunden wurde.

3 Diese Fragen stellen sich z.B. auch Heinisch, Genesis, 288.

die Brunnen; die neuen Brunnen haben Wasser geführt, aber die Philister haben nicht eingegriffen, weil sie Brunnen als ein rechtmäßiges Erbe Jizchak anerkennen mussten; das Wasser dieser Brunnen hat nicht ausgereicht, um die Familie und die Herden zu versorgen,[1] usw.

Oder aber man liest, wie hier vorgeschlagen, V.18 als Überschrift:[2] Ob nun nach V.15 bereits früher oder erst während Jizchaks Aufenthalt in Grar alle Avrahamsbrunnen zugeschüttet wurden – V.18 kündigt an, dass der Erzvater, der nun im Tal von Grar auf sich allein gestellt ist, versuchen wird, die Brunnen seines Vaters zu reaktivieren und ihnen die früheren Namen zu geben, was als Traditionsbewusstsein[3] oder als Besitzanspruch[4] gedeutet wird. Im Folgenden werden drei solche Versuche erzählt, bei denen jeweils die Lexeme חפר, באר und קרא aus V.18 wieder erscheinen.

„Und die Knechte Jizchaks gruben im Tal (V.19a), und sie fanden dort (b) – einen Brunnen lebendigen Wassers (c).“ Gleich beim ersten Versuch werden die Knechte Jizchaks fündig. Mit dem Verb מצא, das in V.12 mit dem überreichlichen Gesegnetsein durch den lebensnotwendigen Reichtum der Natur verbunden war, wird dargestellt, dass Jizchaks Leute nicht nur einen Brunnen,[5] sondern darin sogar „lebendiges Wasser“ finden. Diese Formulierung lässt einerseits auf eine besondere Güte[6] dieses frischen, vielleicht sprudelnden Quellwassers[7] schließen und verweist andererseits darauf, dass dieses Wasser – zumal in der semiariden Steppenzone – das „Lebensele-

---

1 Vgl. Matthews, Wells, 124; Zlotowitz, Bereishis I, 1097, mit Verweis auf Radak; siehe auch Interview „Besen“.

2 Vgl. Jacob, Genesis, 552, der V.18 als Einleitung zu V.19ff. betrachtet, in diesem Vers aber einen Rückblick auf die Zeit vor Jizchaks Vertreibung aus Grar sieht.
Ein solches Verständnis von V.18 als Überschrift bzw. Einleitung zu den folgenden Grabungen könnte auch der Targum Pseudo-Jonathan voraussetzen, der zu allen in VV.19ff. gegrabenen Brunnen berichtet, sei seinen ausgetrocknet und hätten erst nach der Rückgabe an Jizchak wieder Wasser geführt, während eine solche Schilderung in V.18 fehlt. Unklar ist, ob sich eine ähnliche Interpretation bei Nicol, Studies, 119.136 andeutet, wenn er V.18 als „statement“ und die drei folgenden Schilderungen des Brunnengrabens als „1st Report“, „2nd Report“ und „3rd Report“ bezeichnet.

3 Vgl. die Interviews „Rad“, „Pfeife“ und „Kaktus“.

4 Vgl. Sarna, Genesis, 186; Plaut, Bereschit, 250.

5 Nach der hier dargestellten Deutung könnte es sich um einen schon bestehenden Brunnen handeln. Dagegen geht Wellhausen, Composition, 20, und ihm folgend Gunkel, Genesis, 1902, 267, davon aus, dass hier ein neuer Brunnen gegraben wird.

6 Vgl. Sarna, Genesis, 186.

7 Vgl. z.B. Gunkel, Genesis, 1902, 267, Dillmann, Genesis, 325; von Rad, Genesis, 236; Zlotowitz, Bereishis I, 1097, mit Verweis auf Malbim; Lutz, Isaac, 159; Plaut, Bereschit, 250; Seebass, Genesis II/2, 283.

ment schlechthin“[1] ist. Doch die Erleichterung über diesen Erfolg (L2?) währt nicht lange, weil wieder ein Konflikt mit Philistern (P3) ausbricht.

„Und die Hirten von Grar stritten mit den Hirten Jizchaks, indem sie sagten: ‚Uns gehört das Wasser‘ (V.20a). Und er nannte den Namen des Brunnens Zank (עשׂק) (b), weil sie sich um ihn gezankt haben (עשׂק hitp.) (c).“ Entweder ist diese Auseinandersetzung eine Fortsetzung der Feindlichkeiten, die man in dem Zuschütten der Brunnen (V.15) und in Avimelechs Aufforderung zum Verlassen der Stadt (V.16) sehen konnte, oder es ist ein neuer Konflikt, der zwischen den Hirten im Hinterland von Grar entstanden ist und an den Hirtenstreit in Gen 13 (26,19/13,7: רִיב + ... רֹעֵי) sowie an 21,25c[2] erinnert. Noch bevor Jizchak den reaktivierten Brunnen mit einem alten Namen belegen und damit die Wasserquelle als seinen Besitz markieren, also „Anspruch“[3] auf diesen Brunnen erheben kann, schreiten die Hirten von Grar ein und scheinen den Brunnen für sich zu reklamieren. Offenbar überlässt Jizchak ihnen daraufhin gezwungener Maßen den Brunnen[4] und verzichtet darauf, ihm einen Namen aus Avrahams Zeiten zu geben. „Zank“ soll dieser Brunnen heißen, womit Jizchak nicht nur den Brunnen, sondern gleichzeitig den Konflikt benennt.[5] Die Ankündigung aus V.18 ist nicht eingelöst. Wegen eines weiteren Streites mit Philistern (P3) kann auch der Wassermangel (P2) nicht behoben werden.

Statt um den Brunnen zu kämpfen,[6] den *er* schließlich gegraben hat,[7] oder anstatt sich um eine friedliche Lösung zu bemühen[8], indem man z.B. den Brunnen gemeinsam nutzt,[9] entzieht sich der nachgiebige[10] Jizchak diesem „Konkurrenzkampf“[11] und lässt an andere Stelle einen neuen Brunnen graben:

1 Levin, Jahwist, 204; vgl. auch Sacks, Genesis, 214 („live-giving substance“) sowie das Interview „Hammer“.
2 26,19f. erzählt den Nebensatz in 21,25c aus.
3 Interview „Besen“.
4 Vgl. Sforno, z.St.; Zlotowitz, Bereishis I, 1098, mit Verweis auf Malbim; Ramban, z.St.; Interview „Besen“.
5 In ähnlicher Weise wird später der Brunnen Meriba aufgrund eines Streites (ריב) diesen Namen erhalten (Num 20,13.24).
6 Vgl. die Interviews „Sim“ und „Kaktus“.
7 Vgl. Interview „Rad“.
8 Vgl. Interview „Ringelblume“.
9 Vgl. Interview „Pfeife“.
10 Vgl. Gunkel, Genesis, 1902, 267; Interview „Kaktus“.
11 Interview „Rita“.

„Und sie gruben einen anderen Brunnen (V.21a). Und stritten auch um diesen. Und er nannte seinen Namen Fehde (שטנה)[1]*."* Der zweite Versuch, einen Brunnen zu reaktivieren, kann stark abgekürzt erzählt werden, weil die Leser/innen ihr Wissen aus V.20 einbringen: Anscheinend führte auch dieser Brunnen Wasser, so dass die Hirten von Grar mit den Leuten Jizchaks um ihn stritten und Jizchak wegen dieser Feindlichkeit dem Brunnen den Namen Sitna gab, was an das Verb שטן[2] „anfeinden/anklagen" und an die damit zusammenhängenden Nomen „Widersacher"[3] oder „Streitschrift/Anklage"[4] erinnert. Damit ist nun der Streit mit drei Begriffen (ריב, עשק, שטן) umfassend beschrieben. Jizchaks ernste Probleme sind wiederum nicht gelöst, er konnte zu keinem Avrahambrunnen gelangen.

Beim dritten Versuch bricht Jizchak seine Zelte ab und zieht offenbar ein größeres Stück weiter als zuvor.[5] *„Und er brach von dort auf und grub einen anderen Brunnen (V.22a). Und um den stritten sie nicht (b). Und er nannte seinen Namen ‚Weiten' (רחבת) (c). Und er sagte: ‚Weil uns jetzt Adonaj Weite verschafft hat (רחב hif.), so dass wir im Land fruchtbar sein können (d)."* Wahrscheinlich ist die Distanz zu den Graritern nun groß genug, so dass es zu keinem neuen Streit kommt. Jizchak selbst beginnt nun einen weiteren Brunnen zu graben, und nach dem – nicht nur in mündlicher Narration – beliebten Schema der drei Anläufe haben Jizchak und seine Leute nun Erfolg:

Sie finden wohl einen Brunnen, der Wasser führt (L2) und um den kein Konflikt entbrennt (L3). Deshalb benennt Jizchak ihn mit dem Namen „Weiten" und begrüßt dieses Ereignis überschwänglich, indem er es theologisch deutet – zum ersten Mal in Gen 26 erscheint das Tetragramm in einer Figurenrede: Ja, jetzt hat Adonaj endlich eine „Zukunftsperspektive"[6] in einem Lebensraum geschaffen, der so weit ist, dass kein Streit entsteht und die Hebräer „im Land" bleiben und dort fruchtbar sein können. Vielleicht schließt Jizchak sogar in der 1.Pers.Pl. ein, dass auch die Philister sich in dieser neuen Weite entfalten können. רחוב/רחבות[7] meint zunächst den offenen Raum, die Breite oder Weite, und ist psychologisch zu verstehen als Raum zum Atmen – רחב hif. bezeichnet in den Psalmen oft das

1 Ein Hapaxlegomenon.
2 Vgl. etwa Ex 38,21; Ps 71,13; 109,4.20.29; Sach 3,1.
3 Vgl. z.B. Num 22,22.32; 1Kön 11,14.23.25; Ijob 1,6-9.12; 2,1-4.6f.
4 Vgl. Est 4,6.
5 Vgl. Proksch, Genesis, 160.
6 Schmid, Gestalt, 46 („Hier erwächst ‚Theologie' aus guter Erfahrung").
7 Vgl. etwa Gen 19,2; Prov 22,13; Am 5,16.

Weiten in der Situation der Angst, Not und Bedrängnis.[1] Soziologisch ist רחבות als Lebensraum[2] zu begreifen: als die Weite des Landes, die etwa Avraham nach seiner friedlichen Trennung von Lot erfahren durfte (13,17).[3]

Mit dem Raumhaben ist wieder die glückliche Ausgangssituation von V.12 hergestellt: Jizchak ist wieder „im Land" und kann dort fruchtbar sein, womit der Rahmen geschlossen ist. Nun kann Jizchak wieder säen und seine Nachkommen ernähren, so dass die Verheißungen aus VV.3-5 in Erfüllung gehen können – und zwar ohne, dass es zum Konflikt mit den Völkern des Landes kommt. Da das Verb פרה in der Genesis selten[4] allein steht, sondern zumeist im Zusammenhang mit den Verben ברך pi. und[5]/oder[6] רבה hif erscheint, fällt in V.22 lediglich auf, dass hier von der Mehrung keine Rede ist und der Segen noch zu fehlen scheint.

Immerhin ist aber die ambivalente Wirkung des Segens jetzt unterbunden, da Jizchak mit seinen Leuten und seinem Besitz so weit von den Philistern entfernt ist, dass er im Land sein und sich Zugang zu Brunnen verschaffen kann, ohne dass sie sich bedrängt fühlen. Mit dem weiten Raum löst sich die Landfrage, damit auch das Problem der Brunnenrechte (L2), und es entstehen keine Konflikte mehr (L3). Auf den ersten Blick könnte damit Jizchak glücklich und die Erzählung zu Ende sein.[7]

Bei näherem Hinsehen gibt es aber mindestens drei Gründe, aus denen sich Leser/innen mit einem solchen Schluss nicht zufrieden geben: Erstens könnte man ein ungutes Gefühl empfinden, weil die Begegnungen zwischen Jizchak und Philistern stets negativ verlaufen sind, obwohl in Gen 20 und in VV.1-11 die Einstellung der Rezipient/inn/en gegenüber Avimelech zumeist positiv gewesen ist. Das könnte zweitens zu der Frage führen, in welcher Weise die Völker mit Avraham-Israel in ein segensreiches Verhältnis kommen und Anteil am Segen erhalten sollen, wie das

1 Vgl. Ps 4,2; 18,20.37; 31,9; 118,5; 119,45.
2 Vgl. Brueggemann, Genesis, 225.
3 Nach Janzen, Genesis II, 102 steht Rechovot für den „'room' for everyone" (mit Verweis auf Gen 13).
4 Vgl. Gen 17,6 (Avraham); 41,52 (Ephraim).
5 Vgl. 1,22.28 (Menschen); 9,1 (Noach und Söhne); 17,20 (Jischmael); 28,3 (Jaakov); 48,3f. (Joseph).
6 Vgl. 8,17 (Tiere); 9,7 (Noach und Söhne); 35,11 (Jaakov); 47,27 (Jaakov-Jisrael); auch Ex 1,7 (Kinder Israels).
7 Eine interviewte Studentin (Interview „Sonne") ist nach der Lektüre von V.22, mit dem eine Karte endete, tatsächlich davon ausgegangen, dass damit der Schluss der Erzählung erreicht ist. Die Lesern war sehr überrascht, als sie feststellt, dass die Geschichte weiter geht.

ADONAJ in V.4 und in 12,3 in Aussicht gestellt hat. Und drittens hat der Erzähler zwar in V.18 angekündigt, Jizchak werde Avrahambrunnen wieder aufgraben und mit den alten Namen belegen, doch selbst als er in V.22 die Chance dazu gehabt hätte, hat Jizchak diesen Brunnen aus der Situation benannt und keinen Namen gegeben, den die Rezipient/inn/en als einen Namen aus Avrahams Zeiten wiedererkennen können. Würde die Geschichte hier bereits enden, dann bliebe sie in den Augen der Leser/innen unvollständig.

Nun ist aber für die Leser/innen des Masoretischen Textes sofort sichtbar, dass die Erzählung ohne irgendein Gliederungsmerkmal in V.23 fortgesetzt wird. Deswegen lässt sich V.22 nicht als das frustrierende Ende einer Geschichte, sondern als *Trugschluss* interpretieren - ein aus der Musik und aus dem filmischen Erzählen bekanntes dramatisches Mittel. Als eine narrative Technik ist der Trugschluss hier dadurch in einer ironischen Weise eingesetzt, dass der dritte, der Erzählkonvention nach oft erfolgreiche Versuch,[1] nicht zu einer Lösung, sondern nur zu einer Teillösung und damit zu einem vorläufigen und scheinbaren Ende führt. Wenn es eine Notwendigkeit dafür gibt, dass Jizchak von hier weiterzieht, dann wird sie nicht auf der Ebene der erzählten Welt sichtbar, denn der Erzvater verfügt in Rechovot über alles, was er zum Leben benötigt. Doch auf der Diskurs- bzw. Rezeptionsebene wird deutlich: die *story* soll die Möglichkeit haben, im weiteren Verlauf doch noch die genannten Erwartungen der Rezipient/inn/en zu erfüllen, die Akteure sollen eine neue Chance erhalten. Im Rückblick wird V.22 als eine Gelegenheit erscheinen, nach all den Konflikten aufzuatmen,[2] bevor mit V.23 eine neue Folge von Ereignissen und Szenen beginnt.

„*Und er ging von dort hinauf nach Beer-Scheva (V.23).*" Weil im Text nichts über Jizchaks Motivation zum Weiterziehen gesagt wird, haben die Leser/innen die Freiheit, entweder davon auszugehen, dass der nomadische[3] Erzvater keinen besonderen Anlass dazu hatte,[4] oder aber nach einem

1 Zur Konvention der Dreizahl vgl. Olrik, Gesetze, 5. Zu den von typischen Erzählmotiven geweckten Erwartungen und der Möglichkeit des Erzählers, gerade mit diesen Erwartungen zu spielen, vgl. Naumann, David als exemplarischer König, 139ff.

2 Vgl. Seebass, Genesis II/2, 279.

3 Vgl. das Interview „Kaktus", in dem Jizchaks Fortziehen mit der für einen „Beduinen" typischen Rastlosigkeit erklärt wird.

4 Einen Beweggrund für das Fortziehen könnten die Rezipient/inn/en besonders deswegen vermissen, weil die Präposition מִשָּׁם, die hier das dritte Mal in Gen 26 erscheint (vgl. Vgl. Nicol, Studies, 64), zuvor stets mit einem Anlass zum Ortswechsel verbunden werden konnte (V.17 wegen der ‚Ausweisung'; V.22 wegen des Brunnen-

Grund für den Ortswechsel zu suchen. Hat der in V.22 gefundene Brunnen nicht ausgereicht und glaubt Jizchak in Beer-Scheva – trotz der Nähe zum Negev – dort weitere Wasserquellen erschließen zu können? Will sich Jizchak aus Angst vor den Philistern noch weiter von ihnen entfernen[1] und jenen Ort aufsuchen, an dem es seit Gen 21 einen vertraglich gesicherten Avrahambrunnen gibt?[2] Vielleicht zieht es Jizchak auch zu einem Ort zurück, der ihm von früher (vgl. 22,19) vertraut ist. Leichter fällt es vielen Exegeten, Jizchaks Fortziehen nicht spekulativ im Rahmen der Erzählwelt, sondern von der darüber liegenden Ebene des narrativen Diskurses mit den Rezipient/inn/en her zu erklären: „Nevertheless, it may be noted that for the narrator of Gen 26,1-33 Beersheba is the goal towards which Isaac must be led“[3], nicht zuletzt, weil Beer-Scheva ein „recognized Israelite holy place“[4] ist, „the only place of revelation common to all three Patriarchs“[5], und weil die von 26,1-22 ausgehenden Bögen noch nicht zu Ende geführt wurden.

Manche Leser/innen möchten den Text daraufhin befragen, ob Beer-Scheva noch innerhalb[6] oder bereits außerhalb des Philisterlandes liegt, und ob Jizchak mit V.23[7] oder eher schon in V.22 (בָּאָרֶץ) in *das* Land (Kenaan) zurückkehrt. Es ist durchaus möglich, die in Gen 26 entworfene Geographie so zu verstehen, dass überall dort, wo אֶרֶץ mit Artikel und *ohne* Nahdeixis erscheint, vom Land Kenaan die Rede ist (VV.1f.22), während אֶרֶץ mit Artikel und deiktischem Pronomen auf das Philisterland als den jeweiligen Schauplatz verweisen (V.3: בָּאָרֶץ הַזֹּאת; V.12: בָּאָרֶץ הַהִוא). Demnach hätte Jizchak in VV.1-21 einen Abstecher in das Gebiet der Philister gemacht und wäre in V.22 wieder im Land angekommen. Doch setzt eine solche Lesart eine Opposition von Im-Land-Sein zu Außerhalb-des-Landes-Sein sowie eine genaue Grenzziehung voraus, die man nicht unbedingt in dieser Erzählung sehen muss. Deutlicher scheint mir in Gen 26

---

streites).
Durch die fehlende Begründung des Wegzugs wird noch einmal der Charakter von V.23 als Neuanfang besonders augenfällig.

1 Vgl. Raschbam, z.St., mit Hinweis auf die Fürchte-dich-nicht-Formel in V.24.
2 Vgl. Janzen, Genesis II, 102.
3 Nicol, Studies, 57.
4 Vgl. Sarna, Genesis, 186.
5 Nicol, Studies, 57.
6 Dass Beer-Scheva noch zum Machtbereich der Philister gehört, so dass Jizchak dem Auftrag Gottes entsprach, im Land als Fremdling zu weilen, meint Zlotowitz, Bereishis I, 1100. Durch diese Lesemöglichkeit bliebe die potentielle Bedrohung durch die Philister weiter präsent.
7 So interpretieren Jacob, Genesis, 552; Nicol, Studies, 61.

eine narrative Geographie, die sich nicht an klar definierten Gebieten, sondern an bestimmten Orten orientiert: Jizchak geht zunächst nach Grar (VV.1-6) und verlässt diesen Ort wegen seiner Schwierigkeiten mit Philistern wieder (V.17a). Etappenweise entfernt er sich immer weiter von Grar,[1] und gelangt vom „Tal von Grar" (V.17b) über die außertextlich unbekannten Orte, an denen die Brunnen Esek (V.20), Sitna (V.21) und Rechovot (V.22) liegen, schließlich nach Beer-Scheva – einem Ort, der in Gen 21 noch zum Bewegungsbereich der Philister gehörte. Damit schreitet der Erzvater in Gen 26 denselben Kreis ab wie Gen 20.21,22ff., wobei aber Gen 26 im Gegensatz zu Gen 21,22ff. eine klare geographische Struktur bietet. Es ist, als hätte der Erzähler die Irritationen der Leser/innen ob der Unklarheiten in Gen 21 wahrgenommen und würde hier zum Ausgleich eine Geschichte präsentieren, in der die Abfolge der Schauplätze bis hin nach Beer-Scheva lückenlos nachvollziehbar ist.

Dort, wo schon Avraham den Namen ADONAJS angerufen hatte (21,33), erscheint Gott nun das zweite Mal in Gen 26. Dabei können sich die Leser/innen durch die identische Einleitung in V.2 und in V.24 sowie durch zahlreiche wiederkehrende Elemente ermuntert fühlen, die beiden Gottesreden miteinander zu vergleichen:

Und es erschien ihm ADONAJ (V.2a).	*Und es erschien ihm ADONAJ in jener Nacht (V.24a).*
Und er sagte: „Gehe nicht nach Ägypten herab (b). Wohne in dem Land, das ich dir sage (c).	*Und er sagte (b): „Ich bin der Gott deines Vaters Avraham (c).*
Weile als Fremdling in diesem Land, (V.3a) *und ich werde mit dir (עמך) sein*	*Fürchte dich nicht,* *denn mit dir (אתך) bin ich (d),*
und dich segnen (b), denn dir und deiner Nachkommenschaft (c) werde ich all diese Länder geben (d). Und ich werde den Schwur aufstellen (e), den ich Avraham, deinem Vater geschworen habe (f):	*und segnen werde ich Dich,*

1 Vgl. hierzu Nicol, Studies, 40f.

Und ich werde deinen Samen mehren, wie die Sterne des Himmels (V.4a), und ich werde deinem Samen geben (b) all diese Länder (c), und es werden sich in/durch deinem Samen segnen (d) alle Völker des Landes (e),	*und mehren werde ich deinen Samen (e)*
deshalb, weil Avraham meine Stimme gehört hat, (V.5a) und weil er meine Verwahrung gewahrt hat (b): meine Gebote, Satzungen und Weisungen (c).	*– um Avraham, meines Knechtes willen (f).“*

Bei dieser Nebeneinanderstellung werden Übereinstimmungen und Unterschiede sichtbar: Die repetierte Einleitung in V.24 lässt erwarten, dass Adonaj wie in 12,7; 18,1 oder 26,2 zu einer Verheißungsrede anhebt. Anders als in V.2 und wie in Gen 15 lässt sich Gott in der Nacht sehen,[1] und zwar offenbar „in jener Nacht“ unmittelbar nach Jizchaks Eintreffen in Beer-Scheva.[2] Adonaj lässt also keine Zeit verstreichen, was die Dringlichkeit seines Anliegens deutlich macht. Obwohl Jizchak Adonaj bereits kennt, stellt sich dieser als „Gott Avrahams“ vor und bringt damit seine persönliche Bindung zu Jizchaks Vater zum Ausdruck, die als Garantie für das Fortbestehen der Verheißungen und die Kontinuität in der Sukzession[3] verstanden werden kann.[4]

Und Gott *bezeichnet* sich nicht nur als Gott Avrahams, er spricht auch als solcher und macht Jizchak Mut, er solle sich nicht fürchten (vgl. 15,1)[5] – z.B. nicht vor den Graritern (vgl. 26,7) bzw. vor Avimelech und seinen Leuten,[6] nicht vor unangenehmen Begegnungen mit Menschen in Beer-Scheva, die sich ähnlich wie die Hirten Grars verhalten[7], nicht vor einer Minderung seines Besitzes[8] oder anderen, in Jizchaks Lebenswelt alltäglichen Gefährdungen. Fast möchte man annehmen, Gott wüsste bereits, dass Jizchak wieder eine Begegnung mit Avimelech und anderen Philistern be-

1 Nach Boecker, Genesis, 37, ist die erste Nacht an einem Ort ein bevorzugter Zeitpunkt für eine Gottesoffenbarung (mit Hinweis auf 28,11f.; 46,2).
2 Vgl. Jacob, Genesis, 552.
3 Vgl. Naumann, Ismael, 288.
4 Vgl. Sarna, Genesis, 187.
5 Siehe auch 43,3 an Jaakov.
6 Vgl. Ramban, z.St.
7 Vgl. Interview „Rad“.
8 Vgl. Sforno, z.St.

vorsteht.[1] Zur weiteren Ermutigung[2] wiederholt ADONAJ mit etwas anderen Worten (אִתְּךָ statt עִמְּךָ) sein Beistandsversprechen aus V.3. So kann Jizchak erleben, dass Gott an dem festhält, was er einmal zugesagt hat. Wie in der ersten Rede ADONAJS (V.3b), so wird auch hier die Zusage des Mitseins mit der des Segens verknüpft, der Jizchak bereits als Versorgtsein und Reichtum (VV.12ff.) zuteil wurde, dann aber zu Missgunst und zur Aufkündigung der Gemeinschaft durch die Philister geführt hatte. Damit greift Gott das Thema Segen wieder auf und führt den Faden dieser Segensgeschichte weiter, der schon fast abgerissen schien. Wenn Gott nun seine Segensankündigung erneuert, dann kann man sich fragen, ob und ggf. mit welchen Folgen dieses Versprechen diesmal in Erfüllung gehen wird.

Mit der Segensverheißung wird, wie es auch sonst begegnet,[3] ein Mehrungsversprechen verbunden, das wortgleich bereits in V.4a vorkam.[4] Dadurch, dass das Verb פרה, das sich den vorhergehenden Stellen fast immer mit רבה hif. verband,[5] aus V.22 noch in frischer Erinnerung ist, ergänzen sich V.22 und V.24 gegenseitig, so dass das Verbpaar פרה und רבה nun ‚vollständig' scheint, das seit Gen 1,22.28 in dem Auftrag פְּרוּ וּרְבוּ klingt[6]. Dass er „jetzt" „im Land" fruchtbar sein kann, darüber hat sich Jizchak schon nach dem Ende der Brunnenstreitigkeiten in V.22 freuen können, nun wird ihm in Ergänzung dazu versprochen: Ja, Jizchak, du bist darin gesegnet, dass ihr nicht nur in Rechovot, sondern auch hier in Beer-Scheva fruchtbar sein werdet und deine Nachkommenschaft immer zahlreicher werden wird.

---

1 Angesichts der bevorstehenden Begegnung mit Avimelech und seinen Begleitern kommt diese Ermutigung zur rechten Zeit. Dies ist gegen Berge, Zeit, 117, gesagt, der nur den vorhergehenden Kontext betrachtet und dabei zum Ergebnis kommt, dass die Ermutigung „zu spät" komme und V.24 daher eine „sekundäre Einfügung" sein müsse. Wenn Berge, Zeit, 118, des Weiteren argumentiert, V.24 müsse hinzugefügt sein, weil sonst an ähnlichen Stellen (12,7f.; 28,16f.) auf die Offenbarung nur der Altarbau, nicht aber die Anrufung des Namens folge, während vom Altarbau incl. Anrufung dann die Rede ist, wenn keine Offenbarung vorangeht, dann setzt er damit einen Erzähler voraus, der zu Variationen, die Berge „Unregelmäßigkeiten" nennt, entweder nicht willens oder nicht in der Lage ist.

2 Vgl. Wenham, Genesis II, 195.

3 Vgl. 1,22.28; 9,1; 12,2; 17,16.20; 18,18; 22,17; 24,60; 28,3f.(14); 48,16.19f.

4 Wie das Beistandsversprechen mit אִתְּךָ, so erscheint auch die Mehrungsverheißung וְהִרְבֵּיתִי sowohl auf Jischmael (21,20; 17,23) als auch auf Jizchak (26,24; 26,4.24) bezogen.

5 Vgl. oben, 286, mit Anmerkungen. Ohne רבה erscheint פרה in der Genesis nur in 17,6; 41,52.

6 Vgl. Gen 9,1.7.

Mit V.24f schließt Adonaj kunstvoll seine Rede ab: Endete die erste Aussageeinheit dieser Gottesrede mit אַבְרָהָם אבִיךָ, so die letzte mit אַבְרָהָם עַבְדִּי, wodurch die Verheißungen mit Rückbezügen auf Avraham umschlossen werden und ein zusätzlicher Rahmen durch das erste Wort: das Personalpronomen 1.P.sg. (אָנֹכִי) und durch das Suffix der 1.P.sg. (in עַבְדִּי) im letzten Wort entsteht. Wenn Adonaj dies alles verspricht, dann führt er damit weiter, was er schon Avraham verheißen hat, wie in VV.3-5, erscheint Jizchak auch hier als „Erbe [...] der Verheißung Abrahams“[1]. In diesem Sinne könnte auch die Aussage gemeint sein, er, Adonaj, werden Jizchak segnen und seinen Samen mehren „wegen Avraham“, seines Knechtes: nämlich „um“ der Versprechen „willen“, die er Avraham in Bezug auf ihn und seine Nachkommen gemacht hat – wegen seiner Treue zu diesen Verheißungen und seine Schwures (vgl. 26,3e.f) an Jizchaks Vater.[2] Es ist jedoch auch möglich, in V.24f. die an Jizchak erneuerten Zusagen im Verhalten Avrahams, seinem „merit“[3] als einem „fund of spiritual credit“[4] begründet zu sehen. Damit spiegeln sich auch hier in V.24 die beiden Auslegungsweisen von V.5 wider, nach denen jener Vers entweder die Verheißung an Avraham (Gen 22,16-18) oder die Zusagen an Jizchak (VV.3f.) begründet. Bringen Rezipient/inn/en V.5 mit V.4f in Verbindung, so haben sie daher mehrere Möglichkeiten, diese beiden Einheiten miteinander in Beziehung zu setzen: Die Leser/innen können V.24f. oder darin sogar nur die Bezeichnung עַבְדִּי[5] als eine Zusammenfassung von V.5 begreifen, weil ein Knecht Gottes wie Mose, Kaleb oder David jemand ist, der Adonaj im Sinne von V.5 nachfolgt und dafür belohnt wird (vgl. Num 14,24). Damit können die Rezipient/inn/en ihre in V.5 gewonnene Interpretation weiterführen. Ihnen steht es aber auch frei, in V.24f. zu einer anderen Lesart als in V.5 zu gelangen, so dass V.5 und V.24f. in ein dialogisches Verhältnis treten.

---

1 Westermann, Genesis I/2; vgl. Taschner, Verheißung, 200; Blum, Komposition, 303.

2 Vgl. etwa von Rad, Genesis, 237 („‚Um Abrahams willen‘ heißt schwerlich ‚um der Verdienste und des Gehorsams Abrahams willen‘, sondern ‚um der dem Abraham gegebenen Verheißung willen‘“); Davidson, Genesis II, 132 („in order that the promise made to Abraham may find their fulfillment“).

3 Das Verdienst (זכות) Avrahams bringen Pseudo-Jonathan und Neofiti in diese Stelle ein. Vgl. auch Plaut, Bereschit, 251. Versteht man aber זכות eher als „Vorrecht“ (vgl. Avemarie, Bund, 184), würde dies wiederum in die Richtung der zuerst aufgeführten Deutung weisen.

4 Sarna, Genesis, 187.

5 Jacob, Genesis, 552.

Liest man, wie ich dies hier nahe gelegt habe, auch den gesamten Vers 26,24 als eine bestätigende Kurzfassung[1] von VV.3b-5, so fällt auf, dass in V.24 keine Rede vom Land ist. Und wenn auch im weiteren Verlauf von Gen 26 der anfangs noch zentrale Begriff אֶרֶץ nicht mehr vorkommen wird, dann weist das darauf hin, dass mit V.22 das Problem des Landes überwunden ist. Die Landfrage wurde dadurch gelöst, dass sich Jizchak aus jenen Gebieten zurückgezogen hat, in denen es zu Konflikten mit den Philistern gekommen ist. Schon in Rechovot war er weit genug von den Graritern entfernt, doch hier in Beer-Scheva, wo ihn sogleich ADONAJ besucht hat, scheint er in jeder Hinsicht ‚Zuhause' angekommen zu sein.

„Und er baute dort einen Altar und rief den Namen ADONAJS an (V.25a). Und er schlug dort sein Zelt auf (b). Und die Knechte Jizchaks begannen[2] dort einen Brunnen zu graben (c).“ Auch spirituell findet Jizchak hier anscheinend seine Heimat,[3] ist hier vielleicht kein Fremdling mehr,[4] und baut dort, wo sein Vater schon eine Tamariske gepflanzt hatte (21,33), darüber hinaus einen Altar. Er folgt damit dem Vorbild seines Vaters, der in ähnlicher Weise (12,7f. und 13,4.18) die Verheißungen ADONAJS beantwortet hatte.[5] Bringt man die Altarbauszenen miteinander in Verbindung und verschafft sich einen Überblick über die jeweiligen Kontexte, so wird deutlich, dass Gen 12f. und Gen 26 bis zu diesem Punkt in der Abfolge der Verheißungsreden, der Preisgabegeschichten und der Themen ‚Altar' sowie ‚Streit' zwischen Hirten Ähnlichkeiten aufweisen:

---

1 Vgl. Wenham, Genesis II, 185.

2 Diese Übersetzung folgt Exegeten wie Zlotowitz, Bereishis I, 1102, der sich wiederum auf Malbim stützt: Ps 7,16 scheint einen Unterschied zwischen dem Beginnen mit dem Ausgraben (כרה) und dem vollendeten Aushöhlen (חפר) abzubilden, ähnlich wie hier in Gen 26,25 (כרה) und in V.32 (חפר). Ähnlich Jacob, Genesis, 553; Speiser, Genesis, 201f. Anders Seebass, Genesis II/2, 283, der das Verb כרה hier auf das Aushauen eines „Siedlungsbrunnens“ bezieht.

3 Vgl. bei Butting, Gefährdung, 12, die Interpretation des Altarbaus als „zeichenhafte Inbesitznahme des Landes“.

4 Vgl. Butting, Gefährdung, 24f.
Mit Kallai, Boundaries, 71, ließe sich sagen, dass Jizchak aus dem „Alloted remaining land“ der Philister nun in das eigentliche Land der Väter bzw. Kenaan, später: Israel zurückgekehrt ist.

5 Vgl. Wenham, Genesis II, 192, der hier die Interpretamente ‚Glauben' und ‚Dankbarkeit' einträgt: „Isaac expresses his faith in and gratitude for the promises by building an altar, offering sacrifice, and worshipping the LORD“.

Gen 12-13		*Gen 26*
12,2f.7	Verheißung	26,2-4
12,7f.	Altarbau	–
12,10-20	Gefährdungserzählung	26,6-11
13,1ff.	Streitgeschichte	26,12ff.
13,15-17	Verheißung	26,24
13,18	Altarbau	26,25

Während Jizchak nach der Verheißungsrede in 26,3-5 vielleicht aus Rücksicht vor den Graritern noch keinen Altar errichtet hat, scheint er sich in Beer-Scheva frei zu fühlen, an einem solchen Altar den Namen Gottes anzurufen. Erst nachdem er diesen religiösen Ort etabliert hat, schlägt Jizchak seine Zelte auf,[1] was entweder ein Zeichen für die große Bedeutung dieses Altares für Jizchak ist, oder aber zeigt, dass ADONAJ unmittelbar nach Jizchaks Eintreffen in Beer-Scheva dort erschienen ist.

Da Jizchak zur Versorgung seiner Familie und seines Viehs Wasser benötigt, beginnen seine Knechte einen Brunnen zu graben. Ob sie damit Erfolg haben, indem sie Wasser finden (vgl. V.19) und den Brunnen durch einen Namen als ihren Besitz markieren können, oder ob z.B. wieder philistäische Hirten erscheinen werden, die den Brunnen für sich beanspruchen (vgl. 21,25; 26,20ff.), wird zunächst nicht berichtet. Vielmehr wird das Ergebnis dieses vierten Versuchs spannungssteigernd zunächst in der Schwebe gelassen.

Während sich die Leser/innen also vorzustellen haben, dass die Knechte dabei sind, einen Brunnen zu graben, geschieht etwas, was nicht unbedingt zu erwarten gewesen wäre[2]. *„Und Avimelech (V.26a), der ging zu ihm von Grar (b),[3] und Achusat von seinen Freunden (c) und Pichol, der Oberste des Heeres [waren mit ihm] (d).“* Angesichts dessen, dass sich Avimelech in V.16 noch eine Trennung von den Hebräern gewünscht hat, sind Leser/innen überrascht,[4] wenn Avimelech nun mit einer offiziellen Abordnung zu Jizchak kommt, zumal V.26 eine Umkehrung nicht nur von V.16f., sondern auch von V.1 enthält: Hat Avimelech Jizchak in V.16 aufgefordert, von den Graritern *weg*zugehen (הלך + מֵעִם), was Jizchak in V.17 denn

1 Vgl. auch Jacob, Genesis, 553.
2 Vgl. Nicol, Studies, 139.
3 Inversion.
4 Vgl. Interview „Frosch“.

auch tat (הלך + מִן), so geht der Philisterkönig jetzt von (מִן) Grar aus *zu* Jizchak (הלך + אֶל); und nachdem Jizchak in V.1 noch als Bittsteller zu Avimelech ging (הלך), geht Avimelech jetzt zum Erzvater.

Doch in welcher Absicht erscheint Avimelech mit seiner Begleitung? Der Handlungsverlauf von Gen 26 könnte vermuten lassen, dass in V.26 ein weiterer Streit bevorsteht, z.B. um den neuen Brunnen oder das Land. Nicht zuletzt durch das Beisein des Heerführers kann man diese Delegation als eine Bedrohung empfinden[1]. Erinnert man sich dagegen – zumal aufgrund des Namens Pichol – stärker an 21,22ff.,[2] so wäre erwartbar, dass Avimelech und die Seinen wiederum ein Bündnis wünschen.

Für welchen Zweck auch immer – Avimelech hat die aus ihm und (dem „oberste[n] zivile[n] Beamte[n]"[3]?) Pichol[4] bestehende Gesandtschaft gegenüber Gen 21aufgewertet: entweder um „seinen Freund[5]" bzw. „Berater"[6] (von מֵרֵעַ[7]sg.) Achusat[8], oder, wie es

1 Vgl. Nicol, Studies, 20. Im Interview „Besen" fragt sich die Studentin in Bezug auf Avimelech: „Meine Güte, was hat der denn für eine Vorladung vor?"

2 Vgl. z.B. Janzen, Genesis II, 102.

3 Vgl. Boecker, Genesis, 39; s. auch Görg, Pichol, 13.

4 Nach Görg, Begleitung, 23 (Lit.!), können Hebräer aus dem Namen „die semitische Basis *KLY* ‚zu Ende bringen, vollstrecken', aber auch ‚abwehren' und ‚vernichten'" heraushören, so dass der Name Pichol mit etwas Phantasie wie „der Polizist" oder „der Soldat" klingt, was zu der Titulatur „Oberste des Heeres" passen würde. Damit zeigten die beiden Kunstnamen Achusat und Pichol „das Bedürfnis, neben der formkritisch relevanten namentlichen Bezeichnung der Begleitpersonen bzw. Vertragszeugen Namen zu generieren, die in unmittelbarer Beziehung zur Funktion ihrer Träger stehen."
GenR 64,8 betrachtet hingegen wie LXX und Vulgata den gesamten Ausdruck „Achusat Mereehu" als Eigennamen.

5 Vgl. z.B. Jacob, Genesis, 553; Görg, Begleitung, 24; Donner, Freund, bes. 274; Safren, Ahuzzath, 185.

6 Vgl. Sarna, Genesis, 187; Speiser, Genesis, 200. Nach Schmid, Gestalt, 45 (Lit.), der sich dabei auf die Ergebnisse von Safren, Ahuzzath, bes. 192ff. stützen kann, handelt es sich bei Achusat „nicht um einen ‚Freund des Königs' [...], sondern um den dem hebräischen Wort ähnlich lautenden Titel ‚merḫum' [...], eines ‚königlichen Beamten für Nomadenangelegenheiten', wie er in Mari-Texten bezeugt ist." Safren, Ahuzzath, bes. 195, sieht in מֵרֵעֵהוּ das vom Hif'il gebildete Substantiv מַרְעֶה („einer, der weiden lässt") und will mit dieser Deutung Achusats Anwesenheit in Gen 26 erklären: Als Beamter für Nomadenangelegenheiten war er für die Ordnung des Weidelandes und das Wohl der Hirten zuständig.

7 Vgl. Ri 14,11.20; 15,2.66. S. auch Lutz, Isaac, 176.

8 Görg, Begleitung, 24, leitet diesen Namen von dem ägyptischen Titel „*ḫsj.tj* ‚Günstling'" ab, was zu dem Titel „sein Vertrauter" passen würde.

vor allem in jüdischen Auslegungen häufig heißt, um eine „Menge seiner Freunde“[1] (von מִן + רֵעַ pl.)[2].

Jizchak, der Avimelech und seine Leute jetzt wie seinerzeit Avraham wegen der Brunnenstreitigkeiten zur Rede stellen könnte, muss die Situation freilich aus dem in Gen 26 Erlebten heraus beurteilen. Er empfindet den ‚Besuch‘ vielleicht als bedrohlich,[3] in jedem Fall aber als unverständlich. *„Und Jizchak sagte zu ihnen (V.27a): ‚Warum seid ihr zu mir gekommen? Und ihr, ihr hasst mich [doch] (b) und habt mich von euch fortgeschickt (שלח pi.) (c)!‘“* Noch bevor die Ankommenden etwas sagen können, fragt Jizchak ohne Umschweife nach dem Grund ihres Kommens, was sich als eine harsche[4] Äußerung seines Unverständnisses über das plötzliche Interesse der Philister an ihm interpretieren lässt. Einige Leser/innen sehen in der Art, in der Jizchak sein Misstrauen[5] und seinen Argwohn ausdrückt, „real courage“[6], und würden den Erzvater deshalb hier keineswegs als „meek, mild, passive man“[7] bezeichnen. Was wollen Avimelech und seine Begleiter nach alledem hier? – Mit deutlichen Worten beschreibt der Erzvater aus seiner Perspektive die Einstellung der Philister ihm gegenüber und den Höhepunkt des Konflikts. Dabei steigert er den – vom Erzähler geschilderten – „Neid“ (קנא) von einer Gruppe der Philister (V.14) zum Vorwurf, die Besucher bzw. all diejenigen, die sie repräsentieren, würden ihn „hassen“ (שנא). Wenn der Erzähler Jizchak dieses Verb in den Mund legt, dann wird dadurch der unfriedliche Wunsch der Verwandten Rivkas aufgerufen, ihre Nachkommen mögen das „Tor der Hasser“ (24,60) einnehmen. Damit wird deutlich, welches kriegerische Potential in den Konflikten zwischen den Israeliten und den Völkern im Lande liegt, und was im Horizont dieser Szene zwischen Jizchak und den Philistern auf dem Spiel steht.

Mit שלח pi. benutzt Jizchak für die Darstellung der Trennung ein Interpretament, das wir aus Gen 12,20 kennen und das hier m.E. im Sinne von „wegschicken/vertreiben“ gemeint ist.[8] Das מֵאִתְּכֶם nimmt die – eine

1 Vgl. Onkelos, z.St.; Neofiti, z.St.; BerR 64,8; Raschi z.St.; dem folgt auch Zlotowitz, Bereishis I, 1103.
2 Vgl. Speiser, Genesis, 202.
3 Vgl. Nicol, Studies, 58.
4 Vgl. Zlotowitz, Bereishis I, 1104.
5 Vgl. Jacob, Genesis, 553.
6 Wenham, Genesis II, 193. Dabei ist zu bedenken, dass dieser Mut Jizchaks auch eine Transformation seiner Angst sein könnte.
7 Heilbron, Isaac, 54.
8 Anders Alter, Genesis, 135, der dieses Verb als „neutral“ versteht. שלח pi. findet sich in Gen 3,23; 8,7f.10.12; 12,10; 18,16; 19,13.29; 21,14; 24,54.56.59; 25,6.

Trennung darstellende – Präposition מִן aus VV.16f. (3x) auf. Durch all das lässt VV.27c.d deutlich werden, wie Jizchak diesen Konflikt empfunden hat, der ihn und die Seinen durch das erzwungene Fortziehen in eine existentielle Gefahr gestürzt hat. Vielleicht kann Jizchak nur deswegen derart zupackend formulieren, weil ADONAJ ihn zuvor noch gestärkt hat und weil er sich hier sicherer fühlt als in Grar.

Nun hat Avimelech Gelegenheit zu antworten.

28	a	*Und er sagte:*
	b	*„Gesehen, ja gesehen haben wir, dass ADONAJ mit dir ist (b).*
	c	*Und wir sagten [uns]: Es sei doch ein Eid*
		[zwischen uns beiden, zwischen uns und zwischen dir,
	d	*so wollen wir doch einen Bund mit dir schließen.*
29	a	*[Gott tue dir dies und das an,] wenn du mit uns Übles tust,*
		[so wie auch wir dich nicht angerührt haben,
	b	*und so, wie auch wir mit dir nur Gutes getan haben,*
	c	*und dich in Frieden entlassen haben.*
	d	*Du bist nun der Gesegnete des ADONAJS."*

Wie in 21,22f., so eröffnet Avimelech auch hier seine Rede mit einer Aussage über Gottes Beistand für den Erzvater (21,22d.e/26,28b), um dann den Wunsch nach einem Vertrag zu äußern (21,23a.b.c/26,28c) und von seinem Gegenüber jenes freundliche Verhalten einzufordern, das auch sie dem Fremden entgegengebracht hätten (21,23d.e/26,29a.b.c). Allein der abschließende Segensspruch in 26,29d hat in 21,22ff. kein Vorbild, da in der Erzählung vom ersten Bundesschluss zwischen Avimelech und einem Erzvater das Leitwort ברך noch nicht vorkam. Deswegen kann man für 26,29d mit besonderer Aufmerksamkeit rechnen.

Doch betrachten wir Avimelechs Worte der Reihe nach. Gleich der erste Satz ist außergewöhnlich. Hat in den Erzelternerzählungen bis hierhin noch nie ein Heide den vierbuchstabigen Gottesnamen ausgesprochen, so erkennt Avimelech hier nicht mehr das Mitsein Elohims (21,22d), sondern ADONAJS (יהוה). Zum ersten Mal traut der Erzähler Avimelech zu, dass er יהוה als den Gott Israels meint, wenn er „Adonaj" sagt – in 20,4 war Avimelechs Anrede Gottes noch mit אֲדֹנָי[1] wiedergegeben worden. Damit präsentiert sich Avimelech in diesen Versen nicht nur als Gottesfürchtiger, sondern als ein Theologe, der יהוה kennt. Und Avimelech hat recht, wenn er gegenüber Jizchak feststellt: הָיָה יְהוָה עִמָּךְ, denn in der Tat versprach *Adonaj* in Gen 26 sein Mitsein mit Jizchak, als er ihm auf der Flucht nach Grar erschien (26,2: יְהוָה/V.3: עִמְּךָ), und weiter könnte man interpretieren, dass Gott dem Erzvater beistand, indem er ihn nach der Hungersnot mit einer außerordentlich guten Ernte sowie mit Reichtum gesegnet hat (V.12ff.)[2] und ihn nicht ohne Wasser bleiben ließ. Das alles, so versichert Avimelech mit einer *figura etymologica,*[3] hätten sie gewiss gesehen.

Das Anliegen der philistäischen Abordnung artikuliert Avimelech als der eloquente Sprecher dieser Gruppe zunächst höflich indirekt, sie hätten sich gedacht, es sollte doch ein Eid, eine Selbstverpflichtung[4] (vgl. 24,41) zwischen beiden Parteien geschehen. Diese vorsichtige Annäherung klingt für einige Rezipient/inn/en „demütig"[5], als käme Avimelech „als Bittender"[6] und mit einem „Gefühl der Unsicherheit"[7] zu Jizchak. Mit dem Schließen einer Berit (26,28d) mit Jizchak stellt sich Avimelech eine Art von Bündnis vor, wie er und Avraham es in Gen 21 (vgl. VV.27.32) etabliert haben. Die Tatsache, dass Avimelech einen solchen Pakt auch auf die kommende Generation ausdehnen wollte (V.23), veranlasst jüdische Ausleger zu der Interpretation, es gehe Avimelech in Gen 26,28c darum, einen Eid, der kraft der in Gen 21 geschlossenen Vereinbarung schon besteht (אָלָה בֵּינוֹתֵינוּ), nun zwischen sich und Jizchak (בֵּינֵינוּ וּבֵינֶךָ) zu erneuern.[8] Wie in 21,23 will Avimelech auch hier mit einer bedingten Selbstverfluchung verhindern, dass Jizchak „Böses" tut, womit er auf die Schwester-Lüge (26,7ff.) anspielen könnte, oder aber weiter gehende Ängste vor dem übermächtigen Hebräer deutlich werden lässt. Und wiederum verweist Avimelech darauf, dass sich die Philister schließlich Jizchak gegenüber sehr

1 Vgl. auch 15,2.8; 18,3.27.30-32; 19,18.
2 Vgl. Zlotowitz, Bereishis I, 1105; Sarna, Genesis, 188.
3 Nach Raschi, z.St., deutet das doppelte Vorkommen die Wurzel ראה darauf hin, dass die Philister zweimal, nämlich in Gen 21 und in Gen 26, das Mitsein Gottes mit einem Erzvater erkannt haben.
4 Vgl. Ramban, z.St., der den besonders verpflichtenden Charakter einer אלה hervorhebt.
5 Westermann, Genesis I/2, 522; ähnlich Albertz, Isaak, 294.
6 Westermann, Genesis I/2, 522.
7 Von Rad, Genesis, 237.
8 Vgl. Onkelos, z.St.; Pseudo-Jonathan, z.St.

positiv verhalten haben, und zwar hier mit drei Aussagen: Zunächst einmal (1) hätten Avimelech und seine Leute Jizchak „nicht angerührt (נגע)" (V.29a). Damit verweist Avimelech auf seine Todesdrohung gegen jeden Grariter, der Rivka oder Jizchak anrührt (V.11: נגע)[1] und vielleicht auch darauf, dass die Philister bei den letzten Streitigkeiten zwar ökonomischen und sozialen Druck ausgeübt, aber keine physische Gewalt angewendet[2] und keinen Besitz konfisziert haben[3]. Dieser Hinweis führt das Leitwort נגע weiter (vgl. oben S. 269) und wird von den Leser/innen als ein starker Beleg für das untadelige Verhalten der Philister genommen. Anders die weiteren Aussagen: Dass die Grariter Jizchak (2) „nur Gutes getan" und ihn (3) „in Frieden entlassen" hätten, ist zumeist nicht der Eindruck, den die Rezipient/inn/en aus dem Erzählten gewinnen, so dass dieser Teil der Rede Avimelechs als „somewhat of a euphemism"[4], als Schönfärberei,[5] wenn nicht gar als Verlogenheit bewertet wird. Auf der Diskursebene formulieren Leser/innen, das Verhalten der Grariter werde durch den Erzähler „leicht ironisiert: Sie, die Isaak letztlich vertrieben und ihm zugesetzt haben, haben die Stirne zu sagen: עשינו עמך רק טוב ונשלחך בשלום ..."[6] Avimelech nimmt damit das Verb שלח pi. auf, das Jizchak in V.27d noch für sein Vertriebenwerden gebraucht hatte, und interpretiert es zu einem freundschaftlichen Abschied um. Jedoch: „This peace is thus not reconciliation, but rather an absence of violence."[7] Allenfalls können sich die Philister zu Gute halten, dass sie Jizchak und seine Leute nicht tätlich angegriffen und dem Erzvater nicht den Reichtum konfisziert haben.[8] Somit wird V.29a (1) noch als wahr beurteilt, während V.29b (2) schon den deutlichen Widerstand der Rezipient/inn/en hervorruft und V.29c (3) meist als geheuchelt empfunden wird. Auf diese Weise überschreiten die meisten Le-

1 Vgl. Ramban, z.St.; Kessler, Querverweise, 108; Clines, Eve, 83; Schmid, Gestalt, 41; Thiel, Genesis 26, 260.
2 Vgl. Raschi, z.St.; Haamek Hadavar bei Zlotowitz, Bereishis I, 1107.
3 Vgl. Schmid, Gestalt, 45.
4 Wenham, Genesis II, 193.
5 Vgl. Fischer, Erzeltern, 215.
6 Blum, Komposition, 303, Vgl. Coats, Genesis, 194.
Auch im Interview „Kaktus" sieht der Leser die Aussagen Avimelechs im Gegensatz zu den Ereignissen: „Und Avimelech sagt [...]: War doch immer Friede. War doch immer alles Friede, Freude, Eierkuchen zwischen uns, [...] wie wir mit dir nur Gutes getan haben und dich in Frieden fortgeschickt haben. Em, also, wenn ich mich richtig erinnere, war vorher der Zank um die Brunnen. Ging auch von den Leuten von Gerar aus, oder? Also, em, war eigentlich alles andere als Frieden."
7 Coats, Genesis, 194.
8 Vgl. Ramban, z.St.

ser/innen also die im Text oppositionell angeordnetem Perspektiven Avimelechs und Jizchaks.[1]

Bei alledem gibt sich Avimelech sehr sprachgewandt. Geschickt zeichnet er das Bild eines guten Verhältnisses und macht ausgiebigen Gebrauch von den Begrifflichkeiten des Gemeinschaftslebens. Neben den Begriffen „Eid", „Bund" und „Frieden" sowie der ausführlichen Bestimmung „zwischen uns beiden: zwischen uns und zwischen dir" ist besonders die suffigierte Präposition עִמָּךְ auffällig, die bisher in Gen 26 innerhalb der Gottesrede verwandt wurde, auf 21,22d zurückgreift und von Avimelech in VV.28f. viermal verwandt wird. Warum Avimelech diesen rhetorischen Aufwand betreibt, lässt sich leicht verstehen, wenn man die Logik von V.29a betrachtet: Denn danach erwartet Avimelech von Jizchaks Leuten eben jenes Verhalten den Philistern gegenüber, das die Hebräer selbst erfahren haben. Deshalb muss Avimelech nun die Handlungen der Grariter in ein positives Licht rücken, damit er von Jizchak ein dem entsprechendes Entgegenkommen verlangen kann.[2] Dahinter könnte stehen: die Angst vor den Folgen eines Fehlverhaltens gegenüber den Hebräern (vgl. 26,10) und der Wunsch nach einem „Nichtangriffspakt"[3] als Schutz vor weiteren „Unberechenbarkeiten von seiten eines Mannes, den ein so mächtiger Gott segnet"[4]; oder auch die Erkenntnis, dass gute Beziehungen mit anderen Gruppen das Überleben sichern helfen,[5] und insofern der Wille zu einem Vertrag für eine „friedliche [...], vertraglich besiegelte [...] Koexistenz zweier eigenständiger, gleichberechtigter Gruppen"[6] in diesem Land. Möglich auch, dass die neidischen Philister sich Reichtum und jene Teilhabe am Segen des Erzvaters wünschen,[7] den ADONAJ in 12,3 allen zugedacht hat, die Avraham und seine Nachkommen segnen.

Darauf könnte auch die Segensaussage אַתָּה עַתָּה בְּרוּךְ יְהוָה hinweisen, die in der hier vorgelegten Interpretation den erzählerischen und theologi-

1 Vgl. zur oppositionellen Anordnung der Textperspektiven oben, 123.
2 Einige Seminarteilnehmer/innen empfanden Avimelech sogar als hinterlistig.
3 Westermann, Genesis I/2, 522; Fischer, Erzeltern, 218; vgl. Haamek Hadavar bei Zlotowitz, Bereishis I, 1107; Lutz, Isaac, 178; Clines, Eve, 83; Wenham, Genesis II, 193; Janzen, Genesis II, 102; Coats, Genesis, 194; Schmid, Gestalt, 45; Matthews, Wells, 124; vgl. dagegen Seebass, Genesis II/2, 284.
4 Von Rad, Genesis, 237. Nach Ramban, zu V.29, hatten die Philister nach den Geschehnissen von Gen 14 Angst vor einem Krieg mit den Nachfahren Avrahams.
5 Pseudo-Jonathan, z.St. amplifiziert, es seien nach Jizchaks Weggang aus Grar die Brunnen versiegt und die Bäume unfruchtbar geworden.
6 Fischer, Erzeltern, 218. Vgl. auch Oswald, Erzeltern, 84.
7 Vgl. Nicol, Studies, 44. Vgl. auch Interview „Hammer".

schen Höhepunkt[1] von Gen 26 darstellt. Dieser Satz zieht schon dadurch Aufmerksamkeit auf sich, dass er als asyndetischer Nominalsatz den kontinuierlichen Fluss der hauptsächlich narrativen und syndetischen Einheiten in VV.28f. stoppt und so die Leser/innen innehalten lässt. Mit V.29d setzt Avimelech in seiner Rede einen gekonnten Schlusspunkt, der in zweifacher Weise einen Rahmen mit der Eröffnung רָאוֹ רָאִינוּ כִּי־הָיָה יְהוָה עִמָּךְ (V.28b) bildet: Zum einen lässt der Philisterkönig beide Sätze mit einem Homoiokatarkton[2] der ersten beiden Worte beginnen und verweist in ihnen jeweils auf Adonaj. Zum anderen greift der Erzähler, wenn er Avimelech mit diesen Worten ausstattet, dadurch V.3b (וְאֶהְיֶה עִמְּךָ וַאֲבָרְכֶךָּ) so auf,[3] dass seine Rede vom Mitsein (V.28b) und vom Segen (V.29d) umschlossen wird. Der ‚Heide' Avimelech nimmt das in V.3 zugesagte Mitsein Gottes mit Jizchak wahr, er erkennt Adonaj als Quelle des Segens und lernt damit Jizchaks Erfolg bei der Ernte, bei der Viehzucht und beim Brunnengraben[4] theologisch zu deuten – ohne dass an irgendeiner Stelle angedeutet würde, wie der Nicht-Israelit zu dieser tiefen Einsicht gelangen konnte. Denn in V.12 haben nur die Leser/innen durch den Erzähler erfahren, dass der immer größer werdende Jizchak von Adonaj gesegnet ist – und davon, dass Avimelech von der Segenszusage Gottes (VV.3-4) weiß, kann man nicht ausgehen. Avimelech ist damit auf der Erzählebene der erste, der neben Gott vom Segen spricht und der neben dem Erzähler Jizchaks Reichtum als einen solchen Segen interpretiert.

Dieses Vermögen, Jizchaks Erfolg als einen Ausdruck des Segens Adonajs zu sehen, erschließt aber den Philistern, die sich bisher in ihrem Neid von dieser Sphäre des Gelingens ausgeschlossen fühlten, eine Perspektive, mit dem Gesegneten und seinem Glück in ein positives Verhältnis zu kommen. Zunächst drückt sich dies in der Bitte nach einem Bündnis aus, mit der man sich die guten Beziehungen zu einem reichen und mächtigen Menschen sichert. Doch am Ende der Rede ist es noch mehr: Da wird die Ahnung greifbar, dass man nicht nur eine gute Verbindung zu dem Gesegneten, sondern vielleicht auch einen Anteil am Segen erhalten kann,[5] wenn man diesen Menschen seinerseits segnet und davon ausgehen kann, dass ei-

1 Fokkelman, Narrative Art, 114.
2 Vgl. Bühlmann/Scherer, Stilfiguren, 18.
3 Vgl. Westermann, Genesis I/2, 523; Fokkelman, Narrative Art, 114.
4 Gunkel, Genesis, 1902, 268.
5 Vgl. Nicol, Studies, 44; Fokkelman, Narrative Art, 114 („humbly the Philistines come to ask Isaac for a share in his blessing"); Thiel, Genesis 26, 261; Biddle, Ancestress, 609.

nem das eigene Verhalten entsprechend vergolten wird (V.29a). Avimelech lernt nicht nur, den auf Jizchak liegenden Segen (25,11; 26,12) zu erkennen, sondern auch selbst zu segnen. Das verdeutlicht die Übersetzung: „Sei du nun von ADONAJ gesegnet“[1] bzw. „Du bist jetzt[2] der Gesegnete ADONAJS“, wobei עַתָּה als ein Hinweis auf den performativen Charakter dieser Aussage verstanden wird: Jetzt und hier wird gesegnet[3] – ebenso, wie schon Malkizädäq Avram den Segen El Eljons zugesprochen hatte (14,19).[4]

Wenn Avimelech nun Jizchak mit dieser Segnung Gutes und Reichtum wünschen kann, dann ist darin die Ambivalenz des Segens überwunden, die sich in VV.12ff. zunächst destruktiv ausgewirkt hatte: Der Segen des Reichtums hatte einen sozialen Konflikt ausgelöst, der in der Ausweisung und der Gefährdung der Segensgüter gipfelte, und dem Jizchak nur aus dem Weg gehen konnte. Durch sein zurückweichendes und konfliktvermeidendes Verhalten hat Jizchak dem sich zuspitzenden Streit möglicherweise die Schärfe genommen und damit zur Beruhigung der Situation beigetragen. Er hätte auch anders reagieren und auf das ganze Land und alle Brunnen Anspruch erheben können, da ihm schließlich „all diese Länder“ durch Gott zugesagt wurden. Doch da er das nicht tat, konnten beide Seiten ohne Auseinandersetzungen mit einer ausreichenden Wasserversorgung und genügend Lebensraum getrennt von einander im Land leben. Aus dieser Situation heraus macht der Heide und Nicht-Israelit Avimelech den ersten Schritt[5] auf dem Weg zu einem friedlichen Zusammenleben: Er lässt sich von Jizchaks Vorwürfen nicht beirren, sondern wünscht sich einen Pakt und versucht Jizchaks ablehnende Haltung mit diesem Segens-

1 Vgl. Alter, Genesis, 136.

2 Übersetzungen, die das עַתָּה ernst nehmen, sind z.B. König, Genesis. 584; Lutz, Isaac, 178; Plaut, Bereschit, 251; Polzin, Ancestress, 91. Levin, Jahwist, 202, lässt dagegen das עתה unübersetzt.

3 Vgl. Interview „Axel“. Dieser Sinn wird abgeschwächt, wenn man עתה mit „nun einmal“ übersetzt (so etwa Dillmann, Genesis, 326; Heinisch, Genesis, 290; die Elberfelder Revidierte Übersetzung; gegen diese Übersetzung auch König, Genesis, 584) oder den Satz lediglich als Gruß versteht (vgl. Speiser, Genesis, 202; Sarna, Genesis, 188).

4 Vgl. zu der Baruch-Formel auch 9,26 und 24,27 (Noach bzw. Eliezer segnen/preisen ADONAJ) und 24,31 (Laban bezeichnet Eliezer, vielleicht etwas ironisch, als Gesegneten des Herrn).

5 Dagegen interpretiert Ramban, z.St., Avimelech sei nicht aus eigenem Antrieb zu Jizchak gekommen, sondern dazu von Gott veranlasst worden. Dies fügt sich in die Tendenz mancher jüdischer Ausleger ein, das positive Verhalten der Erzväter in ihrer Tugendhaftigkeit gegründet zu sehen, positives Verhalten von ‚Heiden‘ aber als durch Gott verursacht zu betrachten.

wort zu durchbrechen, so dass der Konflikt nun einer Gemeinschaft zu weichen beginnt, in der sich Segen entfalten kann. Auf diese Weise hat Avimelech die Sprache des Segens gelernt. Er hat gelernt, dass sich Segen in ADONAJ gründet[1] und ein soziales Geschehen ist, weil sich Segen und eine friedvolle Gemeinschaft wechselseitig bedingen[2].

Damit ist jener Teil von 12,3 in Erfüllung gegangen, in dem ADONAJ Menschen verheißen hatte, die Avraham bzw. dessen Nachkommen eines Tages segnen würden.[3] Die Geschehnisse in Gen 26 haben dazu geführt, dass sich die Negativmöglichkeit des Fluches nicht realisiert hat. Offen bleibt in Gen 26 freilich, ob die Segnung auch eine positive Rückwirkung für Avimelech und sein Volk hat. Es wird nicht erzählt, dass nun ADONAJ auch die segnenden Philister segnet - sich dies hinzuzudenken, bleibt den Leser/inne/n überlassen: Vielleicht wird er mit einer reichen Ernte gesegnet, einer verlässlichen Wasserversorgung, vielen Nachkommen oder der Möglichkeit, ungefährdet und ohne Konflikte im Land zu leben.[4]

Erst recht nicht erfahren wir davon, dass sich durch das Sichsegnen, Segenwünschen oder Sichsegnenlassen in/durch Avrahams Nachkommen *alle Familien* oder *Völker des Landes* (12,3 bzw. 26,4) einen Anteil am Segen erhielten.[5] Von Gen 26 aus betrachtet bleibt das eine Perspektive, deren Spannungsbogen unabsehbar weit über dieses Kapitel hinausgeht.[6] Gleichzeitig stellt die Segensgeschichte in diesem Kapitel aber den Leser/inne/n anschaulich vor Augen, dass der Segen auch für die Völker durch eine solche Begegnung möglich wird und Wirklichkeit zu werden beginnt. Denn wenn das verheißene Segnen Israels durch einen Heiden stattgefunden hat, können sich auch die übrigen Zusagen aus 12,3 und aus 26,4 erfüllen.

---

1 Ein Seminarteilnehmer sah in V.28 sogar eine Bekehrungsszene.

2 Vgl. auch Biddle, Ancestress, 610f.: Beide Seiten sind dafür verantwortlich, dass Segen entsteht.

3 Vgl. auch Brueggemann, Genesis, 224, ähnlich Thiel, Genesis, 26; Oswald, Erzeltern, 85; vorsichtiger Taschner, Verheißung, 202.

4 Biddle, Ancestress, 608, stellt sich vor, dass Avimelech schon durch sein Schutzgesetz in V.11 dem nach 12,3 drohenden Fluch entgangen ist: „He has avoided the curse foretold in Yahweh's promise to the patriarch which comes upon those who ill-use the patriarch."

5 Taschner, Verheißung, 202, sieht den Bundesschluss als eine Auswirkung des ‚Segens für andere' aus V.4.

6 Boecker, Genesis, 39, z.B. sieht in Gen 26 aber auch schon dies verwirklicht: „Man hat diese Stelle nicht zu Unrecht mit der großen jahwistischen Segensverheißung 12,1-3 in Verbindung gebracht und hat hier ein Beispiel dafür gesehen, daß der dem Abraham zugesagte Segen für die Völker sich realisiert. Der fremde König bemüht sich, in den Machtbereich des göttlichen Segens zu kommen."

Manche Leser/innen deuten diese Szene in Gen 26 auch dahingehend, dass hiermit Jizchak selbst ein Segen geworden ist, wie es ADONAJ für Avraham (12,2) bestimmt hat.[1] Auch dies ist eine Schlussfolgerung, die aus der intertextuellen Lektüre von Gen 12,2f. und Gen 26 entsteht. Bisher war zu beobachten, dass ADONAJS Zusage, Avraham groß zu machen und zu segnen (12,2) in 26,12ff. Realität geworden ist. Insofern ist es nur ein kleiner Interpretationsschritt, in der Fluchtlinie von 12,2 in Jizchak nicht nur das *Versprechen* an Avraham verwirklicht zu sehen, er werde ein Segen sein (וֶהְיֵה בְּרָכָה), sondern Gen 26 auch als eine Geschichte zu lesen, die von dem darin enthaltenen Segens*auftrag* handelt. Dabei hätten die Rezipient/inn/en große Freiheit, Jizchaks Verhalten mit einem solchen Auftrag in Beziehung zu setzen. Hat Jizchak den Segen gefährdet, weil er an den Philistern in VV.6-11 trügerisch gehandelt hat und ihn zunächst in VV.12ff. für sich behalten hat? Hat Jizchak zu einem segensvollen Verhältnis beigetragen, indem er sich aus Konfliktgebieten zurückgezogen hat?[2] Oder war in dieser Erzählung nicht das Verhalten Jizchaks, sondern das Avimelechs entscheidend, der durch die Anerkenntnis[3] des Segens auf Jizchak und seine Segenshandlung allein eine Wendung des Geschehens herbeiführen konnte? Die Erzählung ist hier außerordentlich offen und sperrt sich dagegen, eine eindeutige Moral[4] zu liefern. Die ‚Theologie', die man in dieser Geschichte findet, wird immer davon abhängen, in welcher Weise die Erzählung durch die jeweilige Leserin oder den jeweiligen Leser aktualisiert wird.

Ich schlage vor, Gen 26 als Segensgeschichte zu lesen, deren Leitwort ברך an entscheidenden Stellen der Erzählung erscheint: Die Segensankündigung ADONAJS in 26,3b* („... und ich werde dich segnen") lässt sich als in V.12 erfüllt betrachten, wonach ADONAJ Jizchak gesegnet hat. Dadurch, dass Avimelech Jizchak als Gesegneten erkennt und ihn segnet, wird zwar die zunächst destruktive Ambivalenz des Segens in V.12 aufgelöst. Die

1 Vgl. etwa Wenham, Genesis II, 193, der auch eine positive Rückwirkung für Avimelech folgert: „As promised in 12:2, the patriarch has become a blessing. And by invoking blessing on Isaac, Abimelek is indirectly securing his own blessing".

2 Vgl. Interview „Kaktus", worin der Wunsch Avimelechs nach einem Bündnis als Bestätigung für Jizchaks nachgiebiges Verhalten gedeutet wird.

3 Vgl. Budde, Urgeschichte, 295, bei Levin, Jahwist, 202.

4 Etwa: Avraham und Jizchak sollen den Segen nicht für sich behalten, sondern sich so verhalten, dass sie auch anderen ein Segen sind, dass andere sie segnen und ADONAJ einen Grund hat, auch diese Völker zu segnen. Seinen Nachbarn ein Segen zu sein, heißt, nicht trügerisch zu handeln wie beim Schwester-Betrug und den Philistern nichts Übles anzutun.

Verheißung: „... und in deinem Samen werden sich segnen alle Völker des Landes“ (26,4d.e) jedoch kommt in V.29 noch nicht zu ihrem Ziel, sondern weist über Gen 26, ja über die Erzelterngeschichten der Genesis und über die Tora hinaus. So lotet Gen 26 die Ambiguität des Segens aus, der attraktiv ist und neidisch macht und am Ende der Erzählung durch den Theologen aus den Heiden in Gemeinsamkeit umgewandelt wird.

Kehren wir zur Erzählung zurück. Schon weil die meisten Leser/innen die früheren Begegnungen zwischen Jizchak und den Philistern deutlich anders empfunden haben, als Avimelech dies schildert, wäre es den Rezipient/inn/en nicht unverständlich erschienen, wenn Jizchak auf Avimelechs Rede zunächst zurückhaltend reagiert hätte. Aber Jizchak beißt sich nicht an den Differenzen fest, sondern überwindet seine Ablehnung gegenüber Avimelech.

„*Und er machte ihnen eine Festmahl (V.30a). Und sie aßen und tranken (b).*“ Jizchak handelt pragmatisch und verhält sich wie ein guter Gastgeber, der seinen Besuchern die Ehre erweist und ein feierliches[1] „Gemeinschaftsmahl“[2] oder gar „Trinkgelage“[3] (מִשְׁתֶּה) ausrichtet, so dass sich Avimelechs Wunsch nach Gemeinschaft hier bereits verwirklicht. Manche haben den Eindruck, dass Jizchak nun „appeased“[4] sei und das „Friedensangebot“[5] annehme, um nun ein Versöhnungsessen[6] zu veranstalten – eine „schöne“ und „wichtige Geste“[7]. Während einige Leser/innen das Festmahl schon als den ersten Akt des Paktes[8] betrachten, lässt sich die Szene auch so interpretieren, dass Jizchak zunächst keinen Bund schließt, sondern beim Essen und Trinken jene Gemeinsamkeit schafft,[9] welche die Vorbedingung für ein Bündnis ist. Dass sich Jizchak so freundlich verhält, wird häufig als ein weiteres Zeichen dafür betrachtet, dass der Erzvater ein „friedliebender“[10],

1 Die Erinnerung an das Entwöhnungsfest 21,8 (ebenfalls מִשְׁתֶּה) stützt die Deutung, dass Jizchak nicht nur ein schlichtes Essen, sondern eine Feier ausrichtet.
2 Levin, Jahwist, 204.
3 Proksch, Genesis, 162.
4 Vgl. Zlotowitz, Bereishis I, 1108.
5 Vgl. Interview „Frosch“.
6 Vgl. Jacob, Genesis, 554; Wenham, Genesis II, 193; Interview „Suppe“.
7 Vgl. Interview „Rad“.
8 Vgl. Lutz, Isaac, 178 (einschränkend 182); Westermann, Genesis I/2, 523 und zu dem Mahl als konstitutivem Bestandteil eines Bundesschlusses besonders McCarthy, Covenants, 184f.189.
9 Im Interview „Bär“ stellt sich der Leser vor, Jizchak und Avimelech hätten Brüderschaft getrunken.
10 Vgl. z.B. Jacob, Genesis, 554; ähnlich Lutz, Isaac, 162, Scharbert, Genesis, 187-189. S. auch die Darstellung Jizchaks bei Josephus, der nach Feldman, Josephus, 32, Jizchak

geduldiger und langmütiger[1] Mensch ist. Einige finden es sogar erstaunlich, dass Jizchak nach seinen Erfahrungen mit den Philistern ihnen ein Fest ausrichte und nichts übel zu nehmen scheint.[2]

Mit diesem Bild der Gemeinschaft löst sich allmählich die Spannung, und ein positives Ende der Geschichte rückt in greifbare Nähe. *„Und sie machten sich früh am Morgen auf (V.31a), und sie schworen einer dem anderen (איש לאחיו) (b). Und Jizchak entließ sie (c). Und sie gingen von ihm in Frieden (d).“* Früh am Morgen steht man immer dann auf, wenn man etwas Wichtiges vorhat,[3] so wird den Leser/inne/n mit V.31a signalisiert, dass die Philister und Jizchak etwas Entscheidendes tun werden: Sie schwören einander, und zwar nicht im Rausch der abendlichen Feier, sondern mit nüchternem Bewusstsein.[4] Die Reaktionen der Leser/innen auf diesen Schwur zeigen, dass diesem Akt ein gewisser formeller Charakter zugeschrieben wird, während das Bündnis der beiden Parteien gleichzeitig als ein Zeichen von Nähe interpretiert wird: Auf der einen Seite wird ein Vertrag[5] geschlossen, der beide Seiten gleich berechtigt[6], aber auch gleichermaßen an Vereinbarungen bindet, wobei wie in Gen 21 keine Übereinkünfte genannt werden.[7] Das Verb שבע nif. bezieht diesen Pakt zurück auf den unumstößlichen und gewissermaßen ‚offiziellen‘ Schwur Gottes gegenüber Avraham und Jizchak und schlägt somit einen Bogen zu der Gottesrede am Anfang von Gen 26: Nicht nur das Mitsein und der Segen ADONAJS wird in VV.28ff. Jizchak zugesprochen, sondern auch der Schwur Gottes findet eine Entsprechung in den zwischenmenschlichen Beziehungen und ermöglicht so erst die Erfüllung der Verheißungen VV.3f.

Auf der anderen Seite schwören die Philister und Jizchak einander als Brüder,[8] wenn man die Phrase אִישׁ לְאָחִיו wörtlich nimmt, anstelle derer der Erzähler auch die Formulierung אִישׁ לְרֵעֵהוּ hätte wählen können. Demnach wäre „Brüderlichkeit“[9] entstanden, und ein weiterer Bogen wäre

als ein „model for Josephus's contemporary Jews“ präsentiert – „a man of peace who achieves security through reasonable calculation“.

1 Vgl. Interview „Mauer“.

2 Vgl. Interview „Sim“.

3 Vgl. 19,27; 20,8 (!); 21,14; 22,3; 28,12; 32,1; Ex 8,16; 9,13 und öfter.

4 Vgl. Zlotowitz, Bereishis I, 1108.

5 Blum, Komposition, 303; vgl. auch Interview „Kaktus“.

6 Vgl. Westermann, Genesis I/2, 523.

7 Nach PRE 31 beinhaltet der Vertrag die Zusage Jizchaks, dass seine Nachkommen keinen Besitz vom Philisterland nehmen.

8 Vgl. Schmid, Gestalt, 35.38.

9 Seebass, Genesis II/2, 284.

gespannt zwischen dem auf Gen 13,8.11 zurückgreifenden Hirtenstreit (26,20ff.) und einer Lösung unter Menschen, die sich als Verwandte empfinden (13,8) und ihren Konflikt durch eine räumliche Trennung lösen.

Am deutlichsten erinnert diese Szene aber fast alle Leser/innen an den Schwur, den Avimelech und Avraham einander bereits in Gen 21,31 gegeben haben. Daher erscheint dieses Bündnis eine „Wiederholung oder Erneuerung“[1] des vorherigen Paktes zu sein, und zwar eine notwendige Wiederholung: Denn die Abmachungen waren offenbar in Vergessenheit geraten, woraus man folgern kann, dass solch ein Schwur nicht ohne Weiteres ein für allemal gilt, sondern für jede Generation neu bestätigt werden muss.

Wenn Jizchak nun seine Gäste zum Abschied „begleitet“ und beide Parteien „in Frieden“ auseinander gehen, dann nimmt der Erzähler damit das Verb שלח pi. zusammen mit der Bestimmung בְּשָׁלוֹם aus der Rede Avimelechs auf. Als würde er an die Reaktion derer anschließen, die Avimelechs Beschreibung der Vertreibung Jizchaks als ein ‚Entsenden in Frieden‘ für geschönt hielten, macht der Erzähler in V.31 deutlich, das man nun *wirklich* in Frieden voneinander geschieden ist und dass Jizchak die Philister ehrenvoll hinausbegleitet hat.[2] Die Worte שלח pi. und בְּשָׁלוֹם erhalten so diejenige Bedeutung, die Avimelech ihnen zu geben versucht hat. Jetzt ist wahrhaft Frieden geworden.

Gleichzeitig nimmt der Erzähler die partitive Präposition מִן + אֵת aus V.27 auf, die hier nicht mehr mit einem Konflikt konnotiert ist, aber deutlich macht, dass ein freundschaftliches Bündnis die Wahrung einer Distanz beinhalten kann – ein realistisches Element, das den Leser/innen hilft, die Einigung zwischen den Philistern und Jizchak nicht romantisch zu verklären. Man trennt sich wie in 13,11 „einer von seinem Bruder“:

> „Friede bedeutet also durchaus nicht in jedem Fall ‚Verbrüderung‘. Das Verhältnis zwischen Menschen kann auch dann heil sein, wenn der eine den anderen ‚in Frieden ziehen läßt‘, zufrieden läßt.“[3]

Denn offenbar bringt in dieser Erzählung nur eine freundschaftliche Distanz Frieden als ein „gedeihliches Miteinander, so daß es beiden Partnern in jeder Hinsicht wohlergeht.“[4] Damit kann ein Leser Gen 26 deuten als „eine Geschichte, die davon handelt, dass Menschen [...] an [...] Segen glau-

---

1 Keil, Genesis, 230.
2 Vgl. Pseudo-Jonathan. z.St.; Onkelos, z.St.; Raschi, z.St.; Wenham, Genesis II, 193 (mit Verweis auf 18,16).
3 Westermann, Genesis I/2, 523.
4 Boecker, Genesis, 40.

ben, Schwierigkeiten überwinden und so viel Kraft haben [...], mit anderen Frieden zu schließen, friedlich beieinander zu sein oder friedlich auseinander zu gehen.“[1]

Jetzt ist das Problem des Konflikts mit den Philistern für dieses Kapitel endgültig gelöst (L3). Der Unterschied zwischen dem Trugschluss in V.22 und der Lösung in V.29 liegt darin, dass am Ende von Gen 26 die Trennung nicht durch einen Streit, sondern aus einer Gemeinschaft heraus geschehen ist, in der man sich durch einen Schwur verbunden hat und in der Frieden und Segen geschehen ist, so dass nun die durch 12,2f. vorgezeichnete Geschichte des Segens weiter gehen kann. Dass diese Kulmination in Beer-Scheva noch geschehen sollte, könnte der innere Grund dafür sein, dass Jizchak nach V.22 aufbrechen musste.

Gen 26 ist freilich nicht die erste Segensgeschichte nach 12,2f. Schon Jizchaks Vater Avraham wurde von einem Nicht-Israeliten gesegnet: In 14,17ff. traf er den Priester El Eljons, Malkizädäq, den „gerechten“ König von Salem, der den Erzvater zunächst bewirtete und dann mit der Formel בָּרוּךְ אַבְרָם לְאֵל עֶלְיוֹן segnete. Weil der Name „Salem“ an שָׁלוֹם erinnert, liegen auch hier Segen und Friede dicht beieinander. Neu in Gen 26 ist jedoch, dass der Heide Avimelech den Erzvater im Namen ADONAJS segnet, der Avraham umfassend Segen versprochen hat. So erscheint die ökumenische Begegnung Avrahams mit Malkizädäq als Vorspiel zu der Segnung Jizchaks durch den Philisterkönig.

Nun wird der eigentliche Schluss der Geschichte erzählt, der von einer weiteren glücklichen Lösung berichtet. *„Und es geschah an jenem Tag, da kamen die Knechte Jizchaks (V.32a), und sie teilten ihm mit (b), betreffs des Wasserbrunnens, den sie gegraben hatten (c), und sie sagten ihm: ‚Wir haben Wasser gefunden‘ (d).“* Fast haben die Leser/innen schon die Knechte Jizchaks vergessen, die seit V.25 im Hintergrund nach einem Brunnen graben. Durch eine „rahmenbildende Wiederaufnahme“[2] wird an jenen Vers angeknüpft und nun das Ergebnis mitgeteilt. Dabei wird in spannungssteigernder Weise die Nachricht so lange herausgezögert, wie es geht, indem zunächst (V.32a) nach einer relativen Zeitangabe vom Kommen der Knechte berichtet wird, dann (b) eine Mitteilung angekündigt wird, bevor (c) der Betreff der Nachricht genannt und erst dann, (d) nach einer erneuten Redeeinleitung, die Nachricht selbst wiedergegeben wird.

---

1 Interview „Pfeife“.

2 Blum, Komposition, 303.

Die Zeitangabe בַּיּוֹם הַהוּא, die durch das erzähleinleitende וַיְהִי zusätzlich betont wird,[1] stellt eine Koinzidenz[2] des Wasserfindens mit dem morgendlichen Schwur her, die von sehr vielen Leser/innen als ein kausales Verhältnis interpretiert wird:

> „The coincidence is highly significant. It indicates a causal relationsphip between the name Beer-sheba and the oath-taking ceremony just completed.“[3]

D.h., mit der Lösung des Konflikt-Problems (L3) löst sich auch das Wasser- (L2) und endgültig auch das Dürreproblem (L1)[4]: Weil die Philister und Jizchak miteinander geschworen haben, versagt sich auch die Natur bzw., soweit man ein Allwirken Gottes voraussetzt, auch ADONAJ[5] nicht und lässt die Leute des Erzvaters Wasser finden. In dieser glücklichen Lösung,[6] diesem *happy end*[7] erscheint das Verb מצא aus VV.12.19 wieder, das in V.12 mit dem überreichlichen Gesegnetsein durch den lebensnotwendigen Reichtum der Natur konnotiert war und diese Bedeutung auch in V.32 einträgt. Mit diesem Brunnen kann auch die Hungersnot Jizchak endgültig

1 Vgl. dagegen die weniger betonte Stellung dieser Zeitangabe z.B. in 15,18; 30,35; 33,16; 48,20; Ex 5,6. Wie hier, aber ohne folgenden Narrativ, 1 Sam 3,2.

2 Talmon und Quick betrachten ähnliche Zeitangaben als Mittel zur Darstellung von Gleichzeitigkeit. Vgl. oben, 20.

3 Sarna, Genesis, 188.
Besonders in den Interviews zeigt sich, dass Leser/innen zumindest erwägen, eine kausale Verknüpfung zwischen dem friedlichen Schwur in V.32 und dem Wasserfinden in V.33 herzustellen: Vgl. Interview „Hammer“ („Auf jeden Fall scheint dieser Schwur irgendwie wichtig zu sein, weil nach diesem Schwur haben sie dann noch einen Brunnen gefunden. *Da* haben sie Wasser drin gefunden“); Interview „Bär“ („Ich weiß nicht, ob da jetzt ein Zusammenhang besteht, dass man eben sagen kann, *weil* er zu ihnen nett gewesen ist, *weil* er sie gesegnet hat, *weil* er ihnen zu Essen gegeben hat – vielleicht hat's ja dafür Wasser gegeben. So Ursache – Wirkung“): Interview „Kaktus“ („... und dieser Friedensbund, der ist im Grunde durch dieses Finden des Brunnens mit dem Wasser nochmal bestätigt worden“). „Kaktus“ sieht Jizchak durch das Wasserfinden in seiner „friedfertigen Haltung“ bestätigt, aus der heraus er nicht „auf sein eigenes Recht“ gepocht habe.
Sforno, zu VV.25f., hingegen zieht eine Verbindung zwischen dem Anrufen Gottes am neu erbauten Altar durch Jizchak und dem erfolgreichen Graben eines Brunnens, um den nicht mehr gestritten wird.
Und Ramban sowie Radak beschränken sich in der Interpretation auf das zeitliche Verhältnis: Als das Brunnenwasser gefunden wurde, waren Avimelech und die Philister noch zugegen, (Radak, z.St.; Jacob, Genesis, 554; bzw.: die Grabung führt am Tage des Abschieds von den Philistern zum Erfolg (Ramban).

4 Vgl. Brueggemann, Genesis, 225.

5 Vgl. die Leserin im Interview „Besen“, die zusätzlich das Interpretament Segen einbringt: „War das jetzt eine Bestätigung, von Gott, dass er [dadurch] gesegnet wurde“?

6 Vgl. Wenham, Genesis II, 192.

7 Vgl. Sacks, Genesis, 215, Interview „Suppe“.

nicht mehr schrecken (L1). Neben jenem Verb wird auch die Wurzel חפר aus VV.18f.21f. wieder aufgenommen, so dass dieser Brunnen in eine Reihe mit den vorhergehenden Grabungen gestellt wird. Dabei zeigt sich, dass sowohl die Philister als auch Jizchak nunmehr zwei Brunnen dazugewonnen haben - eine gute Balance.[1] Manche Leser empfinden diesen Vers als Höhepunkt von Gen 26.[2] Doch der Ankündigung in V.18, wonach Jizchak Avrahambrunnen wieder aufgraben und nach ihren früheren Namen benennen wird, entspricht auch V.32 noch nicht.

Von Gen 26 aus verweist die sehr seltene[3], etwas umständliche Angabe עַל־אֹדוֹת auf 21,25 zurück und erinnert die Leser/innen, zusammen mit dem Schauplatz dieser Ereignisse, Beer-Scheva, und dem gegenseitigen Schwur, an die vorherige Brunnenstreit-Episode. Im letzten Vers dieser Geschichte wird dieser Rückbezug auf Gen 21 noch deutlicher werden.

Dort gibt Jizchak dem Brunnen einen Namen. *„Und er nannte ihn ‚Schivah' (שבעה), (V.33a) daher ist der Name der Stadt Beer-Scheva (באר־שבע) (b) - bis zum heutigen Tag (c).“* Nachdem die Philister und Jizchak einander geschworen haben (שבע nif.), benennt Jizchak den gefundenen Brunnen שִׁבְעָה, womit der Ortsname בְּאֵר שֶׁבַע erklärt wird - wie in Gen 21 ein Spiel mit den Konsonanten שבע. Damit können die Leser/innen einerseits deuten, dass dieser Brunnen wegen der Übereinkunft zwischen Avimelech und Jizchak den Namen „Schwur“ erhält, so dass der Ort „Schwurbrunnen“ heißt. Diese Lesemöglichkeit schließt an die oft angenommene Kausalität zwischen dem Schwur und dem Wasserfinden an. Andererseits erkennt man aber in den masoretischen Vokalen der Form שִׁבְעָה das Zahlwort „sieben“ und gerade nicht das Substantiv שְׁבֻעָה,[4] so dass der Ortsname wie in Gen 21 gleichzeitig als „Siebenbrunnen“ zu verstehen ist.[5]

---

1 Vgl. Nicol, Studies, 58.

2 Vgl. Brueggemann, Genesis, 225.

3 Vgl. Num 12,1; 13,14; Jos 14,6 (2x): Ri 6,7.

4 Bereits Ibn Esra, z.St., weist auf die doppelte Bedeutung von שִׁבְעָה als ‚sieben' und ‚Schwur' hin.

5 „The peculiar form“ שִׁבְעָה, so schließt daraus Skinner, Genesis, 367, im Anschluss an Gunkel, „is perhaps chosen as a compromise between שְׁבֻעָה [...], and שֶׁבַע the actual name of the place.“ Dem ist allerdings hinzuzufügen, dass שָׁבַע/שֶׁבַע im narrativen Kontext von 21,23ff. und 26,31ff. keineswegs nur auf das Zahlwort ‚sieben', sondern wegen 21,23.31 und 26,31 zugleich auf das Verb ‚schwören' verweist. Zu der „dual significance“ vgl. auch Zlotowitz, Bereishis I, 1110.
Sforno, z.St., ist dabei der Ansicht, dass שָׁבַע in 21,32f. eher das Verb ‚schwören' und שֶׁבַע in 26,33 eher das Zahlwort ‚sieben' betone, so dass in beiden Texten jeweils die Bedeutung gestärkt würde, die im Kontext der Erzählung weniger präsent ist.

Auch auf andere Weise ist die Zahl ‚sieben' für jene Leser/innen präsent, die sich hier zum Zählen veranlasst fühlen: Nach Sforno[1] ist der Name „Siebenbrunnen" auch deswegen passend, weil Beer-Scheba in Gen 26 der siebte Ort für einen Brunnen sei[2]: Drei Brunnen in VV.15.18, da כָּל־ (V.15a) nie weniger als drei bezeichne, Esek (V.20), Sitna (V.21), Rechovot und Schivah, in der Summe 7 – wogegen man freilich einwenden könnte, dass in VV.15.18 auch mehr als drei Brunnen gemeint sein können.

Treibt man das Spiel mit dieser Zahl aber etwas weiter, so ist auffällig,

- dass der Name Beer-Scheva mit 26,32 in den Erzelterngeschichten das siebte Mal genannt wird (21,14.31.32.33; 22,19; 26,23; 26,33);
- dass dieser Brunnen nach meiner Interpretation von 26,18 als Überschrift evtl. der siebte in den Erzelterngeschichten ist (16,14: Beer-Lachai-Roi; 21,19: ohne Namen; 21,25ff.: Brunnen in Beer-Scheva; 26,19f.: Esek; 26,21: Sitna; 26,22: Rechovot; 26,25ff.: Schivah),
- und dass der Name Avimelech siebenmal[3] erscheint, wohingegen der Name Jizchak zweimal siebenmal erscheint.

Damit trägt der Name Beer-Scheva nicht nur in Gen 21, sondern auch in Gen 26 sowohl die Bedeutung „Siebenbrunnen" als auch „Schwurbrunnen" in sich. Das bedeutet aber, dass die Leser/innen, die sich schon während der gesamten Lektüre von Gen 26 an Gen 21 erinnert haben, den in 26,32 gegrabenen Brunnen mit dem in Gen 21 in Verbindung bringen können. Das erste Mal in Gen 26 erkennen sie anhand des Ortsnamens einen Avrahambrunnen wieder. Gleichzeitig bemerken sie, dass aus der Überschrift V.18, nach der Jizchak Avrahambrunnen reaktivieren wird, in V.33 die Verben חפר, קרא und das Substantiv שֵׁם aufgenommen werden, und können so das Finden und Benennen dieses letzten Brunnens als Erfüllung jener Ankündigung begreifen. Hat Jizchak seit V.19 immer wieder erfolglos versucht, einen Brunnen seines Vaters zu finden und mit dem alten Namen zu belegen, so ist ihm dies jetzt, nach der Versöhnung mit den Philistern, endlich gelungen. Letztlich ist das der Grund, warum Gen 26 nicht schon nach V.22 enden konnte: weil den Leser/inne/n dann die erlösende Schlussszene vorenthalten geblieben wäre. Somit wäre der auf den ersten

---

Syr, Vulg („abundantia"), Aquila, Symmachus lesen hier ‚überbordende Fülle'.

1 Vgl. Sforno, z.St.

2 Vgl. auch Mowinckel, Erwägungen, 101: „‚Siebenbrunnen' heisst der Brunnen, weil er der siebente Brunnen war, dem Isaak und seine Leute gruben oder entdeckten".

3 Vgl. Sarna, Genesis, 188. Der Name Avraham erscheint dagegen nicht sieben, sondern acht Mal (Sarna hat sich hier verzählt).

Blick siebte Brunnen in den Erzelternerzählungen auf den zweiten Blick identisch mit dem dritten in Gen 21.[1] Allerdings wird damit der Vorschau in V.18 nicht ganz entsprochen, da dort von mehreren Brunnen die Rede ist. So kann man sich vorstellen, dass Jizchak nach dem Ende dieser Geschichte weitere Brunnen restituieren wird, so wie auch die Segensgeschichte Israels mit den Völkern weiter geht.

Ein Unterschied zwischen Gen 21 und Gen 26 besteht darin, dass in Gen 21 der *Ort* Beer-Scheva nach dem Schwur zwischen Avraham und Avimelech benannt wurde, während in Gen 26 Jizchak dem *Brunnen* den Namen Schivah gibt, der seinerseits den Namen der Stadt Beer-Scheva erklärt. Doch wenn die Leser/innen von Gen 21 den Namen Beer-Scheva als „Siebenbrunnen" oder „Schwurbrunnen" aktualisieren, dann setzen sie damit voraus, dass dieser Ort so heißt, weil es dort einen Brunnen „Sieben" oder einen Brunnen „Schwur" gibt (שבע/שבעה), wie es Gen 26 dann auch darstellt. Gen 21 überspringt sozusagen die Benennung des Brunnens:

	Gen 21	*Gen 26*
Schwur/sieben	V.31: שבע	V.31: שבע
	│	↓
Name des Brunnens	│	V.33: שבעה
	↓	↓
Name des Ortes	V.31: באר שבע	V.33: באר שבע

Somit ergänzen die Benennungen in Gen 21 und in Gen 26 einander: In 26,33 lernen die Leser/innen jenen Brunnennamen kennen, der in Gen 21 zwar nicht wichtig war, in Gen 26 aber entscheidend für die Lektüre des gesamten Kapitels ist, weil erst durch das „Rufen" des „Namens" deutlich wird, dass die Ankündigung in V.18 eingelöst wird.

Gegen die Deutung, dass Jizchak in 26,33 den Avrahambrunnen aus Gen 21 wieder aufgräbt, könnte man einwenden, dass dieser Brunnen doch wie die übrigen in Gen 26 aus der Situation heraus benannt wird, was zunächst nicht daran denken lässt, dass Jizchak auf einen alten Namen zurückgreift. Doch verhält es sich ja so, dass der Ort Beer-Scheva in Gen 21

1 Auch Ramban, zu V.32, betrachtet beide Brunnen als identisch. Anders hingegen Ibn Esra, z.St.

aus derselben Situation des Schwures heraus so benannt wurde. Jizchak hat also mit den Philistern zunächst den Schwur erneuert,[1] der schon damals geschlossen wurde, so dass er dann auch denselben Namen für den Brunnen benutzen konnte. So ergibt sich eine doppelte Kontinuität zum Avrahamschwur und zum Namen des Avrahambrunnens, der daraus resultierte. Nachdem Jizchak in ein positives Verhältnis zu den Nachbarn gekommen ist, erbt er nicht nur den Schwur, sondern auch den Wasser führenden Brunnen.

Die Angabe in V.33, dass wegen dieses Brunnens die Stadt Beer-Scheva[2] „bis zum heutigen Tage" ihren Namen trägt, erschien in Gen 21 noch nicht. Erst als die Philister und Jizchak miteinander in ein Verhältnis des Segens und Friedens gekommen sind und den damaligen Schwur erneuert haben, konnte der Name Schwurbrunnen, den die Stadt nun wieder zu Recht trug, zu einem bleibenden werden.[3] Bis dahin war wegen des Konflikts mit den Brunnen auch die Erinnerung an den Schwur und die wahre Bedeutung dieses Namens verschüttet worden. Mit dem Hinweis aber, dass dieser Name von da an nicht mehr in Vergessenheit geriet und so bis heute währt, führt der Erzähler uns Leser/innen in unsere Welt zurück.

b) Auswertung: Gen 26 als Segensgeschichte

Gleich im ersten Vers des zuletzt betrachteten Abschnitts VV.12-33 erscheinen drei Begriffe, die von 12,1-3 an die Erzelternerzählungen als Leitworte durchziehen und immer wiederkehrend die Gegenstände der Verheißungen bezeichneten: Zunächst die Wurzel זרע, die nach der Geburt von Jizchaks Söhnen hier nicht mehr als das Substantiv זֶרַע/Nachkommenschaft, sondern als das Verb זרע q. „säen" aktualisiert wird; das Land (אֶרֶץ), das Jizchak in VV.3f. zusammen mit „all diesen Ländern" von Adonaj zugesagt wurde; und der Segen (ברך pi.), der Jizchak zugesagt wird (V.3b) und an dem die Völker des Landes einen Anteil gewinnen sollen (VV.4d.e).

Bevor das in VV.1-6 angelegte Konfliktpotential offen zu Tage tritt, ist eine Szenenfolge zu lesen, in der ein weiteres Mal ein Erzvater seine Frau als seine Schwester ausgibt (VV.6-11). Da die Leitworte Land, Nachkom-

1 Vgl. Keil, Genesis, 230.
2 Zu den unterschiedlichen Vorschlägen, Beer-Scheva zu lokalisieren, vgl. Schmid, Gestalt 47f. (Lit.); Albertz, Isaak, 295 (Lit.).
3 Vgl. Menasche ben Jirael bei Zlotowitz, Bereishis I, 1111 und Jacob, Genesis, 559.

menschaft und Segen in dieser Einheit nicht erscheinen, wie überhaupt wenig wörtliche Verknüpfungen zwischen dieser Episode und den übrigen Teilen von Gen 26 festzustellen sind, ist hier noch stärker als sonst die interpretative Aktivität der Leser/innen gefordert, Zusammenhänge herzustellen. Betrachtet man die Philister als ein Beispiel für die zum Segen bestimmten Völker des Landes, so kann man wie schon in Gen 12,10-20 und Gen 20 fragen, ob Jizchak denn auf diese Segensteilhabe hin handelt, wenn er das Volk in diesem Land durch sein Verhalten in eine derart ernste Gefahr bringt. Für die meisten Leser/innen wird spätestens im Rückblick auf VV.6-11 deutlich, dass Jizchak nicht unbedingt im Licht der Verheißung oder in Fortsetzung des Toragehorsams seines Vaters agiert, wohingegen der in theologischer Ethik erfahrene Heide Avimelech den Erzvater und dessen Frau mit einer Mizwa schützt, die in der Tora nicht anders formuliert worden wäre.[1]

Doch scheint Avimelech den mit Reichtum gesegneten (ברך pi.) Jizchak schon wenig später nicht mehr in Grar dulden zu können. Denn Jizchaks auffällig großer Erfolg beim Säen (זרע q.) und Ernten in diesem Land (אֶרֶץ) führt zum Neid einiger Philister, so dass der Segen eine ambivalente Wirkung entfaltet: Die Philister wünschen sich einen Anteil an diesem Segen, aber weil er allein Jizchak zu bereichern scheint, führt der Segen letztlich zum Konflikt (P3) und damit zu den Verwicklungen, die erst am Ende aller Spannungsbögen von Gen 26 aufgelöst werden. So wird Jizchaks Aufenthalt im Philisterland zum Testfall für den Segen in Gemeinschaft.

Zunächst wirken die destruktiven Folgen des Segens weiter: In V.18 wird angekündigt, dass der mittlerweile aus Grar ausgewiesene Jizchak nun versuchen wird, die zugeschütteten (V.15) Brunnen seines Vaters wieder aufzugraben und mit den alten Namen zu belegen, um sein existentielles Wasserproblem (P2) zu lösen. Als er das aber tut, holen ihn zweimal hintereinander die Streitigkeiten mit Graritern wieder ein (P3), und erst den dritten, weiter entfernten Brunnen Rechovot kann Jizchak benennen und damit in Besitz nehmen (L2?; L3?). Doch ist dieser Brunnen kein Avrahambrunnen, so dass V.18 nicht entsprochen ist. So erhält die Erzählung nach diesem Trugschluss und der Lösung der Landfrage in V.22 eine neue Chance, dass Jizchak durch seinen Zug nach Beer-Scheva doch noch einen Avrahambrunnen findet und in ein segensreiches und friedvolles Verhält-

1 Fokkelman, Narrative Art, 114, bringt das Interpretament ‚Segen' dadurch in VV.6-11 ein, dass er Jizchak als durch seinen Segen geschützt betrachtet.

nis mit dem Volk dieses Landes kommt. Nachdem Gott dem Erzvater deutlich gemacht hat, dass er an seinem Versprechen, ihn zu segnen und zu mehren, festhält, macht Jizchak diesen Ort spirituell zu seiner Heimat. Solchermaßen gestärkt kann er dem hochrangigen philistäischen Besuch seine Sicht dieses Streites vorhalten. Da beginnt sich das gesamte Geschehen zu wenden: Vom harschen Empfang unbeirrt, bittet Avimelech um jenen Bund, der bereits zwischen ihm und Avraham geschlossen wurde und versucht gleichzeitig – mit nicht unbedingt als ehrlich zu bezeichnenden, beschönigenden Worten – die Wogen zu glätten. Dies alles umrahmt er mit zwei Aussagen, die ich als den theologischen Höhepunkt von Gen 26 herausgearbeitet habe: Zum einen erkennt der Theologe aus den Heiden nun, dass ADONAJ mit Jizchak ist, und zum anderen spricht er dem Erzvater das Gesegnetsein durch ADONAJ zu und segnet ihn dadurch. In beiden Sätzen präsentiert der Erzähler Avimelech als den ersten Nicht-Hebräer, der יהוה, den Gott Israels mit seinem Eigennamen kennt. Damit hat, wie in 12,3 vorhergesagt, ein Heide Avraham durch Jizchak gesegnet, so dass die in 12,2f. vorgezeichnete Segensgeschichte Israels mit den Völkern beginnen kann. Avimelech wird zum Exemplum für diejenigen, die Avraham-Israel segnen (12,3). Wird damit auch Avimelech gesegnet? Und hat Jizchak in Gen 26 in irgendeiner Weise in Gen 26 einen Segensauftrag erfüllt? Diese Fragen lässt Gen 26 offen, und erst recht weist die geradezu eschatologische Perspektive der Teilhabe „aller Völker des Landes" (V.4e) über Gen 26 hinaus.

Doch dadurch, dass zwischen den Philistern und Jizchak beispielhaft Segen geschehen ist (L3), wird die Ambiguität des Segens überwunden, und es kann sich Neid (V.14: קנא), Streit (V.20: ריב), und Hass (V.27: שנא, vgl. 24,60) in einen Eid (V.28: אלה) und einen Bund (V.28: ברית), in Gemeinsamkeit (VV.28f.: 4x Präp. עם), einen Schwur (V.31: שבע nif.) und Frieden (VV.28f.: שלום) auflösen. Nachdem Jizchak das Ansinnen Avimelechs durch seine Gastfreundschaft[1] beantwortet hat, leisten beide Parteien einen Bündnisschwur und gehen in Frieden auseinander. Wenn noch am selben Tag die Knechte des gesegneten Jizchaks in Beer-Scheva einen Wasserbrunnen finden, der sich mit dem Avrahambrunnen aus Gen 21 identifizieren lässt, dann erfüllt sich damit nicht nur die Ankündigung aus V.18. Denn gleichzeitig erneuert dieser reaktivierte Brunnen, der vom Schwur zwischen den Philistern und Jizchak seinen Namen erhält und vielen Leser/in-

1 Vgl. Lutz, Isaac, 182; Scharbert, Genesis, 189.

nen wie eine Belohnung für diesen Friedensschluss erscheint, auch den bis heute bleibenden Namen der Stadt Beer-Scheva.

In diesem letzten Abschnitt von Gen 26 in VV.12-33 erinnern sich die Leser/innen neben dem Hirtenstreit und der anschließenden Trennung der Brüder (Gen 13) am deutlichsten an den früheren Brunnenstreit zwischen Avimelech und Avraham in 21,22ff. und den danach geschlossenen Bund, der mitsamt der Erklärung des Ortsnamens Beer-Scheva in Gen 26 wieder erscheint. Diese - durch den Konflikt in diesem Kapitel - notwendig gewordene Wiederholung und Erneuerung des Vertrages geschieht in Gen 26 aber in einem veränderten Kontext: Zum einen wird der Schwur mit dem Finden und Benennen eines Avrahambrunnens verschränkt, und zum anderen wird er mit ‚Segen' und ‚Frieden' verknüpft, so dass sich in Gen 26 gegenüber Gen 21 eine neue Dimension auftut.

Zugleich können die Leser/innen Verbindungen zu der Malkizädäqszene in Gen 14 ziehen: Die dortige ökumenische Begegnung, in der mit Malkizädäq in V.14,17ff. bereits ein Nicht-Hebräer, der zudem als König des Reiches „Frieden" (Salem) vorgestellt wird, im Namen El Eljons Avraham segnet, kann als Vorspiel zu der Segnung Jizchaks durch den philistäischen Heiden Avimelech im Namen ADONAJS gelesen werden.

9. Gen 26 im Kontext

Weiten wir noch einmal den Blick und schauen auf den Kontext von Gen 26. Während in der literarhistorischen Forschung, wie eingangs dargestellt, Gen 26 als ein deplatziertes Kapitel betrachtet wird, habe ich den Versuch gemacht, ein kohärentes Verständnis dieser Szenenfolge in ihren Beziehungen zu anderen Texten aus dem Avrahamzyklus zu erarbeiten.

Was die Stellung der Preisgabegeschichten in ihrer Umgebung anbelangt, ist dabei deutlich geworden, dass 12,10-20, Kap. 20 und 26,6-11 jeweils als *retardatio* vor der Wiedergewinnung eines Verheißungsgutes bzw. der Einlösung einer solchen Zusage gelesen werden kann: In Gen 12,10-20 verlässt Avraham das Land, bevor es ihm in seiner Gänze neu verheißen wird und er es sinnlich erfahren kann (13,14ff.), und in Gen 20 wird mit der Geburt Jizchaks die Nachkommenschaft ein letztes Mal hinausgezögert und gefährdet. In Gen 26 verhindert Gott zunächst, dass Jizchak die Digression seines Vaters nach Ägypten wiederholt, so dass der Schauplatz dieses Kapitels zumindest in der Nähe des Landes zu verorten ist. Auch die Nachkommenschaft wird in VV.6-11 nicht mehr gefährdet, da Jizchaks Söhne bereits geboren sind.[1] Vielmehr ist es der Segen, der unmittelbar nach der dritten Preisgabegeschichte zunächst destruktiv zu wirken scheint und sich erst am Ende der Erzählung, wie in den Verheißungen versprochen, positiv zwischen dem Volk des Landes und Jizchak entfaltet. So wird nach jeder Preisgabegeschichte ein Verheißungsgut proleptisch erfüllt und damit überhaupt erst die Möglichkeit geschaffen, dass auch die übrigen Zusagen eintreffen können. Denn gerade Gen 26 hat ja gezeigt, dass mit der fehlenden Segenssphäre zwischen Jizchak und den Philistern auch eine große Nachkommenschaft und das Wohnen im Land unmöglich werden.

Wie fügt sich aber nun Gen 26 als Ganzes in seinen unmittelbaren Kontext zwischen Gen 25 und Gen 27? Muss man nicht zugeben, dass dieses Kapitel aus drei Gründen wirklich deplatziert erscheint, z.T. wie seit Langem und immer wieder festgestellt wurde?

(1) Die Exposition der „Toledot Jizchaks“ mit der Geburt der Zwillingssöhne in 25,19-34 lässt die Leser/innen erwarten, dass nun die Geschichte Esaws und Jaakovs weiter erzählt wird, wie auch die Erzählungen Avrahams auf die Ankündigung der „Toledot Terachs“ (11,29) folgten. Doch stattdessen wird die Streitgeschichte der beiden Brüder

1 Vgl. Clines, Ancestor, 79; Polzin, Ancestress, 87.

nach 25,34 unvermittelt abgebrochen und nach 26,34 sofort wieder aufgenommen, so dass 26,1-33 wie ein Fremdkörper erscheint.[1]

(2) Zudem gibt es in 26,1-33 kein Anzeichen dafür, dass Jizchak und Rivka von ihren Kindern umgeben wären. Und mehr noch scheint die Preisgabegeschichte geradezu deren Abwesenheit zu erfordern, weil Jizchak sonst seine Frau schwerlich als seine Schwester hätte ausgeben können.[2]

(3) Und schließlich, so erweitert Nicol die Einwände gegen den chronologischen Ort der Ereignisse in Gen 26 nach Gen 25, wird Gen 26 so erzählt, als würde Jizchak erst im Verlauf der Geschichte mit Reichtum gesegnet und nicht schon vorher (25,5.11).[3]

So fragt Wenham mit Recht:

> „Is there any literary logic to its being placed here in that cycle, rather than right at the beginning? Or must we concur with Skinner (355) that it is ‚a misplaced appendix to the history of Abraham'?"[4]

Nach einer literarischen Logik, also nach einer Erklärung dieser Probleme auf der Ebene der vorliegenden Gestalt des Textes, hat vor Wenham (1994) und Nicol (1987) auch Fishbane (1975) gesucht.[5] Diese drei prominenten Lösungsvorschläge werde ich in chronologischer Reihenfolge darstellen.

Fishbane (1975) geht von der Beobachtung aus, dass in den Erzelternerzählungen nicht nur Gen 26, sondern auch Gen 34 den Erzählfaden unterbricht.[6] Neben ihrer Funktion als „interlude" haben die beiden Kapitel zudem eine Reihe von Themen und Vokabeln gemeinsam: Beide Erzählungen handeln von den Themen Streit und Täuschung und berichten von einem Bündnis mit Fremden, wobei Gen 26 zusätzlich *„berakhah-*

---

1 Vgl. Nicol, Studies, 14ff.; Thompson, Origin Tradition, 103.

2 Vgl. Nicol, Studies, 14ff.; Thompson, Origin Tradition, 102.

3 Nicol, Studies, 15.

4 Wenham, Genesis II, 186.

5 Nach der psychologischen Logik der Abfolge dieser drei Texte sucht dagegen Exum, Ancestress. Sie liest die dreifach erzählte Geschichte „in Genesis 12,20, and 26 as a symptom of the narrative's intra-psychic conflict, a conflict between the unconscious desire that the wife gain sexual knowledge of another man and the fear that this could happen." Dieser Konflikt wird in den drei Versionen der Erzählung so lange bearbeitet, bis er schließlich gelöst ist, indem in Gen 26 die – in Gen 20 noch durch Gott vertretene externe – moralische Autorität internalisiert und so die Neurose kuriert wird: Hier ist es Jizchak selbst, der mit seiner Frau sexuellen Kontakt hat (26,7).

6 Vgl. Fishbane, Text, „So the problem of chap. 26 is by no means an isolated one within the book. There are other passages that a modern editor might have been tempted to place elsewhere. But we must inquire why the ancient editor chose to put chap. 26 at this point."

blessing" als ein Leitwort der Jaakov-Geschichte aufnimmt.[1] Ist man durch die Wahrnehmung dieser Entsprechungen, die Rendsburg noch einmal präzisiert hat,[2] für den Zusammenhang zwischen Gen 26 und Gen 34 sensibilisiert, so fällt weiter auf, dass beide Texte einander in der palistrophischen Struktur des Jaakov-Zyklusses gegenüberstehen. Insofern fügen sich sowohl Gen 34 als auch Gen 26 gerade als Unterbrechungen und Zwischenspiele in die Ordnung der Jaakov-Erzählungen ein, die empfindlich gestört würde, wenn man sich einen der beiden Texte wegdenken würde:

> „The symmetry between Genesis 26 and 34, together with their parallel functions as interludes, thus preclude any assumption of a haphazard editorial arrangement."[3]

Gen 26 füllt also nicht nur die Zeit zwischen der Jugend und dem Erwachsenenalter der Söhne Jizchaks,[4] sondern garantiert die Balance[5] innerhalb der von Fishbane gesehenen Struktur des Jaakov-Zyklusses. Fishbane äußert sich jedoch kaum zu der Frage, was den Erzähler dazu veranlasst haben könnte, diese Haupthandlung durch die beiden Zwischenspiele zu unterbrechen, bzw. welche Folgen dies für die Lektüre hat. Denn die Wirkung erschöpft sich sicherlich nicht darin, dass Leser/innen beim synchronen Blick auf eine von ihnen hergestellte Struktur in den Jaakov-Erzählungen eine gefällige Ordnung erkennen.

Eine andere Lösung präsentiert *Nicol* 1987, indem er die oben aufgelisteten Probleme mit der Stellung von Gen 26 im jetzigen Kontext bestätigt und daraus den Schluss zieht, dass der Erzähler innerhalb der sich kontinuierlich entfaltenden narrativen Einheit der Genesis[6] einen Rückblick, ein „flashback"[7] in die Zeit vor der Geburt der Söhne Jizchaks bietet. Mit anderen Worten: Nach Nicol ist die Stellung von Gen 26 im vorliegenden Text – angesichts der Abwesenheit von Esaw und Jaakov und des zunächst noch nicht vorhandenen Reichtums des Erzvaters – dann gut erklärlich, wenn man die besondere Ordnung der *story* beachtet und Gen 26 als Analepse erkennt. Das würde die Interpretation von Gen 26 freilich deutlich verändern, etwa, weil die Erzählung dann auch wieder von der Gefährdung der Ahnfrau und der Nachkommenschaft handeln würde.

---

1 Fishbane, Text, 42.
2 Vgl. Rendsburg, Redaction, 58.
3 Fishbane, Text, 47.
4 Fishbane, Text, 46.
5 Vgl. auch Coats, Genesis, 235.
6 Vgl. Nicol, Chronology, 330.
7 Vgl. Nicol, Chronology, passim; ders., Story-patterning, 218;

Doch den Inhalt eines gesamten Kapitels gedanklich an einen anderen Ort innerhalb der Chronologie einer Erzählung zu versetzen, ist eine nicht geringe Operation, die dann von Leser/innen abverlangt würde. Zumal anders als bei kleineren Analepsen, die z.B. durch ein Perfekt in einem אֲשֶׁר-Satz oder eine Inversion wie in 26,15 erkennbar werden, Gen 26 kein sprachliches Merkmal enthält, dass diesen „flashback“ anzeigt. Da stellt sich die Frage, ob es den Leser/inne/n nicht leichter fällt, mit dem plötzlichen Ein- und Ausblenden von Figuren oder mit der Vorstellung umzugehen, dass Jizchak schon reich nach Grar kommt und dort weiter und weiter gesegnet wird. Denn das unvermittelte Auf- und Abtreten von Personen sind die Leser/innen der Genesis ebenso gewohnt wie die – für Nicol problematische – Vorstellung, dass eine betagte Erzmutter noch als schön dargestellt wird. Meiner Ansicht nach haben die Leser/innen mit der Eigenwirklichkeit des Textes geringere Schwierigkeiten als sie mit Nicols gewaltiger Umstellung hätten.

Wenham (1994) stellt nicht nur Fishbanes und Nicols Einordnungen von Gen 26 in den Kontext der Genesis dar, sondern findet darüber hinaus einen eigenen Weg, dieses Kapitel als wohl platziert zu verteidigen. Er tut dies, indem er viele derjenigen Korrespondenzen zwischen Gen 26 und den Avrahamerzählungen, die auch in den obigen Auslegungen deutlich geworden sind, so zusammenfasst, dass zunächst der zu 11,27-14,20 parallele Aufbau von 25,19-26,33 deutlich wird:

26,1-11	Famine and the wife/sister	12,10-20
26,12-22	Wealth prompts quarrels between patriarch's herdsman and others	13,2-10
26,23	Separation	13,11f.
26,24	Divine promise of descendants	13,14-17
26,25	Altar built, patriarch encamps	13,18
26,26-31	Good relations established with foreigners	chap. 14
26,29	Patriarch blessed by foreign king	14,19-20

In derselben Weise kann Wenham 26,1-33 und 20,1-21,31 gegenüber stellen:

26,1-11	The wife/sister	20,1-18
26,15-21	Disputes about wells	21,25
26,26	Abimelek and Phicol	21,22
26,28	„The LORD has been with you“	21,22
26,28	Let there be an oath	21,23
26,30f.	Treaty made	21,24-31
26,32f.	Well of Beersheba named	21,31

Daraus zieht Wenham den Schluss:

„The parallels with the Abraham story thus show us that though the arrangement of material in Gen 25-26 may well be unchronological at points, chap. 26 at least is hardly misplaced. Indeed, it serves a most important function, locking together the Abraham and Jacob cycles and highlighting the parallels between Abraham and his son. Its position and content invite the reader to reflect on the similarities and differences between the careers of Abraham and Isaac. “[1]

Die wahrzunehmenden Ähnlichkeiten im Aufbau der Preisgabegeschichten und ihrer jeweiligen Umgebung können also die Leser/innen veranlassen, die Lebensläufe der beiden Erzväter zu vergleichen - z.B so, wie wir es in der Auslegung von Gen 26 im Licht der vorangehenden Texte bereits getan haben.

Ebenso regt die - nach Wenham wohldurchdachte - Abfolge von Gen 25-27 dazu an, den Streit zwischen den Brüdern Esaw und Jaakov mit dem zwischen Jizchak und den Philistern zu vergleichen. Dabei sieht Wenham einen Kontrast zwischen dem friedliebenden Jizchak, dem der Segen ohne Anstrengungen geschenkt wird, und seinen beiden Söhnen, die erbittert um den Erstgeborenensegen kämpfen. Zugleich macht Gen 26 deutlich, dass es mit dem Erbe des Segens auch um die Verteilung des Reichtums geht.

An diese Betrachtung des näheren Kontextes von Gen 26 können wir anschließen und nach weiteren Verbindungen zwischen Gen 25.27 und Gen 26 suchen: Bei der Lektüre der Schwurszene in Gen 26 haben die Re-

1 Wenham, Genesis II, 187.
Auf ähnliche Weise stellt Rendsburg, Redaction, 35-37 die Gemeinsamkeiten der *plots* in Gen 12f. und Gen 20f. zusammen. Rendsburg, aaO., 28f., erblickt in 11,27 bis 22,24 eine chiastische Struktur, in der die Preisgabeerzählungen einander gegenüberstehen: A 11,27-32; B 12,1-9; C 12,10-13,18; D 14,1-24; E 15,1-16,16; E' 17,1-18,15; D' 18,16-19,38; C' 20,1-21,34; B' 22,1-19; A' 22,20-24. Vgl. dazu aber auch die Kritik bei Ronning, Naming, 26.

zipient/innen Gelegenheit, sich an den Schwur in 25,33 zu erinnern. Doch während der Schwur in 26,31 (שבע nif.) zum Frieden geführt hat, und das Essen und Trinken (26,30) als ein Zeichen für Gemeinsamkeit deutbar war, ist der Schwur in 25,33 (2x שבע nif.) und das mit der Erstgeburt erkaufte Essen und Trinken (V.34) der Auftakt zu einer ernsten und lang anhaltenden Entzweiung zwischen den Brüdern – einem Streit, der in Gen 27 sogar zu einer Mordabsicht führen wird (27,41: הרג, vgl. Jizchaks Angst 26,7).[1] Nach Gen 26 sind die Leser/innen einerseits darauf vorbereitet, dass der Segen Neid, Streit und Trennung verursachen kann. Andererseits haben Rezipient/inn/en miterlebt, dass sich ein solcher Konflikt auch wieder lösen kann: Wenn die Auseinandersetzung zwischen dem gesegneten Jizchak und dem – sich vom Segen vernachlässigt fühlenden – Heiden Avimelech ein gutes Ende nimmt, dann kann man auch hoffen, dass sich auch zwei Brüder wieder versöhnen, von denen sich der eine im Hinblick auf den Segen benachteiligt fühlt. So wird der Frieden, in dem sich Jizchak in Gen 26 schließlich von dem verbündeten Heiden trennt (26,31: בְּשָׁלוֹם) zum Modell für den Frieden, in dem Jaakov eines Tages zu seinem Bruder zurückkehren kann (28,21: בְּשָׁלוֹם), und Gen 26 eröffnet inmitten des Streits zwischen den Zwillingsbrüdern eine Perspektive auf einen Segen, der Frieden beinhaltet und so das gemeinsame Wachsen im Land ermöglicht.

Darüber hinaus bewirkt Gen 26, dass den Leser/innen Jizchak als Segensträger vor Augen steht. Deshalb sind wir in Gen 27 keineswegs überrascht, „that Isaac acts quite naturally with the blessing and that he speaks with authority“, wie Fokkelman formuliert. Denn: „What Isaac is going to transmit in Gen. 27 is, as it were, a life saturated with blessing.“ Nach den göttlichen Segenszusagen bzw. Segnungen in 26,3 (וַאֲבָרְכֶךָּ) und 26,24 (וּבֵרַכְתִּיךָ) weiß Jizchak, was er weitergibt, wenn er zu seinem Sohn sagt: וַאֲבָרֶכְכָה, und nach 26,12 ist auch deutlich, dass Jizchaks Wort vom Geruch des gesegneten Feldes erfahrungsgesättigt ist (27,27). In der Sukzessionskette des Segens ist Gen 26 nicht wegzudenken. Liest man Gen 26 als Vorbereitung auf die Fortsetzung des Segensgeschichte in Gen 27,[2] in der das Erbe ebenso vertauscht zu werden scheint wie die Konsonanten in den Leitworten ברכה – Segen (Gen 27,12.35f.38.41) und בכרה – Erstgeburt (25,31-34; 27,36), so gibt es keinen besseren Ort für Gen 26 als zwischen

1 Vgl. hierzu die Ansicht Thompsons, Gen 26 sei unter Vernachlässigung des linearen *plots* des Konflikt-Themas wegen eingefügt worden (Origin Tradition, 103).

2 Vgl. auch Fokkelman, Narrative Art, 115.

Gen 25 und Gen 27. Als *retardatio* vor der Weiterführung des Bruderzwistes in Gen 27, in dem der in 26,6-11 betrügende Jizchak zum Betrogenen wird, lässt Gen 26 die Leser/innen innehalten, was einerseits die Spannung steigern, andererseits aber auch kurzfristig beruhigen kann.

So wie diese Abschweifung innerhalb der Jaakov-Esaw-Geschichte die Toledot Terach bzw. die Avrahamgeschichte und, - nach den Toledot Jischmael,[1] - die Toledot Jizchak bzw. die Jaakov-Esaw-Geschichte miteinander verklammert:[2]

<table>
<tr><td colspan="6">Toledot Terach 11,27ff.: Avraham-Geschichte</td><td>Toledot Jischmael 25,12-18</td><td colspan="3">Toledot Jizchak 25,19ff.: Esaw-Jaakov-Geschichte</td></tr>
<tr><td>...</td><td>Gen 12,10-20; Gen 13; 14,18ff.</td><td>...</td><td>Gen 20-22</td><td>...</td><td></td><td>...</td><td>...</td><td>Gen 26</td><td>...</td></tr>
</table>

– so ist Jizchak das Bindeglied zwischen Avraham und Jaakov. Ohne seine Erlebnisse in Gen 26 hätte Jizchak ADONAJ nicht als Garant der Verheißungen kennen gelernt und könnte auch nicht in 28,3 das weitergeben, was ihm in 26,3-5.24 zugesagt wurde: den Segen zum Fruchtbarsein (28,3/26,22: פרה) und zur Mehrung (28,3/26,24: רבה) sowie das Land, das bereits Avraham gegeben wurde (28,4/26,4: נתן + ארץ). Ohne Gen 26 wäre Jizchak kein Erzvater, und es gäbe keine Berechtigung, später von dem Schwur mit den Vätern zu sprechen.[3]

Fokkelman ist daher der Ansicht, dass der in der Bibel profillose Jizchak nicht mehr als die Verbindung zwischen Avraham und Jaakov sei, was gerade 28,3f. zeige:

> „And from 28,3f. it appears that he realizes that he is only a link between two generations, the transmitter (no more) of the blessing of Abraham. The self-portrait which the two verses imply agrees with the lines drawn for us in Gen. 26."[4]

Doch selbst wenn man in Jizchak nicht mehr sehen sollte als das Bindeglied[5] zwischen Avraham und Jaakov, so ist er auch nicht weniger als das:

1 Zum Verhältnis zwischen den Toledot Jischmael und den Toledot Jizchak vgl. Naumann, Ismael, 278.290ff.
2 Vgl. auch Thompson, Origin Traditions, 103.
3 Vgl. Dtn 7,8; 1Chr 16,16; Ps 105,9; Jer 11,5.
4 Fokkelman, Narrative Art, 115. Auch Boase, Life, 320 bezeichnet Jizchak als einen solchen „link" zwischen zwei Generationen.
5 Vgl. auch Lutz, Isaac, 2.

nämlich wie jede Generation nach ihm jenes entscheidende Glied[1] in der Weitergabe der Verheißungen, ohne das die Kette der Kinder Israels unterbrochen wäre. Um aber die Kontinuität zu sichern, muss Gott an Jizchak wie an seinen Nachfahren immer wieder seine entscheidenden Zusagen wiederholen.

Selbstverständlich haben die Leser/innen die Freiheit, Gen 26 nicht nur im Kontext der Erzelterngeschichten, sondern als Teil des Alten Testaments bzw. des Tanachs zu lesen. Wenham etwa zieht eine Verbindung zwischen Jizchaks Brunnensuche und den Erfahrungen Israels in der Wüste[2] und deutet Gen 26 als Ausblick auf die Philisterzeit,[3] in der dieses fremde Volk den Hebräern keineswegs mehr in Frieden begegnet - wodurch in der Bibel ein facettenreiches, dialogisches Bild von den Philistern entsteht. Prinzipiell sind die Möglichkeiten intertextueller Lektüren, bei denen Gen 26 beteiligt ist, in ihrer Zahl unbegrenzt.

1 Vgl. auch Boase, Life, 335.
2 Vgl. Wenham, Genesis II, 196.
3 Vgl. Wenham, Genesis II, 196; vgl. dazu auch Rendsburgs Datierung von Gen 26 in die davidisch-salomonische Epoche (Redaction, 111).

D Auswertung und Ausblick: Die Dialogizität von Gen 26

In dieser Arbeit habe ich eine neue Lektüre der Preisgabe- und Brunnenstreitgeschichten in Gen 12.20f.26 unternommen, indem ich den Lektüreprozess in seinem zeitlichen Fortschreiten dargestellt und im Dialog mit den Erinnerungen, Erwartungen, Identifikationen und Erkenntnisfortschritten der Leser/innen das Jizchakkapitel als einen Höhepunkt der mit Gen 12 anhebenden Segensgeschichte interpretiert habe. Damit habe ich das Ziel verfolgt, die eigenen und fremden Lektüreerfahrungen zu einer kohärenten *literarischen Lektüre* zusammenzubinden, die in einer ästhetischen Haltung (Gunkel) geschieht und dem literarisch-ästhetischen Charakter (Steins) der alttestamentlichen Erzähltexte entspricht. Durch diesen diachron-rezeptionsästhetischen Ansatz war es z.B. möglich, der Erzählfigur des Avimelech ethische und theologische Lernfortschritte zuzuschreiben und den Friedensschluss zwischen den Philistern und Jizchak als den letztendlichen Erfolg einer wechselvollen Geschichte von Konflikten und Lösungsversuchen zu verstehen.

Wenn ich stets von den Leser/innen als der Rezeptionsinstanz gesprochen habe, dann spiegelt sich darin das Bestreben wider, den Text in der Gemeinschaft vielfältiger Auslegungen zu lesen. Diese Gemeinschaft ließ sich in diesem Rahmen freilich nur virtuell herstellen, indem ich aus jüdischen und christlichen Interpretationen literarische Leseerfahrungen extrahiert und in die Rezeption „der“ Leser/innen als einer weitgehend hypothetischen Größe projiziert habe. Darüber hinaus habe ich durch Zitate aus – nach den Methoden der empirischen Literaturwissenschaft durchgeführten – Interviews weitere Leseerlebnisse einbringen können. Diesen Faden einer *‚empirischen Bibelforschung‘* weiterzuverfolgen, erscheint auch im Hinblick auf eine von der Literaturdidaktik inspirierte Bibeldidaktik vielversprechend.

Innerhalb dieses Gespräches zwischen Rezipient/innen und Erzähltext wurde durch das ständige Im-Fluss-Sein der Semantik deutlich, dass schon die Worte in einem dialogischen Verhältnis zueinander stehen (Bachtin). Gerade die Leitworte שלח, ברך, שלום oder באר שבע (der alte, traditionelle und erneuerte Name) bleiben dadurch stets lebendig, dass mit ihnen zunächst die alten Bedeutungen aufgerufen werden, sie dann aber mit veränderten Sinngebungen neu besprochen werden. Diese semantische Dynamik als eine Überlagerung verschiedener Leseweisen wird erst in der Rezeption aktualisiert und kann nicht unabhängig von der deutenden Aktivität der Leser/innen als quasi-ontologische Eigenschaft des Textes nachgewiesen werden. Insofern setzt diese Dialogizität der Worte das inter-textuelle Gespräch zwischen den in den Text eingegangenen Adressaten und dem im Text befindlichen Autor bzw. der Autorin voraus (Kristeva).

Diese Dialogizität setzt sich in den betrachteten Erzählungen als eine *Stimmenvielfalt* fort, die sich schon in einer Dominanz der wörtlichen Reden und Gespräche äußert. Es hat sich gezeigt, dass diese Dialoge zum einen die Leser/innen zu Parteinahme und Gegenrede anregen und zum anderen verschiedene ethische und theologische Diskurse zwischen den Erzvätern, den Erzmüttern, den fremden Königen und Gott abbilden. Die von Gott vehement geschützten Erzmütter verlieren dabei immer mehr ihre Stimme und sind deshalb zunehmend auf die Solidarität der Leser/innen angewiesen.[1] In einem noch tieferen Sinne entsteht Dialogizität als eine Vielfalt an Meinungen (Bachtin), indem die gelesenen Texte nicht monologisch bleiben, sondern dialogisch-polyphon werden, wenn Pharao und Avimelech den Erzvätern gegenüber eine eigene Stimme erhalten und dadurch die späteren Feinde Israels die Gelegenheit haben, den jeweiligen Erzvater zurechtzuweisen, ethisch zu belehren, mit einem Tora-Wort zu schützen und ihm am Ende das Mitsein und den Segen zuzusagen. Und schließlich bleibt der mehrdeutige biblische Erzähltext auch insofern stets dialogisch, als er sich in einer positiv bewerteten *Vielfalt von Auslegungen* konkretisiert, und auch die hier gebotenen Deutungen nur ein Ausschnitt aus der prinzipiell nicht begrenzten Summe an Lesemöglichkeiten sind. Auch auf dieser hermeneutischen Ebene bedeutet Dialogizität, das Andere, u.U. nicht in die eigene Vorstellungswelt Integrierbare nicht nur stehen und gelten zu lassen, sondern nach dem Vorbild der rabbinischen Exegese selbst zur Sprache zu bringen. Man könnte im Anschluss an diese Interpretationen die Untersuchung der intertextuellen Dialoge fortsetzen, indem man etwa danach fragt, wie die Erfahrungen der Leser/innen mit Pharao, den Ägyptern, Avimelech und den Philistern in spätere Erzählungen wie

---

1 Vgl. zu solch einem Unterfangen, den Verstummten die Stimme zu leihen, die intertextuelle Studie von Bail, Schweigen, zu Ps 6, Ps 55 und der Erzählung von der Vergewaltigung Tamars.

die Exodusgeschichte oder die Texte über den Krieg mit den Philistern eingehen, oder Gen 26 mit den Landnahmeerzählungen ins Gespräch bringen.

Mit all diesen Diskursen haben wir in dieser Arbeit im Wesentlichen innertextliche Gespräche betrachtet. Gerade der – oft kritisierte – weite Begriff von Intertextualität bei Kristeva ermöglicht es aber auch, in Verlängerung der hier gezeichneten methodischen Linien die Texte in einen weiteren, hypothetischen sozial- und religionsgeschichtlichen bzw. literargeschichtlichen Zusammenhang zu stellen. Indem man den biblischen Text versuchsweise in einen bestimmten zeitlichen Kontext fügt, könnte man hier das Anliegen der historisch-kritischen Exegese aufnehmen, Text und Situation einander wechselseitig beleuchten zu lassen: Welche neuen Perspektiven gewinnt man z.B. im Hinblick auf Gen 26, wenn man sich vorstellt, diese Geschichte würde in der Exilszeit erzählt? Und was könnte dieser Text umgekehrt über jene Zeit aussagen? Eine solche *probeweise Adaption an historische Zusammenhänge* eröffnet die Möglichkeit einer historischen Lektüre, ohne den stets hypothetischen Charakter von Datierungen und historischen Rekonstruktionen und ohne die Differenz zwischen Textentstehungs- und Tradierungssituation zu vernachlässigen.

Um nur einen möglichen Kontext anzudeuten: Wie z.B. könnten in exilisch-nachexilischer Zeit die Exulanten bzw. die Landjudäer[1] und die ins Land Zurückgekehrten[2] Gen 26 gelesen haben? Die Exulanten könnten in Jizchaks Zug nach Palästina auch für sich selbst eine Alternative zur Abwanderung nach Ägypten gesehen haben,[3] und die Exilierten könnten ADONAJS Beistand für diesen Weg als Ermutigung zur Rückkehr empfunden haben – auch wenn in Gen 26 die drohenden Schwierigkeiten nicht unerwähnt bleiben, die die Landjudäer bereits kennen dürften. In Jizchaks Konfliktlösungsstrategie könnten die Heimkehrer ein Modell für ihr eigenes Handeln gefunden haben: Wenn man als Neuankömmling auf eine gewachsene soziale und wirtschaftliche Struktur trifft, ist es sinnvoll, nicht sofort all die verheißenen Länder in Besitz zu nehmen, sondern vor den Besitzansprüchen der Völker des Landes zurückzuweichen. Gottes Versprechen und seine Stärkung im Rücken, kann so ein Raum für neue Begegnungen entstehen, die den Konflikt in Segen für alle Beteiligten auflösen und eine distanzierte, aber friedliche Koexistenz ermöglichen.

1 Vgl. Albertz, Exilszeit, 203, der insbesondere die Verheißungen in 26,3.25 „als Ermutigung der Daheimgebliebenen" liest.

2 Vgl. Oswald, Erzeltern, 87, der die drei „Schutzbürgerschafts-Erzählungen" im Zusammenhang mit den Auseinandersetzungen des 5. Jh.s sieht – dem „Konflikt zwischen den einwandernden Gola-Abkömmlingen und den ‚Völkern des Landes' [...]. Die migrierenden, Siedlungsraum suchenden Erzeltern stehen in einem typologischen Verhältnis zu den sich als Gola-Rückkehrer verstehenden Einwanderern der Perserzeit."

3 Vgl. Jer 41,16-43,7. Siehe dazu auch Albertz, Exilszeit, 202f.

Ein wichtiges Moment der Dialogizität von Gen 26 stellt der Dialog mit als ähnlich empfundenen Texten dar, auf den wir uns in dem theoretischen Teil über die *Wiederholung als ein literarisches Phänomen* (A) vorbereitet haben. Aus dem literarisch-rezeptionsästhetischen Ansatz heraus habe ich dabei eine Ästhetik der Originalität, in der die Preisgabegeschichten oder die Brunnenstreiterzählungen als ‚zwei- oder dreimal dieselbe Geschichte', als „Dubletten" oder „Doppelüberlieferungen" bezeichnet werden, aus mehreren Gründen als defizitär kritisiert. Denn erstens, so haben wir durch Genette und Fish gelernt, verdeckt ein unbekümmerter Umgang mit dem Begriff der Wiederholung, dass dieser Ausdruck im Grunde ein Wahrnehmungsphänomen beschreibt und stets eine Abstraktionsleistung voraussetzt. Weil jede Wiederholung aber schon dadurch eine Variation ist, weil sie eine neue Position in der Rezeption besetzt,[1] sollte man m.E. nach dem Beispiel von Genette nur noch in diesem reflektierten Sinne von Wiederholung sprechen. Zweitens ist eine solche Vorstellung von Originalität nicht in der Lage, die positive Funktion nachzuvollziehen, die der Wiederkehr von Ähnlichem und gleich Erscheinendem offenbar in der hebräischen Erzählkunst (Alter, Sternberg) oder auch in der postmodernen der Serialität (Eco) beigemessen wird: Denn Wiederholungen verschaffen den Rezipient/innen vielfältige Möglichkeiten für intertextuelle Verknüpfungen, können durch die Freude am seriellen Erzählen Lust an der Wiederholung vermitteln und bieten eine Atmosphäre tröstlicher Stabilität. Und drittens hat die Lektüre von Gen 26 und den Kotexten gezeigt, dass ein grundsätzlicher Unterschied zwischen der im literaturwissenschaftlichen Sinne synchronen Betrachtung dieser Texte als ‚Dubletten' und der methodisch reflektierten Analyse der Wiederholungen besteht: Denn eine solche Betrachtung der Repetitionen lässt deutlich werden, dass ‚Wieder-Holen' in Wahrheit ein Begriff ist, der eine diachrone Lektüreweise voraussetzt – eine Wiederholung ist die Erinnerung und Re-Aktualisierung von etwas, was in der Zeitachse der Rezeption in der Vergangenheit liegt. Deswegen sind der Vorgang des Erzählens und das Phänomen der Wiederholung ohne einander nicht denkbar. Mit dieser Kritik an der Ästhetik der Originalität und dem Einbringen der rabbinischen, narratologischen und

1 Vgl. Nicol, Story-patterning, 223f., zu den Preisgabegeschichten: „[E]ach version of each set of doublets occurs in a different context which contributes to the different effect which it achieves. Further, even if the same motifs, stock characters and the like are used, usually they are deployed differently. Each occurence of the episode is therefore different, and the reader is invited to reflect on discrimination and difference as well as repetition and similarity."

rezeptionsästhetischen Sensibilität für das Phänomen von Repetition *und* Variation in die Textauslegung habe ich versucht, die Stelle des oben vorgestellten Modell-Lesers zweiter Ebene einzunehmen, der die repetitive Erzähltechnik als ästhetisch würdigt. Dabei wurde deutlich, dass es in der Erzählwelt erst die Wiederholungen vermochten, die für Jizchak lebensnotwendige Kontinuität in den Verheißungen herzustellen und die betrachteten Texte zu einer Familien-Saga (Eco) zusammenzuschließen, in der Schwüre, die Gott mit Avraham und Avraham mit Avimelech geschlossen hat, auch in der nächsten Generation mit Jizchak und wiederum Avimelech wiederholt, erneuert und so in ihrer Fortdauer in Kraft gesetzt werden. Gen 12,10-20, Gen 20f. und Gen 26 erzählen verschiedene Anläufe von Gefährdungs- und Brunnenstreitgeschichten, die erst im Jizchak-Kapitel auf eine gesegnete Gemeinschaft der verschiedenen Nationen und auf den Frieden im gemeinsam bewohnten Land führen.

Bei dem Gespräch dieser Interpretation mit der Gegenwart ist man leicht versucht, in dem z.T. konfliktvermeidenden Handeln Jizchaks und Avimelechs ein Vorbild für die heutige Situation zu sehen. Gen 26 würde dann ein Modell entwerfen, das sowohl für diejenigen, die sich mit Avimelech identifizieren, als auch für diejenigen, die sich in Jizchak einfühlen, jeweils eine Zumutung enthält: Denn Jizchak erhebt keinen Anspruch auf ein Land, das er als ihm verheißen interpretieren könnte, sondern weicht immer weiter in seine Heimat zurück, und der Philister spricht am Ende von יהוה/Adonaj als dem Gott Israels, in dessen Namen er Jizchak Segen wünscht. Es ist jedoch nicht unproblematisch, dieses Geschehen vorschnell auf die Situation in Israel bzw. Palästina anzuwenden, weil die derzeitigen Konflikte eine andere Dimension haben und komplexer als die biblische Erzählung sind. Daher bleibt Gen 26 eine Friedens- und Segensutopie in einer anderen Welt, die sich von der unsrigen unterscheidet.

Vielleicht kann aber diese Erzählung gerade als eine solche Utopie einen Erlebnisraum bieten, in dem der Segen Spannungen löst und der in Frieden gegebene Schwur mit dem bekannten Namen Beer-Scheva einen Ort erhält, an dem die Erinnerung an Versöhnung haftet. Gegen eine romantische Verklärung wehrt sich freilich das Ende der Geschichte: Denn zum einen weist der Name „Beer-Scheva" auf die Notwendigkeit hin, dass vertragliche Vereinbarungen getroffen und von jeder Generation neu übernommen werden, und zum anderen wird die friedliche Koexistenz erst dadurch möglich, dass beide Seiten zwar brüderlich miteinander verbunden, aber auch in räumlicher Distanz zu einander im Land leben. Durch diese Weise des Zusammenlebens mündet der Segen in den Frieden. Ihn zu erleben, steht der Raum dieser Erzählung den Leser/innen an allen Orten und zu jeder Zeit offen: „bis auf den heutigen Tag."

Zitationsverfahren und Abkürzungen

In den Anmerkungen wird als Kurztitel in der Regel das erste Substantiv aus dem Titel eines Werkes angegeben. In den Fällen, in denen auf diese Weise keine Eindeutigkeit herzustellen ist, sind die Kurztitel im Literaturverzeichnis[1] genannt.

Die bibliographischen Abkürzungen folgen Schwertner, S.M.: Internationales Abkürzungsverzeichnis für Theologie und Grenzgebiete ; (IATG^{2}), Supplementband zur Theologischen Realenzyklopädie. - Berlin [u.a.], ^{2}1992, bis auf diese Ausnahmen:

ABD	Freedmann, D.N. [Hrsg.]: Anchor Bible Dictionary. - New York, 1992 [6 Bde.]
BHS	Elliger, K./Rudolph W.: Biblia Hebraica Stuttgartensia. - Stuttgart, 41990
DCH	Clines, D.J.A. [Hrsg.]: The dictionary of classical Hebrew. - Sheffield, 1993ff.
EdF	Erträge der Forschung
JSHRZ	Jüdische Schriften aus hellenistisch-römischer Zeit, hg. von Kümmel, W.G. in Zusammenarbeit mit Habicht, Chr. u.a. - Gütersloh, 21977ff.
NEB.AT	Die Neue Echter Bibel. Kommentar zum Alten Testament mit Einheitsübersetzung
SPIEL	Siegener Periodicum in empirischer Literaturwissenschaft. - Siegen
VT.S	Vetus Testamentum Supplementum
WBC	Word Biblical Commentary
WdF	Wege der Forschung

Die Abkürzungen für außerbiblische jüdische Literatur folgen Stemberger, G.: Einleitung in Talmud und Midrasch. - München, ^{8}1992. Traktate aus

1 Für die Formatierung des Literaturverzeichnisses in Anlehnung an den ISBD-Standard danke ich meinem Freund, Herrn stud. bibl. Alexander Jahnke, M.A. theol.

dem Jerusalemer Talmud werden zusätzlich mit einem vorangestellten „p“, Traktate aus dem babylonischen Talmud mit einem „b“ und solche aus der Mischna mit einem „m“ bezeichnet.

Literaturverzeichnis

Aharoni, Y.: The land of Grar. In: IEJ 4 (1956), 24-32
Aichele, G.: Sign, text, scripture. - Sheffield, 1997. - (Interventions ; 1)
Aichele, G./Philips, G.A. [Hrsg.]: Intertextuality and the Bible. - Semeia 69/70 (1995)
Albertz, R.: Isaak I : Altes Testament. In: TRE. - Berlin [u.a.]. - Bd. 16 (1987), 292-298
Albertz, R.: Die Exilszeit : 6. Jahrhundert v. Chr. - Stuttgart [u.a.], 2001 [Biblische Enzyklopädie ; 6]
Alexander, T.D.: The wife/sister incidents of Genesis : Oral variants?. In: IBS. - 11 (1989), 2-22
zitiert als: Alexander, Oral Variants
Alexander, T.D.: Are the wife/sister Incidents of Genesis literary compositional variants?. In: VT 42 (1992), 145-153
zitiert als: Alexander, Compositional Variants
Alt, A.: Der Gott der Väter. - Stuttgart, 1929. - (BWANT ; III/12)
zugl.: KS I, 1-77
Alter, R: The art of Biblical narrative. - London, 1981
Alter, R.: Genesis : translation and commentary. - New York [u.a.], 1996
Anbar, M.: La reprise. In: VT 38 (1988), 385-398
Arenhoevel, D.: Erinnerung an die Väter : Genesis 12-50. - Stuttgart, 1976. - (SKK.AT ; 2)
Assmann, A. und J. [Hrsg.]: Kanon und Zensur. - München, 1987. - (dies.: Archäologie der literarischen Kommunikation ; II)
Auerbach, E.: Mimesis : Dargestellte Wirklichkeit in der abendländischen Literatur. - Tübingen [u.a.], [9]1994 [1. Aufl.: 1946]
Augustin, M.: Die Inbesitznahme der schönen Frau aus der unterschiedlichen Sicht der Schwachen und der Mächtigen : ein kritischer Vergleich von Gen 12,10-20 und 2Sam 11,2-27a. In: BZ 27 (1983), 145-154
Avemarie, F.: Bund als Gabe und Recht : semantische Überlegungen zu b^{e}rît in der rabbinischen Literatur. In: ders./Lichtenberger, H. [Hrsg.]: Bund und Tora : zur theologischen Begriffsgeschichte in alttestamentlicher, frühjüdischer und urchristlicher Tradition. -

Tübingen, 1996. - (WUNT ; 92), 25-40

Bachtin, M.M.: Die Ästhetik des Wortes. - Frankfurt am Main, 1979

Bachtin, M.M.: Literatur und Karneval : zur Romantheorie und Lachkultur. - Frankfurt am Main, 1990

Bail, U.: Gegen das Schweigen klagen : eine intertextuelle Studie zu den Klagepsalmen Ps 6 und Ps 55 und der Erzählung von der Vergewaltigung Tamars. - Gütersloh 1998

Bal, M.: Narratology : introduction of the theology of narrative. - Toronto [u.a.], 1985

Baldermann, I.: Einführung in die Biblische Didaktik. - Darmstadt, 1996

Bamberger, S. [Übers.]: רש"י על התורה : Raschis Pentateuchkommentar. - Basel, [4]1994

Bar-Efrat, S.: Narrative Art in the Bible. - Sheffield, 1989. - (JSOT.S ; 70) [hebr. Erstausg.: 1979]

Bar Ilan's Judaic Library 8.0. - Jerusalem [u.a.], 2000. - CD-ROM

Beal, T.K.: Ideology and intertextuality : surplus of meaning and controlling the means of production. In: Fewell, D.N. [Hrsg.]: Reading between texts : intertextuality and the Hebrew Bible. - Louisville, 1992, 27-39

Behrens, A.: Grammatik statt Ekstase! : das Phänomen der syntaktischen Wiederaufnahme am Beispiel von Am 7,1-8,2. In: Wagner, A. [Hrsg.]: Studien zur hebräischen Grammatik. - Fribourg, 1997. - (OBO ; 156), 1-9

Berg, W.: Nochmals: ein Sündenfall Abrahams, der erste, in Gen 12,10-20. In: BN 21 (1983), 7-15

Berg, W.: Urgeschichte des Glaubens : Genesis. - Stuttgart, 1985

Berge, K.: Die Zeit des Jahwisten : ein Beitrag zur Datierung jahwistischer Vätertexte. - Berlin [u.a.], 1990. - (BZAW ; 186)

Berger, K.: Das Buch der Jubiläen. - Gütersloh, 1981. - (JSHRZ ; II/3)

Berlin, A.: Poetics and interpretation of Biblical narrative. - Sheffield, 1983. - (Bible and literature series ; 9)

Berlin, A.: On the use of traditional Jewish exegesis in the modern literary study of the Bible. In: Cogan, M. [Hrsg.]: Tehilla le-Moshe : Biblical and Judaic studies in honor of Moshe Greenberg. - Winona Lake, 1997, 173-182

Beyer, K.: Die aramäischen Texte vom Toten Meer. - Göttingen, 1984

Die **Bibel** : Altes und Neues Testament ; Einheitsübersetzung. - Freiburg [u.a.], 1996

Die **Bibel** : nach der Übersetzung Martin Luthers ; mit Apokryphen. -

Stuttgart, 1984
BibleWorks TM 4.5. - Stuttgart [u.a.], 2000
Biddle, M.E.: The endangered ancestress and the blessing for the nations. In: JBL 109 (1990), 599-611
Bietenhard, H.: Midrasch Tanhuma B : R. Tanhuma über die Tora ; genannt Midrasch Jelammedenu. - Bern [u.a.]. - Bd.1 (1980). - (JudChr ; 5)
Blum, E.: Die Komposition der Vätergeschichte. - Neukirchen-Vluyn, 1984. - (WMANT ; 57)
Blum, E.: Studien zur Komposition des Pentateuch. - Berlin [u.a.], 1990. - (BZAW ; 189)
Blum, E.: Isaak I : biblisch. In: RGG[4]. - Tübingen. - Bd. 4 (2001), 240f.
Boase, E.: Life in the shadows : the role and function of Isaac in Genesis ; synchronic and diachronic readings. In: VT 51 (2001), 312-335
Böckler, s. Plaut
Boecker, H.J.: 1. Mose 25,12-37,1 : Isaak und Jakob. - Zürich, 1992. - (ZBKAT ; 1.3)
zitiert als: Boecker, Genesis
Boecker, H.J.: Redeformen des Rechtslebens im Alten Testament. - Neukirchen-Vluyn, [2]1970. - (WMANT ; 14)
Bohren, R.: Predigtlehre. - München, [5]1986
Bonhoeffer, D.: Schöpfung und Fall : theologische Auslegung von Genesis 1 bis 3. - München, 1989 [Hrsg. von M. Rüter und I. Tödt]
Bonhoeffer, D.: Widerstand und Ergebung : Briefe und Aufzeichnungen aus der Haft. - München, [2]1977 [Hrsg. von E. Bethge]
Booth, W.C.: The rhetoric of fiction. - Chicago, [2]1983 [1. Aufl.: 1961]
Boyarin, D.: Intertextuality and the reading of Midrash. - Bloomington [u.a.], 1990. - (ISBL)
Bremond, C.: Logique du récit. - Paris 1976
Breuer, M.: Wissen und Wahrheit : ein Kommentar zur Tora. - Zürich, 1988 [Aus dem Franz. übers.]
Brocke, E.: Isaak III : Judentum. In: TRE. - Berlin [u.a.]. - Bd. 16 (1987), 298-301
Broich, U./Pfister, M.: Intertextualität : Formen, Funktionen, anglistische Fallstudien. - Tübingen, 1985. - [Konzepte der Sprach- und Literaturwissenschaft ; 35]
Brueggemann, W.: Genesis interpretation : a Bible commentary for teaching and preaching. - Atlanta, 1982
Bultmann, C: Der Fremde im antiken Juda : eine Untersuchung zum sozialen Typenbegriff ger und seinem Bedeutungswandel in der

alttestamentlichen Gesetzgebung. - Göttingen, 1992. - (FRLANT ; 153)
Butting, K.: Die Buchstaben werden sich noch wundern : Innerbiblische Kritik als Wegweisung feministischer Hermeneutik. - Berlin, 1994
Butting, K.: Die Gefährdung der Ahnfrau oder: Wer erzählt wohl dreimal eine ähnliche Geschichte?. In: TuK 30 (1986), 11-25
Buber, M./Rosenzweig, F. [Übers.]: Die Schrift. - Gerlingen, [12]1997 [4 Bde.]
Bühlmann. W./Scherer, K.: Stilfiguren der Bibel : ein kleines Nachschlagewerk. - Fribourg, 1973. - (BB.NF ; 10)

Cassuto, U.: From Adam to Noah : a commentary on the book of Genesis kap. I-IV. - Jerusalem, 1961
Cassuto, U.: From Noah to Abraham : a commentary on the book of Genesis kap. VI-XI. - Jerusalem, 1964
Chavel, C.B. [Hrsg.]: רמב"ן = Ramban (Nachmanides) : Commentary on the Torah ; ספר בראשית, Genesis. - New York, 1971 [Übers. und Komm.]
Childs, B.S.: Introduction to the Old Testament as Scripture. - London, 1979
Childs, B.S.: On reading the Elijah narratives. In: Interpr 34 (1980), 128-137
Childs, B.S.: Biblical Theology of the Old and New Testaments : theological reflections on the Christian Bible. - London, 1992 [dt. Ausg. u.d.T.: Die Theologie der einen Bibel]
Clines, D.J.A.: The theme of the Pentateuch. - Sheffield, 1982. - (JSOT.S ; 10)
Clines, D.J.A.: What does Eve do to Help? and other readerly questions in the Old Testament. - Sheffield, 1990
Coats, G.W.: Genesis : with an introduction to narrative literature. - Grand Rapids, 1983. - (FOTL ; 1)
Cohn, L. [Hrsg.]: Die Werke Philos von Alexandria : Bd. 1. - Breslau, 1909
Crüsemann, F.: Die Eigenständigkeit der Urgeschichte : ein Beitrag zur Diskussion um den Jahwisten. In: Jeremias, J./Perlitt, L. [Hrsg.]: Die Botschaft und die Boten : Festschrift für Hans Walter Wolff. - Neukirchen-Vluyn, 1981, 11-29
Crüsemann, F.: Die Tora : Theologie und Sozialgeschichte des alttestamentlichen Gesetzes. - München, 1992
Crüsemann, F.: ... er aber soll dein Herr sein : (Genesis 3,16). In:

ders./Thyen, H., Als Mann und Frau geschaffen. - Gelnhausen, 1978. - (Kennzeichen ; 2), 15-106

Culley, R.C.: Susan Niditch: Oral world and written word : ancient Israelite literature. In: www.bookreview.org [abgerufen am: 13.01.2001]

Dalman, G.: Arbeit und Sitte in Palästina II. - Hildesheim, 1964 [Nachdr.]

Davidson, R.: Genesis 12-50 : commentary. - Cambridge [u.a.], 1979. - (CNEB)

Dégh, L.: Erzählen, Erzähler. In: Enzyklopädie des Märchens. - Berlin. - Bd. 4 (1984), 315-342

Delitzsch, F.: Neuer Commentar über die Genesis. - Leipzig, [3]1860

Deurloo, K.A.: Die Gefährdung der Ahnfrau (Gen 20). In: DBAT 25 (1988), 17-27

Deurloo, K.A.: The way of Abraham : routes and localities as narrative data in Gen. 11:27-25:11. In: Kessler, M.: Voices from Amsterdam : a modern tradition of reading Biblical narrative. - Atlanta, 1993. - (Semeia Studies)

Diebner, B.J.: Isaak und Abraham in der alttestamentlichen Literatur außerhalb Gen 12-50. In: DBAT 7 (1974), 38-50

van **Dijk-Hemmes, F.**: Sarai's Exile : a gender-motivated reading of Genesis 12.10-13.2. In: Brenner, A. [Hrsg.]: A feminist companion to Genesis. - Sheffield, 1993. - (The feminist companion to the Bible ; 2), 222-234 [niederl. Erstausg.: 1989]

Dillmann, A.: Die Genesis. - Leipzig, [6]1892. - (KeH ; 11)

Dohmen, C.: Wenn Texte Texte verändern : Spuren der Kanonisierung vom Exodusbuch her. In: Zenger, E. [Hrsg.]: Die Tora als Kanon für Juden und Christen. - Freiburg, 1996. - (HBS ; 10), 35-60

Dohmen, C./Stemberger, G.: Hermeneutik der Jüdischen Bibel und des Alten Testaments. - Stuttgart [u.a.], 1996. - (Studienbücher Theologie ; 1,2)

Donner, H.: Der Freund des Königs. In: ZAW 73 (1961), 269-277

Dunn, D.M./Fewell, D.N.: Narrative in the Bible. - Oxford, 1993

van **Dyke Parunak, H.**: Transitional techniques in the Bible. In: JBL 102 (1983), 525-548

Ebach, J.: Nein, du hast doch gelacht. Annäherung an eine biblische Wundergeschichte – zugleich: eine weitere Ecce-homo-Variation. In: Marquardt, F.-W. [Hrsg.]: Welch ein Mensch. - München, 1987. -

(Einwürfe ; 4), 54-78

Ebach, J.: Die Schwester des Mose : Anmerkungen zu einem Widerspruch in Ex 2,1-10. In: ders.: Hiobs Post : Gesammelte Aufsätze zum Hiobbuch, zu Themen biblischer Theologie und zur Methodik der Exegese. - Neukirchen-Vluyn, 1996, 130-144

Ebach, J.: Die Bibel beginnt mit einem „b" : Vielfalt ohne Beliebigkeit. In: Gott im Wort : Drei Studien zur biblischen Exegese und Hermeneutik. - Neukirchen-Vluyn, 1997, 85-114

Ebach, J.: Die Verdeutschung der Schrift von Buber und Rosenzweig : Anmerkungen zu Intention und Rezeption. In: ders.: Weil das, was ist, nicht alles ist. - Frankfurt am Main, 1998. - (Theologische Reden ; 4), 265-286

Ebach, J.: Hören auf das, was Israel gesagt ist – hören auf das, was in Israel gesagt ist : Perspektiven einer Theologie des Alten Testaments im Angesicht Israels. In: EvTh 62 (2002), 37-53

Egger, W.: Methodenlehre zum Neuen Testament : Einführung in linguistische und historisch-kritische Methoden. - Freiburg [u.a.], 1990

Ego, B.: Abraham als Urbild der Toratreue Israels : traditionsgeschichtliche Überlegungen zu einem Aspekt des biblischen Abrahambildes. In: Avemarie, F./Lichtenberger, H. [Hrsg.]: Bund und Tora : Zur theologischen Begriffsgeschichte in alttestamentlicher, frühjüdischer und urchristlicher Tradition. - Tübingen, 1996. - (WUNT ; 92), 25-40

Eco, U.: Lector in fabula : die Mitarbeit der Interpretation in erzählenden Texten. - München [u.a.], 1987

Eco, U.: Streit der Interpretationen. - Konstanz, 1987. - (KB ; 8)

Eco, U.: Die Grenzen der Interpretation. - Frankfurt am Main, 1992 [ital. Erstausg.: 1990]

Eco, U.: Opera aperta : forma e indeterminazione nelle poetiche contemporane. - Milano, 1962 [dt. Ausg. u.d.T.: Das offene Kunstwerk. - Frankfurt am Main, [6]1993]

Eichler, B.L.: On reading Genesis 12:10-20. In: Cogan, M. [Hrsg.]: Tehilla le-Moshe : Biblical and Judaic studies in honor of Moshe Greenberg. - Winona Lake, 1997, 23-38

Eißfeldt, O.: Hexateuch-Synopse : die Erzählungen der fünf Bücher Mose und des Buches Josua mit dem Anfange des Richterbuches in ihre vier Quellen zerlegt und in deutscher Übersetzung dargeboten samt einer in Einleitung und Anmerkungen gegebenen Begründung. - Darmstadt, 1973 [Nachdr. der Ausg. Halle, 1922]

Erbele-Küster, D.: Lesen als Akt des Betens : eine Rezeptionsästhetik der Psalmen. - Neukirchen-Vluyn, 2001. - (WMANT ; 87)

Exum, J.C.: Who's afraid of the endangered ancestress?. In: dies./Clines, D.J.A. [Hrsg.]: The new literary criticism and the Hebrew Bible. - Sheffield, 1993. - (JSOT.S ; 143), 91-113
zugl.: Exum, J.C.: Fragmented women : feminist (sub)versions of bibical narratives. - Sheffield, 1993. - (JSOT.S ; 163), 148-169

Feldman, L.: Josephus' portrait of Isaac. In: Revista di storia e letteratura religiosa 29 (1993), 3-33

Fewell, D.N.: Introduction : Writing, Reading, and Relating. In: dies. [Hrsg.]: Reading between texts : intertextuality and the Hebrew Bible. - Louisville, 1992, 11-20

Fewell, D.N./Gunn, D.M.: Gender, power and promise : the subject of the Bible's first story. - Nashville, 1993

Fischer, I.: Die Erzeltern Israels : feministisch-theologische Studien zu Genesis 12-36. - Berlin [u.a.], 1994. - (BZAW ; 222)

Fischer, I.: Gottestreiterinnen : biblische Erzählungen über die Anfänge Israels. - Stuttgart [u.a.], 1995

Fish, S.: Surprised by sin : the reader in Paradise Lost. - New York, 1967

Fish, S.: Literature in the reader : affectice stylistics. In: New literary history 1 (1970), 123-162
zugl.: Fish, Text, 21-67 [gek. dt. Fassung: Fish, Literatur]

Fish, S.: Is there a text in this class? : the authority of interpretive communities. - Cambridge (Mass.) [u.a.], 1980

Fish, S.: Literatur im Leser : Affektive Stilistik. In: Warning, R. [Hrsg.]: Rezeptionsästhetik : Theorie und Praxis. - München [4]1994, 196-227

Fishbane, M.: Composition and structure in the Jacob Cycle (Gen 25:19-35:22). In: JJS 26 (1975), 15-38

Fishbane, M.: Text and texture : close readings of selected Biblical texts. - New York, 1979

Fishbane, M.: Biblical interpretation in Ancient Israel. - Oxford, 1985

Fishbane, M.: The garments of Torah : essays in Biblical hermeneutics. - Bloomington [u.a.], 1989. - (ISBL)

Fohrer, G.: Einleitung in das Alte Testament. - Heidelberg [10]1965

Fokkelman, J.P.: Time and structure of the Abraham Cycle. In: OTS 25 (1989), 96-109

Fokkelman, J.P.: Narrative art in Genesis : specimens of stylistic and structural analysis. - Sheffield, [2]1991. - (The Biblical seminar ; 12)

Fokkelman, J.: Reading Biblical narrative : an introductory guide. -

Louisville, 1999

Fox, E.,: Can Genesis be read as a book?. In: Semeia 46 (1989), 31-40

Fretheim, T.E.: Which blessing does Isaac give to Jacob. In: Bellis, A.O./Kaminski, J.S. [Hrsg.]: Jews, Christians, and the theology of the Hebrew scriptures. - Atlanta, 2000. - (SBL Symposium Series ; 8), 279-291

Frey, J.: Der implizite Leser und die biblischen Texte. In: ThBeitr 23 (1992), 266-290

Freud, S.: Psychologie des Unbewußten. - Frankfurt am Main, 2000. - (ders., Studienausgabe ; III)

Friedlander, G. [Hrsg.]: Pirke de Rabbi Elieser. - New York, 1989

Frisch, M.: Mein Name sei Gantenbein. - Frankfurt/Main, 1964

Frisch, M.: Biografie : ein Spiel. - Frankfurt am Main, [1]1967 [veränd. Neuausg.: 1984]

Frisch, M.: Die Öffentlichkeit als Partner. - Frankfurt am Main, [2]1967

Fritz, A./Suess, A.: Lesen : Die Bedeutung der Kulturtechnik Lesen für den gesellschaftlichen Kommunikationsprozeß. - Konstanz, 1986. - (Schriften der Deutschen Gesellschaft für COMNET ; 6)

Gadamer, H.-G.: Wahrheit und Methode : Grundzüge einer philosophischen Hermeneutik. - Tübingen, [1]1960

Gadamer, H.-G./Boehm, G.: Seminar: Philosophische Hermeneutik. - Frankfurt am Main, 1976

Gadamer, H.-G.: Hermeneutik II : Wahrheit und Methode. - Tübingen, [1]1986. - (Gadamer, H. G.: Gesammelte Werke ; 2)

Gadamer, H.-G.: Wirkungsgeschichte und Applikation. In: Warning, R. [Hrsg.]: Rezeptionsästhetik : Theorie und Praxis. - München, [4]1994, 113-125

Gehring, H.-U.: Schriftprinzip und Rezeptionsästhetik : Rezeption in Martin Luthers Predigt und bei Hans Robert Jauß. - Neukirchen-Vluyn, 1999

Genette, G.: Die Erzählung. - München, 1994 [Aus dem Franz. übers.]

Genette, G.: Palimpseste : Literatur auf zweiter Stufe. - Frankfurt am Main, 1993

Gese, H.: Alttestamentliche Studien. - Tübingen, 1991

Gesenius, W./Kautzsch, E./Bergsträsser, G.: Hebräische Grammatik. - Darmstadt, 1985 [Nachdr. der 28. Aufl. 1929]

Gesenius, W./Buhl, F.: Hebräisches und Aramäisches Handwörterbuch über das Alte Testament. - Berlin, 1962 [Nachdr. der 17. Aufl. 1915)

Gesenius, W./Donner, H./Rüterswörden, U.: Hebräisches und

Aramäisches Handwörterbuch über das Alte Testament. - Berlin [u.a.]. - Bd. 1 (1987) – Bd. 2 (1995)

Gibson, W.: Authors, speakers, readers and mock readers. In: College English 11 (1950), 265-269

Gillmayr-Bucher, S.: Intertextualität : zwischen Literaturtheorie und Methodik. In: Protokolle zur Bibel 8 (1999), 5-20

Gisel, P.: Paul Ricœur : eine Einführung in sein Denken. In: Ricœur, P./Jüngel, E. [Hrsg.]: Metapher : zur Hermeneutik religiöser Sprache. - München, 1974. - (EvTh Sonderheft), 5-23

Gispen, W.H.: A Blessed Son of Abraham. In: Delsman, W.C. [Hrsg.]: Von Kanaan bis Kerala : Festschrift Johannes P.M. van der Ploeg. - Kevelaer [u.a.], 1982. - (AOAT ; 211), 123-129

Goldberg, A.: Formen und Funktionen von Schriftauslegung in der frührabbinischen Literatur : (1. Jh. v.Chr. bis 8. Jh. n.Chr.). In: Assmann, J./Gladigow, B. [Hrsg.]: Text und Kommentar : Beiträge zur Archäologie der literarischen Kommunikation ; Bd. VI. - München, 1995, 187-197

Goldschmidt, L.: Der babylonische Talmud. - Königstein/Taunus, 1980 [12 Bde. - Nachdr. der 2. Aufl. Berlin, 1964]

Golka, F.W.: Die theologischen Erzählungen im Abraham-Kreis. In: ZAW 90 (1978), 186-195

Gordis, D.H.: Lies, wives and sisters : the wife-sister-motif revisited. In: Jdm 34 (1985), 344-359

Görg, M.: Die Begleitung des Abimelech von Gerar (Gen 26,26). In: BN 35 (1986), 21-25

Görg, M.: Pichol in Ägypten und in der Bibel. In: BN 69 (1993), 12-14

Green, R.M.: Abraham, Isaac and the Jewish tradition. In: Journal of religious studies 10 (1982), 1-21

Greimas, A.J.: Strukturale Semantik : Methodologische Untersuchungen. - Braunschweig 1971
zitiert nach: Semantica strutturale. - Mailand 1968

Grimm, J. [Hrsg.]: Deutsche Mythologie. - Berlin, 1835 [3 Bde. - 4. Aufl.: Gütersloh, 1876]

Grimm, J./Grimm, W. [Hrsg.]: Deutsche Sagen. - Berlin, 1816 [3. Aufl.: 1891. - 4. Aufl.: 1906]

Groeben, N.: Rezeptionsforschung als empirische Literaturwissenschaft : Paradigma- durch Methodendiskussion an Untersuchungsbeispielen. - Kronberg, 1977. - (Empirische Literaturwissenschaft ; 1) [2. Aufl.: 1980]

Grohmann, M.: Aneignung der Schrift : Wege einer christlichen

Rezeption jüdischer Hermeneutik. - Neukirchen-Vluyn, 2000
Groß, W.: Jakob, der Mann des Segens : zu Traditionsgeschichte und Theologie der priesterschriftlichen Jakobsüberlieferungen. In: Bibl 49 (1968), 321-344
Gross, S.: Lese-Zeichen : Kognition, Medium und Materialität im Leseprozeß. - Darmstadt, 1994
Grübel, R., s. Bachtin
Guarda, V.: Die Wiederholung : Analysen zur Grundstruktur menschlicher Existenz im Verständnis Sören Kierkegaards. - Königstein/Taunus, 1980. - (Monographien zur philosophischen Forschung ; 194)
Gunkel, H.: Genesis. - Göttingen, [2]1902
zitiert als: Gunkel, Genesis, 1902
Gunkel, H.: Genesis. - Göttingen, [3]1910
zitiert als: Gunkel, Genesis, 1910
Gunkel, H.: Isaak. In: RGG[2], Bd. 3, Tübingen 1929, Sp. 299f.
Gunn, D.M./Fewell, D.N.: Narrative in the Hebrew Bible. - Oxford, 1993
Gute Nachricht Bibel : Altes und Neues Testament. - Stuttgart, 1997

Hamilton, V.P.: The Book of Genesis : Chapters 1-17. - Michigan, 1990. - (NICOT)
Hamilton, V.P.: The Book of Genesis : Chapters 18-50. - Michigan, 1995. - (NICOT)
Hauge, M.R.: The struggle of the blessed in estrangement. In: StTh 29 (1975), 1-30 u. 113-146
Hauptmeier, H./Schmidt, S.J.: Einführung in die empirische Literaturwissenschaft. - Braunschweig [u.a.], 1985
Heilbron, M.: Isaac. - London, Univ. Diss., 1973
Die **Heilige Schrift** : aus dem Grundtext übersetzt ; Elberfelder Bibel, revidierte Fassung. - Wuppertal [u.a.], [4]1995
Heinemann, W.: Zur Eingrenzung des Intertextualitätsbegriffs aus textlinguistischer Sicht. In: Klein/Fix: Textbeziehungen, 19-37
Heinisch, P.: Das Buch Genesis. - Bonn, 1930. - (HSAT ; 1)
Hellbardt, H.: Abrahams Lüge : zum Verständnis von 1. Mose 12,10-30. In: TEH (1936)
Hertz, J.H.: Der Pentateuch erläutert und erklärt : hebräischer und deutscher Text der ganzen Tora und der Haftarot mit deutschem Kommentar. - Basel [u.a.], 1984
Hirsch, S.R. [Komm.]: twba yqrp = Sprüche der Väter. - Basel [u.a.],

1994
Hirsch, S.R.: Der Pentateuch übersetzt und erklärt. - Basel, 1997 [5 Bde.]
Holthuis, S.: Intertextualität : Aspekte einer rezeptionsorientierten Konzeption. - Tübingen, 1993. - (Stauffenberg Colloquium ; 28)
Holzinger, H.: Genesis. - Freiburg [u.a.], 1898. - (KHC ; 1)
de **Hoop, R.**: The use of the past to adress the present : the wife-sister-incidents (12,10-20; 20,1-18; 26,1-16). In: Wénin, A. [Hrsg.]: Studies in the book of Genesis : literature, redaction and history, Leuven, 2001. - (BETL ; 155), 359-369
Hopper, P.: Times of the sign : discourse, temporality and recent linguistics. In: Time and society I/2 (1992), 223-238
Huizing, K.: Homo legens : vom Ursprung der Theologie des Lesens. - Berlin [u.a.], 1996
Huizing, K. [Hrsg.]: Lesen und Leben : drei Essays zur Grundlegung einer Lesetheologie. - Bielefeld, 1997

Ibn Esra, s. Bar Ilan's Judaic Library bzw. Strickmann/Silver
Iser, W.: Der implizite Leser : Kommunikationsformen des Romans von Bunyan bis Beckett. - München, ^{3}1994 [1. Aufl.: 1972]
Iser, W.: Der Lesevorgang. In: Warning, R. [Hrsg.]: Rezeptionsästhetik : Theorie und Praxis. - München, ^{4}1994, 253-276
Iser, W.: Die Wirklichkeit der Fiktion : Elemente eines funktionsgeschichtlichen Textmodells. In: Warning, R. [Hrsg.]: Rezeptionsästhetik : Theorie und Praxis. - München ^{4}1994, 277-324
Iser, W.: Der Akt des Lesens : Theorie ästhetischer Wirkung. - München, ^{4}1994 [1. Aufl.: 1976]
Iser, W.: Die Apellstruktur der Texte : Unbestimmtheit als Wirkungsbedingung literarischer Prosa. - Konstanz, 1970
zugl. in: Warning, R. [Hrsg.]: Rezeptionsästhetik : Theorie und Praxis. - München ^{4}1994, 228-252

Jacob, B.: Das erste Buch der Tora : Genesis. - Stuttgart, 2000 [Nachdr. der Ausg. Berlin, 1934]
Janzen, G. J.: Abraham and all the families of the earth : a commentary on the book of Genesis 12-50. - Grand Rapids [u.a.], 1993. - (ITC)
Jastrow, M.: A Dictionary of the Targumim, the Talmud Babli and Yerushalmi and the Midraahic Literature. - New York, 1996 [Nachdr. der Ausg. 1950]
Jauß, H.R.: Literaturgeschichte als Provokation der Literaturwissenschaft. - Konstanz, 1967

zugl. in: Warning, R. [Hrsg.]: Rezeptionsästhetik : Theorie und Praxis. - München [4]1994, 126-162 [gek.]

Jauß, H.R.: Paradigmawechsel in der Literaturwissenschaft. In: Linguistische Beiträge 3 (1969), 44-56

Jauß, H.R.: Kleine Apologie der ästhetischen Erfahrung. - Konstanz, 1972

Jauß, H.R.: Der Leser als Instanz einer neuen Geschichte der Literatur. In: Poetica 7 (1975), 325-344

Jauß, H.R.: Ästhetische Erfahrung und literarische Hermeneutik. - Frankfurt am Main, 1977

Jeremias, J.: Das Proprium der alttestamentlichen Prophetie. In: ThLZ 119 (1994), 483-494

Josephus, s. Thackeray

Kahrmann, C./Reiß, G./Schluchter, M.: Erzähltextanalyse : eine Einführung ; mit Studien- und Übungstexten. - Frankfurt am Main, [2]1991

Kaiser, O.: Die erzählenden Werke. - Gütersloh, 1992. - (Kaiser, O: Grundriß der Einleitung in die kanonischen und deuterokanonischen Schriften des Alten Testaments ; 1)

Kallai, Z.: The Patriarchal boundaries : Canaan and the land of Israel. In: IEJ 47 (1997), 69-82

Keel, O./Küchler, M.: Synoptische Texte aus der Genesis. - Fribourg, 1971. - (BiBe ; 8/1f.) [2 Bde.]

Keil, C.F.: Genesis und Exodus, BC I/1. - Gießen [u.a.], 1983 [Nachdr. der Ausg. Leipzig, [3]1878]

Keller, C.A.: Die Gefährdung der Ahnfrau : ein Beitrag zur gattungs- und motivgeschichtlichen Erforschung alttestamentlicher Erzählungen. In: ZAW 66 (1954), 181-191

Kessler, R.: Die Querverweise im Pentateuch : überlieferungsgeschichtliche Untersuchung der expliziten Querverbindungen innerhalb des vorpriesterlichen Pentateuchs. - Heidelberg, Univ. Diss., 1972

Kierkegaard, S.: Die Wiederholung : ein Versuch in der experimentierenden Psychologie von Constantin Constantius. - Jena, 1909 [dän. Erstausg.: 1843]

Kilian, R.: Die vorpriesterlichen Abrahamsüberlieferungen literarkritisch und traditionsgeschichtlich untersucht. - Bonn, 1966. - (BBB ; 24)

Kirkpatrick, P.G.: The Old Testament and folklore study. - Sheffield, 1988. - (JSOT.S ; 62)

Klatt, W.: Hermann Gunkel : zu seiner Theologie der Religionsgeschichte und zur Entstehung der formgeschichtlichen Methode. - Göttingen, 1969. - (FRLANT ; 100)

Klein, J./Fix, U. [Hrsg.]: Textbeziehungen : linguistische und literaturwissenschaftliche Beiträge zur Intertextualität. - Tübingen, 1997

Klopfenstein, M.: Die Lüge nach dem Alten Testament : ihr Begriff, ihre Bedeutung und ihre Beurteilung. - Zürich [u.a.], 1964

Kluge, A.: Die Macht der Gefühle. - Frankfurt am Main, 1984

Knauf, E.A.: Dagesch agrammaticum im Codex Leningradensis. In: BN 10 (1979), 23-25

Koch, K.: Was ist Formgeschichte? : Methoden der Bibelexegese. - Neukirchen-Vluyn, [3]1974

Köckert, M.: Vätergott und Väterverheißungen : eine Auseinandersetzung mit Albrecht Alt und seinen Erben. - Göttingen, 1988. - (FRLANT ; 142)

Köhlmoos, M.: Das Auge Gottes : Textstrategie im Hiobbuch. - Tübingen, 1999

König, E.: Die Genesis. - Gütersloh, [2/3]1925 [1. Aufl.: 1919]

Körtner, U.H.J.: Der inspirierte Leser : zentrale Aspekte Biblischer Hermeneutik. - Göttingen, 1994

Kratz, R.G.: Die Komposition der erzählenden Bücher des Alten Testaments : Grundwissen der Bibelkritik. - Göttingen, 2000

Kristeva, J.: Bakhtine : le mot, le dialogue et le roman. In: Critique XXIII (1967), 438-465

Kristeva, J.: Bachtin : das Wort, der Dialog und der Roman. In: Ihwe, J. [Hrsg.]: Literaturwissenschaft und Linguistik : Ergebnisse und Perspektiven. - Frankfurt. - Bd. 3. Zur linguistischen Basis der Literaturwissenschaft II (1972), 345-375

Kuhl, C.: Die Wiederaufnahme : ein literarkritisches Prinzip?. In: ZAW 64 (1952), 1-11

Lachmann, R.: Gedächtnis und Literatur : Intertextualität in der russischen Moderne. - Frankfurt, 1990

Laffey, A.L.: Sarah, Abimelech's wife, and Rebecca : victims of deceit ; (Genesis 12; 20; 26). In: dies. [Hrsg.]: An introduction to the Old Testament : a feminist perspective. - Philadelphia, 1988, 27-32

Lau, I.M.: Wie Juden leben : Glaube, Alltag, Feste. - Gütersloh, [3]1993

Leibowitz, N.: Studies in Bereshit (Genesis) in the context of ancient and modern Jewish Bible commentary. - Jerusalem,1955

Levenson, J.D.: The Hebrew Bible, the Old Testament and historical

criticism : Jews and Christians in Biblical studies. - Louisville, 1993
Levin, C.: Der Jahwist. - Göttingen, 1993. - (FRLANT ; 157)
Levy, J.: Wörterbuch über die Talmudim und Midraschim. - Darmstadt, 1963 [4 Bde. - Nachdr. der Ausg. Berlin [u.a.], 1924]
Link, H.: Rezeptionsforschung : eine Einführung in Methoden und Probleme. - Stuttgart ²1980
Lohfink, N.: Eine Bibel – zwei Testamente. In: Dohmen, C./Söding, T. [Hrsg.]: Eine Bibel – zwei Testamente : Positionen Biblischer Theologie. - Paderborn, 1995, 71-81
Lohfink, N.: Ich komme nicht in Zornesglut (Hos 11,9) : Skizze einer synchronen Leseanweisung für das Hoseabuch. In: Kuntzmann, R. [Hrsg.]: Ce Dieu qui vent : études sur l'Ancien et le Nouveau Testament offert au B. Renhaud. - Paris, 1995. - (LeDiv ; 159), 163-190
Lohfink, N.: Die Landverheißung als Eid : eine Studie zu Genesis 15. - Stuttgart, 1967. - (SBS ; 28)
Long, B.O.: The problem of the etiological narrative in the Old Testament. - Berlin, 1968. - (BZAW ; 108)
Long, B.O.: Framing Repetitions in Biblical Historiography. In: JBL 106 (1987), 385-399
Luther, M.: Werke : kritische Gesamtausgabe. - Weimar 1883ff.
Lutz, D.A.: The Isaac tradition in the book of Genesis. - Madison, Drew-Univ., Diss., 1969

Magonet, J.: Die Söhne Abrahams. In: BiLe 14 (1973), 204-210
Maher, M. [Übers.]: Targum Pseudo-Jonathan : Genesis. - Collegeville, 1992. - (The Aramaic Bible ; 1B)
Maier, J.: Die Qumran-Essener.- Bd. 1 (1995) – Bd. 3 (1996), München [u.a.]
Maly, E.H.: Genesis 12,10-20; 20,1-18; 26,7-11. In: CBQ 18 (1956), 255-262
Mann, T.: Die Geschichten Jaakobs. - Frankfurt am Main, 1991. - (Joseph und seine Brüder ; der erste Roman) [1. Aufl.: Berlin 1933]
zitiert als: Mann, Joseph
Marcus, R.: Philo : Questions and Answers on Genesis. - London, 1953. - (Philo ; Suppl.I) [transl. from the ancient Armenian version of the orig. Greek]
Martin, G.M.: Predigt als offenes Kunstwerk? Zum Dialog zwischen Homiletik und Rezeptionsästhetik, in: EvTh 44 (1984), 46-58
Martin-Achard, R.: Isaac. In: ABD. - Garden City, N.Y. - Bd. 3 (1992)
Martin-Archard, R.: La figure d'Isaac dans l'Ancien Testament et dans la

tradition juive ancienne. In: BFCL 66 (1982), 5-10

Martin-Archard, R.: Remarques sur Genèse 26. In: ZAW 100 (1988), 22-46

Martinez, M./Scheffel, M.: Einführung in die Erzähltheorie. - München, 1999

Mathys, H.-P.: Hier ist mehr als ... : Anmerkungen zu Gerhard von Rad. In: ThZ 57 (2001), 230-242

Matthews, V.H.: Pastoralists and Patriarchs. In: BA 44 (1981), 215-218

Matthews, V.H.: The Wells of Gerar. In: BA 49 (1986), 118-126

Mayordomo-Marín, M.: Den Anfang hören : leserorientierte Evangelienexegese am Beispiel von Matthäus 1-2. - Göttingen, 1998. - (FRLANT ; 180)

McCarthy, D.J.: Three covenants in Genesis. In: CBQ 26 (1964), 179-189

McKane, W.: Isaak. In: EKL. - Göttingen. - Lfg. 5 ([2]1988), 734

McKane, W.: Studies in the Patriarchal Narratives. - Edinburgh, 1979

McNamara, M. [Übers.]: Targum Neofiti : 1. Genesis. - Collegeville, 1992. - (The Aramaic Bible ; 1A)

Meister Eckart: Die lateinischen Werke. - Stuttgart, 1971. - (Die deutschen und lateinischen Werke ; 2)

Mikraot Gdolot (hebr.):
מקראת גדולות חמשה חומשי תקרה ספר בראשית ירושלים 1998

Millard, M.: Die Genesis als Eröffnung der Tora : kompositions- und auslegungsgeschichtliche Annäherungen an das erste Buch Mose. - Neukirchen-Vluyn, 2001. - (WMANT ; 90)

Miscall, P.D.: The Jacob and Joseph stories as analogies. In: JSOT 6 (1978), 28-40

Miscall, P.D.: The workings of Old Testament narrative. Part I: Genesis 12 and related texts. - Philadelphia [u.a.], 1983. - Semeia Studies

Mowinckel, S.: Erwägungen zur Pentateuchquellenfrage. - Trondheim, 1964

Möller, C.: Der Hörer als zweiter Prediger : Zur Bedeutung der Rezeptionsästhetik für die Homiletik. In: Ehmann, R. [Hg.]: Predigen aus Leidenschaft : Festschrift für Rudolf Bohren. - Karlsruhe, 1996, 31-46

Mühlmann, W.E.: Ritus. In: RGG[3]. - 5 (1961), 1127ff.

Muilenburg, J.: A study in Hebrew rhetoric : repetition and style. In: Internationaler Kongreß für alttestamentliche Bibelwissenschaften <1, 1953, Kopenhagen>: Congress Volume. - Leiden, 1953. - (VT.S ; 1), 97 - 111

Nachmanides, s. Bar-Ilan's Judaic Library bzw. Chavel

Nadolny, S.: Das Erzählen und die guten Absichten : Münchner Poetik-Vorlesungen. - München, 1990

Naudé, J.A.: Isaac typology in the Koran. In: Eybers, I.H. [Hrsg.]: De fructu oris sui : Essays in Honour of A. van Selms. - Leiden, 1971, 121-129

Naumann, Th.: Wie die Bibel erzählt : Versuch einer Poetik alttestamentlicher Erzählungen ; Vorlesungsskript. - Bern, 1993

Naumann, Th.: Ismael : theologische und erzählanalytische Studien zu einem biblischen Konzept der Selbstwahrnehmung Israels im Kreis der Völker aus der Nachkommenschaft Abrahams. - Bern, Univ., Habil., 1996
zitiert als: Naumann, Ismael

Naumann, Th.: Ismael : Abrahams verlorener Sohn. In: Weth, R.: Bekenntnis zu dem einen Gott? : Christen und Muslime zwischen Mission und Dialog. - Neukirchen-Vluyn, 2000
zitiert als: Naumann, Abrahams verlorener Sohn

Naumann, Th.: David als exemplarischer König : der Fall Urias (2. Sam 11f). In: de Pury, A./Römer, Th.: Die sogenannte Thronfolgegeschichte Davids : neue Einsichten und Anfragen. - Freiburg (Schweiz) [u.a.], 2000, 136-183
zitiert als: Naumann, David als exemplarischer König

Naumann, Th.: Die Thronfolgeerzählung Davids zwischen Fiktion und Geschichtsschreibung. In: Festschrift Klaus Wegenast. - masch. Bern, 1995

Naumann, Th.: David als Spiegel und Gleichnis : ein Versuch zu den Wirkweisen alttestamentlicher Geschichtserzählungen am Beispiel von 2Sam 11f.. In: R. Lux [Hrsg.]: Erzählte Geschichte : Beiträge zur narrativen Kultur im alten Israel. - Neukirchen-Vluyn, 2000. - (BThSt ; 40), 29-51
zitiert als: Naumann, David als Spiegel

Neofiti, s. McNamara

Neusner, J.: Genesis Rabbah : the Judaic commentary on the Torah ; a new translation. - Atlanta, 1985. - (BJSt ; 104-106) [3 Bde.]

Nicol, G.G.: Studies in the interpretation of Genesis 26.1-33. - Oxford, Univ., Diss., 1987

Nicol, G.G.: Story-patterning in Genesis. In: Caroll, R.P. [Hrsg.]: Text as pretext : essays in honour of Robert Davidson. - Sheffield, 1992, 215-233

Nicol, G.G.: The chronology of Genesis XXVI 1-33 as flashback. In: VT

46 (1996), 330-338
Nicol, G.G.: The narrative structure and interpretation of Genesis XXVI 1-33. In: VT 46 (1996), 339-360
Niditch, S.: Underdogs and tricksters : a prelude to Biblical folklore. - San Francisco, 1987
Niditch, S.: Folklore and the Hebrew Bible. - Minneapolis, 1993
Niditch, S.: Oral world and written word : ancient Israelite literature. - Louisville, 1996
Nißlmüller, Th.: Rezeptionsästhetik und Bibellese : Wolfgang Isers Lese-Theorie als Paradigma für die Rezeption biblischer Texte. - Regensburg 1995. - (Theorie und Forschung 375 ; Theologie und Philosophie 25)
Nomoto, S.: Entstehung und Entwicklung der Erzählung von der Gefährdung der Ahnfrau. In: AJBI 2 (1976), 3-27
Noth, M.: Überlieferungsgeschichte des Pentateuch. - Darmstadt, [3]1966 [1. Aufl.: 1948]

Oeming, M.: Biblische Hermeneutik : eine Einführung. - Darmstadt, 1998
Olrik, A.: Epische Gesetze der Volksdichtung. In: ZfdA 51 (1909), 1-12
Onkelos, s. Bar Ilan's Judaic Library
Oßwald, E.: Beobachtungen zur Erzählung von Abrahams Aufenthalt in Ägypten im Genesisapokryphon. In: ZAW 72 (1972), 7-25
Oswald, W.: Die Erzeltern als Schutzbürger : Überlegungen zum Thema von Gen 12,10-20 mit Ausblick auf Gen 20.21,22-34 und Gen 26. In: BN 106 (2001), 79-89
Overbeck, F.: Christentum und Kultur : Gedanken und Anmerkungen zur modernen Theologie. - Basel, 1919 [Aus dem Nachlass hrsg.]

Pelcovitz, R.: Sforno : commentary on the Torah. - Brooklyn, N.Y., 1997
Person, R.F.: A reassessment of Wiederaufnahme from the perspective of conversation analysis. In: BZ 43 (1999), 239-248
Petersen, D.A.: A thrice-told tale : genre, theme and motif. In: BR 18 (1973), 30-43
Philo von Alexandrien, s. Cohn und Marcus
Plaut, W.G.: Bereschit = בראשית = Genesis. - Gütersloh, 1999. - (Die Tora in jüdischer Auslegung ; 1) [engl. Ausg.: 1981. - Mit einer Einl. von Landesrabbiner Walter Homolka]
Polzin, R.: The Ancestress in Danger in danger. In: Semeia 3 (1975), 81-97
Preuß, D.: ... ich will mit dir sein!. In: ZAW 80 (1968), 139-173
Prill, M.: Grimm : Kinder- und Hausmärchen. In: Jens, W., [Hrsg.]:

Kindlers neues Literaturlexikon. - München. - 6 (1988), 914-917

Pritchard, J.B.: Ancient Near Eastern texts relating to the Old Testament. - Princeton, [3]1969
zitiert als: ANET

Proksch, O.: Die Genesis. - Leipzig, [u.a.] [3]1924. - (KAT ; 1)

Pseudo-Jonathan, s. Maher

de **Pury, A.**: Promesse divine et légende culturelle dans le cycle de Jacob : Genèse 28 et les traditions patriarcales. - Paris, 1975. - (Etudes Bibliques)

de **Pury, A.**: La tradition patriarcale en Genèse 12-35. In: ders. [Hrsg.]: Le pentateuque en question. - Genf, 1989. - (Labor et Fides), 259-270

Quick, P.A.: Resumptive repetition : a two-edged sword. In: JOTT (6) 1993, 289-316

von **Rad, G.**: Das erste Buch Mose, Genesis, übersetzt und erklärt. - Göttingen, [6]1961. - (ATD ; 2/4) [1. Aufl.: 1949]

Raguse, H.: Der Raum des Textes : Elemente einer transdisziplinären theologischen Hermeneutik. - Stuttgart [u.a.], 1994

Rahlfs, A.: Septuaginta : id est Vetus Testamentum graece iuxta LXX interpres. - Stuttgart, 1979 [1 Bd. - 1. Aufl.: 1935]

Ramban, s. Bar-Ilan's Judaic Library bzw. Chavel

Raschi, s. Bar-Ilan's Judaic Library bzw. Bamberger

Rashkow, I.N.: Intertextuality, Transference and the Reader in/of Genesis 12 and 20. In: Fewell, D.N. [Hrsg.]: Reading between texts : intertextuality and the Hebrew Bible. - Louisville, 1992, 57-73

Ratner, R.J.: Morphological variation in Biblical Hebrew rhetoric. In: Maarav 8 (1992), 143-159

Rendsburg, G.A.: The redaction of Genesis. - Winona Lake, 1986

Rendtorff, R.: Das überlieferungsgeschichtliche Problem des Pentateuch. - Berlin [u.a.], 1977. - (BZAW ; 147)

Rendtorff, R.: Canonical Interpretation : a new approach to Biblical texts. In: StTh 48 (1994), 3-14

Rendtorff, R.: Kanonische Grundlegung. - Neukirchen-Vluyn, 1999. - (ders., Theologie des Alten Testaments : ein kanonischer Entwurf)
zitiert als: Rendtorff, Theologie I

Revell, E.J.: The repetition of introductions to speech as a feature of Biblical Hebrew. In: VT 47 (1997), 91-110

Ricœur, P.: Philosophische und theologische Hermeneutik. In: ders./Jüngel, E. [Hrsg.]: Metapher : zur Hermeneutik religiöser

Sprache. - München, 1974. - (EvTh Sonderheft), 24-44

Richards, I.A.: Principles of literary criticism. - London, [2]1926 [dt. Ausg. u.d.T.: Prinzipien der Literaturkritik. - Frankfurt am Main, 1985]

Richter, W.: Exegese als Literaturwissenschaft : Entwurf einer alttestamentlichen Literaturtheorie und Methodologie. - Göttingen, 1971

Riffaterre, M.: Le style de stylistique des Pléiades de Gobineau : essai d'application d'une méthode stylistique. - Genf [u.a.], 1957

Riffaterre, M.: Describing poetic structures : two approaches to Baudelaire's Les Chats, Yale French Studies 36-37 (1966), 200-242

Riffaterre, M.: Kriterien der Stilanalyse. In: Warning, R. [Hrsg.]: Rezeptionsästhetik : Theorie und Praxis. - München [4]1994, 163-196

Riffaterre, M.: La syllepse intertextuelle. In: Poétique 10 (1979), 496-501

Robertson: Wife and sister through the ages : textual determinacy and the history of interpretation. In: Semeia 62 (1993), 103-128

Röhrich, L.: Volkspoesie ohne Volk : Wie mündlich sind sogenannte Volkserzählungen?. In: ders./Lindig, E.: Volksdichtung zwischen Mündlichkeit und Schriftlichkeit. - Tübingen, 1989 (ScriptOralia ; 9), 49-65

Rössler, A.: Imitation und Differenz : Intertextualität bei Carme Riera, Adelaida Garciá Morales und Paloma Díaz-Mas. - Berlin, 1996. - (Gender Studies Romanistik ; 1)

Ronning, J.: The naming of Isaac : the role of the wife/sister episodes in the redaction of Genesis. In: WTJ 53 (1991), 1-33

Rosenblatt, L.M.: Literature as exploration. - New York, [4]1983 [1. Aufl.: 1937]

Rottzoll, D.U.: Rabbinischer Kommentar zum Buch Genesis : Darstellung der Rezeption des Buches Genesis in Mischna und Talmud unter Angabe targumischer und midraschischer Paralleltexte. - Berlin [u.a.], 1994. - (Studia Judaica ; 14)

Sacks, R.D.: A commentary on the book of Genesis. - Lewiston [u.a.], 1990. - (ANETS ; 6)

Safren, J.D.: Ahuzzath and the pact of Beer-Sheba. In: ZAW 101 (1989), 184-198

Sarna, N.M.: Understanding Genesis : the heritage of Biblical Israel. - New York, 1970 [1. Aufl.: 1966]
zitiert als: Sarna, Understanding

Sarna, N.M.: בראשית = Genesis : the traditional Hebrew text with the new JPS translation ; commentary. - Philadelphia [u.a.], 1989. - (The

JPS Tora commentary)

Savran, G.W.: Telling and retelling : quotation in Biblical narrative. - Bloomington [u.a.], 1988. - (ISBL)

Scharbert, J.: Patriarchentradition und Patriarchenreligion : ein Forschungs- und Literaturbericht. In: VF 19 (1974), 2-22

Scharbert, J.: Die Landverheißungen als Urgestein der Patriarchentradition. In: ders. [Hrsg.]: Festschrift M.M. Delcor, Neukirchen-Vluyn [u.a.], 1985. - (AOAT ; 215), 359-368

Scharbert, J.: Genesis 12-50. - Würzburg, 1986. - (NEB.AT)

Schechter, S.: Higher criticism – higher anti-semitism. In: Seminary adresses and other papers. - Cincinatti 1915

Schlachter-Übersetzung s. BibleWorks

Schmid, H.: Die Gestalt des Isaak : ihr Verhältnis zur Abraham- und Jakobtradition. - Darmstadt, 1991. - (EdF ; 274)

Schmid, H.H.: Der sogenannte Jahwist : Beobachtungen und Fragen zur Pentateuchforschung. - Zürich, 1976

Schmid, K.: Erzväter und Exodus : Untersuchungen zur doppelten Begründung der Ursprünge Israels innerhalb der Geschichtsbücher des Alten Testaments. - Neukirchen-Vluyn, 1999. - (WMANT ; 81)

Schmidt, L.: Israel ein Segen für die Völker? : (Das Ziel des jahwistischen Werkes – eine Auseinandersetzung mit H.W. Wolff). In: ThViat 12 (1973/74), 135-151

Schmidt, L.: Väterverheißungen und Pentateuchfrage. In: ZAW 104, 1992, 1-27

Schmidt, L.: Die Darstellung Isaaks in Genesis 26,1-33 und ihr Verhältnis zu den Parallelen in den Abrahamerzählungen. In: ders. [Hrsg.]: Gesammelte Aufsätze zum Pentateuch. - Berlin [u.a.], 1998. - (BZAW ; 263), 167-223

Schmitt, G.: Zu Gen 26; 1-14. In: ZAW 85 (1973), 143-156

Schreiner, J.: Segen für die Völker in der Verheißung für die Väter. In: BZ 6 (1962), 1-31

Schulte, H.: Dennoch gingen sie aufrecht : Frauengestalten im Alten Testament. - Neukirchen-Vluyn, 1995

Schulz, H.: Das Todesrecht im Alten Testament : Studien zur Rechtsform der Mot-Jumat-Sätze. - Berlin, 1969. - (BZAW ; 114)

Septuaginta, s. Rahlfs

Seebass, H.: Genesis II/1 : Vätergeschichte I (11,27-22,24). - Neukirchen-Vluyn, 1997

Seebass, H.: Genesis II/2 : Vätergeschichte II (23,1-36-43). - Neukirchen-Vluyn, 1999

Seebass, H.: Landverheißungen an die Väter. In: EvTh 37 (1977), 210-229
Seebass, H.: À titre d'exemple : réflexions sur Gen 16/21,8-21 et 20,1-18/26,1-33. In: de Pury, A. [Hrsg.]: Le Pentateuque en question. - Genf 1989. - (Le monde de la bible ; 19), 215-230
Seeligmann, I.L.: Hebräische Erzählung und biblische Geschichtsschreibung. In: ThZ 18 (1962), 305-325
Seters, J. Van, s. Van Seters
Sheppard, G.T.: Canonization : hearing the voice of the same God through historically dissimilar traditions. In: Int 34 (1982), 21-33
Ska, J.L.: Our Fathers have told us : introduction to the analysis of Hebrew narratives. - Rom, 1990. - (SubBi ; 13)
Skinner, J.: A critical and exegetical commentary on Genesis. - Edinburgh, [3]1930. - (ICC) [1. Aufl.: 1910]
Smend, R.: Die Ezählung des Hexateuch auf ihre Quellen untersucht. - Berlin, 1912
Soggin, J.A.: Das Buch Genesis : Kommentar. - Darmstadt, 1997
Speiser, E.A.: Genesis. - New York, 1964. - (AncB ; 1)
Speiser, E.A.: The wife-sister motif in the Patriarchal narratives. In: Altmann, A. [Hrsg.]: Biblical and other Studies. - Cambridge Mass., 1963, 15-28
Staerk, W.: Studien zur Religions- und Sprachgeschichte des alten Testaments. - Berlin, 1899
Stamm, J.J.: Beiträge zur hebräischen und altorientalischen Namenskunde. - Fribourg [u.a.], 1980. - (OBO ; 30)
Steck, O.H.: Exegese des Alten Testaments : Leitfaden der Methodik ; Ein Arbeitsbuch für Proseminare, Seminare und Vorlesungen. - Neukirchen-Vluyn, [12]1989
Steins, G.: Die Bindung Isaaks im Kanon (Gen 22) : Grundlagen und Programm einer kanonisch-intertextuellen Lektüre ; Mit einer Spezialbibliographie zu Gen 22. - Freiburg [u.a.], 1999. - (HBS ; 20)
Stemberger, G.: Midrasch : vom Umgang der Rabbinen mit der Bibel. - München, 1989
Stemberger, G.: Einleitung in Talmud und Midrasch. - München, [8]1992
Stemberger, Hermeneutik, s. Dohmen
Sternberg, M.: The poetics of Biblical narrative : ideological literature and the drama of reading. - Bloomington, 1985
Stoevesandt, H.: Andacht über Genesis 12,10-20. In: EvTh 36 (1976), 186-190
Strickman, H.N./Silver, A.M. [Übers.]: Ibn Ezra's commentary on the Pentateuch : Genesis (Bereshit). - New York, 1988

Talmon, S.: Die Darstellung von Synchroneiät und Simultanität in der biblischen Erzählung. In: ders.: Israels Gedankenwelt in der Hebräischen Bibel. - Neukirchen-Vluyn, 1995. - (Gesammelte Aufsätze ; 3), 61-81

Tanhuma B, s. Bar-Ilan's Judaic Library bzw. Bietenhard

Taschner, J.: Verheißung und Erfüllung in der Jakoberzählung (Gen 25,19-33,17) : eine Analyse ihres Spannungsbogens. - Freiburg [u.a.], 2000. - (HBS ; 27)

Tegtmeyer, H.: Der Begriff der Intertextualität und seine Fassungen : eine Kritik der Intertextualitätskonzepte Julia Kristevas und Susanne Holthuis'. In: Klein/Fix, Textbeziehungen, 49-81

Tengström, S.: Die Hexateucherzählung : eine literaturwissenschaftliche Studie. - Lund, 1976. - (CB.OT ; 17)

Teugels, L.: A matriarchal cycle? : the portrayal of Isaac in Genesis in the light of the presentation of Rebekah. In: Bijdragen : tijdschrift voor folosofie en theologie 56 (1995), 61-72

Thackeray, H.S.T. [Hrsg.]: Jewish Antiquities. - London [u.a.], 1961. - Josephus with an English translation ; IV
zitiert als: JosAnt

Theodor, J./Albeck, Ch.: Midrash Bereshit Rabba : critical edition with notes and commentary. - Jerusalem, ^{2}1965 [3 Bde.]

Theologisches Handwörterbuch zum Alten Testament. - München. - Bd. 1 (1971) – Bd. 2 (1976). - hrsg. von E. Jenni]
zitiert als: THA

Theologisches Wörterbuch zum Alten Testament. - Stuttgart [u.a.]. - Bd. 1 (1973) - Bd. 8 (1995). - hrsg. von H. J. Fabry ; H. Ringgren]
zitiert als: ThWAT

Thiel, W.: Genesis 26 : eine Segensgeschichte des Jahwisten. In: Mommer, P. [Hrsg.]: Gottes Recht als Lebensraum : Festschrift H.J. Boecker. - Neukirchen-Vluyn, 1993, 251-263

Thoma, C./Lauer, S.: Von der Erschaffung der Welt bis zum Tod Abrahams : Bereschit Rabba 1-63. - Bern [u.a.], 1991. - (dies., Die Gleichnisse der Rabbinen ; 2) (JudChr ; 13)
zitiert als: Thoma/Lauer, Gleichnisse

Thompson, T.L.: The historicity of the Patriarchal narratives : the quest for the historical Abraham. - Berlin, 1974. - (BZAW ; 133)

Thompson, T.L.: The origin traditions of ancient Israel I : the literary formation of Genesis and Exodus 1-23. - Sheffield, 1987. - (JSOT.S ; 55)
55)

Tov, E.: Der Text der Hebräischen Bibel : Handbuch der Textkritik. - Stuttgart [u.a.], 1997 [hebr. Ausg.: 1989]

Thyen, H.: R.T. Fortna: The fourth Gospel and its predecessor. In: ThL 117 (1992),1, Sp. 34-38

Trabasso, T./Suh, S.: Verstehen und Verarbeiten von Erzählungen im Spiegel des lauten Denkens. In: SPIEL 15 (1996), 212-234

Turner, L.A.: Announcements of plot in Genesis. - Sheffield, 1990. - (JSOT.S ; 96)

Tur-Sinai, N.H. [Übers.]: Die Heilige Schrift. - Neuhausen [u.a.], [3]1997

Utzschneider, H.: Zur vierfachen Lektüre des Alten Testaments : Bibelrezeption als Erfahrung von Diskrepanz und Perspektive. In: Bartelmus, R. [Hrsg.]: Konsequente Traditionsgeschichte : Festschrift Klaus Baltzer. - Freiburg/Schweiz [u.a.], 1993. - (OBO ; 126)

Utzschneider, H.: Text – Leser – Autor : Bestandsaufnahme und Prolegomena zu einer Theorie der Exegese. In: BZ 43 (1999), 224-238

Van Seters, J.: Abraham in history and tradition. - New Haven [u.a.], 1973

Van Seters, J.: Prologue to history : the Yahwist as historian in Genesis. - Louisville [u.a.], 1992

de **Vaux, R.**: Histoire ancienne d'Israël : Bd. 1. - Paris, 1971

Vawter, T.: On Genesis : a new reading. - London, 1977

Vetter, D.: Jahwes Mit-Sein als Ausdruck des Segens. - Stuttgart, 1971. - (AzTh ; I/45)

Vischer, W.: Das Christuszeugnis des Alten Testaments. - Zürich. - 1. Das Gesetz ([7]1946)

Volz, P./Rudolph, W.: Der Elohist als Erzähler : ein Irrweg in der Pentateuchkritik?. - Giessen, 1933. - (BZAW ; 63)

Wahl, H.M.: Die Jakobserzählungen : Studien zu ihrer mündlichen Überlieferung, Verschriftung und Historizität. - Berlin [u.a.], 1997. - (BZAW ; 258)

Wahl, O.: Die Flucht eines Berufenen (Gen 12,10-20) : Gedanken zu einer stets aktuellen alten Geschichte. In: Festschrift Scharbert. - Stuttgart, 1989, 343-359

von **Wahlde, U.C.**: Wiederaufnahme as a Marker of Redaction in Jn 6,51-58. In: Bib 64 (1983), 520-533

Wallis, G.: Die Tradition von den Ahnvätern. In: ZAW 81 (1969), 18-40

Walser, M.: Des Lesers Selbstverständnis : ein Bericht und eine

Behauptung. - Eggingen, 1993. - (Parerga ; 12)
Warning, R. [Hrsg.]: Rezeptionsästhetik : Theorie und Praxis. - München, [4]1994
Warning, R.: Rezeptionsästhetik als literaturwissenschaftliche Pragmatik. In: ders. [Hrsg.]: Rezeptionsästhetik : Theorie und Praxis. - München, [4]1994, 9-41
Wehmeier, G.: Der Segen im Alten Testament. - Basel, Univ., Diss., 1970
Wehmeier, G.: The theme Blessing for the Nations in the promises to the Patriarchs and the Prophetical literature. In: BangThF 6 (1974), 1-13
Weimar, P.: Ahnfraugeschichten. In: NBL. - Zürich. - Bd. 1 (1991), 67f.
Weimar, P.: Untersuchungen zur Redaktionsgeschichte des Pentateuch. - Berlin [u.a.], 1977. - (BZAW ; 146)
Weinfeld, M.: Sarah and Abimelech (Genesis 20) : against the background of an Assyrian law and the Genesis Apocryphon. In: Caquot, A. [Hrsg.]: Mélanges bibliques et orientaux en l'honneur de M.M. Delcor. - Neukirchen-Vluyn, 1985. - (AOAT ; 215), 431-436
Weinrich, H.: Für eine Literaturgeschichte des Lesers. In: Merkur 21 (1967), 1026-1038
zugleich: ders., Literatur, 21-36
Weinrich, H.: Literatur für Leser : Essays und Aufsätze zur Literaturwissenschaft. - Frankfurt am Main, 1986
Weiser, A.: Isaak. In: RGG[3]. - Bd. 3 (1959), 902f.
Weiss, M.: Einiges über die Bauformen des Erzählens in der Bibel. In: VT 13 (1963), 456-475
Wellhausen, J.: Die Composition des Hexateuchs. - Berlin [4]1963 [Erstveröff.: 1876-87]
Wellhausen, J.: Prolegomena zur Geschichte Israels. - Berlin, 1981 [Nachdr. der 1. Aufl. 1927]
Wenham, G.J.: Genesis, 1-15. - Waco, 1987. - (WBC ; 1)
Wenham, G.J.: Genesis, 16-50. - Waco, 1994. - (WBC ; 2)
Wenham, G.J.: Genesis : an authorship study and current Pentateuchal criticism. In: JSOT 42 (1988), 3-18
Westermann, C.: Der Segen in der Bibel und im Handeln der Kirche. - München, [2]1992. - (KT ; 122) [1. Aufl.: 1968]
Westermann, C.: Genesis 12-50. - Darmstadt, 1975. - (EdF ; 48)
zitiert als: Westermann, EdF
Westermann, C.: Die Verheißung an die Väter : Studien zur Vätergeschichte. - Göttingen, 1976. - (FRLANT ; 116)
Westermann, C.: Genesis. - Neukirchen-Vluyn. - BKAT ; I. - Teilbd. 1 ([2]1976) - Teilbd. 3 (1982)

zitiert als: Westermann, Genesis I/1-I/3
Westermann, C.: Genesis. - Neukirchen-Vluyn. - 1. Die Urgeschichte, Abraham (1986)
White, H.C.: The Divine oath in Genesis. In: JBL 92 (1973), 1-29
White, H.C.: Narration and discourse in the book of Genesis. - Cambridge, 1991
Widengren, G.: Literary and psychological aspects of the hebrew prophets. - Uppsala [u.a.], 1948. - (UUÅ ; 10)
Wolff, H.W.: Das Kerygma des Jahwisten. In: ders.: Gesammelte Studien zum Alten Testament. - München, [2]1973. - (TB ; 22) [Erstveröff.: 1964]
Wünsche, A.: Bibliotheca Rabbinica : eine Sammlung alter Midraschim. - Hildesheim, 1967 [Nachdruck der Ausg.: Leipzig, 1880-1885]

Zenger, E.: Jahwe, Abraham und das Heil der Völker. In: Kaspar, W. [Hrsg.]: Absolutheit des Christentums. - Freiburg, 1977. - (QD ; 79), 39-62
Zenger, E.: Am Fuß des Sinai : Gottesbilder des Ersten Testaments. - Düsseldorf, 1993
Zenger, E.: Thesen zu einer Hermeneutik des Ersten Testaments nach Auschwitz. In: Dohmen, C./Söding, T.: Eine Bibel – zwei Testamente : Positionen Biblischer Theologie. - Paderborn, 1995, 143-158
Zenger, E. [Hrsg.]: Einleitung in das Alte Testament. - Stuttgart, [3]1988. - (KSTh ; 1,1)
Zimmerli, W.: Geschichte und Tradition von Beerseba im Alten Testamente. - Gießen, 1932
Zimmerli, W.: 1. Mose 12-25 : Abraham. - Zürich, 1976. - (ZBKAT ; I/2)
Zimmerli, W.: Beerseba. In: TRE. - Berlin [u.a.]. - Bd. 5 (1980), 402-404
Zlotowitz, M.: Bereishis = Genesis : a new translation with a commentary anthologized from taldmudic, midrashic and rabbinic Sources. - Brooklyn, N.Y., [5]1995 [2 Bde.]
Züricher Bibel : die Heilige Schrift des Alten und Neuen Testaments. - Zürich, 1987
Zunz, L.: תורה נביאים כתובים מדויקים היטב על פי המסורה : die vierundzwanzig Bücher der Heiligen Schrift nach dem Masoretischen Text. - Tel-Aviv, 1997

Register (Auswahl)

1. Bibelstellen

1. Könige

2. Könige

Jesaja

Jeremia

Ezechiel

Amos

Sacharja

Psalmen

Ijob

3. Stichworte